刑法分则解释与判例研究丛书

XINGFA FENZE JIESHI YU PANLI YANJIU CONGSHU

公共危险犯解释论与判例研究

gonggong weixianfan jieshilun yu panli yanjiu

陈洪兵◎著

中国政法大学出版社

2011·北京

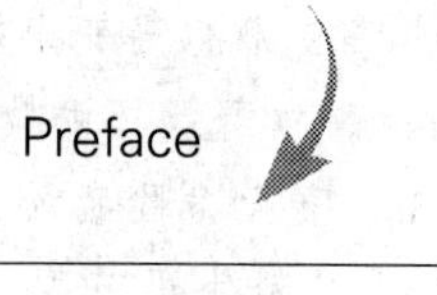

前 言

现代社会也称为风险社会、危险社会，现代刑法也被称为危险刑法；尽管通说关于危险犯的理论千疮百孔，但不应断言危险犯理论是无用的理论；为应对现代社会日益增多的危险，应当加强危险犯理论的研究。现行危险犯理论把精力集中在危险状态是否是既遂的标志、形成危险状态后行为人主动消除危险的是否成立犯罪中止这些问题的争论上。危险犯理论应当求真务实地研究如下问题：一是，危险犯与实害犯、行为犯、结果犯相关概念之间的关系；二是，危险犯具体个罪的既遂、未遂、预备、中止的认定以及如何选择适用法定刑幅度的问题；三是，如何准确界定和归类具体危险犯与抽象危险犯，从而为立法论和解释论提供根据；四是，如何处理危险犯之间及与相关人身犯罪、财产犯罪之间的界限与竞合问题；五是，我国现行刑法是否存在过失危险犯的规定，以及应否增设过失危险犯问题。

放火、爆炸、投放危险物质罪应以是否形成现实性急迫的危险认定着手，着手前可能成立犯罪预备、犯罪中止，着手后可能成立犯罪未遂、犯罪中止，《刑法》第114条相当于犯罪未遂的处罚规定，第115条相当于犯罪既遂的处罚规定，未遂时不适用总则中未遂犯的处罚规定，成立犯罪预备、犯罪中止时，适用第114条，同时适用总则中犯罪预备、犯罪中止的处罚规定。盗窃、抢夺、抢劫枪支、弹药、爆炸物、危险物质，应以是否实际控制这些物质作为认定既未遂的标准。只要生产的食品、医用器材具有“足以”性质，即便尚未销售，也已成立生产不符合卫生标准的食品罪、生产不符合标准的医用器材罪的既遂；只要实施完成了非法组织卖血、强迫卖血的行为，只要非法采集血液的过程，或者采集、制作、供应的血液、血液制品，具有“足以危害人体健康”的性质，即成立犯罪既遂；破坏环境资源保护罪应以主要法益受到侵害作为认定既遂的标准，只要伐倒了林木，即使尚未运走，也应成立盗伐林木罪、滥伐林木罪的既遂。

具体危险犯成立的条件是形成现实性的具体危险，而抽象危险犯中的危险只具有立法根据上的意义，将某个罪名是归入具体危险犯还是抽象危险犯，会导致适用条件上的不同，归类应当慎重。放火等罪中的“危害公共安全”不是具体危险犯的标志，而是与故意杀人罪、故意毁坏财物罪等罪区分的要素；非法制造、买卖、运输、储存、盗窃、抢夺、抢劫危险物质罪中的“危害公共安全”并非表明该罪是具体危险犯，而是为了限制处罚范围对危险物质的性质上的要求，因而，盗窃行为无须形成具体危险，即成立盗窃危险物质罪的既遂；足以使交通工具发生倾覆、毁坏危险，是对破坏交通工具、交通设施行为性质的要求，是该罪与故意毁坏财物罪、破坏生产经营罪区分的因素，没有形成现实性危险，也能成立该罪的既遂；生产、销售不符合卫生标准的食品罪和生产、销售不符合标准的医用器材罪中的“足以”，是对食品、医用器材性质上的要求，只要具有这种性质，无须形成具体危险，即成立生产不符合卫生标准的食品罪、生产不符合标准的医用器材罪的既遂；非法采集、供应血液、制作、供应血液制品罪中的“足以危害人体健康”不是具体危险犯的标志，只要非法采集血液的过程足以危害人体健康，非法采集、供应的血液、制作、供应的血液制品具有足以危害人体健康的性质，无须形成现实性危险，即成立该罪的既遂。

大型拖拉机可以解释为“汽车”，电瓶车、空中缆车可以解释为“电车”，对其进行破坏可以构成破坏交通工具罪；不是“正在使用中”的公用设施也能成为破坏型公共危险犯的对象，破坏“正在使用中”的公用设施，也可能因为不危及公共安全而不构成公共危险犯罪；能否成为破坏交通设施罪的对象，应以是否可能导致交通工具倾覆、毁坏危险来判断，盗窃道路名牌、人行道上的下水道井盖等，不构成该罪；劫持火车、汽车，击打行驶中的车辆，占道逼车，堵塞交通，以及不作为均能评价为“破坏”，而可能构成破坏交通工具罪或者破坏交通设施罪；司法解释将破坏公用电信设施罪解释为实害犯，严重放纵了犯罪，应予废止；以盗窃方式实施破坏的，由于存在破坏与取得财产两个行为，既侵害了公共安全法益，又侵害了财产权法益，不属于想象竞合犯，应当数罪并罚；破坏型公共危险犯不仅相互之间，而且与放火罪、爆炸罪、故意杀人罪、故意伤害罪之间存在竞合关系，若只有一个行为，从一重处罚即可。

劫持航空器罪的对象不应限于民用航空器，不应限于“正在使用中”和“正在飞行中”，暴力、胁迫无须达到抢劫罪所要求的足以抑制对方反抗的程度，只要达到使对方明显难以反抗的程度；劫持火车可以破坏交通工具罪定罪，劫持电车可以评价为劫持汽车罪；劫持汽车后摆脱司机，而由自己控制汽车的，应以劫持汽车罪与抢劫罪数罪并罚，一开始就把司机赶下车而由自己驾驶的，仅构成抢劫罪；劫持航空器罪与暴力危及飞行安全罪之间是基本法与补充法的关系。

储存与持有之间只有量的区别，持有、私藏较大数量的枪支、弹药的，应以非法储存枪支、弹药罪论处，对于持有、私藏爆炸物、危险物质的，应当评价为非法储存爆炸物、危险物质罪；危险物质犯罪不是具体危险犯，“危害公共安全”是对危险物质性质的要求，成立该类罪不要求形成现实性的具体危险，出于隐匿、抛弃目的而窃取的，也能构成盗窃危险物质罪。违规制造、销售枪支罪中的“依法被指定、确定的枪支制造企业、销售企业”系表面的构成要件要素，该罪属于短缩的二行为犯。认识到对象物既包括普通财物又包括枪支而盗窃的，应当数罪并罚，盗窃枪支过程中使用暴力的能够转化为抢劫罪，不能转化为抢劫枪支罪；持有手榴弹只能评价为非法储存爆炸物罪，非法制造、买卖枪支行为超过追诉时效的，应以非法持有枪支罪定罪处罚；丢失枪支不报罪的认识内容是不报告行为以及由此形成的抽象性危险，成立该罪要求不报告行为与严重后果之间存在因果关系；在火车上捡拾枪支并控制枪支的，只能评价为非法持有枪支罪，将已经非法持有的枪支带入公共场所的，应以非法持有枪支罪与非法携带枪支危及公共安全罪数罪并罚。

重特大责任事故频发，严重威胁下层劳动人员的生命安全，成为影响社会稳定、降低政府威信的重要因素。事故犯罪不仅应追究直接责任人员的责任，而且不应遗漏追究相关人员未确立安全管理体制、未配备安全设施、未对员工进行安全知识培训以及对负责人选任不当的管理过失责任，以及对直接责任人员负有监督义务而疏于履行，致使事故发生的监督过失责任。根据各类事故犯罪的特点，可以大致分为矿难事故型、建筑施工事故型、服务经营事故型、危险品事故型以及其他事故型五种类型，应当针对各事故类型的特点提出有针对性的事故防范措施。

难以明确划清责任事故犯罪之间的界限，而应承认事故犯罪之间广泛存在竞合关系，从一重处罚即可。重大责任事故罪是责任事故犯罪的基本罪名、堵截罪名，凡符合其他事故犯罪构成要件的，也基本符合重大责任事故罪的构成要件；承认交通肇事罪与重大飞行事故罪、铁路运营安全事故罪、重大责任事故罪和危险物品肇事罪之间的竞合关系，有助于认定为“交通运输肇事后逃逸”及“因逃逸致人死亡”；责任事故犯罪与国有公司、企业、事业单位人员失职罪、玩忽职守罪之间也存在竞合关系；过失致人死亡罪、过失致人重伤罪中的“本法另有规定的，依照规定”属提示性规定，同时符合责任事故犯罪和后罪构成要件时，可以从一重处罚。

“违反交通运输管理法规，因而发生重大事故”的含义是，只有具有类型性地导致重大事故发生危险性的行为，才是交通肇事罪的实行行为；《最高人民法院关于审理交通肇事刑事案件具体应用法律若干问题的解释》第2条关于交通肇事罪定罪条件的规定，导致与作为普通过失犯的过失致人死亡罪、过失致人重伤罪在处罚上严重失衡，应认为只要肇事导致被害人重伤的，就构成交通肇事罪；加重处罚肇事逃逸的根据不在于督促行为人投案，而在于督促肇事者救护伤者及消除路障以避免后续事故的发生；逃逸致死既包括不救助伤者致其死亡，也包括未消除路障引起后续事故而致人死亡；单纯逃逸致人死亡以逃逸致死论处就能做到罪刑相适应，积极移置逃逸而升高死亡危险的，以故意杀人罪定罪处罚，没有升高危险甚至降低危险的，只能以逃逸致死论处；成立肇事逃逸和逃逸致死不以肇事行为构成交通肇事罪为前提；行人等交通参与者也能成为肇事逃逸、逃逸致死的主体；指使逃逸的，能成立肇事逃逸或逃逸致死的共犯。

生产、销售伪劣商品罪诸多问题的处理，应以法益为指导。生产、销售伪劣商品罪所保护的主要法益是消费者的生命、健康、财产权，产品质量管理制度以及社会主义市场经济秩序只是反射利益。为有效保护消费者权益，不应以加工费和中间商的协议价计算销售金额，应一概以最终按正品出售给消费者的市场零售价计算；生产、销售伪劣商品罪不全都是选择性罪名，只有生产、销售假药罪，生产、销售不符合卫生标准的食品罪，生产、销售有毒、有害食品罪，生产、销售不符合标准的医用器材罪才是选择性罪名，所以仅生产了上述产品而未销售的，能够单独成立生产假药罪等罪的既遂；在生产、销售伪劣商品过程中假冒商标、非法经营的，由于侵犯了数个法益，存在规范性意义上的数个行为，故应数罪并罚。

刑法理论通说将危害公共卫生罪的法益泛泛地确定为所谓管理制度或者管理秩序，由于过于抽象，而不能发挥对构成要件解释的指导作用，对既未遂、罪数等具体问题的处理也无所作为。公共卫生的实质是公众健康；非法组织卖血罪的法益是供血者与用血者的健康；强迫卖血罪的法益是供血者的自由与健康以及用血者的健康；非法采集、供应血液、制作、供应血液制品罪和采集、供应血液、制作、供应血液制品事故罪的法益是供血者和用血者的健康；非法行医罪的法益是就诊人的健康；非法进行节育手术罪的法益是国家的计划生育政策或者就诊人的健康。

破坏环境资源保护罪说到底是保护公众的生命与健康，因而理论上属于抽象性公共危险犯。司法解释确定的非法处置"进口"的固体废物罪，混淆了"进境"与"进口"；擅自进口固体废物中的"未经国务院有关主管部门许可"，系指未经国务院有关环保主管部门许可；将捕捉水生动物解释为"猎捕"没有超出一般人的预测可能性；非法采矿、破坏性采矿，虽然侵害了他人矿产资源所有权，无需以盗窃罪、故意毁坏财物罪定罪处罚；收购、出售古旧家具，不构成非法收购、出售国家重点保护植物制品罪；采伐枯死珍贵树木，不构成非法采伐国家重点保护植物罪；砍伐自己承包经营管理的林木，构成滥伐林木罪，不应构成盗伐林木罪；超出采伐许可证数量采伐他人林木的，应构成盗伐林木罪，而不是滥伐林木罪。

陈洪兵

2011 年 5 月

Contents

目 录

上篇 总 论

第一章 危险社会的危险犯论纲 / 2
一、诘难：危险犯理论有用吗 / 4
二、我国危险犯理论应研究解决哪些问题 / 8
三、结论：危险犯理论能够有所作为 / 32

第二章 公共危险犯未完成形态 / 35
一、危害公共安全罪 / 38
二、生产、销售伪劣商品罪 / 56
三、危害公共卫生罪 / 60
四、破坏环境资源保护罪 / 63
五、归纳总结 / 67

第三章 具体危险犯与抽象危险犯的归类 / 69
一、梳理具体危险犯与抽象危险犯的归类 / 71
二、具体危险犯归类的合理性审视 / 73
三、归纳总结 / 89

中篇 危害公共安全罪

第四章 破坏型公共危险犯 / 92
一、对象的认定及公共危险的判断 / 93
二、“破坏”的含义 / 103
三、罪数及竞合 / 111

四、归纳总结 / 117

第五章 暴力危及交通安全犯罪 / 119
一、劫持航空器罪 / 120
二、劫持船只、汽车罪 / 128
三、暴力危及飞行安全罪与劫持航空器罪之间的竞合 / 134
四、归纳总结 / 135

第六章 枪支、弹药、爆炸物、危险物质犯罪 / 136
一、非法制造、买卖、运输、邮寄、储存枪支、弹药、爆炸物罪 / 138
二、非法制造、买卖、运输、储存、盗窃、抢夺、抢劫危险物质罪 / 148
三、违规制造、销售枪支罪 / 152
四、盗窃、抢夺、抢劫枪支、弹药、爆炸物罪 / 154
五、非法持有、私藏枪支、弹药罪 / 159
六、非法出租、出借枪支罪 / 165
七、丢失枪支不报罪 / 168
八、非法携带枪支、弹药、管制刀具、危险物品危及公共安全罪 / 173
九、归纳总结 / 178

第七章 责任事故罪中管理、监督过失责任 / 180
一、管理、监督过失理论概述 / 181
二、责任事故的类型化分析 / 184
三、简单总结 / 208

第八章 事故犯罪的竞合 / 209
一、重大责任事故罪与相关事故犯罪之间的竞合 / 212
二、交通肇事罪与相关事故犯罪之间的竞合 / 219
三、事故犯罪与国有公司、企业、事业单位人员失职罪及玩忽职守罪的竞合 / 226
四、事故犯罪与过失致人死亡罪、过失致人重伤罪之间的竞合 / 228
五、简单总结 / 230

第九章 交通肇事罪的解释 / 231
一、国内外现状 / 231
二、“违反交通运输管理法规，因而发生重大事故”的含义 / 234

三、“致人重伤、死亡或者使公私财产遭受重大损失”的认定 / 249
四、“交通运输肇事后逃逸”的理解与认定 / 255
五、“因逃逸致人死亡”的理解与认定 / 267
六、归纳总结 / 276

下篇　其他公共危险犯

第十章　生产、销售伪劣商品罪的法益 / 280
一、生产、销售伪劣商品罪保护什么 / 281
二、法益对于“销售金额”认定的指导 / 285
三、生产、销售伪劣商品罪是否选择性罪名 / 290
四、法益对于罪数及竞合处理的指导 / 295
五、归纳总结 / 296

第十一章　危害公共卫生罪的法益 / 298
一、通说的缺陷 / 299
二、法益对构成要件解释及适用的指导 / 303
三、简单总结 / 316

第十二章　破坏环境资源保护罪的解释 / 317
一、理论现状：长于批评，拙于解释 / 318
二、个罪构成要件解读 / 319
三、归纳总结 / 338

主要参考文献 / 340

上　篇

总　论

第一章　危险社会的危险犯论纲

主要观点

1. 现代社会也称为风险社会、危险社会，现代刑法也被称为危险刑法。

2. 尽管通说关于危险犯的理论千疮百孔，但不能断言危险犯理论是无用的理论，为应对现代社会日益增多的危险，应当加强危险犯理论的研究。

3. 现行危险犯理论把精力集中在危险状态是否既遂的标志、形成危险状态后行为人主动消除危险的是否成立犯罪中止这个问题的争论上。

4. 危险犯理论应当求真务实地研究如下问题：

（1）危险犯与实害犯、行为犯、结果犯相关概念之间的关系。

（2）危险犯具体个罪的既遂、未遂、预备、中止的认定及其如何选择适用法定刑幅度的问题。

（3）如何准确界定和归类具体危险犯与抽象危险犯，从而为立法论和解释论提供根据。

（4）如何处理危险犯之间及与相关人身犯罪、财产犯罪之间的界限与竞合问题。

（5）我国现行刑法是否存在过失危险犯的规定，以及应否增设过失危险犯问题。

“随着社会生活的复杂化、科学化、技术化，对于个人而言，社会就像一个巨大的黑匣子，不可能进行主体性的控制。人们的生活主要依赖脆弱的技术手段，与此同时，个人行为所具有的潜在危险也飞跃性地增大，人们不知瞬间会发生何种灾难。”[1]德国著名社会学家乌尔里希·贝克（Ulrich Beck）首次提出作为现代社会核心概念的“风险社会”概念。它是指西方工业国家在经济、社会、

---

〔1〕［日］井田良：《変革の时代における理论刑法学》，庆应义塾大学出版会2007年版，第19页。

技术和医疗结构高速改进过程中，社会肌体对混乱的抵抗力完全丧失的一种社会状况。在现代化进程中，生产力的指数式增长，使危险和潜在威胁的释放达到了一个前所未有的程度。与传统风险相比，现代风险在本质、表现形式和影响范围上有了很大不同，它们更难预测、更难捉摸，并且影响范围更宽广，带来的破坏性也更严重。风险社会的风险具有风险的难以感知性、风险的难以计算性、风险的延展性等特征。[1]

国内也有不少学者开始关注风险社会问题。如有学者指出，“现代社会越来越多地面临各种人为风险，计算机病毒、电磁辐射、转基因食品、环境污染等新型风险无一不在挑战着社会安全及公众安全感的底线。2008 年发生的‘三鹿奶粉’事件，便是对这一点的有力证明。”[2]更有学者不无忧虑地指出，“作为一个处于高速发展和社会转型过程之中的大国，我国面临的风险管理任务更加艰巨。转型时期体制滞后的内在性挑战、环境变化的外在性挑战以及全球化的国际性挑战并存，前现代、现代和后现代的社会结构特征在当下的中国交织存在，由此造成了风险类型的多样、风险主体的多元以及风险关系的复杂。近年来发生的一系列事件，如 SARS、假奶粉、雪灾、松花江污染、交通事故、手足口病、地震、煤矿溃坝事件、毒奶粉事件，涵盖了风险的方方面面，无不彰显了风险社会其实离中国并不遥远。因而，研究如何应对风险社会具有极强的现实意义。”[3]还有学者不无深刻地指出，“当代社会的风险性质使得刑法变成管理不安全性的控制工具，风险成为塑造刑法规范与理论的重要社会力量。这种塑造往往以公共政策为中介，后者由此成为刑法体系构造的外在参数。风险社会的本质决定抽离公共政策的分析范式将无法真正认识现代刑法。”[4]

其实，毋庸赘言，每个人都已经现实地感受到现代社会风险无处不在、无时不在。比如，本就狭窄的街道两旁停满了私家车，送小孩上学或傍晚时分携情侣或家人散步，心情不可能放松，弦不可能不绷紧，因为说不定就会有“飞来横祸”。可以毫不夸张地说，现代人能平平安安地活到七八十岁实乃幸运！

“风险社会”基本上属于社会学上的概念。刑法学上，在德国，为了跟以前

---

〔1〕 参见［德］乌尔里希·贝克：《风险社会》，何博闻译，译林出版社 2004 年版，第 18～20 页。

〔2〕 薛进展、王思维：“风险社会中危险犯的停止形态研究”，载《华东政法大学学报》2009 年第 5 期，第 38～39 页。

〔3〕 郝艳兵：“风险社会下的刑法价值观念及其立法实践”，载《中国刑事法杂志》2009 年第 7 期，第 16 页。

〔4〕 劳东燕：“公共政策与风险社会的刑法”，载《中国社会科学》2007 年第 3 期，第 129 页。

的社会相区别，通常把现代社会作为危险社会来把握，为了消除人们的不安感，提出了刑法介入的早期化的必要性与妥当性问题。[1]日本学者关哲夫指出，“被称为危险社会的现代社会中的预防主义的刑法，可能被称为‘危险刑法’更为恰当”。“现代社会中所包含的危险的特征，可以归纳为潜在的危险，广泛的危险，积累的、连锁的危险等几点”。“包含潜在的、广泛的、积累的、连锁的危险的现代社会，对于这些危险的管理、控制却显得无能为力”。“为应对作为危险社会的现代社会中的危险，为维持平稳的社会生活秩序而对刑法法规抱有强烈的期待”。“对于现代社会中刑事立法的新样相来说可以简单归结如下：处罚预备行为的原则化，抽象的危险犯类型的多用化，管理、统制的刑罚法规多用等”。[2]

笔者倾向于在刑法学上称现代社会为危险社会，现代刑法为危险刑法。

一、诘难：危险犯理论有用吗

现代社会已进入所谓危险社会，现代刑法可谓危险刑法，故展开危险犯理论研究具有现实意义。但是，正当国内学者“为跟国际接轨”而如火如荼地开展危险犯理论研究时，不仅不少学者对通说提出了质疑，而且华东政法大学的杨兴培教授还在《中国法学》2000 年第 3 期上撰写“危险犯质疑”一文（以下简称“杨文”），其中甚至直截了当地指出，“危险犯的理论既不科学，也不可取”，因而是无用的理论。[3]

[诘难之一] “相对于实害犯而出现的危险犯，实际上有时属于相对结果犯而成立的一种行为犯，危险犯实际上就是危险行为犯应属无疑。当我们把危险犯界定在危险犯行为范畴之内时，就可以先得出这样一个结论，危险犯就是只要实施了具有危险性质的行为，即使没有造成实在的危害结果就可以构成犯罪的情形。这样危险犯理论就暴露出它的第一个矛盾之处：即危险的本质在于其行为的危险。而行为的危险是否可以直接构成犯罪？现代刑法中的犯罪构成理论表明，犯罪构成是行为主客观要件相统一的整体。行为具有危险性，并不必然就可以构成犯罪。危险的行为能否构成犯罪，我们还必须借助于行为人主观上是否已存有

---

〔1〕 参见［日］山口厚：“危险犯总论”，载［日］西原春夫编：《危险犯と危险概念——二十一世纪第四回（通算第十回）——日中刑事法学书讨论会报告书》，成文堂 2005 年版，第 11 页。

〔2〕［日］关哲夫：“现代社会中法益论的课题”，王充译，载赵秉志主编：《刑法论丛》第 12 卷，法律出版社 2007 年版，第 337 页以下。

〔3〕 参见杨兴培：“危险犯质疑”，载《中国法学》2000 年第 3 期，第 120 页以下。

罪过为条件。……故意犯罪（这里主要是指直接故意犯罪）的理论本身已表明，只要行为人主观上有故意，客观上有行为，其行为本身已经构成了犯罪，通过危险犯的理论，欲证明行为只要具有危险性质就可以作为犯罪构成的要件而认定犯罪的成立，其本身纯属多余。”（杨文第121页）

［诘难之二］“危险状态的实质在于行为性质的危险。把危险状态看成是介于危险行为与危害结果之间的一种特殊状态，实质上仍然没有超越危险行为状态的范畴，危险犯还是危险行为犯或者行为危险犯。行为没有造成实际危害，并不等于行为没有危害。从逻辑上说，危害的概念大于危险的概念，两者可以被看成是有程度上的差异，但在本质上还是一致的。危害是属概念，反映了行为的本质所在；危险是种概念，反映了行为的表现形式，仍属于危害的范畴。犯罪的本质特征表明，任何犯罪都是对社会有危害的，因而也是危险的。当我国刑法借助于主观罪过把一切危害社会的（指达到犯罪的严重程度）行为都规定为犯罪，那么具有危险性的行为当然也已在犯罪之列。这样，在危害行为之外再提出危险行为又有多大的理论价值和实践意义？这是危险犯理论的第二个矛盾之处。”（杨文第122页）

［诘难之三］“面对危险犯的第二个矛盾，危险犯理论又开始进行第三次修正改造，认为危险状态不属于行为范畴，而是属于结果范畴。……然而，这一理论的修改必然产生诸多无法自圆其说的矛盾。……把危险状态视为就是犯罪结果，势必认定为行为人只知其行为结果的危险（可能）性，而不追求其行为结果的现实性。这里暂且不说这种观点只是臆想的产物，而不是实际的反映。而且这种观点的错误还在于把危险状态看成是一种静止的现象。试想一个欲实施破坏交通工具犯罪的行为人把炸药置放在铁路上，这一现象被危险犯理论视为已造成了危险状态，结果已经出现。然而这一炸药置放在铁路上，是否就是犯罪过程的最终结果，这一状态是否不再向前延伸发展？当然不是。我们无论如何不会从炸药置放在铁路上就把这种状态视为犯罪的完成。而行为人之所以要把炸药置放在铁路上，决不会以创造某种危险状态为满足。把危险状态视为结果的内容，并以这一结果作为犯罪既遂的认定标准，实际上已经与危险犯理论的初衷发生了严重的冲突。结果犯的传统理论认为，只有出现了属于行为人目的的内容并为犯罪构成所要求的结果时，才属于犯罪的既遂。而危险犯理论提出，本来就是想否认这一既遂标准的合理性，指出犯罪既遂标准的多元化。但是当他们把危险状态引入犯罪结果内容中，反而为结果犯既遂标准作了最好的注解，同时又反过来宣告自身理论的不堪一击。只要危险犯的理论不把自已从危险状态就是危害结果的漩涡中挣扎出来，那么它永远是结果犯的附属品。而当它能从危险状态就是危害结果的

漩涡中挣扎出来，那么它又必然会被行为犯的理论洪流所淹没。我们认为，概念的统一，定义的确切，是我们进行理论思考和科学研究的基础，当我们面对各种危险犯不同的概念和不同的理解，我们不得不得出这样一个结论，危险犯的理论不科学，在行为犯和结果犯之外，再提出危险犯的理论是画蛇添足，因为它不具有理论上的独立性，无论是被视为是危险行为的必要内容，还是被视为是危害结果的必要内容，都得最终依附于行为犯或者结果犯。而当我们通过对危险犯概念和危险概念和危险犯理论的透视，我们更愿意把危险犯看成是行为犯的一个组成部分。”（杨文第122~123页）

［诘难之四］“提出危险犯观点和危险犯理论的一个视为十分重要的理由，就是我国刑法分则的特别规定中有着众多的危险犯的犯罪存在。……其实，危险犯的理论错误来源于它力图从注释刑法学的角度出发，通过刑法本身具有的‘危险’规定来解释危险犯的法律根据，但却在法理刑法学的角度，无力否定危险等同于足以造成严重后果的含义，因此又把危险犯界定于尚未造成严重后果的基础上。……而任何一个造成严重后果的犯罪之前，都有一个足以造成严重后果的可能状态，从而把危险犯扩大到所有这些犯罪，危险犯又必然丧失它的理论基础。……我们得出的结论是，危险犯不是法定的犯罪形态，危险犯的理论也不是对刑法规定的科学概括。所以，刑法中有危害行为的法定形式，而不存在危险犯的法定形式。因为刑法中不存在没有危险的危害行为。”（杨文第123~125页）

［诘难之五］“危险犯理论的一个显著特点是，把危险状态看成是犯罪构成的必要要件，没有危险状态，该罪的犯罪构成就不能具备，或曰就不能齐备。综观危险犯的理论，它们是把危险状态看成是犯罪构成的齐备条件加以认定的，进而把危险状态视为是犯罪既遂的一种形式。……这样就产生了一个无法圆说的问题，一个决意用炸药炸毁交通工具的行为人，在他购买炸药时被擒获，这算不算已具备了破坏交通工具罪的犯罪构成？如果在他携带炸药接近交通工具时被擒获，此时算不算已具备了破坏交通工具罪的犯罪构成而被认定为已构成犯罪。如果说此时也已具备了破坏交通工具罪的犯罪构成，那么提出只有存在了危险状态才可以认定为具备危险犯的犯罪构成，岂不是纯属多余又自相矛盾？……对于所谓的危险犯来说，只要具备了危险行为，就已具备了某种犯罪的犯罪构成，即使诸如炸药还未放在交通工具上，当然仍不影响破坏交通工具罪的成立。而把炸药已放在交通工具上，视为才具备破坏交通工具罪的犯罪构成，不过是把这一犯罪构成具备看成一种犯罪结果而视为犯罪构成的齐备，即已构成既遂。然而这种既遂现象又如何解释行为人进一步点燃导火线、炸毁交通工具的行为现象呢？我们

至今不得而知。但要危险犯理论彻底否认点燃导火线、炸毁交通工具在犯罪既遂中的意义，难圆其说。于是在危险犯犯罪构成的解释中，出现了有炸毁结果和无炸毁结果在犯罪既遂中具有同一价值，进而可以引申出同一种犯罪有两种不同的既遂形式。这样，危险犯理论的提出，意味着我国刑法理论的本身不完善。然而问题还在于把危险状态看成是一种结果形式，而不是一种行为内容，犯罪构成的基本理论并没有错误。……而危险犯理论把危险状态看成是一种结果形式，显然又把这种结果看成是行为人明知的内容和希望的对象，如何解释这种犯罪构成的内容，值得危险犯理论的深思。把危险状态看成是一种静止的现象，不再向前发展，不会向前延伸，不可能是运动的，是否属于一种形而上学的思维模式?"（杨文第125~126页）

［诘难之六］"危险犯理论的提出，首先是一个如何对危险犯定罪的问题，即对某些虽然尚未造成严重后果，但已有足以造成严重后果危险可能的行为如何定罪的问题。从危险犯理论认为危险犯是以行为人实施的危害行为造成的危险结果作为犯罪构成必要条件的犯罪的基本观点来看，可以清楚地看出其关于危险犯对定罪的作用与意义所在。……故意犯罪一经成立，是预备、未遂，还是既遂，对于一经成立的故意犯罪性质来说，是不发生影响的。所以，故意杀人的预备是杀人、故意杀人的未遂也是杀人，故意杀人的既遂在性质上还是杀人。……所以危险犯的理论无论怎样强调危险犯对于定罪的作用与意义如何，最终还是归结于危险犯实际上是对行为是否构成既遂发生影响。……把危险状态界定于行为性质，所有故意犯罪都是行为犯的理论已经解决了定罪问题。把危险状态界定于结果内容，至多解决了犯罪是处于既遂状态还是未遂状态，它们不再具有犯罪性质的区别。这样，危险犯的理论再复杂，体系再完整，都无法起到对定罪的作用。"（杨文第126页）

［诘难之七］"近来在刑法理论中出现了过失危险犯的观点与理论。这种观点提出我国刑法实际存在着过失危险犯的规定，并进一步提出应当根据危险犯的理论，在刑法中扩大对过失危险犯的规定。这样，危险犯的定罪作用与意义就凸现出来了。……主张过失危险犯观点者认为，我国《刑法》第330条妨害传染病防治罪，第332条妨害国境卫生检疫罪就是两个典型的例子。……我们认为《刑法》第330条的犯罪，既可以是故意，也可以是过失。是过失时，须以造成实际危害结果为条件；是故意时，只要有行为（当然是有危险，也就是有危害的行为）就可构成犯罪。……《刑法》第332条的犯罪，同样也是一个既可故意也可过失的犯罪。……我们认为我国刑法不但根本不存在过失的危险犯，而且持过失危险犯的观点最终没有解决好危险到底属于行为性质还是结果内容，因为行为抽

出了危险性质，何能产生危险的结果？……看得出，提出过失危险犯的出发点和归宿点，就是想把危险行为同时也看作危险结果，进而说明过失危险犯实际上已是有结果的犯罪，而当危险结果还没有成为实害结果时，实际上又是在惩罚过失的行为。而过失的行为也可成为惩罚的对象，那么过失犯罪理论的根基就会发生动摇，这又是过失危险犯理论根本无力匡正的。”（杨文第126～128页）

［诘难之八］“危险犯对于量刑的作用与意义，是危险犯理论的一个核心内容。因为一种犯罪一旦被认定为属危险犯，就可以视为不要犯罪结果而认定犯罪既遂。而把危险状态看成是既遂的标准，不可能再是未遂，实际上就是想提高量刑的严厉程度。提出‘危险犯既遂理论’的观点，把只有危险行为而还没有出现犯罪结果就视为犯罪既遂，或者把危险状态看成是犯罪结果而视为犯罪既遂，实际上是把犯罪的成立与犯罪的既遂视为同一概念，把犯罪构成的具备与犯罪构成的齐备混为一谈。……所以，认定犯罪既遂时，我们不能只重行为而不重结果，也不能把犯罪目的与犯罪结果相割裂，更不能否认犯罪目的内容所包含的结果出现与否，犯罪目的所包含的内容实现与否在‘犯罪得逞’和犯罪构成要件‘齐备’中的决定性作用，也不能把犯罪呈现的社会危害性大小与犯罪结果的有无等量齐观，把行为的完成即视为犯罪的既遂。”（杨文第129～132页）

如后所述，上述杨文对危险犯理论的诘难，虽然有些看法还值得商榷，但至少暴露了我国目前危险犯理论的不成熟。不过，正如有学者所指出的：“在现代立法中，危险性犯罪的数量总是在增加，但是，对危险性犯罪的研究还处在刚刚开始的阶段。”〔1〕“作为与实害犯相对应的犯罪，危险犯在现代刑事立法中占有重要的地位，并在实体规定上有不断增加的趋势；在刑法理论上也有其重要的一席之地，对此，德国刑法学者Lackner早在1969年就指出，危险犯的研究，已从刑法解释学上的继儿变成宠儿。”〔2〕我们应在合理借鉴国外危险犯理论的基础上，结合我国刑法规定和理论传统，认真思考我国危险犯理论所要解决的问题。

二、我国危险犯理论应研究解决哪些问题

（一）危险犯与实害犯（亦称“侵害犯”）、行为犯、结果犯的区分

“概念的统一，定义的确切，是我们进行理论思考和科学研究的基础。”（杨

〔1〕 Claus Roxin, Strafrecht Allgemeiner Teil BandⅠ, 4., Auflage, C. H. Beck München, 2006, S 423.

〔2〕 王志祥：“危险犯概念比较研究”，载《法学家》2002年第5期，第73页。

文第123页）我国刑法理论界一向孜孜不倦地进行概念的界定，随手一翻就能看到诸如“××概念的界定”的洋洋洒洒数万言的论文，就是明证。可是，“危险概念是一个危险的概念。”[1]“给‘危险’下定义，一定是危险的定义。因为危险有多种多样的含义。”[2]国内有不少学者秉持了匡正概念的作风，试图区分上述概念。

例如，有学者认真研究后指出，“笔者赞同将行为犯与危险犯不作为同一层次的犯罪形态，而是将危险犯与实害犯作为结果犯的下位概念，作为结果犯的不同类型。……行为犯是与结果犯相对应的犯罪形态，而危险犯是结果犯的类型之一，因而行为犯与危险犯不是同一层次的犯罪形态类型，其区分，首先是行为犯与结果犯的区分。行为犯与结果犯作为法定的犯罪既遂形态，应该以法条对某具体犯罪是否规定了结果而确定该罪是行为犯还是结果犯，在结果犯中，才有危险犯存在的余地。在此基础上，可以研究行为犯与危险犯的区分。危险犯与行为犯的区分可以分为两种情况：其一，在行为犯属于纯正的行为犯时，其区分的标准在于对犯罪客体之危险的表现形式，如果对犯罪客体的危险不是由行为所造成的行为结果所表现，而是由行为本身表现的，该罪是行为犯而不是结果犯中的危险犯，如果其危险是由行为结果表现的，该罪是结果犯中的危险犯。其二，在行为犯属于不纯正的行为犯时，其区分的标准在于是否对犯罪客体造成了现实的侵害，危险犯就与犯罪客体的关系来说只能是侵害的危险，而当行为对犯罪客体已经造成了现实的侵害，只是所造成的现实侵害不是表现为法定的结果，而是属于无法在法条中予以描述的非物质性犯罪结果，作为法定的犯罪形态就仍然属于行为犯。”[3]

若读者还没“晕”的话，再举一例。有学者在《中国法学》上撰文指出，“应当将侵害犯与危险犯的划分标准由一般意义上的可罚根据调整为完整化的刑罚根据。所谓刑罚根据的完整化，是以基本法定刑适用条件为标准，就犯罪在刑罚根据上的完整形态是侵害法益还是危殆法益而言的。也就是说，凡是以对法益发生实际侵害作为基本法定刑适用模式的犯罪是侵害犯；以仅具有发生法益实害的危险作为完整化刑罚根据的犯罪是危险犯。……结果犯与行为犯的划分，笔者主张以刑罚根据完整化是否包含结果要素为标准：结果犯是以发生犯罪的基本结果（即立法所要防止的法益实害或者危险结果）作为刑罚完整化根据的犯罪；行

---

〔1〕［日］木村龟二：《新刑法读本》，法文社1959年版，第263页。

〔2〕转引自［日］山口厚：《危険犯の研究》，东京大学出版会1982年版，第4页。

〔3〕李洁：“行为犯与危险犯之界限探析”，载《阴山学刊》2004年第6期，第87~88页。

为犯是指仅以法定的犯罪行为本身作为刑罚的完整化根据的犯罪。当然，这种分类下的结果犯还有必要进一步划分为以法定结果为成立要素的结果要件犯和以基本结果为犯罪既遂要素的结果既遂犯。至于行为犯，因为只要实施法定的实行行为，就标志着刑罚根据的完整化，是不存在犯罪既遂与未遂之分的，因而不存在进一步划分的余地。虽然侵害犯与危险犯、结果犯与行为犯这两组概念都是着眼于刑罚根据的完整化所作的犯罪分类，但两者的分类标准并不相同。侵害犯与危险犯是以犯罪完整化的刑罚根据在性质上的不同，即是对法益的侵害还是对法益的危险为划分标准的。结果犯与行为犯是以刑法根据完整化是否包含结果要素为划分标准的。由于两组概念的划分标准不同，因而并非对应或者并列关系，也非包含关系，而是一种交叉关系。交叉的结果，便形成了四种具体的犯罪类型：实害结果犯、危险结果犯、侵害行为犯、危险行为犯。"〔1〕

或许，大家本来都知道四个概念各自大概是什么意思，但经学者辨来别去，反而使大家变得"糊里又糊涂"。

首先，我们应该明确，划分行为犯与结果犯、危险犯与实害犯的理论意义何在？德国学者罗克辛指出，划分结果犯与行为犯的理论意义在于：其一，客观归责中的因果关系理论只适用于结果犯；其二，对于行为犯，确定构成行为的完成，只需要审查行为人的行为本身是否存在就够了。还有，在行为犯这类犯罪中。终了未遂（也就是行为人已经做了引起结果所需要的一切这个要素）是与犯罪既遂同时发生的。〔2〕日本学者平野龙一以行为与结果之间有无时间间隔为标准，认为行为终了与结果发生之间具有时间间隔的犯罪是结果犯，没有时间间隔的是行为犯。〔3〕我国通说认为，结果犯，是指"不仅要实施具体犯罪构成客观要件的行为，而且必须发生法定的犯罪结果才构成既遂的犯罪，即以法定结果的发生与否作为犯罪既遂与未遂区别标志的犯罪。所谓法定的犯罪结果，是专指犯罪行为通过对犯罪对象的作用而给犯罪客体造成的物质性的、可以具体测量确定的、有形的损害结果。这类犯罪在我国刑法中为数很多，而且多是常见罪、多发罪，例如故意杀人罪、故意伤害罪、抢劫罪、盗窃罪、诈骗罪，等等。如故意杀人罪的犯罪结果就是他人的死亡，发生了死亡结果的为既遂，因行为人意志以外

〔1〕 刘之雄："刑罚根据完整化上的犯罪分类——侵害犯、危险犯、结果犯、行为犯的关系论纲"，载《中国法学》2005 年第 5 期，第 148 ~ 151 页。

〔2〕 Vgl. Claus Roxin, Strafrecht Allgemeiner Teil Band Ⅰ, 4., Auflage, C. H. Beck München, 2006, S 330.

〔3〕 参见［日］平野龙一：《刑法总论Ⅰ》，有斐阁 1972 年版，第 118 页。

原因未发生死亡结果的为未遂。”行为犯，是指“以法定犯罪行为的完成作为既遂标志的犯罪。这类犯罪的既遂并不要求造成物质性的和有形的犯罪结果，而是以行为完成为标志，但是这些行为不是一着手即告完成的，按照法律的要求，这种行为要有一个实行过程，要达到一定程度，才能视为行为的完成。因此，在着手实行犯罪的情况下，如果达到了法律要求的程度就是完成了犯罪行为，就应视为犯罪的完成即既遂的构成；如果因犯罪人意志以外的原因未能达到法律要求的程度，未能完成犯罪行为，就应认定为未完成犯罪而构成犯罪未遂。这类犯罪在我国刑法中有相当的数量，例如强奸罪、奸淫幼女罪、传播性病罪、脱逃罪、偷越国（边）境罪、投敌叛变罪等。如脱逃罪以行为人达到逃脱了监禁羁押的状态和程度，作为犯罪行为完成和犯罪既遂成立的标志，未能达到这一程度的是犯罪行为未完成，应成立犯罪未遂。”〔1〕

笔者认为，通说对于行为犯（Tätigkeitsdelikte）与结果犯（Erfolgsdelikte）的界定基本上是正确的。虽然有时结果犯的结果未必就是有形的，如精神伤害、盗窃财产性利益等。其实，行为犯与结果犯的区分主要是解决犯罪既遂标准的问题，与之相关的是因果关系是否需要特别判定的问题。尽管行为犯与结果犯这组概念和危险犯与实害犯这组概念存在交叉，但由于人们已经熟知这些概念，断然取消这组概念实在没有必要。〔2〕需要说明的是，我国通说在行为犯与结果犯之外，还有所谓举动犯概念，认为举动犯，“也称即时犯，是指按照法律规定，行为人一着手犯罪实行行为即告犯罪完成和完全符合构成要件，从而构成既遂的犯罪。”〔3〕应该说，在大陆法系刑法理论中，行为犯与举动犯是同一概念。〔4〕按照

---

〔1〕 高铭暄、马克昌主编：《刑法学》（第四版），北京大学出版社、高等教育出版社2010年版，第159、160页。另参见王作富主编：《刑法》（第四版），中国人民大学出版社2009年版，第118、119页。

〔2〕 国内有学者借鉴日本学者平野龙一的观点，提出“行为犯是行为与结果同时发生的犯罪，因果关系便不成其为问题；结果犯则是行为与结果之间具有时间间隔的犯罪，需要认定行为与结果之间的因果关系。”参见张明楷：《刑法学》（第三版），法律出版社2007年版，第155页。笔者认为，即便是公认的结果犯如盗窃罪，也可能行为与结果同时发生，如盗窃财产性利益；而且，行为与结果之间没有时间间隔只是观念性的，事实上也会有一定的时间间隔，因此行为与结果之间是否具有时间间隔也只是相对性的；况且，这种区分不涉及犯罪既未遂问题，仅涉及因果关系认定的问题，而因果关系的认定事实上基本仅限于杀人、伤害等个别罪名，为了个别罪名提出行为犯与结果犯概念实在是小题大作。

〔3〕 高铭暄、马克昌主编：《刑法学》（第四版），北京大学出版社、高等教育出版社2010年版，第160页。

〔4〕 参见［日］大谷实：《刑法讲义总论》（新版第三版），成文堂2009年版，第126页。

通说，参加恐怖活动组织罪、参加黑社会性质组织罪等，着手实行即构成既遂。[1]但是，事实上不可能行为人喊一嗓子"我来也"，就算加入组织了，从着手参加到最终加入，多少需要一定的过程和持续时间。所以通说提出所谓举动犯是一着手即构成既遂是存在疑问的。

划分危险犯（Gefährdungsdelikte）与实害犯（Verletzungsdelikte）的理论意义何在？首先，我们看看国外及我国台湾地区刑法理论对这组概念的界定。日本刑法理论通说认为，以法益的现实侵害为必要的犯罪是侵害犯（实害犯），单单以发生侵害法益的危险为已足的犯罪是危险犯（危殆犯）。[2]台湾学者林钰雄认为，"依法益或行为客体受侵害之程度为区别标准，可分为实害犯与危险犯。实害犯指行为必须对于行为客体造成客观可见之损害结果，始能既遂之犯罪。例如，杀人罪必须造成被害人死亡的实害结果才属既遂，否则最多只能成立未遂；其他如伤害罪、毁损罪等，皆属实害犯。实害犯本质上属于结果犯。反之，危险犯只需行为对法益或行为客体惹起危险状态，无待实害结果发生即能成立犯罪。例如，遗弃无自救能力人，使其生命陷于危险状态，构成遗弃罪。"[3]显然，该学者是在犯罪既遂意义上界定实害犯和危险犯，得出的结论是实害犯本质上属于结果犯。台湾另一学者陈子平认为，实害犯是以现实上之法益侵害为内容之犯罪。如我国台湾地区"刑法"第271条第1项杀人罪之既遂犯、第277条第1项伤害罪之既遂犯、第320条第1项窃盗罪之既遂犯等大多数之犯罪。危险犯是以发生法益侵害之危险为内容之犯罪。[4]

国内通说基本上是将危险犯与结果犯、行为犯、举动犯概念放在一起论述，而未直接涉及实害犯概念，认为，危险犯是指"以行为人实施的危害行为造成法律规定的发生某种危害结果的危险状态作为既遂标志的犯罪。如《刑法》第114、116~118条所规定的犯罪等，这类犯罪在刑法理论上称为危险犯。"[5]国内有学者借鉴国外的危险犯与实害犯理论后指出，"在我国，危险犯与侵害犯不是就罪名而言，而是就犯罪的具体情形而言。例如，故意杀人罪既遂，是侵害犯，但故意杀人未遂则是危险犯；刑法第114条所规定的放火等罪，属于具体的危险犯，

---

〔1〕 高铭暄、马克昌主编：《刑法学》（第四版），北京大学出版社、高等教育出版社2010年版，第160页。

〔2〕 参见［日］大塚仁：《刑法概说（总论）》（第四版），有斐阁2008年版，第130页；［日］山中敬一：《刑法总论》（第二版），成文堂2008年版，第168页。

〔3〕 林钰雄：《新刑法总则》，中国人民大学出版社2009年版，第75页。

〔4〕 陈子平：《刑法总论》（2008年增修版），中国人民大学出版社2009年版，第74页。

〔5〕 高铭暄主编：《刑法专论》（第二版），高等教育出版社2006年版，第288页。

但刑法第115条规定的放火等罪，则属于侵害犯。当人们说放火罪是具体危险犯时，是就第114条规定的放火罪而言，即只有发生具体的危险，才可能成立刑法第114条的放火罪。刑法第115条规定的放火罪，则是在具备具体危险的前提下发生了严重后果的侵害犯。"〔1〕另有学者指出，行为犯是与结果犯相对应的犯罪形态，而危险犯是与实害犯相对应的犯罪形态。危险犯与实害犯是依据是否对犯罪客体造成了现实的侵害对犯罪形态的划分。〔2〕

笔者认为，若要保留危险犯与实害犯这对概念，就应在功能上有别于行为犯与结果犯。划分行为犯与结果犯的功能在于犯罪既遂的成立条件及因果关系是否需要特别判定，而划分危险犯与实害犯的功能定位应在于犯罪的成立条件上。为了避免引起歧义，首先应界定四个前提：一是由于从处罚根据角度讲，国外刑法理论公认，所有未遂犯都是危险犯，这样，所有犯罪都是危险犯，因此，为便于讨论，我们应将危险犯限定于狭义危险犯，即条文中有"危险"字样以及理论上认为发生法益侵害的危险为犯罪成立条件的犯罪。二是国外处罚犯罪预备通常限于刑法分则的明文规定，而且通常不设处罚犯罪预备的总则性规定，如日本、德国，这样，在处罚预备限于分则明文规定的国家，基本上可以认为，不具备犯罪成立条件的就不构成犯罪，但在我国，不能说没有发生法益侵害的危险而不具备危险犯成立条件的，就不构成犯罪。例如，预备放火、爆炸或者已着手放火、爆炸而尚未形成公共危险的，虽然不符合《刑法》第114条的适用条件，但不能说不构成放火、爆炸罪，因为放火、爆炸罪的预备也是应受处罚的。所以，我们讨论侵害法益的危险的发生是犯罪成立条件时，暂时没有考虑危险犯预备的情形。三是虽然我国原则上处罚所有故意犯罪的未遂犯，但事实上仅处罚少量性质严重的犯罪的未遂，也就是说，虽然我国原则上处罚所有故意犯罪的未遂犯，但事实上与日本、德国一样，〔3〕仅处罚部分犯罪的未遂，因而从一般意义上讲，犯罪成立的条件等于犯罪既遂的条件。四是如后所述，理论上又将危险犯分为具体危险犯与抽象危险犯，危险需要法官在个案中具体判定的属于具体危险犯，由于行为本身具有类型性的危险，危险只是处罚根据，因而危险存在与否不需要法官在个案中具体判定，只需判定是否完成一定的行为就可认定存在危险的属于抽象危险犯；虽然抽象危险犯也属于危险犯范畴，危险的存在也是抽象危险犯成立的条

---

〔1〕 张明楷：《刑法学》（第三版），法律出版社2007年版，第154页。

〔2〕 参见李洁："行为犯与危险犯之界限探析"，载《阴山学刊》2004年第6期，第87页。

〔3〕 日本《刑法》第44条规定，处罚未遂的情形，由各本条规定。德国《刑法》第23条规定，重罪的未遂一律处罚；对轻罪的未遂的处罚以法律有明文规定为限。

件，但危险并不需要具体地发生，所以，我们所称危险的发生是犯罪成立条件，既指危险的具体发生也包括危险的推定存在。

基于上述前提，笔者认为，所谓危险犯是指以侵害法益的危险的发生为犯罪成立条件的犯罪，实害犯是指以法益的现实侵害为犯罪成立条件或者说构成要件的犯罪。由此，刑法中放火罪、爆炸罪、投放危险物质罪、以危险方法危害公共安全罪、破坏交通工具罪、破坏交通设施罪、破坏电力设备罪、破坏易燃易爆设备罪、破坏广播电视设施、公用电信设施罪，以及非法制造、买卖、运输、邮寄、储存枪支、弹药、爆炸物罪等属于危险犯，因为都以危险的发生而不以实害的发生作为犯罪成立的条件。与此相对，所有的过失犯罪都可谓实害犯，[1]因为通说认为，过失犯罪的成立以实害的发生为前提。另外，生产、销售劣药罪，生产、销售不符合安全标准的产品罪，生产、销售伪劣农药、兽药、化肥、种子罪，生产、销售不符合卫生标准的化妆品罪，滥用职权罪，玩忽职守罪等故意犯罪也属于实害犯，因为都以实害的发生作为犯罪成立的条件。

至于危险犯、实害犯与行为犯、结果犯之间的关系，由于两组概念的功能有别，划分标准有异，所以完全可能存在交叉。正如男人和女人与精神正常的人和精神不正常的人之间存在交叉。非法持有枪支罪属于危险犯（抽象危险犯）但属于行为犯，盗窃枪支罪属于危险犯（抽象危险犯）但也属于结果犯，伪证罪属于危险犯（抽象危险犯），也属于行为犯。由于结果犯中的结果只是犯罪既遂的条件而不是犯罪成立的条件，所以结果犯和实害犯之间属于排斥对立关系。

综上，笔者认为，由于所有的定义都是不完整的，给概念下定义时只能在有助于理解的前提下提出一个人们可大致接受的定义。若要保留危险犯、实害犯与行为犯、结果犯两组概念，应当在各自功能定位的基础上提出划分的标准，即行为犯与结果犯这对概念旨在解决犯罪既遂成立条件的问题，以发生法益侵害结果

---

〔1〕 由于理论上认为过失犯只有成立与否的问题，故理论通说总是不承认过失犯既遂的提法。其实，国外刑法理论普遍认为，过失犯也有实行行为，也存在着手后而未遂的情形，只是不处罚过失未遂犯罢了。同样，我国理论通说认为间接故意犯罪也只有成立与否的问题，故理论上始终不承认间接故意犯罪的未遂的提法。其实，一是间接故意也有实行行为，也会存在着手后而未遂的情形，故理论上完成可能成立间接故意犯罪的未遂；二是我国《刑法》第 23 条关于犯罪未遂的规定并没有把间接故意犯罪排除在外，承认间接故意犯罪的未遂，并不违反罪刑法定原则；三是若坚持认为间接故意犯罪的未遂一概不应处罚的话，则在行为人着手而未遂的情形，假定无法查明行为人主观上到底是出于直接故意还是间接故意，根据存疑时有利于被告人原则，结局只能宣告无罪，这无疑为被告人指明了通过狡辩逃避处罚的方向；四是处罚间接故意的未遂也是实践的要求，例如，行为人为骗取保险金而放火，虽然想到建筑物内可能有人，但还是执意纵火，果真建筑物内有人在烧死之前纵身跃出，仅受轻微伤，虽然行为人对被害人的死亡只有间接故意，恐怕还是有以故意杀人未遂加以处罚的必要。

为犯罪既遂成立条件的是结果犯，以一定行为的完成为犯罪既遂成立条件的是行为犯；危险犯与实害犯这对概念旨在解决犯罪成立条件的问题，以侵害法益的危险的发生为犯罪成立条件的是危险犯（不考虑危险预备犯），以法益的现实侵害为犯罪成立条件的是实害犯。

（二）危险犯的既遂、未遂、预备与中止

我国刑法理论通说认为，“危险犯，是指不仅要求行为实施完毕刑法分则规定的特定犯罪行为，而且要求以犯罪行为足以造成某种危害社会结果发生的危险状态作为既遂标志的犯罪。”〔1〕（以下简称“危险状态既遂说”）近年来，不少学者对作为通说的“危险状态既遂说”发起了挑战。通说的理由在于：一是，我国刑法分则关于犯罪的规定是以既遂为模式的，其规定的构成是既遂的构成要件。二是，我国刑法总则只对犯罪预备、未遂与中止这三种犯罪未完成形态的概念和处罚原则作了明文规定，而恰恰没有规定犯罪既遂，这就充分表明对犯罪既遂的处罚已交由刑法分则规定，或者说刑法分则规定的是既遂模式；况且，我国刑法总则规定，对于预备犯、未遂犯、中止犯比照既遂犯从宽处罚，这就意味着既遂犯处罚是一个独立的标准，否则，“比照”无从谈起。三是，刑法中的大多数危险犯是由实害犯的未遂犯演变来的，而立法者之所以把这些本属于未遂形态的犯罪行为上升为既遂犯罪，原因在于这些犯罪具有特别严重的社会危害性，只有将完成形态前推，才能给予打击。〔2〕

质疑通说的理由在于：一是，通说实际上来源于日本、我国台湾地区的刑法理论，但却忽略了我国刑法与日本、我国台湾地区“刑法”立法规定的不同。大陆法系国家刑法分则的规定是以既遂为模式的。也就是说，这些国家和地区的刑法对犯罪预备、未遂、中止的处罚以刑法分则的特别明文规定为限，以处罚既遂为原则，处罚未遂为例外。我国刑法不同于日本、我国台湾地区“刑法”，它并未规定对预备犯、未遂犯、中止犯的处罚仅限于分则的特别明文规定，相反，它在刑法总则中规定原则上处罚所有故意犯罪的预备、未遂、中止。规定罪与罚的分则性条文不是针对犯罪既遂，而是针对犯罪成立的。犯罪成立并不等于犯罪既遂，而是包括预备、未遂、中止与既遂四种形态。所以，“刑法分则以既遂为模式”的观点是没有法律根据的。二是，我国刑法分则关于过失犯罪的规定，也表

〔1〕 李洁主编：《刑法学（上册）》，中国人民大学出版社 2008 年版，第 189 页。另参见刘宪权主编：《刑法学（上）》（第二版），上海人民出版社 2008 年版，第 199 页；苏惠渔：《刑法学》（修订二版），中国政法大学出版社 2007 年版，第 135 页；等等。

〔2〕 参见赵秉志：《犯罪未遂的理论与实践》，中国人民大学出版社 1987 年版，第 248 页。

明它不是以既遂为模式的。三是，即使是对有既、未遂之分的直接故意犯罪，我国刑法分则也不是以既遂为模式的。四是，我国刑法总则没有规定既遂的概念与处罚原则，不等于刑法分则就是以既遂为模式。五是，把危险犯看作既遂形态的一种，认为行为造成了危险就是犯罪既遂，既不符合司法实践中犯罪行为人的主观心理，也不符合我国犯罪既遂的理论。六是，通说混淆了犯罪构成与犯罪形态的关系。七是，由于刑法理论认为既遂后不可能成立中止，那么，行为人在犯罪既遂后自动消除危险的，就不可能成立犯罪中止，因而不利于鼓励行为人积极地中止犯罪，以有效地保护法益。综上，“我国刑法分则并非如通说所主张的以既遂为模式，而是以成立为模式；犯罪构成是区分罪与非罪、此罪与彼罪的规格，而非用来区分犯罪形态；相应地，危险犯，并非刑法规定的以行为造成的危险为既遂标志的犯罪，而是刑法规定的以行为造成的危险为犯罪构成要件的犯罪，至于危险犯的既、未遂区分，应遵从我国刑法总则对犯罪未遂、既遂特征的规定，即看行为人是否得逞。”〔1〕

笔者认为，通说虽然是错误的，但不能主要以通说是以刑法分则以既遂为模式作为前提之理由进行反驳。虽然日本和我国台湾地区处罚未遂犯以刑法分则明文规定为限，但也没有见到日本和我国台湾地区学者认为，杀人既遂和杀人未遂是两个罪名、有各自的犯罪构成，顶多认为故意杀人既遂是基本的犯罪构成，而杀人未遂是所谓修正的犯罪构成。而国内却有学者误认为在日本、德国，“对于处罚未遂、预备的犯罪，其中的未遂罪、预备罪在罪名上也是独立于既遂罪的。”“在这样的罪名体系中，由于强盗罪、强盗未遂罪、强盗预备罪是三个不同的罪名，故其中的强盗罪在观念上就是单指普通强盗罪的既遂罪。这种情况下，说强盗罪是以既遂为模式，或者说强盗未遂罪未充足强盗罪的全部构成要件，是一种当然的结论。”〔2〕其实，国外不仅未见杀人未遂、抢劫未遂是独立的罪名，就是预备犯罪也分所谓的独立预备罪和从属预备罪，对于从属预备罪而言，通常不会认为是独立的罪名。如前所述，笔者认为，是否在分则中明文规定处罚未遂和预备的罪名，只是立法模式的问题，并不能说明，采用分则明文规定模式的就是刑

---

〔1〕 参见苏彩霞、齐文远：“我国危险犯理论通说质疑”，载《环球法律评论》2006年第3期，第353页以下。另参见张明楷：《刑法学》（第三版），法律出版社2007年版，第289、290页；刘明祥：“论危险犯的既遂、未遂与中止”，载《中国法学》2005年第6期，第131页；胡东飞：“危险犯应属实害犯的未遂形态”，载《中国刑事法杂志》2001年第4期，第23、24页；等等。

〔2〕 刘之雄：“刑罚根据完整化上的犯罪分类——侵害犯、危险犯、结果犯、行为犯的关系论纲”，载《中国法学》2005年第5期，第141页。

法分则规定以既遂为模式，我国未采用刑法分则明文规定的模式，就说明我国分则不是以既遂为模式。德国刑法关于未遂犯也只是在总则中规定“重罪的未遂一律处罚；对轻罪的未遂的处罚以法律有明文规定为限”，其实，德国的这种规定模式与我国相似，只是比我国在未遂犯处罚范围上更明确一些而已。

通说之所以抓住造成危险状态既遂不放，直接的原因还是在于放火罪、破坏交通工具罪、破坏交通设施罪、破坏电力设备罪等罪名，造成危险状态尚未造成严重后果的与造成严重后果的情形分不同的条文规定法定刑。其实，“刑法对同一种犯罪分两个条文作规定，这只是立法技术的问题，实质的内容同规定在一个条文中是一样的，即分别对一种罪的普通犯与加重犯规定轻重不同的法定刑。不能以分两个条文作了规定，就得出是两种不同类型的犯罪（如危险犯与实害犯）的结论。况且，我国刑法对危险犯的普通犯与加重犯、并非都是分两个条文规定的。如《刑法》第123条对暴力危及飞行安全罪的普通犯与加重犯，就分前后两段作了处罚规定。”〔1〕

批驳通说所持的“危险状态既遂说”固然是对的，但驳倒了通说并非就意味着已经解决了危险犯的完成形态与未完成形态的认定问题。要解决危险犯既遂、未遂、预备与中止问题，必须回答三个问题：一是，“危险”在危险犯中是一种什么性质的要素？二是，以爆炸罪为例，行为人在家研制爆炸装置因为意志以外的原因而未能进入爆炸现场的，或者行为人在起爆前被制止的，或者行为人点燃导火索后被熄灭的，以及行为基于自己的意志放弃继续研制爆炸装置、或者放弃点燃爆炸装置的、或者在点燃后爆炸前主动熄灭导火索的、或者在爆炸前及时疏散人群未造成严重后果的，是认定为爆炸罪的既遂、未遂、预备还是中止？是适用第115条还是第114条，即基准刑是3年以上10年以下有期徒刑，还是10年以上有期徒刑、无期徒刑或者死刑？三是，具体到每个危险犯，既未遂如何判断，这才是更根本的问题。老实说，我国危险犯理论的主要注意力在争论危险状态是既遂标志还是成立标志、造成危险状态后主动消除危险是否还能成立犯罪中止这个问题上，而鲜有学者关注危险犯个罪的既未遂及预备的判断标准及如何选择适用法定刑的问题。

关于第一个问题，笔者认为造成危险状态或者说“危险”不是犯罪既遂的标志，也不是犯罪成立的标志，而是分界要素，即区分此罪与彼罪、预备与未遂的要素。以放火罪为例，形成危害公共安全的状态即形成公共危险，是区分放火罪

〔1〕刘明祥：“论危险犯的既遂、未遂与中止”，载《中国法学》2005年第6期，第136页。

与故意杀人罪、故意伤害罪、故意毁坏财物罪的标志，因为若对荒郊野外的独居茅草房放火，由于通常不能形成公共危险，所以只可能构成故意杀人罪、故意伤害罪与故意毁坏财物罪，因而公共危险形成与否成为区分放火罪与其他人身犯罪和财产犯罪的标志要素；此外，若行为人提着汽油桶准备放火但还没有到达放火现场即被抓获，或者刚点燃引火物即被抓获，由于还没有形成公共危险，只可能成立放火罪的预备，因而公共危险又成为区分放火罪预备与未遂的标志要素。又以破坏交通设施罪为例，若行为人毁坏的铁轨是已经淘汰不用的铁轨，由于不可能对列车安全运行形成危险，只可能构成故意毁坏财物罪，而不可能构成破坏交通设施罪，因而公共危险成为区分破坏交通设施罪与故意毁坏财物罪的标志要素；此外，若行为人拟搬一块大石头放在正在运营中的铁轨上致列车倾覆，尚未靠近铁轨即被抓获，由于还没有形成公共危险，只能成立破坏交通设施罪的预备，因而，公共危险成为区分破坏交通设施罪的预备与未遂的标志要素。再以投放危险物质罪为例，行为人若是向独居的被害人水缸投毒（假定很少有亲戚来做客），由于不可能形成公共危险，不可能构成投放危险物质罪，只可能构成故意杀人罪，所以公共危险成为区分投放危险物质罪与故意杀人罪的标志要素；此外，若行为人打算向学生食堂投毒，在购买毒药的过程中被抓获，或者购买毒药后在正准备投毒的过程中被抓获，由于还没有形成公共危险，只能成立投放危险物质罪的预备，所以公共危险成为区分投放危险物质罪的预备与未遂的标志要素。

对于抽象危险犯而言，由于危险是行为本身具有的类型性危险，这种危险是立法者推定的，不需要控方特别证明，所以抽象危险基本上是从处罚根据上而言的，或者说抽象危险是一种立法理由，也是一种解释论上的根据。例如，为什么盗窃枪支属于危害公共安全的犯罪，而盗窃菜刀、斧头只是普通的财产犯罪，因为枪支本身的特殊危险性，即便行为人还没有用所盗得的枪支去杀人，盗窃和持有枪支本身对公共安全就是一种潜在的威胁，因而存在抽象危险。若根本没有抽象危险，例如，行为人仅盗窃枪支的某个非关键零部件，通常还不能形成抽象危险，所以构成普通盗窃罪而不能构成盗窃枪支罪。正因为如此，理论上认为，行为人不知是枪支而盗窃的，不构成盗窃枪支罪，而构成普通盗窃罪，因为行为人没有公共危险的认识。同样，行为人不知是枪支而走私的，只构成普通走私罪，而不构成走私武器罪，也是因为行为人没有公共危险的认识。

关于第二个问题，首先应肯定，实施放火和破坏交通设施等行为，尚未造成严重后果的，不能适用第115、119条的法定刑；其次，已经形成危险状态，因为意志以外的原因尚未造成严重后果的，直接适用第114、116～118条的法定刑（即基本法定刑），不再适用刑法总则关于未遂犯从轻减轻处罚的规定；再次，尚未着手而因意志以外的原因未能着手，以及虽已着手但因为意志以外的原因而未能形成危险状态的，成立危险犯的预备，可以比照基本法定刑从轻、减轻或者免除处罚；〔1〕又次，若行为人在着手实行犯罪之前自动放弃犯罪的，或者行为人在着手实行犯罪后危险状态形成前自动终止犯罪而避免出现危险状态的，或者在危险状态形成之后主动消除危险的，或者主动避免严重后果的发生但造成了一定后果的，〔2〕均应成立危险犯的中止，未造成损害的，应当免除处罚，造成损害的，应当在基本法定刑的基础上减轻处罚；最后，对于抽象危险犯，由于要么属于行为犯（如传播性病罪），要么属于结果犯（如盗窃、抢夺、抢劫枪支罪），因而抽象危险犯的既遂、未遂、预备与中止按照通常的行为犯、结果犯处理。

［例一］　甲为炸毁长江大桥在家精心研制爆炸装置，后被群众举报而被抓获，成立破坏交通设施罪的预备，可以比照《刑法》第117条的法定刑从轻、减轻或者免除处罚。

［例二］　刘某为打一把刀片，将一根长44厘米、粗2.5厘米的铁棒用钢丝绳绑在京广线铁轨一侧，想用火车把铁棒压扁。他已将铁棒捆绑一半时，突然被巡逻人员发现并且抓获。后经鉴定，刘某如果将铁棒绑牢后确实存在使火车倾覆、毁坏的危险。最后法院将刘某的行为定为破坏交通设施罪（未遂）。〔3〕笔者认为，由于还没有形成危险状态，所以仅成立破坏交通设施罪的预备，按照第117条的法定刑从轻、减轻或者免除处罚。

---

〔1〕　或许有人认为应当比照加重法定刑从轻、减轻或者免除处罚，因为，故意杀人预备的，通常是比照"死刑、无期徒刑或者10年以上有期徒刑"，而危害公共安全的犯罪通常比杀人罪危害性更大，没有理由比照较轻的法定刑处理。但笔者认为，若有证据证明行为人有杀人故意的，理当按照故意杀人罪的预备论处；同样，行为人有杀人故意，形成了公共危险而尚未致人死亡的，也应以故意杀人罪未遂论处。

〔2〕　有学者认为，"危险状态出现后行为人自动采取措施，虽然避免了加重犯的严重后果的发生，但法定的危害结果已经出现的，则不能成立犯罪中止，应当认为危险犯已既遂，自动采取措施避免严重后果的发生，只能视为酌定从宽情节，量刑时予以考虑。"参见刘明祥："论危险犯的既遂、未遂与中止"，载《中国法学》2005年第6期，第135页。但笔者认为，若不认定为中止，就会与因为意志以外的原因而未造成加重犯的严重后果的情形没有差别。在中止犯减免处罚根据问题上，虽然理论上存在争议，但多数说认为，中止犯减免处罚通常不能否认有责性减少的因素。因而，虽然造成了同样的所谓法定的危害结果，因此在违法性上没有差异，但主动避免严重后果发生的行为人在有责性上明显减轻，所以，应当认定为犯罪中止。

〔3〕　鲜铁可：《新刑法中的危险犯》，中国检察出版社1998年版，第14页。转引自王志祥：《危险犯研究》，中国人民公安大学出版社2004年版，第282页。

［例三］ 被告人徐某因对公司领导腾某不满，遂萌生报复之念。1995 年 3 月 10 日晚，被告人徐某在其单位实验室内自制了爆炸装置。3 月 15 日，腾某在其办公室收到邮件拆启时，因电线焊点脱落，未引起爆炸。法院经审理认为，被告人为报复他人，自制爆炸装置，故意邮寄爆炸物的方法，危害公共安全，其行为已构成爆炸罪。在实施犯罪过程中，由于被告人意志以外的原因，犯罪未得逞，其行为符合我国刑法关于未遂犯的规定，应以犯罪未遂论处。法院依法从轻判处徐某有期徒刑 4 年。〔1〕笔者认为，本案虽然理论上属于爆炸罪的未遂，但应直接适用第 114 条的法定刑，不应再适用总则关于未遂犯从轻、减轻处罚的规定。

［例四］ 行为人为了报复社会，将次日早晨要运送旅客的长途汽车的刹车破坏，但因为该车已经被列为报废车辆，两天前已停止使用，致使行为人的行为未能得逞。对于此案，有学者认为，“因为行为人主观上具有犯罪的故意、客观上实行了危险行为，危险状态未发生是意志以外的原因所致，违背其本意。依据我国刑法的规定，在解释上完全符合犯罪未遂的条件，而犯罪未遂也是犯罪。”〔2〕笔者认为，既然被毁坏刹车的车辆在毁坏前已经被列为报废车辆，两天前已停止使用，则毁坏其刹车，根本不可能形成公共危险，所以即便行为人主观上有危害公共安全的故意，也不能以破坏交通工具罪论处，只能以故意毁坏财物罪定罪处罚。

［例五］ 行为人在生产假药的过程中，基于自己的意志而停止了生产假药活动，属于生产假药罪预备阶段的中止，比照《刑法》第 141 条生产假药罪的基本法定刑“3 年以下有期徒刑或者拘役”，从轻、减轻或者免除处罚。

［例六］ 行为人点燃引火物后，在独立燃烧形成前，主动灭火的，由于是在形成公共危险前终止犯罪，故属于放火罪预备阶段的中止，比照第 114 条的法定刑“3 年以上 10 年以下有期徒刑”，适用总则关于中止犯免除或减轻处罚的规定。

［例七］ 李某为报复同事，在食堂的菜盆里投放了毒药，等到吃饭时，看到吃饭的人很多，其中有些人平常与自己关系不错，李某便后悔了。当炊事员开始为工人打第一份菜时，李某大叫“不要打，菜里我下了毒”，从而避免了一场集体中毒事件的发生。〔3〕笔者认为，李某将毒药投入公共食堂菜里后，就已经形成了公共危险状态，基于自己的意志消除危险而避免了严重后果的发生，应当认定

---

〔1〕 上海市高级人民法院组织编写：《上海法院典型案例丛编》，上海人民出版社 2001 年版，第 322、323 页。转引自王志祥：《危险犯研究》，中国人民公安大学出版社 2004 年版，第 282、283 页。

〔2〕 李兰英：“论危险犯的危险状态”，载《中国刑事法杂志》2003 年第 2 期，第 24 页。

〔3〕 参见毛毅坚：“论危险犯的中止与既遂”，载《政治与法律》2006 年第 2 期，第 138 页。

为投放危险物质罪的中止，比照第 114 条法定刑“3 年以上 10 年以下有期徒刑”处理，由于未造成损害，根据《刑法》总则第 24 条犯罪中止的规定，应当免除处罚。

关于第三个问题，虽然我国刑法关于放火罪等典型危险犯的规定不同于日本、德国及我国台湾地区，但我国刑法理论却自觉不自觉地照搬其危险犯既未遂标准。例如，关于德国《刑法》第 306 条、日本《刑法》第 108 条及第 109 条第 1 项、我国台湾地区“刑法”第 173 条，刑法理论和判例通常认为规定了放火罪的抽象危险犯，而且，其条文中没有“致生公共危险”而有“毁损”、“烧毁”、“烧损”等字样，因而，理论和判例均围绕着何谓烧毁而判断放火罪的既未遂。例如，日本刑法理论上围绕“烧毁”所展开的关于放火罪的既遂标准，有独立燃烧说、效用丧失说、重要部分燃烧开始说、一部损坏说（毁弃说），虽然独立燃烧说一直以来是理论和判例上的通说，但近年来随着难燃性建筑物的增加，即便建筑物没有达到独立燃烧的程度，但难燃性建筑物在燃烧过程中所释放的有毒气体致人死伤的事件的不断发生，现在理论上有学者对通说独立燃烧说发起挑战，提出针对难燃性建筑物应采用所谓“新效用丧失说”。〔1〕另外，日本有学者对放火罪进行专门研究后提出，传统上烧损 = 公共危险的发生 = 既遂的公式存在疑问，着眼于实质的危险的判断，形成独立燃烧的状态，基本上只是未遂成立的时点，不能认为放火罪已经既遂。〔2〕

我国刑法关于放火罪的规定不同于日本、德国和我国台湾地区。《刑法》第 114 条明文规定放火“危害公共安全，尚未造成严重后果的，处 3 年以上 10 年以下有期徒刑”，放火是否形成公共危险，显然需要具体判断，因而，我国关于放火罪仅存在具体危险犯而没有抽象危险犯的规定。〔3〕但是，关于放火罪既未遂标准，我国刑法理论通说却认为，“我国多采纳‘独立燃烧说’。即只要放火的行为将目的物点燃后，已经达到脱离引燃媒介能够独立燃烧的程度，即使没有造成实际的危害结果，也应视为本罪既遂。反之，为未遂。例如在放火行为尚未实行完毕，或者虽然当时已经点燃，但着手后因为客观原因即熄灭，没有发生危险状态

---

〔1〕 参见［日］井上宜裕：“放火罪における烧损の意义”，载［日］西田典之、山口厚、佐伯仁志编：《刑法の争点》，有斐阁 2007 年版，第 220、221 页。

〔2〕 参见［日］武田诚：《放火罪の研究》，成文堂 2002 年版，第 56 页。

〔3〕 如后所述，放火罪是否严格意义上的具体危险犯也存在疑问。“危害公共安全”只是区分放火罪与故意杀人罪、故意毁坏财物罪等罪的要素。换言之，成立放火罪并非以形成具体性公共危险为条件。

的，则应视为本罪未遂。”[1]但通说存在疑问。适用第114条放火罪基本法定刑的条件就是公共危险的发生，而在形成独立燃烧以前，很难说公共危险已经发生，也就是说，只有形成了独立燃烧的状态才具有了放火罪作为公共危险犯处罚根据的实质的危险，因而，独立燃烧只是判断是否形成公共危险的标志，而不是放火罪既遂的标准。或许坚持独立燃烧说与通说所持“危险状态既遂说”是一脉相承的。如前所述，“危险状态既遂说”不具有合理性。而且，若认为独立燃烧即构成放火罪的既遂，到底是适用第115条还是第114条的法定刑？若认为既遂后仍然适用第114条的法定刑，则意味着适用第115条时放火罪还有一个既遂标准，这就出现了一个罪名存在两个既遂标准的疑问；若认为应适用第115条的法定刑，则明显不符合第115条所要求“致人重伤、死亡或者使公私财产遭受重大损失”的适用条件。

其实，关于具体危险犯，由于设置有基本法定刑（出现危险状态）和加重法定刑（造成严重后果），通常无须特别判断其既未遂，只要判断是否形成危险状态，形成危险状态而尚未造成严重后果的，适用基本法定刑即可，造成严重后果的，适用加重法定刑即可，不用考虑既未遂问题，更不用考虑是否适用刑法总则未遂犯处罚原则的问题。

由放火罪事例可以看出，我国刑法理论没有考虑危险犯的特殊性，没有考虑我国立法特点，仍然照搬国外理论，按照非危险犯判断既未遂，必然是南辕北辙。事实上，我国关于危险犯的司法解释也表明，对于危险犯的处理，关键不在于既未遂判断的问题，而是“危险”的认定问题。如2001年4月5日《最高人民法院、最高人民检察院关于办理生产、销售伪劣商品刑事案件具体应用法律若干问题的解释》第3条规定，“经省级以上药品监督管理部门设置或者确定的药品检验机构鉴定，生产、销售的假药具有下列情形之一的，应认定为刑法第141条规定的‘足以严重危害人体健康’：一是，含有超标准的有毒有害物质的；二是，不含所标明的有效成分，可能贻误诊治的；三是，所标明的适应症或者功能主治超出规定范围，可能造成贻误诊治的；四是，缺乏所标明的急救必需的有效成分的。生产、销售的假药被使用后，造成轻伤、重伤或者其他严重后果的，应认定为‘对人体健康造成严重危害’。”

由此，我们认为，关于具体危险犯无须判断其既未遂，只需判断“危险”形

---

〔1〕 马克昌主编：《刑法》，高等教育出版社2007年版，第329页。另参见周光权：《刑法各论》，中国人民大学出版社2008年版，第167页。

成与否、严重后果造成与否，形成“危险”而尚未造成严重后果的，适用危险犯的基本法定刑，造成严重后果的，适用危险犯的加重法定刑；关于抽象危险犯，由于危险是一种立法推定，无须具体判断，所以其既未遂问题只需要按照通常的行为犯、结果犯进行判断处理。

（三）刑法分则中具体危险犯与抽象危险犯梳理

刑法理论通常将危险犯分为具体危险犯与抽象危险犯。我国台湾学者林东茂认为，具体危险犯是指，特定的行为方式引发实际的危险结果，构成要件方属该当。危险状态的有无，不是立法上的推测，而是构成要件的一部分；司法者必须个案判断危险是否已经出现，如果行为并未引发危险状态，构成要件就不该当。抽象危险犯是指，特定的行为方式出现，即被立法推测为危险状态已经形成。在少数个案上，特定的行为方式并未引发危险状态，但也一概被认定危险已经出现。[1]我国有学者认为，具体的危险犯中的危险，是在司法上以行为当时的具体情况为根据，认定行为具有发生侵害结果的危险；抽象的危险犯中的危险，是在司法上以一般的社会生活经验为根据，认定行为具有发生侵害结果的危险。[2]故“大体上可以认为，抽象的危险，是一种类型性的危险。”[3]在德国、日本刑法理论上主要存在允许反证的推定说、不允许反证的推定说（也称危险拟制说）的争论。前者认为，抽象危险犯中的危险是一种立法上的推定，若被告人反证确实不存在危险则不成立犯罪；后者认为，即便被告人能够反证确实不存在任何危险，仍然成为抽象危险犯。在日本，虽然危险拟制说是通说，但理论和判例均认为，日本《刑法》第108条规定的放火罪虽然规定的是抽象危险犯，若行为人对荒郊野外没有任何人在内的独居小屋放火，由于完全不可能发生公共危险，所以仅成立建筑物毁损罪而不成立放火罪。[4]

笔者认为，抽象危险是行为本身具有的一种类型性危险，但若能够证明确实不具有任何危险，就失去了作为抽象“危险”犯处罚的根据，因此，应该允许被告人提出反证推翻立法上的推定。需要指出的是，若有证据证明不具有作为抽象危险犯处罚根据的抽象危险，并不意味着不成立任何犯罪，而是可能成立不需要抽象“危险”的普通犯罪。例如，在日本，虽然认为第108条及第109条第1项

---

〔1〕 参见林东茂：《刑法综览》（修订五版），中国人民大学出版社2009年版，第384页。

〔2〕 参见张明楷：“危险犯初探”，载马俊驹主编：《清华法律评论》（第1辑），清华大学出版社1998年版，第125页以下。

〔3〕 张明楷：《刑法学》（第三版），法律出版社2007年版，第153页。

〔4〕 参见［日］振津隆行：《抽象的危险犯の研究》，成文堂2007年版，第36页以下。

规定的是放火罪的抽象危险犯，若有证据证明确实不可能发生公共危险，虽然不构成放火罪，但由于损坏了他人财物，所以难逃毁损财物犯罪的处罚。在我国，若有证据证明所盗窃的枪支、弹药、爆炸物的确不可能危及公共安全（例如盗得的只是枪支的非关键零部件，爆炸物只是日常的娱乐性质的爆炸物），就不能以盗窃枪支、弹药、爆炸物罪论处，但这些对象本身也属于财物，故可能构成普通盗窃罪。

就我国立法例而言，笔者认为没有典型的具体危险犯，只有典型的抽象危险犯和接近抽象危险犯的准抽象危险犯。以放火罪为例，我国不存在作为抽象危险犯的放火罪规定，放火罪条文也没有“致生公共危险”的表述，第114条中的“危害公共安全”只是区分放火罪与故意杀人罪、故意毁坏财物罪的要素，并非具体危险犯的标志，成立放火罪并不以形成现实性的具体公共危险为条件，相反，若将放火罪作为具体危险犯看待，有导致推迟处罚放火罪的危险。例如，行为人已经点燃对象物并达到独立燃烧的程度，但离发生致人重伤、死亡或者使公私财产遭受重大损失的现实性具体危险，往往还很遥远，若认为放火罪是具体危险犯，没有形成现实性具体危险的就不成立放火罪，结论是：达到独立燃烧程度的，未必成立放火罪，还不能适用第114条的法定刑。这恐怕不合适。又如，若认为破坏交通设施罪是具体危险犯，则把一块巨石放在铁轨上，只要火车离铁轨还有百、千公里的，由于难以认为已经形成现实性的具体危险，结论是，还不成立破坏交通设施罪，不能适用第117条的法定刑，恐怕也不妥当。再如，理论界有观点认为，由于生产、销售假药罪存在“足以严重危害人体健康”的罪状表述，因而该罪属于具体危险犯。[1]但是，若认为该罪是具体危险犯，不仅只是生产了“足以严重危害了人体健康”的假药尚未销售的，不成立生产假药罪，就是销售了“足以严重危害人体健康”的假药，只要还没有对他人的人体健康形成现实性的具体危险，就还不成立销售假药罪的既遂。这恐怕不利于对日益猖獗的假药犯罪的惩处。事实上，相关司法解释也只是将“足以严重危害人体健康”理解为是对假药性质的要求，而不是表明，只有形成现实性具体危险才成立犯罪。或许正是因为上述理解导致认定生产、销售假药罪难度的增大，《刑法修正案（八）》才删除了“足以严重危害人体健康”的规定，而成为典型的抽象危险犯。因此，将我国刑法中的放火罪、破坏交通设施罪，以及生产、销售假药罪等罪称

---

〔1〕 参见张明楷：《刑法学》（第三版），法律出版社2007年版，第554页；周光权：《刑法各论》，中国人民大学出版社2008年版，第221页。

为准抽象危险犯，而不是认定为具体危险犯，更有利于这类犯罪的适用与惩处。

综上，我国存在抽象危险犯与准抽象危险犯，而是否存在典型的具体危险犯还值得研究。笔者将刑法分则中的危险犯大致进行如下归类：

准抽象危险犯：颠覆国家政权罪，放火罪，决水罪，爆炸罪，投放危险物质罪，以危险方法危害公共安全罪，破坏交通工具罪，破坏交通设施罪，破坏电力设备罪，破坏易燃易爆设备罪，暴力危及飞行安全罪，破坏广播电视设施、公用电信设施罪，非法制造、买卖、运输、储存危险物质罪，盗窃、抢夺、抢劫危险物质罪，非法携带枪支、弹药、管制刀具、危险物品危及公共安全罪，生产、销售不符合安全标准的食品罪，生产、销售不符合标准的医用器材罪，妨害公务罪，〔1〕煽动暴力抗拒法律实施罪，传授犯罪方法罪，〔2〕妨害传染病防治罪，妨害国境卫生检疫罪，非法采集、供应血液、制作、供应血液制品罪，聚众冲击军事禁区罪，冒充军人招摇撞骗罪等。

抽象危险犯：组织、领导、参加恐怖组织罪，资助恐怖活动罪，劫持航空器罪，劫持船只、汽车罪，非法制造、买卖、运输、邮寄、储存枪支、弹药、爆炸物罪，违规制造、销售枪支罪，盗窃、抢夺、抢劫枪支、弹药、爆炸物罪，非法持有、私藏枪支、弹药罪，非法出租、出借枪支罪（第128条第2款），生产、销售假药罪，生产、销售有毒、有害食品罪，走私武器、弹药罪，走私核材料罪〔3〕，伪造货币罪，出售、购买、运输假币罪，〔4〕金融工作人员购买假币罪，持有假币罪，变造货币罪，擅自设立金融机构罪，伪造、变造、转让金融机构经营许可证、批准文件罪，高利转贷罪，非法吸收公众存款罪，伪造、变造金融票证罪，妨害信用卡管理罪，窃取、收买、非法提供信用卡信息罪，伪造、变造国家有价证券罪，伪造、变造股票、公司、企业债券罪，擅自发行股票、公司、企业

---

〔1〕虽然国外刑法理论通常将妨害公务罪作为抽象危险犯看待，但由于我国公务员官僚习气还很严重，极端缺乏为纳税人服务的意识，实践中粗暴执法、非法行政还很普遍，老百姓对官员极端缺乏信任感，若将妨害公务罪作为抽象危险犯，会导致处罚范围不当扩大。因此，结合中国的现有国情，在保护公务的顺畅进行和百姓的抗争权之间寻求平衡，宜将妨害公务罪作为具体危险犯看待。

〔2〕传授犯罪方法罪是一个内涵不清、外延不明、法定刑极重的罪名（法定最高刑为死刑）。本来对于性质严重传授方法罪按照教唆犯处罚就可以了，该罪的设置，违反了罪刑法定所要求的明确性原则，只会导致理论和实践的混乱，不利于人权保障，因此，对其构成要件应进行严格解释，以限制其处罚范围。故笔者将其限定为具体危险犯而不是作为抽象危险犯看待。

〔3〕走私武器、弹药罪、走私核材料罪，对于公共危险来说属于抽象危险犯，但对于走私罪所保护的法益来说，则属于结果犯。

〔4〕伪造货币、购买、运输假币其实是使用假币罪的预备行为，对货币的公共信用只有抽象危险。

债券罪，内幕交易、泄露内幕信息罪，利用未公开信息交易罪，操纵证券、期货市场罪，背信运用受托财产罪，违法发放贷款罪，吸收客户资金不入账罪，违规出具金融票证罪，逃汇罪，骗购外汇罪，洗钱罪，虚开增值税专用发票、用于骗取出口退税、抵扣税款发票罪，伪造、出售伪造的增值税专用发票罪，非法出售增值税专用发票罪，非法购买增值税专用发票、购买伪造的增值税专用发票罪，非法制造、出售非法制造的用于骗取出口退税、抵扣税款发票罪，非法制造、出售非法制造的发票罪，非法出售用于骗取出口退税、抵扣税款发票罪，非法出售发票罪，遗弃罪，〔1〕伪证罪，非法制造、销售非法制造的注册商标标识罪，伪造伪造的有价票证罪，提供虚假证明文件罪，伪造、变造、买卖国家机关公文、证件、印章罪，盗窃、抢夺、毁灭国家机关公文、证件、印章罪，伪造公司、企业、事业单位、人民团体印章罪，伪造、变造居民身份证罪，非法生产、买卖警用装备罪，非法持有国家秘密、机密文件、资料、物品罪，非法生产、销售间谍专用器材罪，非法侵入计算机信息系统罪，提供侵入、非法控制计算机信息系统的程序、工具罪，组织、领导、参加黑社会性质组织罪，入境发展黑社会组织罪，包庇、纵容黑社会性质组织罪，非法携带武器、管制刀具、爆炸物参加集会、游行、示威罪，提供伪造、变造的出入境证件罪，破坏界碑、界桩罪，破坏永久性测量标志罪，非法向外国人出售、赠送珍贵文物罪，非法出售、私赠文物藏品罪，非法组织卖血罪，强迫卖血罪，非法行医罪，非法处置进口的固体废物罪，非法捕捞水产品罪，非法猎捕、杀害珍贵、濒危野生动物罪，非法收购、运输、出售珍贵、濒危野生动物、珍贵、濒危野生动物制品罪，非法狩猎罪，非法采伐、毁坏国家重点保护植物罪，非法收购、运输、加工、出售国家重点保护植物、国家重点保护植物制品罪，走私、贩卖、运输、制造毒品罪，非法持有毒品罪，走私制毒物品罪，非法买卖制毒物品罪，非法种植毒品原植物罪，非法买卖、运输、携带、持有毒品原植物种子、幼苗罪，传播性病罪，故意提供不合格武器装备、军事设施罪，接送不合格兵员罪，煽动军人逃离部队罪，雇佣逃离部队军人罪，伪造、变造、买卖武装部队公文、证件、印章罪，盗窃、抢夺武装部队公文、证件、印章罪，非法生产、买卖武装部队制式服装罪，伪造、盗窃、买卖、非法提供、使用武装部队专用标志罪，战时拒绝、逃避征召、军事训练罪，战时窝藏逃离部队军人罪等。

---

〔1〕 遗弃罪属于具体危险犯还是抽象危险犯，在国外有争议，为了与故意杀人罪相区别，将遗弃罪作为抽象危险犯进行把握较为合适。

（四）危险犯之间及与相关犯罪之间的界限与竞合

危险犯不仅相互之间可能发生竞合，而且危险犯与其他相关犯罪之间也可能发生竞合。如何处理这些竞合情况，刑法理论进行了一定的探讨。例如，关于放火等危害公共安全罪与杀人罪之间的关系，刑法理论通说认为，“区分放火罪还是其他犯罪，关键是看放火行为是否足以危害公共安全。如为其他目的的实现而实施的放火行为足以危及到公共安全，行为人对此也明知，应认定为放火罪；反之，如果放火行为不足以危及公共安全，则应按相应的犯罪处理。至于是否足以危害公共安全，则应综合考察对象的性质、特点，作案的时间、地点等具体情况。”〔1〕有学者对通说提出了质疑：一是违背了故意杀人罪重于放火等危害公共安全的事实与法律规定；二是违反想象竞合犯的处理原则；三是导致处罚的不均衡。因而鲜明地主张：只要行为人具有杀人故意并且实施了足以剥夺他人生命的行为，不管是否危害公共安全，均应认定为故意杀人罪。〔2〕有学者撰文与上述学者商榷，坚持认为通说是正确的、合适的。〔3〕接着又有学者撰文来个反商榷，支持前一学者按故意杀人罪定罪的主张。〔4〕

笔者注意到，日本刑法理论认为，由于颠覆电车、火车等致死罪比故意杀人罪的法定刑要重（日本《刑法》第126条第3项规定，法定刑是死刑或者无期徒刑，而第199条故意杀人罪的法定刑是死刑、无期徒刑或者五年以上惩役），所以具有杀人故意的行为人通过使电车、火车颠覆致人死亡的，从法定刑均衡考虑，只需评价为颠覆电车、火车等致死罪，但如果死亡结果没有发生，则必须承认构成该罪与杀人未遂罪之间的观念竞合（即想象竞合）。〔5〕就我国放火等公共危险犯而言，在故意杀人既遂的情况下，虽然法定最高刑均为死刑，但由于刑种的排列顺序不一样，而且故意杀人罪是刑法分则中唯一将死刑排在首要位置的罪名，这充分说明，在立法者看来，故意杀人罪是刑法分则中最严重的犯罪，所以即便

---

〔1〕 高铭暄、马克昌主编：《刑法学》（第四版），北京大学出版社、高等教育出版社2010年版，第378页。另参见阮齐林：《刑法学》，中国政法大学出版社2008年版，第389页；孙国祥主编：《刑法学》，科学出版社2008年版，第313页；等等。

〔2〕 参见张明楷：“论以危险方法杀人案件的性质”，载《中国法学》1999年第6期，第106页以下。

〔3〕 参见周振晓：“也论以危险方法杀人案件的定性”，载《政法论坛》2001年第2期，第36页以下。

〔4〕 参见李立众：“再论以危险方法杀人案件之定性——兼与周振晓先生商榷”，载《政法论坛》2002年第1期，第109页以下。

〔5〕 参见［日］西田典之：《刑法各论》（第四版补正版），弘文堂2009年版，第295页；［日］前田雅英：《刑法各论讲义》（第四版），东京大学出版会2007年版，第397页。

按照想象竞合犯的从一重处罚原理，应当适用的也是故意杀人罪，而不是放火罪；而且，在以放火等方式故意杀人未遂的情况下，若没有发生致人重伤或者使公私财产遭受重大损失的情况下，按放火罪论处，只能适用第114条“3年以上10年以下有期徒刑”，若按照故意杀人未遂论处，则完全可能最终判处高于10年有期徒刑的刑罚，所以前述以故意杀人罪定罪的学者的主张基本上是正确的。但一律以故意杀人罪论处而绝对排除放火罪等适用的可能性，有时也显得绝对。例如，行为人出于杀人的故意实施了放火，结果虽然没有导致他人死亡，但导致多人重伤和重大公私财产损失的，这时按照故意杀人罪未遂和放火罪（第115条）的想象竞合犯处理，可能适用放火罪的加重法定刑更能做到罪刑均衡。因为若适用故意杀人罪的法定刑，同时适用总则关于未遂处罚的规定，有可能最终判处低于10年有期徒刑的刑罚，相反，若以放火罪论处，由于已经造成了严重后果，适用的是放火罪的加重法定刑即“10年以上有期徒刑、无期徒刑或者死刑”，最轻也要判处10年有期徒刑。

另外，还有学者就以危险方法危害公共安全罪与食品、医药安全类危险犯之间的区分发表了如下看法：“首先，二者的行为方式不同，前者可能表现为在食品、河流、水井中乃至公共场所等地投放毒害性、放射性等危险物质；后者表现为生产、销售了不符合卫生标准的、掺入了有毒害的非食品原料的食品或者假药等。其次，行为发生的条件不同：前者一般与生产、经营活动没有关系；而后者是在生产、经营活动中实施其行为。尽管如此，有的时候在司法实践中仍然很难准确区分二者之间的界限。由于‘危险方法’的过于笼统概括，导致两者的行为方式和对象可能重合，通常情况下二者往往以想象竞合的方式发生竞合，所以应当从一重罪论处。”〔1〕其实，上述试图区分此罪与彼罪的想法正是我国刑法理论界惯常的思维方式，正如有学者所批评的：“现行刑法理论与司法实践迄今为止为区分此罪与彼罪所付出的努力未必是有效的。”因为，“在一般案件中，即使刑法理论没有提出明确的区分标准，司法机关都能合理区分此罪与彼罪；在特殊案件中，即使按照刑法理论提出的区分标准，司法机关依然不能妥当地区分此罪与彼罪。”因此，“刑法理论与司法实践需要以犯罪的保护法益为指导，正确解释各种犯罪的构成要件，合理归纳案件事实，妥当判断案件事实符合哪种或哪些犯罪的构成要件，并善于运用想象竞合犯的原理，认定相关犯罪。”〔2〕

---

〔1〕周建中、胡佳、曹俊华：“危险犯的具体实践认定”，载《法学》2009年第5期，第159页。

〔2〕张明楷：“犯罪之间的界限与竞合”，载《中国法学》2008年第4期，第100、103页。

笔者认为，对于危险犯相互之间及与相关犯罪的界限与竞合问题，也应当充分运用想象竞合犯原理进行处理。需要说明的是，《刑法》第233条过失致人死亡罪、第234条故意伤害罪以及第235条过失致人重伤罪条文中存在“本法另有规定的，依照规定”的规定，对此，通说认为该规定意味着确立了法条竞合时“特别法优于普通法”的适用原则，因而，行为人以危害公共安全的方法过失致人死亡、故意致人伤害、过失致人重伤的，不再适用过失致人死亡罪、故意伤害罪、过失致人重伤罪条文，只能以相应所谓特殊法条定罪处罚。但笔者认为，刑法分则中“本法另有规定的，依照规定”属于注意规定，旨在提醒司法人员注意的规定，并不当然排除基本规定的适用。[1]例如，使用故意致人轻伤的手段暴力干涉婚姻自由的，构成暴力干涉婚姻自由罪（法定最高刑只有2年有期徒刑）与故意伤害罪之间的想象竞合犯，从一重处罚按照故意伤害罪处理；使用故意致人重伤的方式妨害公务的，构成妨害公务罪与故意伤害罪之间的想象竞合犯，最终以故意伤害罪论处；冒充国家工作人骗取数额特别巨大财物的，构成招摇撞骗罪与诈骗罪之间的想象竞合犯，最终以诈骗罪定罪处罚，等等。

处理危险犯之间的界限与竞合问题，基本上应按照想象竞合犯处理。例如，行为人在生产、销售的食品中投入有毒的非食品原料的，构成生产、销售有毒、有害食品罪与投放危险物质罪之间的想象竞合犯，比较在具体案情下所对应法定刑幅度的轻重，从一重处罚。又如，以爆炸的方式破坏交通设施的，可能构成爆炸罪与破坏交通设施罪之间的想象竞合犯，比较具体情形下法定刑的轻重，从一重处罚。

处理危险犯与相关犯罪之间的界限与竞合问题，也应按照想象竞合犯处理。例如，行为人放火烧毁房屋，形成公共危险后过失致人重伤、死亡的，构成放火罪与过失致人死亡罪、过失致人重伤罪之间的想象竞合犯，由于放火罪的加重法定刑重于过失致人死亡罪、过失致人重伤罪的法定刑，最终以第115条放火罪定罪处罚。

总之，处理危险犯之间及与相关犯罪的界限与竞合问题时，不应根据是否危害公共安全，是否侵犯了某个特殊法益，而应充分运用想象竞合犯原理，只要行为同时符合几个犯罪的构成要件，就应承认想象竞合犯的成立，比较具体情形下所对应法定刑幅度的轻重，从一重处罚。

---

〔1〕 参见陈洪兵：“刑法分则中‘本法另有规定的依照规定’的另一种理解”，载《法学论坛》2010年第5期，第146页。

（五）过失危险犯问题

关于过失危险犯问题，主要是解决两个问题：一是我国现行刑法中是否存在过失危险犯的规定？二是应否增设过失危险犯？

有不少学者认为，我国《刑法》第330条〔1〕妨害传染病防治罪以及第332条〔2〕妨害国境卫生检疫罪是过失危险犯的规定。〔3〕有学者甚至认为，不仅妨害传染病防治罪和妨害国境卫生检疫罪是过失危险犯，而且过失损坏广播电视设施、公用电信设施罪〔4〕也是过失危险犯。〔5〕但有学者表示反对，认为新刑法没有规定过失危险犯，过失犯都以发生侵害结果为前提。〔6〕

就《刑法》第124条过失损坏广播电视设施、公用电信设施罪而言，从体系解释角度看，过失损坏广播电视设施、公用电信设施比失火、过失引起爆炸等危害性要小得多，立法者不可能在轻罪中规定过失危险犯，而不对重罪规定过失危险犯。第124条第2款所谓过失犯前款罪应是指过失犯破坏广播电视设施、公用电信设施造成严重后果的情形。〔7〕条文中出现的疏漏，必要时应通过补正解释予以完善。例如，虽然《刑法》第99条规定，本法所称以上、以下、以内，包括本数。但就《刑法》第63条减轻处罚的规定而言，所谓在法定刑以下判处刑罚，就不应包括本数。否则会导致减轻与从轻发生交叉。又如，日本《刑法》第108条规定的是，放火烧毁现供人居住或者现有人在内的建筑物、火车、电车、船舰或者矿井的，处死刑，无期或者5年以上惩役。日本现行《刑法》第109条第1项在1995年刑法平易化改革之前是这样规定的，放火烧毁现非供人居住或者现无人在内的建筑物、船舰或者矿井的，处2年以上有期惩役。只有将该项中的“或

〔1〕《刑法》第330条规定，违反传染病防治法的规定，有下列情形之一，引起甲类传染病传播或者有传播严重危险的，处3年以下有期徒刑或者拘役；后果特别严重的，处3年以上7年以下有期徒刑。

〔2〕《刑法》第332条规定，违反国境卫生检疫规定，引起检疫传染病传播或者有传播严重危险的，处3年以下有期徒刑或者拘役。并处或者单处罚金。

〔3〕参见刘仁文：“过失危险犯研究”，载《法学研究》1998年第3期，第52页；华关根、王媛媛、冯云：“论危险犯在我国刑事立法中的适度扩展”，载《法学》2009年第5期，第152页；周建中、胡佳、曹俊华：“危险犯的具体实践认定”，载《法学》2009年第5期，第160页；等等。

〔4〕《刑法》第124条规定，破坏广播电视设施、公用电信设施，危害公共安全的，处3年以上7年以下有期徒刑；造成严重后果的，处7年以上有期徒刑。过失犯前款罪的，处3年以上7年以下有期徒刑；情节较轻的，处3年以下有期徒刑或者拘役。

〔5〕参见王志祥：《危险犯研究》，中国人民公安大学出版社2004年版，第88页以下。

〔6〕参见张明楷：《刑法的基本立场》，中国法制出版社2002年版，第179页。

〔7〕参见张明楷：《刑法学》（第三版），法律出版社2007年版，第526、527页。

者”理解为“而且”或者“并且”，才能与第108条不形成重叠，于是，尽管刑法条文如是规定，在解释论上，刑法理论界一致认为，应将“或者”补正解释为“而且”，学者们的补正解释意见被接受，在1995年刑法用语平易化改革时顺便就把“或者”改为“而且”了。

关于妨害传染病防治罪和妨害国境卫生检疫罪的主观罪过问题，在理论上有争议。有学者认为，“《刑法》第330条的犯罪，既可以是故意，也可以是过失。是过失时，须以造成实际危害结果为条件；是故意时，只要有行为（当然是有危险，也就是有危害的行为）就可构成犯罪。主张《刑法》第330条是过失危险犯的观点，实际上是主观先验地把该条犯罪界定在过失罪过内提出的，但这既得不到法律的支持，也得不到理论和实践的支持。同此原理，《刑法》第332条的犯罪，同样也是一个既可故意也可过失的犯罪。是故意时，只要行为有危险即可构成犯罪；是过失时，只有行为引起检疫传染病传播才可构成犯罪。”〔1〕该主张的疑问在于，有什么证据证明其本人不是先验地认为过失只能是实害犯，而得出故意时是危险犯、过失时是实害犯的结论的呢？应该说，第330、332条因为缺乏《刑法》第15条第2款过失犯罪“法律有规定”这一前提，而只能确定为故意犯罪。〔2〕

综上，我国现行刑法中并不存在过失危险犯的规定。这是从解释论上得出的结论，但从立法论而言，应否增设过失危险犯，则有讨论的余地。关于应否增设过失危险犯，理论界存在争锋相对的两种意见。前述主张我国现行刑法已经存在过失危险犯规定的学者，通常都以举出其他国家如日本、德国、俄罗斯等国家以及我国台湾地区存在大量的过失危险犯的规定为由，主张针对危险社会的无处不在的危险，为最大限度地避免实际损害的发生，应增设过失危险犯的规定。这些主张者通常都会举这样两个例子。例一，在2000年2月13日下午2时，在郑州新郑机场上空，发生了惊险的一幕：在飞机降至离地150米时，由于乘客王某违规使用手机，致使飞机仪表突然全部失灵，飞机无法对准跑道着陆。机组人员采取紧急措施，经过复飞，才使飞机安全着陆。〔3〕例二，1987年7月23日。一架美国波音747客机从纽约飞抵伦敦，机上有乘客380人，降落前，驾驶人员忘记

---

〔1〕 杨兴培：“危险犯质疑”，载《中国法学》2000年第3期，第127页。

〔2〕 参见张明楷：“罪过形式的确定——刑法第15条第2款‘法律有规定’的含义”，载《法学研究》2006年第3期，第110页。

〔3〕 参见《法制日报》，2000年2月17日。转引自王志祥：《危险犯研究》，中国人民公安大学出版社2004年版，第97页。

打开机翼升降器，在降落前45秒时，被机场指挥人员发现并及时通知机组人员，从而避免了一场机毁人亡的惨祸，事后，美国法院追究了机组人员的刑事责任。[1]

应该说，在现代社会，“国家最重要的任务是降低人民的灾难”。[2]笔者赞成增设可能致不特定或者多数人的伤亡（不包括只可能导致财产损失的情形）的过失公共危险犯。但增设过失公共危险犯的前提是修改《刑法》第15条关于过失犯的定义。有学者认为，“对照我国现行刑法总则对过失犯的定义，就不能得出只承认过失实害犯，不承认过失危险犯的结论。也就是说，现行刑法总则对过失犯的定义并不排除过失危险犯。”[3]该学者显然是认为《刑法》第15条过失犯罪定义中的“结果”既包括实害也包括危险。笔者不赞成这种解释论观点。若认为，“结果”包括危险的话，则刑法大量条文中的“结果”、“后果”均包括所谓危险结果，显然会不当地大大扩大刑罚的处罚范围。德国、日本等国因为刑法总则没有就过失下定义，分则中设立过失危险犯当然不存在总则上的障碍。我国要在分则中增设过失危险犯，首先必须修改总则中关于过失的定义，以扫除立法上的障碍。

三、结论：危险犯理论能够有所作为

相信现代社会的每一个活人，都深切感受到了现代社会中的危险无所不在、无时不在，因而，现代社会也被称为风险社会、危险社会，现代刑法也被称为危险刑法。由于我国危险犯理论研究漏洞百出，显得极不成熟，以至通说在危险犯理论上的主张一直遭受质疑，华东政法大学杨兴培教授甚至在《中国法学》上撰文指出，危险犯理论是无用的理论。这种对危险犯理论判处死刑的主张着实让多年来致力于危险犯理论研究的学者深感沮丧。危险犯理论受到质疑，正暴露了我国通说危险犯理论的不成熟，但不能因噎废食。为应对危险社会的危险，加强危险犯理论研究实有必要。

危险犯理论应该研究和能够研究解决哪些问题？

1. 危险犯与实害犯、行为犯、结果犯相关概念之间的界分问题值得研究。笔者认为，行为犯与结果犯旨在解决犯罪既未遂标准，以及因果关系是否需要特别

---

〔1〕 转引自刘仁文：“过失危险犯研究”，载《法学研究》1998年第3期，第50页。

〔2〕 林东茂：《刑法综览》（修订五版），中国人民大学出版社2009年版，第390页。

〔3〕 参见刘仁文：“过失危险犯研究”，载《法学研究》1998年第3期，第51页。

判定的问题，因而，可以大致认为，所谓结果犯是指以法定结果的发生为犯罪既遂标志的犯罪，如故意杀人罪、故意伤害罪、盗窃罪，而行为犯是指以法定犯罪行为的完成为犯罪既遂标志的犯罪，如强奸罪、伪证罪、脱逃罪以及组织、领导、参加黑社会性质组织罪等。而危险犯与实害犯旨在解决犯罪成立条件的问题（不考虑危险预备犯的情形），因而，危险犯是指以一定危险状态的形成为犯罪成立条件的犯罪，如放火罪和生产、销售假药罪，实害犯是指以法益的现实侵害为犯罪成立要件的犯罪，如所有的过失犯，以及如滥用职权罪等一定数量的故意犯罪。由于危险犯、实害犯与行为犯、结果犯两组概念的功能定位不同，因而存在交叉。例如，伪证罪属于危险犯（抽象危险犯），也属于行为犯，盗窃枪支罪属于危险犯（抽象危险犯），也属于结果犯。

2. 刑法理论关于危险犯的研究将精力放在造成危险状态是否已经既遂，以及造成危险状态后行为人主动消除危险的能否成立犯罪中止的问题争论上，很少关注危险犯的具体个罪的既遂、未遂、预备、中止的认定及如何选择适用法定刑幅度的问题。应该认为，抽象危险犯的既遂及未完成形态的判断不存在特别的问题，按照一般的行为犯与结果犯来处理就行了。就具体危险犯而言，所谓既未遂判断的问题，其实是危险状态是否形成的判断的问题，形成危险状态而尚未造成严重后果的，适用基本法定刑就可以了，无须适用总则关于未遂犯的规定，造成了严重后果的，适用加重法定刑；形成危险状态之前的行为，均属于危险犯的预备，按照基本法定刑从轻、减轻或者免除处罚；在形成危险状态之前中止犯罪的，以及形成危险状态后避免严重后果发生的，成立危险犯中止，比照基本法定刑免除或者减轻处罚。例如放火罪，形成了公共危险状态（通说盲目照搬德、日理论，认为独立燃烧说是放火罪既未遂的判断标准，其实形成独立燃烧状态，只是表明已形成公共危险状态）尚未造成严重后果的，直接适用基本法定刑（第114条）；在准备放火阶段，或者放火后形成独立燃烧状态之前被抓获的，成立放火罪的预备，比照《刑法》第114条法定刑从轻、减轻或者免除处罚；在着手放火前自动放弃放火行为的，在着手放火后形成独立燃烧状态之前扑灭引火物的，或者形成独立燃烧状态后消除危险避免实害发生或者虽造成了一定的后果但尚不属严重后果的，成立危险犯中止，比照第114条法定刑免除或者减轻处罚。

3. 国外刑法理论通常将危险犯分为具体危险犯与抽象危险犯。具体危险犯是指危险存在与否需要司法人员具体判定的犯罪，而抽象危险犯中的危险属于行为本身具有的类型性危险，不需要司法人员在个案中进行具体判定，是立法者的事先推定，但如果确有证据证明不存在任何危险，则应否定抽象危险犯的成立。具体危险犯中的危险是构成要件要素，而抽象危险犯中的危险，基本上是从处罚根据上而言，对于立法论和解释论均具有重要意义。例如，盗伐枯死树木由于对环境资源的抽象危险都不存在，故不构成盗伐林木罪，只可能构成普通盗窃罪。

4. 通说认为，危险犯与相关人身犯罪、财产犯罪的区别在于是否危害公共安全，危害公共安全的，只能以危害公共安全罪定罪，不能认定为故意杀人罪等罪。应该说，无论是危险犯之间，还是危险犯与相关人身犯罪与财产犯罪之间，只要行为同时符合两个以上犯罪的构成要件，就应承认想象竞合犯的成立，从一重处罚。

5. 关于过失危险犯，理论上有观点认为，我国现行刑法中存在规定，如第330条妨害传染病防治罪、第332条妨害国境卫生检疫罪。应该说，我国刑法总则关于过失的规定，限制了过失犯罪中的结果只能是实害结果，因而，我国现行刑法不存在过失危险犯的规定。另外，关于应否增设过失危险犯的问题，为应对危险社会的危险，对于可能涉及不特定的或者多数人的生命、重大健康的过失的公共危险犯，应增设为犯罪。但是，增设过失危险犯的前提是修改《刑法》第15条关于过失的定义。因为从体系解释论看，现行过失定义中的结果仅指实害结果，而不包括危险结果。

第二章 公共危险犯未完成形态

主要观点

1. 放火、爆炸、投放危险物质罪应以是否形成现实性急迫的危险认定着手，着手前可能成立犯罪预备、犯罪中止，着手后可能成立犯罪未遂、犯罪中止。刑法第114条相当于犯罪未遂的处罚规定，第115条相当于犯罪既遂的处罚规定。未遂时不适用总则中未遂犯的处罚规定，成立犯罪预备、犯罪中止时，适用第114条，同时适用总则中犯罪预备、犯罪中止的处罚规定。

2. 盗窃、抢夺、抢劫枪支、弹药、爆炸物、危险物质罪，应以是否实际控制这些物质作为认定既未遂标准。

3. 只要生产的食品、医用器材具有"足以"性质，即便尚未销售，也已成立生产不符合卫生标准的食品罪、生产不符合标准的医用器材罪的既遂。

4. 只要实施完成了非法组织卖血、强迫卖血的行为，或者非法采集、供应的血液或制作、供应的血液制品，具有"足以危害人体健康"的性质，即成立犯罪既遂。

5. 破坏环境资源保护罪应以直接法益作为认定既遂的标准，只要伐倒了林木，即使尚未运走，也已成立盗伐林木罪、滥伐林木罪的既遂。

主要法规链接

第114条 放火、决水、爆炸以及投放毒害性、放射性、传染病病原体等物质或者以其他危险方法危害公共安全，尚未造成严重后果的，处3年以上10年以下有期徒刑。

第115条 放火、决水、爆炸以及投放毒害性、放射性、传染病病原体等物质或者以其他危险方法致人重伤、死亡或者使公私财产遭受重大损失的，处10年以上有期徒刑、无期徒刑或者死刑。

第127条第1款 盗窃、抢夺枪支、弹药、爆炸物的，或者盗窃、抢夺毒害性、放射性、传染病病原体等物质，危害公共安全的，处3年以上10年以下有期徒刑；情节严重的，处10年以上有期徒刑、无期徒刑或者死刑。

第2款 抢劫枪支、弹药、爆炸物的，或者抢劫毒害性、放射性、传染病病原体等物质，危害公共安全的，或者盗窃、抢夺国家机关、军警人员、民兵的枪支、弹药、爆炸物的，处10年以上有期徒刑、无期徒刑或者死刑。

经《刑法修正案（八）》修改后的第141条 生产、销售假药的，处3年以下有期徒刑或者拘役，并处罚金；对人体健康造成严重危害或者有其他严重情节的，处3年以上10年以下有期徒刑，并处罚金；致人死亡或者有其他特别严重情节的，处10年以上有期徒刑、无期徒刑或者死刑，并处罚金或者没收财产。

经《刑法修正案（八）》修改后的第143条 生产、销售不符合食品安全标准的食品，足以造成严重食物中毒事故或者其他严重食源性疾病的，处3年以下有期徒刑或者拘役，并处罚金；对人体健康造成严重危害或者有其他严重情节的，处3年以上7年以下有期徒刑，并处罚金；后果特别严重的，处7年以上有期徒刑或者无期徒刑，并处罚金或者没收财产。

第333条 非法组织他人出卖血液的，处5年以下有期徒刑，并处罚金；以暴力、威胁方法强迫他人出卖血液的，处5年以上10年以下有期徒刑，并处罚金。

第2款 有前款行为，对他人造成伤害的，依照本法第234条的规定定罪处罚。

第334条第1款 非法采集、供应血液或者制作、供应血液制品，不符合国家规定的标准，足以危害人体健康的，处5年以下有期徒刑或者拘役，并处罚金；对人体健康造成严重危害的，处5年以上10年以下有期徒刑，并处罚金；造成特别严重后果的，处10年以上有期徒刑或者无期徒刑，并处罚金或者没收财产。

第345条第1款 盗伐森林或者其他林木，数量较大的，处3年以下有期徒刑、拘役或者管制，并处或者单处罚金；数量巨大的，处3年以上7年以下有期徒刑，并处罚金；数量特别巨大的，处7年以上有期徒刑，并处罚金。

第2款 违反《森林法》的规定，滥伐森林或者其他林木，数量较大的，处3年以下有期徒刑、拘役或者管制，并处或者单处罚金；数量巨大的，处3年以上7年以下有期徒刑，并处罚金。

公共危险犯，是指危及不特定的或者多数人的生命、身体、财产安全的一类犯罪。[1]我国刑法分则除第2章危害公共安全罪集中规定的公共危险犯之外，第

---

〔1〕 参见张明楷：《外国刑法纲要》（第二版），清华大学出版社2007年版，第637页。

3章破坏社会主义市场经济秩序罪第1节生产、销售伪劣商品罪中的生产、销售假药罪，生产、销售不符合卫生标准的食品罪，生产、销售有毒、有害食品罪和生产、销售不符合标准的医用器材罪四个罪名也属于公共危险犯，〔1〕第6章第5节危害公共卫生罪中的妨害传染病防治罪，妨害国境卫生检疫罪，非法组织卖血罪，强迫卖血罪，非法采集、供应血液、制作、供应血液制品罪，非法行医罪，非法进行节育手术罪以及妨害动植物防疫、检疫罪八个罪名亦属于公共危险犯，〔2〕第6章第6节破坏环境资源保护罪所保护的法益是现代及子孙后代的生命、身体及财产安全，故除个别实害犯之外，〔3〕也都可谓侵害人类环境法益的抽象性公共危险犯。

长期以来，刑法理论界关于公共危险犯未完成形态问题，一直停留在“造成危险状态是否就成立公共危险犯既遂”的争论，其核心问题是形成危险状态后行为人主动消除危险避免实害发生的能否成立犯罪中止，从而享受免除或者减轻处罚的中止犯待遇。虽然说这一问题的讨论具有一定的现实意义，但是实务部门更需要理论上回答的是如何具体认定具体公共危险犯未完成形态的问题，而这一问题恰恰是理论上忽视的问题。

笔者认为，如何具体认定具体公共危险犯的未完成形态，仅仅停留在理论上的泛泛而论是不能解决实际问题的，必须回到鲜活的生活事实中进行具体分析和归纳总结。

---

〔1〕 该节的生产、销售伪劣产品罪，生产、销售劣药罪，生产、销售不符合安全标准的产品罪，生产、销售伪劣农药、兽药、化肥、种子罪，生产、销售不符合卫生标准的化妆品罪五个罪名，由于是以“销售金额5万元以上”、“对人体健康造成严重危害”、“造成严重后果”或者“使生产遭受较大损失”为犯罪成立的条件，应属于刑法理论上的实害犯。刑法理论通常认为，实害犯只有成立犯罪与否的问题，没有既未遂及预备、中止的问题，故本文不讨论这五个罪名的未完成形态问题。

〔2〕 该节的传染病菌种、毒种扩散罪，采集、供应血液、制作、供应血液制品罪，医疗事故罪三个罪名，由于以“造成传染病菌种、毒种扩散，后果严重”、“造成危害他人身体健康后果”或者“造成就诊人死亡或者严重损害就诊人身体健康”为成立犯罪的条件，故也属于刑法理论上的实害犯，本文不讨论这些罪名的未完成形态问题。

〔3〕 该节中的重大环境污染事故罪、擅自进口固体废物罪、非法捕捞水产品罪、非法狩猎罪、非法占用农用地罪、破坏性采矿罪六个罪名以“严重污染环境的”、“造成重大环境污染事故，致使公私财产遭受重大损失或者严重危害人体健康”、“情节严重”、“破坏野生动物资源，情节严重”、“数量较大，造成耕地、林地等农用地大量毁坏”或者“造成矿产资源严重破坏”为犯罪成立条件，同样属于刑法理论上的实害犯，本文也不讨论这些罪名的未完成形态问题。不过需要说明的是，这些罪名虽属于刑法理论上的实害犯，但就环境资源法益而言，同样属于抽象性公共危险犯。

一、危害公共安全罪

故意危害公共安全的犯罪可以分为以危险方法危害公共安全的犯罪，破坏公用工具、设施危害公共安全的犯罪，暴力危及交通安全的犯罪〔1〕以及枪支、弹药、爆炸物、危险物质犯罪四种类型。

（一）以危险方法危害公共安全的犯罪

该类型有五个罪名：放火罪、爆炸罪、决水罪、投放危险物质罪及以危险方法危害公共安全罪。由于以危险方法危害公共安全罪行为类型过于庞杂，且行为类型具有开放性，另外，决水罪在实践中适用较少，理论上关注也不多，本文着重探讨放火罪、爆炸罪、投放危险物质罪未完成形态认定问题。

1. 放火罪。关于放火罪既未遂标准，国外刑法理论上存在独立燃烧说、效用丧失说、重要部分开始燃烧说及毁弃说的争论。〔2〕国内理论通说持“独立燃烧说”立场，认为“只要放火的行为将目的物点燃后，已经达到脱离引燃媒介也能够独立燃烧的程度，即使没有造成实际的危害结果，也应视为放火罪既遂。反之，为未遂。如放火行为尚未实行完毕（如正要点火时被捉获），或者虽然当时已经点燃，但过后即熄灭，则应视为放火罪未遂”〔3〕。

笔者认为，由于我国刑法总则规定有犯罪预备的处罚原则，而放火罪属于严重犯罪，因而放火罪的预备原则上应当论罪；在我国讨论放火罪的未完成形态意义在于量刑，不是罪与非罪的区分；区分预备与未遂的标准在于是否着手实行的认定，未着手实行的，只能成立预备犯或预备阶段的中止，已经着手实行的，只能成立既遂、未遂或者实行阶段的中止；而放火罪在刑法理论中通常被认为是具体危险犯，放火罪着手实行与否的判断，也应根据是否形成现实性、紧迫性的具体公共危险进行判断；我国《刑法》第114、115条根据是否造成严重后果分别规定“3年以上10年以下有期徒刑”和“10年以上有期徒刑、无期徒刑或者死

---

〔1〕 学界通常将包括组织、领导、参加恐怖组织罪，资助恐怖组织罪，劫持航空器罪，劫持船只、汽车罪，暴力危及飞行安全罪在内的犯罪统称为“实施恐怖、危险活动危害公共安全的犯罪”，但由于组织、领导、参加恐怖组织罪和资助恐怖组织罪没有具体的犯罪对象，较为抽象，故笔者不采用这种分类法。

〔2〕 参见［日］西田典之：《刑法各论》（第四版补正版），弘文堂2009年版，第275页。

〔3〕 高铭暄、马克昌主编：《刑法学》（第四版），北京大学出版社、高等教育出版社2010年版，第378页。另参见王作富主编：《刑法》（第四版），中国人民大学出版社2009年版，第274页；陈兴良主编：《刑法学》（第二版），复旦大学出版社2009年版，第426页；等等。

刑”的法定刑，认定已经着手实行的，只要客观上没有“致人重伤、死亡或者使公私财产遭受重大损失的”，就只可能适用第114条，反之，只能适用第115条的法定刑；着手实行后，若是因为行为人意志以外的原因未造成严重后果的，适用第114条，且不再适用刑法总则关于未遂犯从轻、减轻处罚的规定，从这个意义上讲，第114条相当于是对放火等罪未遂的规定，而第115条相当于是对放火等罪既遂的规定，[1]若是行为人主动放弃犯罪或者自动有效地防止严重结果的发生，则应认定为放火罪实行阶段的中止，适用第114条，同时适用刑法总则关于中止犯免除、减轻处罚的规定；在着手实行之前，若是因为行为人意志以外的原因未能着手实行的，成立放火罪的预备，适用第114条和刑法总则关于预备犯从轻、减轻或者免除处罚的规定，若是因为行为人主动放弃犯罪而未着手实行，则成立放火罪预备阶段的中止，适用第114条和刑法总则中关于中止犯免除或减轻处罚的规定。下面结合实例进行分析。

[例一]　被告人余永平为欧阳永盛提供房屋出售中介服务，之后，他多次向欧阳永盛追讨中介费人民币3000元，均未果。2002年9月9日上午10时许，被告人余永平携带一支打火机和一桶汽油（10升）到本市后江埭路29号欧阳永盛经营的“永康”足浴店内。到了店内，余永平放下汽油桶，打开桶盖，并用手把玩打火机，向欧阳永盛示威。过了一会儿（约几分钟至十几分钟），因店内员工赶来制止，被告人余永平逃离现场。福建省厦门市原开元区人民检察院以被告人余永平犯放火罪，向福建省厦门市原开元区人民法院提起公诉。被告人余永平辩称：他从未有放火的意图，只是想以此方法吓唬对方，达到索债的目的。其辩护人认为：被告人没有放火的主观故意，其行为应当构成非法携带危险物品危及公共安全罪；假如公诉机关能举证证实余永平有放火的主观故意，余的行为也仅仅是犯罪预备。福建省厦门市原开元区法院认为：“放火罪是故意犯罪，行为人必须具备纵火的主观故意，根据查明的事实，不能推断被告人具有放火的故意。一是，从被告人余永平携带汽油到足浴店，直至店内员工赶到其才逃离现场，期间余永平若真要纵火，已有足够的时间。但余永平除了打开汽油桶盖以外，始终未进一步采取行动，比如倒出汽油或企图用打火机点火，他只是当着欧阳永盛及店里其他人员的面，用手将打火机翻来翻去地把玩。当欧阳永盛及店里多名员工赶到，将被告人围住，并由欧阳永盛向其动手（推或打）时，被告人没有反抗，只是拿着打火机挥舞，也没有打火，随后便逃离。这些行为的特征，与被告人关于

[1]　参见张明楷：《刑法学》（第三版），法律出版社2007年版，第518页。

其目的是吓唬欧阳永盛，逼其付款的辩解相吻合。二是，被告人在作案前一天晚上，即打电话给欧阳永盛声称，明天‘要冲到店里’，翌日上午果然施行，这种预先告知的行为，和被告人选择的作案时间、地点，显然都不利于他实现放火的目的。三是，被告人与欧阳永盛之间只有3000元的纠纷，以被告人的认知能力，他不可能不知道一旦纵火他将承担什么责任；被告人有相对稳定的工作和收入，为了3000元而孤注一掷，不合常理。而被告人称：他以为假装放火，吓一吓对方，只要对方付了款，自己并未真的放火，就不算违法犯罪，这种辩解比较符合其正常心态。被告人余永平明知汽油乃易燃的危险物品，而非法携带进入公共场所，其行为已危及公共安全；被告人全然不顾公共安全，在公共场所内进一步打开汽油桶盖，其行为的危险性显然大于一般的携带行为，且其以此危及公共安全的方法作为索取钱款的要挟手段，主观恶性也相对较大，应当认定为情节严重，故被告人余永平的行为已构成非法携带危险物品危及公共安全罪。……被告人余永平犯非法携带危险物品危及公共安全罪，判处有期徒刑9个月。”〔1〕

评析：日本判例的立场可以为正确认定放火罪的着手实行提供借鉴。一个判例是，被告人深夜向他人的餐馆里泼洒大约5升的汽油，就在行为人泼洒过程中，因汽油挥发成具有可燃性的蒸气，被店内的煤球炉火星点着。对此，日本静冈地方法院认为，由于被告人本已具有点火的意思，因而其泼洒汽油的行为“已经达到了有可能引起建筑物被烧毁这一客观状态的程度”，从而认定为实行的着手。〔2〕另一个判例是，被告人因妻子离家出走而情绪极其低落消沉，试图自杀，于是在自己家里泼洒汽油；其后，想在临死之前抽上最后一支烟而打着了打火机，却点着了已经弥漫于室内的由汽油所挥发而成的蒸气。对此，日本横滨地方法院认为，考虑到汽油具有强烈的可燃性，因而“可以认定此时已经达到了发生法益侵害，即造成本案房屋被烧毁的急迫危险”，进而肯定实行的着手。〔3〕日本理论通说也支持判例关于放火罪着手实行认定的立场。〔4〕

本案中，被告在将汽油桶提到足浴店内，打开汽油桶，并用手把玩打火机，笔者认为，考虑到足浴店可能有人抽烟的特殊环境，汽油挥发到一定程度，完全

---

〔1〕 福建省厦门市开元区人民法院“余永平非法携带危险物品危及公共安全案”刑事判决书，http：//www. lawyee. net/Case/Case Display. asp？ChannelID = 2010100 &RID = 49245，2011年1月10日访问。

〔2〕 参见［日］静冈地判昭和39·9·1下刑6卷9、10号1005页。

〔3〕 参见［日］横滨地判昭和58·7·20判时1108号138页［261］。

〔4〕 参见［日］大谷实：《刑法讲义总论》（新版第三版），成文堂2009年版，第370页；山口厚：《刑法总论》（第二版），有斐阁2007年版，第272页；等等。

可能与空气中火星接触而发生火灾，因此，可以认定被告人着手实施了放火罪的实行行为，之所以没有发生火灾是因为行为人意志以外的原因造成的，应成立放火罪的未遂，适用第114条的法定刑；而且，若行为人“一不小心”打着了打火机，由于已经开始了放火罪的着手实行，行为人不是构成失火罪，而应构成放火罪的既遂，造成了严重后果的，适用第115条，未造成严重后果的适用第114条；法院认为被告人没有放火罪的故意而否定放火罪的成立是存在疑问的，因为不可否认，行为人已经认识到了行为所具有的公共危险性而具有危险故意，放火罪的成立并不要求行为人希望严重后果的发生，而是只需要行为人对形成的公共危险具有现实的认识并对危险状态的形成持希望或者放任的态度即可，正如醉酒及超速驾驶者必然认识到危险的存在，即便行为人并不希望或者放任严重后果的发生，也不可否认行为人具有危险的故意而可能成立以危险方法危害公共安全罪一样。本案由于行为人只有一个行为，所侵害的法益系公共安全，因而行为同时符合的放火罪（未遂）与非法携带危险物品危及公共安全罪构成要件，二罪系想象竞合关系，从一重处罚即以放火罪（《刑法》第114条）定罪处罚即可。

［例二］　2010年9月27日下午4时，犯罪嫌疑人王涵为报复在中学执教的妻子齐某，拎着一个装满5升汽油的塑料桶闯入齐某正在上课的教室，将汽油泼洒到讲台和地上，该班学生上来制止时，被汽油溅到脸上和裤子上。王涵随后掏出随身携带的打火机准备点燃，打火机被学生和赶来的保安人员奋力夺下。河南省洛阳市瀍河区检察院对犯罪嫌疑人王涵以放火罪批准逮捕。[1]笔者认为，犯罪嫌疑人将汽油泼洒在讲台和地上，而且学生制止时汽油还溅到学生脸上和裤子上，掏出打火机准备点燃时被夺下打火机才未发生火灾，已经形成了急迫性危险，应当认定放火罪的着手，应成立放火罪未遂而不是预备，适用第114条处罚。

［例三］　2010年5月10日凌晨3时许，家住贵州省仁怀市茅坝镇茅坝社区的阚必洪酗酒失控，与妻子柏永霞发生争吵，阚必洪竟然将柴油泼在柏永霞的身上和床上，扬言要烧死柏永霞，并点燃了床上的衣服。柏永霞立即用棉被将火扑灭，阚必洪心有不甘，又准备用打火机点火。柏永霞大声呼叫“救命”，后在邻居的劝导下事态才得以平息。仁怀市检察院审查认为，阚必洪家与茅坝镇茅坝社区居委会的其他30余户房屋相连，阚必洪点燃床上被柴油淋湿的衣服，可能造成

---

〔1〕　参见郭延伟、张梅：“图报复教室内泼汽油，欲纵火行凶当场被捉”，载《检察日报》2010年11月25日，第2版。

其本人和邻居的房屋被烧毁，甚至会造成人员伤亡，足以危害公共安全。故此，该院决定以放火罪对阚必洪提起公诉。[1]笔者认为，衣服已经点燃并达到了独立燃烧的程度，无疑应认定放火罪的着手，因被妻子扑灭而属于意志以外的原因未得逞，应当适用第114条处罚。

2. 爆炸罪。爆炸罪着手的判断与放火罪一样，关键看是否形成紧迫性危险。下面结合实例进行分析：

［例一］ 2004年6月27日，张某获悉与前妻王某共同生活的儿子陈某（19岁）因一起责任事故死亡、王某获赔7万余元后，以电线将干电池和拾得的炸药、雷管串联，制造了一个简易的爆炸装置。张某将爆炸装置缚于腰上，来到王家（王家附近有8户人居住）。张某对王某称儿子死亡获赔的钱他也有份，要王某给他1000元，否则，便引发爆炸装置，与王某同归于尽。在张某的威胁下，王某被迫满足了张某的要求。尔后，张某携带爆炸装置离开了王家。对犯罪嫌疑人张某的行为如何定罪，存在三种不同意见：第一种意见主张定抢劫罪；第二种已经主张定爆炸罪（中止）；第三种意见主张定非法制造爆炸物罪。[2]笔者认为，爆炸罪不同于放火罪，不点燃导火索通常难以发生爆炸，该案中张某尚未点燃导火索，还没有形成紧迫性危险，难以认定爆炸罪的着手，仅属于爆炸罪的预备阶段，基于行为人自己的意志没有着手实施爆炸，应认定为爆炸罪预备阶段的中止，适用《刑法》第114条和刑法总则犯罪中止的规定免除处罚（就爆炸罪而言）。[3]

［例二］ 周某系湖南攸县桃水煤矿退休工人，因与同居女友廖某发生感情纠葛，怀恨在心，准备自制炸药炸死廖某。2009年农历10月的一天晚上，周某用纸箱装着插好雷管的炸药及引线、电瓶等物前往廖某家，到廖某家后，一番犹豫，没有当场引爆炸药，而是将装有雷管炸药的纸箱偷偷放置于廖某家杂屋的楼上，以图日后再作打算。12月20日，廖某发现炸药后报警，公安机关将周某抓获。对于周某故意杀人的犯罪形态该如何认定，存在三种意见：第一种意见认为，周某的行为属于犯罪中止；第二种意见认为，周某的行为属于犯罪未遂；第

〔1〕 参见陈利、母承德："因琐事酒后点火烧妻，危害公共安全被起诉"，载《检察日报》2010年7月6日，第2版。

〔2〕 参见何显德："携带爆炸装置强索财物应定何罪"，载《人民检察》2005年第2期（下），第34页。

〔3〕 本案中，虽然是因为被害人答应其请求，张某才没有引爆爆炸装置，但不可否认张某是有条件引燃爆炸物完成爆炸犯罪行为，而放弃实施爆炸犯罪的，即便可能评价为抢劫、敲诈勒索等财产犯罪，就公共危险犯罪而言，还是应认定为预备阶段的中止的。

三种意见认为，周某的行为属于犯罪预备。[1]笔者认为，若廖某家中有多人，或还存在左邻右舍，上述行为构成故意杀人罪与爆炸罪之间的想象竞合犯，从一重处罚即可。本文仅讨论该案中爆炸罪的犯罪形态问题。由于爆炸行为不同于放火行为，将爆炸装置置于被害人家杂屋的楼上，还很难说已经形成紧迫性的公共危险，应评价为爆炸的预备阶段，因为周某意志以外的原因未能着手实施爆炸，应评价为爆炸罪的预备犯，适用第114条和刑法总则关于预备犯的规定进行处罚。

［例三］　张某与李某系恋爱关系，因父母反对，李某对张某日渐疏远。张某遂对李某心生怨恨。某日，张某携带自制炸药包和导火索闯入李家，适逢李某及其父母在家，张某在要求与李某恢复恋爱关系遭拒后，点燃导火索，声称要与李某一家同归于尽。李某及其父母见状大惊，被迫同意了张某的要求，于是张某用刀割断导火索。对于张某的犯罪形态该如何认定，存在三种分歧意见：第一种意见认为属于犯罪既遂；第二种意见认为属于犯罪未遂；第三种意见认为属于犯罪中止。[2]假定张某的爆炸行为危及公共安全，由于张某已经点燃导火索，形成了紧迫性危险，应认定爆炸罪的着手，后来基于张某自己的意志消除了危险，应认定为爆炸罪实行阶段的中止，适用第114条和犯罪中止的规定处罚（这里仅评价爆炸行为，就爆炸而言行为人是完全可能将爆炸进行到底的）。

［例四］　张新华原在章某的车队里干活，2009年，章某累计拖欠其劳务费3万元，张新华多次讨债均未果。为在春节前将债要回，2010年1月31日，张新华以250余元的价格买来一瓶煤气来到章某家中，威逼其还钱，但章某说要再过两天才能将钱给他。一听章某又不肯给钱，气急败坏的张新华竟将煤气瓶拧开，企图用打火机点燃煤气，但因紧张第一次没有点着，失去理智的他便想第二次再点，却被旁边的章某亲戚推了一把。害怕出事的张新华便夺路而逃，后被章某和亲戚抓住。张新华被浙江省宁波市北仑区检察院以爆炸罪批准逮捕。[3]该案中，张新华已经拧开了煤气瓶，处于随时可能爆炸的状态，应该说已经形成了紧迫性危险，应认定爆炸罪的着手，因意志以外的原因而没有发生爆炸，应认定为爆炸罪的未遂，适用第114条进行处罚。

---

〔1〕 参见凌洁、吴敏：“爆炸装置置于人家，如何确定犯罪形态”，载《检察日报》2010年6月8日，第3版。

〔2〕 参见高立勇：“从一起案例看故意犯罪的完成形态”，载《检察日报》2010年10月12日，第3版。

〔3〕 参见陆虞霖、史琦波：“索债欲爆煤气瓶，维权不当苦自食”，载《检察日报》2010年3月17日，第2版。

［例五］ 谢粮山因为与医院之间存在医疗纠纷，就自制爆炸装置，于2009年9月9日带上爆炸装置，来到某医院普外科主任办公室。当时办公室里坐满了医生和病人，谢粮山从随身携带的黑包里拿出一把砍刀大喊一声“无关的人都出去!”见病人及家属走出办公室，谢挥舞砍刀再次威胁：“我的问题如果再没有人处理，我带了炸弹，今天就一起同归于尽!”紧急时刻，医院一主任走进办公室，对其进行耐心劝说。随后，接到报警的派出所民警迅速赶到现场进行了处置。谢粮山被湖南省长沙市芙蓉区检察院以涉嫌爆炸罪提起公诉。〔1〕该案中，导火索尚未点燃，还没有形成紧迫性危险，不应认定爆炸罪的着手，后来因他人劝说而放弃着手实行，属于爆炸罪预备阶段的中止，适用第114条和犯罪中止的规定处理。

［例六］ 现年16岁的瞿某，因在鞭炮厂打工时办事拖拉受人责骂而怀恨在心，2010年10月15日中午，瞿某趁无人之际，从厂里偷得一圈引线，将引线的一头藏在插引车间的围墙后面，然后将引线沿防爆墙一直牵入放有2万盘鞭炮药饼、800万头成品鞭炮的仓库内。当瞿某吃完中饭回来，准备将引线点燃时，围墙后藏着的引线被人发现。因害怕被抓，瞿某急忙逃到醴陵火车站购买车票准备逃往杭州，结果在候车时被民警抓获。瞿某因涉嫌爆炸罪（未遂）被湖南省醴陵市检察院批准逮捕。〔2〕该案中，虽然已经买好引线，但只要不点燃引线，就还没有形成紧迫性危险，故还不能认定为爆炸罪的着手，因为意志以外的原因而未能着手实行爆炸，应成立爆炸罪的预备，而不是爆炸罪的未遂，应适用刑法第114条和犯罪预备的规定进行处罚。

3. 投放危险物质罪。投放危险物质罪不同于放火罪、爆炸罪（也存在被害人触碰即爆炸以及定时爆炸的装置）的地方在于行为人完成投毒行为后，只等被害人食用，而不需要另外实施一定的行为，因此，从理论上讲，只要行为人将危险物质投放于被害人支配的场所，就已经形成了紧迫性危险，属于投放危险物质罪的着手。

［例一］ 2009年11月2日晚，在云南省昌宁县大田坝乡文沧村，忙碌了一天的村民肖先、肖华、肖军三兄弟各自到自家菜地去收菜，准备回家食用，发现白菜、青蒜苗的叶子上有白色的斑点并伴着刺鼻的农药恶臭的奇怪现象，引起了他们的警觉。次日一早，肖军的妻子杨芹在自家饮水缸取水洗漱时，又闻到一股

〔1〕 参见廖韶峰：“手术失败欲讨‘说法’，自制炸弹威胁医生”，载《检察日报》2010年1月7日，第2版。

〔2〕 参见郭秀峰、周雅玲：“被骂几句就想炸厂，冲动少年险酿大祸”，载《检察日报》2010年11月14日，第2版。

刺鼻的农药味。肖先、肖华家的水缸也出现了同样的问题。杨芹等人立即报警。调查得知，本案系与被害人有宿怨的张顺菊所为，经云南省昌宁县检察院提起公诉，该县法院以投放危险物质罪判处被告人张顺菊有期徒刑4年。[1]该案中，被告人投放危险物质的行为一旦完成，由于已处于被害人随时可能食用的状态，故应认定为投放危险物质罪的着手，由于被害人发觉而未得逞，应认定为投放危险物质罪的未遂，直接适用《刑法》第114条处罚。

（二）破坏公用工具、设施危害公共安全的犯罪

这样的罪名有破坏交通工具罪、破坏交通设施罪、破坏电力设备罪、破坏易燃易爆设备罪以及破坏广播电视设施、公用电信设施罪。从条文表述看，由于这些罪名均以“足以使火车、汽车、电车、船只、航空器发生倾覆、毁坏危险”或者“危害公共安全”为犯罪成立条件，在刑法理论上学者称之为具体危险犯。其实，“足以”及“危害公共安全的”并非具体危险犯的标志，司法实践中并没有进行所谓具体危险存在与否的判断，这些表述仅仅是对行为性质的要求。例如：破坏交通工具的门窗等非关键部位、破坏路名牌等不关涉交通安全的交通设施，因为不足以使火车、汽车、电车、船只、航空器发生倾覆、毁坏危险，不是成立破坏交通工具罪、破坏交通设施罪未遂的问题，而是根本就不成立破坏交通工具罪、破坏交通设施罪（虽然可能成立故意毁坏财物罪、盗窃罪等罪的既遂）。又如，破坏尚未投入使用的电力设备、燃气输送管道、广播电视设施、公用电信设施的，由于不会危害公共安全，不是成立破坏电力设备罪、破坏易燃易爆设备罪与破坏广播电视设施、公用电信设施罪未遂的问题，而是根本就不成立这些犯罪（虽然可能成立故意毁坏财物罪、盗窃罪的既遂）。

需要说明的是，我们尽管可以认为，足以使交通工具发生倾覆、毁坏危险和危害公共安全的，不是具体危险犯的标志，而是对行为性质的要求，是公共危险犯成立的条件，但并非意味着这类犯罪没有犯罪预备成立的余地。例如：行为人准备扳手破坏长途公共汽车的刹车装置，因为意志以外的原因而未能着手实施即案发，显然成立破坏交通工具罪的预备。但是，若行为人准备铁锤破坏长途公共汽车的门窗（假定不危及交通运输安全），则因为即使实施也不会使交通工具发生倾覆、毁坏的危险，因而不能成立破坏交通工具罪的预备，而只可能成立故意毁坏财物罪的预备。

---

〔1〕参见周洁、赵安金：“投毒只因受冷遇，所幸发现无伤亡”，载《检察日报》2010年5月19日，第2版。

由于“足以使交通工具发生倾覆、毁坏危险”和“危害公共安全的”，不是具体危险犯的标志，而是对行为性质的要求，因而，不仅在形成了这种危险状态后行为人主动消除危险或者有效避免严重后果发生的，可以成立实行阶段的中止，而且，在着手实行之前，也可以基于自己的意志而放弃着手实施犯罪，从而成立预备阶段的中止。

关于未完成形态的处罚，与放火等罪一样，发生了危险状态，若因为意志以外的原因尚未造成严重后果，属于犯罪未遂，直接适用第116～118条的法定刑（处3年以上10年以下有期徒刑）或者第124条第1档次法定刑（3年以上7年以下有期徒刑），而不适用刑法总则关于犯罪未遂从轻、减轻处罚的规定，因为上述规定就相当于犯罪未遂时的处罚规定，若因为行为人自己的意志消除危险或者有效避免严重后果发生的，则一方面适用上述法定刑，另一方面适用刑法总则关于犯罪中止免除或减轻处罚的规定；为实施上述犯罪准备工具、制造条件后，因为行为人意志以外的原因未能着手实行的，成立犯罪预备，适用上述法定刑，同时适用刑法总则犯罪预备的规定从轻、减轻或者免除处罚，若是基于行为人自己的意志放弃着手实行，则成立预备阶段的中止，适用上述法定刑的同时，还适用刑法总则犯罪中止的规定免除或者减轻处罚。下面结合实例进行分析。

［例一］　2010年7月18日凌晨1时许，孔祥长越过铁路防护网，采用掰和拽的方法，共盗窃钢罩28块，总价值人民币3000元。在准备转移赃物时，被巡防民警抓获。据了解，孔祥长盗窃的钢罩是京津城际高速铁路的专用设备，主要作用是防止灰尘进入支座，从而影响行车。由于盗窃这一专用设备的行为尚不足以造成列车倾覆、毁坏的危险，检察机关遂以盗窃罪对孔祥长批准逮捕。[1]笔者认为，检察院以盗窃罪定性是正确的。既然被告人盗窃的钢罩不危及铁路运输安全，不符合破坏交通设施罪的成立条件，不是成立破坏交通设施罪未遂的问题，而是根本就不成立破坏交通设施罪。

［例二］　2003年7月下旬，孙运财得知其所在单位将要进行优化组合，孙担心自己会下岗，便萌生了在铁路上摆放障碍物，再去拦截列车，争取“立功”，避免下岗的想法。此后，孙做了一系列准备，他将一根长20厘米，直径1.6厘米的钢筋制作成“U”形，并在一端焊上螺母，螺母内拧一长5.63厘米，直径1.55厘米的螺栓，可扣压在钢轨上的卡具。8月1日5时许，孙运财到其所在单位换

---

〔1〕　参见侯亚静、孙希全：“盗窃铁路防尘罩，无良蟊贼被批捕”，载《检察日报》2010年8月30日，第2版。

上衣服佯装去钓鱼，他来到南乌线伊春至缓岭间 103 公里 110 米处。此时，孙明知 K601 次旅客列车将要临近，仍将制作的“卡具”用螺丝固定在线路右侧钢轨上，并用红条塑料袋盖上。然后孙找来在附近打鱼的王福山，二人试图徒手拆下此障碍物未果，孙让王去通知伊春车站，自己迎着 K601 次旅客列车方向拦截列车。K601 次旅客列车被孙拦下，造成该车晚点 16 分钟。经佳木斯铁路公安处侦查，将孙抓获。哈尔滨铁路局佳木斯铁路分局的专业技术人员经技术鉴定，认定孙运财制作的卡具安放在线路钢轨上，能造成列车脱线甚至颠覆事故。佳木斯铁路运输法院认为，“孙运财的目的虽不想颠覆列车，但破坏交通设施罪是危险犯，其动机和目的均不影响本罪的成立，所以辩护人关于孙运财的目的不是为颠覆列车，情节轻微，不构成犯罪的意见不予采纳。但辩护人关于孙的目的不是为颠覆列车，主观恶性不深，行为有所节制的意见予以采纳，同时念孙运财素无劣迹，认罪态度较好，可对其酌情从轻处罚。……孙运财犯破坏交通设施罪，判处有期徒刑 3 年，缓刑 3 年。”[1] 笔者认为，该案中被告人将“卡具”用螺丝固定在钢轨上时，就已经使火车发生倾覆、毁坏危险，但行为人主动消除危险、有效地避免了实害的发生，应当认定为实行阶段的犯罪中止，适用第 117 条法定刑，同时适用刑法总则犯罪中止的规定免除或减轻处罚。

［例三］　2004 年 7 月 21 日，上诉人匡斌窜至合徐高速公路 156 ~ 157km 处，用随身携带的扳手、老虎钳等作案工具盗窃高速公路护栏上的螺丝钉约 200 个，后销赃给怀远县包集镇塘沿村农民孙登记，得款 40 元。同年 7 月 22 日夜，上诉人匡斌以同样手段再次在同一地段盗窃高速公路护栏上的螺丝钉约 200 个，匡斌作案后，尚未逃跑就被高速公路保洁人员当场抓获并扭送至公安机关。安徽省怀远县法院一审及蚌埠中院二审均认定构成破坏交通设施罪。[2] 笔者认为，被告人 7 月 22 日作案的这一次，由于高速公路上护栏上的螺丝钉已被被告人卸下，形成了足以使交通工具发生倾覆、毁坏危险的状态，即便因为尚未从现场运走所盗窃的螺丝钉，对于破坏交通设施行为而言已经完成，应当适用第 117 条的法定刑，且不适用刑法总则犯罪未遂的处罚规定。

---

〔1〕 佳木斯铁路运输法院（2003）佳铁刑初字第 48 号“孙运财破坏交通设施案”刑事判决书，http：//www. lawyee. net/Case/Case Display. asp？ChannelID = 2010100 &RID = 48631，2011 年 1 月 10 日访问。

〔2〕 安徽省蚌埠市中级人民法院（2005）蚌刑终字第 09 号“匡斌破坏交通设施案”刑事裁定书，http：//www. lawyee. net/Case/Case Display. asp？ChannelID = 2010100 &RID = 53358，2011 年 1 月 10 日访问。

［例四］　2009 年 9 月 21 日 20 时许，被告人宋志强、张建如为家庭生活用气充装气包，经预谋后，携带铁锤、管钳、自制扳手等作案工具窜至中原油田采油二厂采油一区 1138 油井，使用工具将正在生产使用的该井套管阀门护套与手轮的防盗焊接点砸开，准备盗窃天然气时，被巡逻至此的采油一区保卫组人员当场抓获。作案工具被当场缴获。河南省范县法院认为，"被告人宋志强、张建如以非法窃取天然气为目的，使用作案工具，破坏正在使用中油井上的套管阀门与手轮间的防盗焊接点，危害公共安全，尚未造成严重后果，其行为均已构成破坏易燃易爆设备罪。……判决如下：被告人宋志强犯破坏易燃易爆设备罪，判处有期徒刑 3 年缓刑 4 年。"〔1〕笔者认为，由于被告人已经将井套管阀门护套与手轮的防盗焊接点砸开，形成了公共危险状态，虽然尚未盗窃天然气，也不影响行为符合破坏易燃易爆设备罪构成要件的判断，因此应当适用第 118 条的法定刑，而且不适用刑法总则犯罪未遂的处罚规定。

［例五］　2009 年 7 月 31 日凌晨，被告人张某某、韩某某伙同马某某、刘某经预谋，采用上述方式，将上海市电力公司宝山供电分公司排设在某路东侧附近杆号为"40551 立交桥西"3 号至 4 号之间正在使用的型号为 JKYJ1KV95 平方毫米的铜芯电线剪断欲窃走时，被巡逻人员发现，马某某被当场抓获，被告人张某某、韩某某逃逸。〔2〕笔者认为，就这次行为而言，由于被告人已经剪断了正在使用中的电线，形成了危险状态，虽然尚未运走，但不影响行为符合破坏电力设备罪的构成要件的判断，应当适用第 118 条的法定刑，且不应适用总则犯罪未遂的处罚规定。

［例六］　2009 年 7 月 31 日凌晨，被告人马某某、刘某伙同张某某、韩某某，在盗割上海市电力公司宝山供电分公司排设在本区富锦路富谊路东侧附近电线杆某号至某号之间正在使用的 JKYJ1KV95 平方毫米的铜芯电线时被发现，被告人马某某被当场抓获。〔3〕笔者认为，若行为人正准备剪断时即被抓获，由于还没有危

---

〔1〕　河南省范县人民法院（2010）范刑初字第 00041 号"宋志强、张建如破坏易燃易爆设备案"刑事判决书，http：//www. lawyee. net/Case/Case Display. asp？ChannelID = 2010100&RID = 447084，2011 年 1 月 10 日访问。

〔2〕　上海市宝山区人民法院（2010）宝刑初字第 282 号"张某某、韩某某破坏电力设备案"刑事判决书，http：//www. lawyee. net/Case/Case Display. asp？ChannelID = 2010100&RID = 493123，2011 年 1 月 10 日访问。

〔3〕　上海市宝山区人民法院（2009）宝刑初字第 1236 号"马某某、刘某破坏电力设备案"刑事判决书，http：//www. lawyee. net/Case/Case Display. asp？ChannelID = 2010100&RID = 352592，2011 年 1 月 11 日访问。

害公共安全，应评价为破坏电力设备罪的预备，适用第 118 条法定刑，同时适用刑法总则犯罪预备的规定处罚。

（三）暴力危及交通安全的犯罪

这样的罪名有劫持航空器罪，劫持船只、汽车罪与暴力危及飞行安全罪。劫持航空器罪与劫持船只、汽车罪的罪状表述为“以暴力、胁迫或者其他方法劫持航空器”、“以暴力、胁迫或者其他方法劫持船只、汽车”。虽然两罪条文中没有足以使航空器、船只、汽车发生倾覆、毁坏危险的规定，但由于两罪均属于危害公共安全的犯罪，不危及公共交通安全的，不可能作为危害公共安全的犯罪论处；两罪条文中之所以不像破坏交通工具罪和破坏交通设施罪存在足以使交通工具发生倾覆、毁坏危险的规定，是因为劫持航空器和船只、汽车的行为本身通常都会危及交通运输安全，因而属于刑法理论上的行为犯、抽象危险犯，这种犯罪形态也存在犯罪未完成形态。从理论上讲，开始实施暴力、胁迫、其他方法劫持航空器、船只、汽车时，就是实行的着手，在控制航空器、船只、汽车之前可能存在未遂、中止形态，在着手劫持之前可能存在犯罪预备以及预备阶段的中止形态。

国际刑法理论中，关于劫持航空器犯罪的既未遂标准存在着手说、目的说、离境说和控制说四种学说。[1]国内通说主张控制说，认为行为人控制了航空器或者控制了航空器的航行，成立本罪的既遂。[2]但另有学者认为，“本罪既遂的认定，应当以其是否实施了劫持行为为标准，但是所谓实施了劫持行为并不意味着劫持行为已经完成甚至成功。因此，只要行为人开始实行劫持行为，虽然其行为并未完成，或者虽然劫持但实际未能控制航空器，或者未能造成任何严重后果的，均仍得以认定构成既遂。”[3]笔者虽然赞成控制说，但同时认为，从立法论上讲，为鼓励行为人及时消除飞行危险、避免实害的发生，行为人控制航空器后经劝说主动放弃劫持行为，使航空器恢复正常飞行状态的，可以通过立法规定对行为人减轻或者免除处罚。正如，我国刑法理论通说认为绑架罪行为人控制人质即为绑架罪的既遂，为鼓励行为人及时释放人质，应当参照国外立法例，规定主

---

〔1〕 参见郝秀辉：“中国航空刑法问题研究述评——中国航空法学 30 年研究综述（二）”，载《北京航空航天大学学报（社会科学版）》2010 年第 3 期，第 35 页。

〔2〕 参见张明楷：《刑法学》（第三版），法律出版社 2007 年版，第 529 页；吴大华主编：《刑法各论》，中国人民大学出版社 2008 年版，第 43 页；刘宪权主编：《刑法学（下）》（第二版），上海人民出版社 2008 年版，第 434 页；周光权：《刑法各论》，中国人民大学出版社 2008 年版，第 187 页；曲新久：《刑法学》，中国政法大学出版社 2009 年版，第 269 页；等等。

〔3〕 陈兴良主编：《刑法学》（第二版），复旦大学出版社 2009 年版，第 440 页。

动释放人质的减轻或者免除处罚。

就暴力危及飞行安全罪而言，罪状表述中"危及飞行安全"是对行为性质或程度的要求，暴力行为不危及飞行安全的，不是成立犯罪未遂的问题，而是根本就不成立该罪（即便可能成立故意伤害罪、故意杀人罪等罪）。下面分析两个实例。

[例一]　1993年7月，被告人李向东产生杀死徐捷及其家人后劫持飞机逃亡台湾之念，并得到被告人黄庆利的赞同。1993年8月间，二被告人购买了电子钢珠枪和由发令枪改制的小口径手枪各一支。因效能不理想，又购买催泪枪一支。为了逃避安全检查，将催泪枪分解伪装。于1993年9月28日和10月27日两次进行登机试验。尔后，二被告人又购买尖刀两把，并准备警用匕首一把，被告人李向东又准备了毒药"赤血盐"，兑换了美钞。1993年11月初，二被告人再次预谋，决定于1993年11月6日晚，杀死徐捷及其全家后乘长春市至厦门市的班机，将飞机劫持至台湾。11月3日，由李向东出资、黄庆利去长春购买了11月7日长春市至厦门市的飞机票三张。11月4日，黄庆利找到徐捷将欲杀人、劫机一事告知徐，11月5日晚9时许，黄庆利再次找到徐捷并同徐一起到公安机关报案。公安机关接到报案后，于1993年11月6日将被告人李向东抓获归案。吉林省吉林市中级人民法院一审认定被告人李向东构成故意杀人罪、劫持航空器罪预备，黄庆利构成犯罪中止，判处李向东劫持航空器罪有期徒刑10年、故意杀人罪有期徒刑5年，判处黄庆利劫持航空器罪和故意杀人罪，免予刑事处罚。[1]该案中被告人的行为仅限于为劫持航空器准备工具、制造条件的阶段，故认定为被告人李向东成立劫持航空器罪的预备、黄庆利成立劫持航空器罪预备阶段的中止是正确的。

[例二]　被告人孙宪禄于1993年7月至11月住院期间，萌生劫持飞机去台湾的歹念，同年11月26日购得天津至上海的飞机票一张。11月28日上午，被告人孙宪禄将烟火药剂200余克及黑色火药制成的引燃线装进塑料袋，用白纱布包扎在头部，于当日下午14时许，混过天津机场安检人员的检查，登上中国国际航空公司波音737B－2581号1523次航班天津至上海的飞机。在飞行途中，被告人在飞机厕所里将火药从头部取下扎在腹部，随后窜至飞机后舱，左手握住捆有火柴棒的引燃线，右手持火柴盒，并露出腹部的火药，胁迫机组人员将飞机飞往台湾。否则即引爆炸毁飞机。经机组人员与之周旋，提出飞机要加油，被告人孙宪

[1]　吉林省吉林市中级人民法院（1994）吉刑初字第16号刑事判决书。

禄同意，机组人员又提出先让乘客下机，再继续飞行，被告人亦同意。飞机在南京机场紧急降落，被告人孙宪禄被制伏抓获。南京市中级人民法院以劫持航空器罪判处被告人孙宪禄无期徒刑。[1]该案被告人实际上已经控制了飞机，成立劫持航空器罪既遂，是没有疑问的。被告人在飞机厕所里捆绑炸药尚属于犯罪预备，窜至后舱开始胁迫机组人员时，已经开始着手实行劫持航空器犯罪，假定在实际控制飞机前即被制服，成立劫持航空器罪的未遂，假定开始胁迫后实际控制飞机前被机组人员说服放弃犯罪，则成立劫持航空器罪的实行阶段的犯罪中止。

（四）枪支、弹药、爆炸物、危险物质犯罪

《刑法》第125～130条均是关于枪支、弹药、爆炸物、危险物质的犯罪，具体罪名有非法制造、买卖、运输、邮寄、储存枪支、弹药、爆炸物罪，非法制造、买卖、运输、储存危险物质罪，违规制造、销售枪支罪，盗窃、抢夺枪支、弹药、爆炸物、危险物质罪，抢劫枪支、弹药、爆炸物、危险物质罪，非法持有、私藏枪支、弹药罪，非法出租、出借枪支罪，丢失枪支不报罪，非法携带枪支、弹药、管制刀具、危险物品危及公共安全罪。

从理论上讲，就制造类犯罪而言，成立未遂的前提是行为人的制造方法可能制造出所欲制造的物品，若制造方法错误，根本不可能制造出所欲制造的物品，不是既未遂的问题，而是属于不能犯，不应作为犯罪处理。就买卖犯罪而言，应当是物物或者钱物的交换成功方成立犯罪既遂，仅达成交易的协议，尚未进行实物交换的，还不能成立犯罪既遂。就运输犯罪而言，理论上通常认为不需要到达目的地才成立犯罪既遂，只要处于可以开动的状态，就成立既遂。就邮寄行为而言，只要将物品交给邮局或快递公司即为既遂。储存、持有、私藏犯罪均属于刑法理论上的继续犯，持续一定的时间即成立犯罪既遂。值得讨论的是，持有不能击发的枪支是成立不能犯还是未遂犯。理论上有学者指出，误将假枪假弹药当作真枪真弹药而持有的，可以成立非法持有枪支、弹药罪的未遂。[2]也有实务部门的同志指出，“即使枪支经鉴定不具杀伤力，涉枪犯罪依然可以认定，只不过系犯罪未遂。”[3]笔者认为，储存、持有、私藏枪支罪属于刑法理论上的抽象危险

---

〔1〕 江苏省南京市中级人民法院（1994）宁刑初字第003号刑事判决书。

〔2〕 参见杨忠民：“非法持有枪支、弹药罪的适用问题探讨”，载《中国人民公安大学学报》2004年第3期，第63页。

〔3〕 张利兆、姚宇、邓强：“涉枪犯罪案件办理中存在的问题与对策探究——以浙江省宁波市近三年的办案情况为切入点”，载《人民检察》2010年第9期，第63页。另参见寻宝佺：“非法持有不能击发的枪支的刑事责任问题”，载《中国检察官》2010年第16期，第16页以下。

犯，若枪支不具有杀伤力或者击发力，非法控制这种枪支连抽象性危险都没有，应属于不能犯，不成立犯罪。

就盗窃、抢夺、抢劫枪支、弹药、爆炸物、危险物质罪而言，属于刑法理论上的抽象危险犯，[1]盗窃、抢夺、抢劫枪支、弹药、爆炸物，属于抽象的危险犯；只要行为人实施了盗窃、抢夺、抢劫枪支、弹药、爆炸物的行为，便可根据社会一般生活经验，得出具有公共危险的结论。但这并不意味着一旦着手实行就是本罪的既遂，只有发生了替代的侵害结果（行为人或第三者控制了枪支、弹药、爆炸物），才成立犯罪既遂。就盗窃、抢夺、抢劫危险物质而言，行为人或者第三者控制了危险物质的，才成立犯罪既遂。[2]

依法配备公务用枪的人非法出租、出借枪支的，属于行为犯、抽象危险犯，出租、出借行为的完成即为非法出租、出借枪支罪的既遂；依法配置枪支的人员非法出租、出借枪支的，只有造成严重后果的，才构成犯罪，故属于刑法理论上的实害犯，只有犯罪成立与否的问题，没有既未遂的问题。

丢失枪支不报罪，由于以造成严重后果为成立犯罪的条件，也属于实害犯，只有成立犯罪与否的问题，没有既未遂的问题。

非法携带枪支、弹药、管制刀具、危险物品危及公共安全罪，只有危及公共安全的，才构成犯罪，由于法定刑极轻，该罪也只有犯罪成立与否的问题，没有成立未完成形态的必要。下面结合实例进行分析：

[例一] 2008年4月2日下午3时许，被告人罗昌明携带自制手枪一支、军用步枪子弹15发，持票准备从贵阳火车站乘坐贵阳至福州的K476次旅客列车，在贵阳站候车大厅被值勤民警将其查获。经鉴定，该枪具有杀伤力。贵阳铁路运输法院认为，“被告人罗昌明目无国家法纪，非法携带枪支准备乘坐旅客列车，危及公共安全，其行为已构成非法携带枪支危及公共安全罪。……判决如下：被告人罗昌明犯非法携带枪支危及公共安全罪，判处有期徒刑10个月。”[3]该案中，被告人虽然尚未乘上火车，但由于候车厅本身就属于公共场所，故携带枪支

---

〔1〕 由于非法制造、买卖、运输、储存、盗窃、抢夺、抢劫危险物质犯罪罪状中存在“危害公共安全的”的表述，学界因此有不少学者认为，该罪属于具体危险犯。事实上，实践中只要经鉴定对象属于危险物质，根本不去进行是否存在具体性公共危险的判断，也就是说与典型的抽象危险犯的枪支犯罪的处理没有任何差异。因此，笔者认为危险物质犯罪也属于一种抽象危险犯。

〔2〕 参见张明楷：《刑法学》（第三版），法律出版社2007年版，第533、534页。

〔3〕 贵阳铁路运输法院（2008）贵铁刑初字第54号“罗昌明非法携带枪支危及公共安全案”刑事判决书，http://www.lawyee.net/Case/Case Display.asp?ChannelID=2010100&RID=175366，2011年1月11日访问。

进入火车站候车厅候车的行为本身即构成非法携带枪支危及公共安全罪（不能评价为非法携带枪支危及公共安全罪未遂）。不过，既然案情中提到所携带的枪支系被告人自制的手枪，应当还构成非法制造枪支罪（无需另外评价非法持有枪支罪）。结论是，本案被告人构成非法制造枪支罪与非法携带枪支危及公共安全罪，应数罪并罚。

［例二］　被告人简永强在本县贺家坪镇七里坪村进行农网改造施工期间，以自己家里要炸屋场为由，于2002年3月27日找七里坪村村民皮厚足索要炸药1包、雷管2发、导火索约1米；又用10元钱向该村爆破员皮安全购买炸药1包、雷管2发、导火索约40厘米。简永强将上述雷管放在自己随身携带的钱夹中，将炸药、导火索全部存放在自己摩托车后备箱中，3月28日晚骑车回到龙舟坪镇。后接本县电力公司电话通知，简永强将车骑至县电力公司，并将摩托车停放于县电力公司办公楼前的街道边。简永强因婚姻问题情绪不稳定，当晚在电力公司副经理柳小灵的办公室内，柳小灵及其他同事一同对被告人简永强进行说服劝导。简永强在拿钱夹时，被在场的人发现其钱夹内有雷管，经柳小灵等人劝说，简永强才将携带的雷管全部交出。简永强的哥哥薛军赶来后，再次单独给简永强做工作，要其交出携带的炸药、导火索等物，简永强说出了炸药及导火索的存放位置。薛军将简永强的摩托车钥匙拿过来，和其他人一起，打开摩托车后备箱，取出了炸药及导火索。后柳小灵与公安机关联系，公安机关派人将上述爆炸物品提走。经宜昌市公安局鉴定，从简永强摩托车后备箱中提取的两包炸药共重1471.4克，均检出了硝酸铵和TNT的成分。湖北省长阳土家族自治县法院认为，“被告人简永强非法携带爆炸物品进入公共场所，情节严重，其行为已触犯刑法，构成非法携带危险物品危及公共安全罪，应予刑罚处罚。被告人简永强经他人劝说后能主动交出爆炸物品，有悔罪表现，可以酌情从轻处罚。”湖北省宜昌市中院二审维持原判。[1]由于本案被告人携带危险物品走街串巷，已经构成非法携带危险物品危及公共安全罪的既遂，故即使经劝说主动交出危险品，也难以认定为犯罪中止，只能作为酌定从轻情节考虑。法院未认定犯罪中止是正确的。

［例三］　2005年8月4日7时许，佛山市顺德区公安局陈村镇派出所巡警中队民警（下称民警）曾海东与治安员林伟强着便衣预伏时，发现被告人周明光与黄国健（另案处理）有抢夺他人财物的嫌疑，便驾驶摩托车跟踪被告人周明光与

---

〔1〕　湖北省宜昌市中级人民法院“简永强非法携带危险物品危及公共安全案”刑事裁定书，http：//www.lawyee.net/Case/Case Display.asp？ChannelID = 2010100&RID = 49232，2011年1月11日访问。

黄国健至佛山市顺德区陈村镇南涌大明铝材厂附近路段，准备利用被告人周明光与黄国健过马路的时机将被告人周明光与黄国健制伏。民警曾海东在表明自己是警察的身份后，迅速掏出手枪，喝令被告人周明光坐在地上，但被告人周明光反抗，并伸出双手抓住民警曾海东手中枪支的枪管部分用力往自己怀里拉，企图抢夺枪支。因民警曾海东的奋力阻止而使被告人周明光未能得逞。在摆脱被告人周明光的抢夺后，民警曾海东立即朝天鸣枪示警，被告人周明光则仓惶逃离现场。民警曾海东随即在现场群众赵杨新和汤亮声的协助下将被告人周明光追至南涌警务区附近的小巷内。被告人周明光见无路可逃，便再次转身逼近民警曾海东，民警曾海东遂再次朝天鸣枪示警，并在群众的协助下将被告人周明光抓获。广东省佛山市顺德区法院一审认为，"被告人周明光无视国家法律，抢夺军警人员的枪支，侵犯不特定多数人的生命、健康以及公私财产的安全，被告人周明光的行为已构成抢夺枪支罪。"佛山市中级人民法院二审认为，"上诉人周明光无视国法，在公安警察执行公务时，为达到抗拒抓捕的目的，抢夺警察枪支，其行为已构成抢夺枪支罪（未遂），原判认定基本事实清楚，基本证据确实、充分，定罪准确，审判程序合法。上诉人及其辩护人提出周明光的行为不构成抢夺枪支罪，没有事实和法律依据，不予采纳。上诉人周明光抢夺枪支的行为由于公安人员的奋力阻止，没有得逞，属于未遂，原判未认定未遂导致量刑不当，本院予以纠正。对于未遂犯，可以比照既遂犯减轻处罚。周明光的辩护人的此项辩护意见具有法律依据，予以采纳。"[1]该案一审法院未认定抢夺枪支罪未遂，二审认定了未遂，应该说二审是正确的。抢夺枪支罪属于抽象性公共危险犯，作为公共安全这一法益侵害结果很难衡量，只能借助控制枪支与否这种类似于财产犯的既遂标准来进行认定。

［例四］ 2006年8月，被告人张某与曾某（在逃）预谋盗窃张某所在单位深圳市危险废物处理站（以下简称处理站）的含铜废液，后双方商定于9月3日趁处理站人员出去会餐，车间无人之际作案。9月3日下午，被告人赖某与其舅舅蔡某（在逃）在清远市租用的大货车的司机被告人温某来到深圳，由伍某（男，另案处理）负责接应后再同曾某、张某等人会合。期间，被告人赖某交给伍某人民币7万元，曾某则向被告人赖某传授进入处理站的方法，并由被告人张某带温某将空车在站外过磅。当晚9时许，被告人张某先行进入处理站，被告人赖某则

〔1〕 广东省佛山市中级人民法院（2006）佛刑一终字第181号"周明光抢夺枪支（未遂）案"刑事判决书，http：//www. lawyee. net/Case/Case Display. asp？ChannelID = 2010100&RID = 81185，2011年1月11日访问。

以送氨水为名，冒充惠州大亚湾XX工贸有限公司的名义领取外来车辆登记表与被告人温某进入处理站。温某将车开到装有含铜废液的大罐旁，由张某、赖某动手抽取一满槽罐含铜废液约18.48吨，之后被告人张某给了赖某一张伪造的过磅单让其出站，赖某和温某在出站时被保安员识破外来车辆登记表上的被访厂家签名为伪造而被抓获。被告人张某则于2006年9月8日被公安机关抓获归案。经鉴定，涉案含铜废液含有盐酸、氯化铜和硫酸铜成分，具有腐蚀性、毒害性，价值人民币112 560元。深圳市福田区法院认为，“被告人赖某、张某无视国家法律，盗窃危险物质，危害公共安全，被告人温某无视国家法律，非法运输危险物质，危害公共安全，但均因意志以外的原因而未能得逞，被告人赖某、张某的行为均已构成盗窃危险物质罪（未遂），被告人温某的行为已构成非法运输危险物质罪（未遂），对被告人赖某、张某依法可比照既遂犯从轻处罚，对被告人温某依法可比照既遂犯减轻处罚。公诉机关指控的罪名成立。被告人赖某虽然有向伍某等人支付货款的行为，但结合其以欺骗手段蒙混进站，以及几个人在进站前对车进行过磅，出站时却未经过磅而持伪造的过磅单企图蒙混出站的行为综合考虑，被告人赖某对其一伙人的盗窃行为的性质应是明知的，被告人及其辩护人关于不知道是盗窃的辩护意见不成立，本院不予采纳。含铜废液是一种墨绿色且有‘氨水’臭味的液体，且结合处理站的厂区环境、处理站门口醒目的站名招牌等，三被告人作为智力正常且对含铜废液均有一定程度了解的人，且被告人赖某和张某在案发前均从事的是相关职业，应当知道含铜废液是一种危险物质，此种了解，不需要达到对其成分、性质精确了解的程度。因此，三被告人及其辩护人的相关辩护意见不予采纳。……判决如下：被告人赖某犯盗窃危险物质罪（未遂），判处有期徒刑3年。被告人张某犯盗窃危险物质罪（未遂），判处有期徒刑3年。被告人温某犯非法运输危险物质罪（未遂），判处有期徒刑1年。”[1]笔者认为，法院的判决基本上是正确的。虽然盗窃危险物质罪属于公共危险犯，但也只能以是否实际控制危险物质作为判断既未遂的标准，本案中被告人尚未将危险物质运送出被害单位的大门，还在被害人在控制之内，故只能评价为盗窃危险物质罪的未遂。之所以认为只是“基本上”正确，是因为既然各行为人对盗窃后运输的行为存在事前共谋，应当就盗窃、运输危险物质成立共犯，而不是单独评价盗窃危险物质罪与非法运输危险物质罪。

---

〔1〕 广东省深圳市福田区人民法院（2007）深福法刑初字第750号“赖某、张某盗窃危险物质（未遂），温某非法运输危险物质案”刑事判决书，http：//www. lawyee. net/Case/Case Display. asp? ChannelID =2010100&RID =233409，2011年1月11日访问。

二、生产、销售伪劣商品罪

食品、药品等商品的生产、销售关系到每一个人的生命与健康安全，因此，生产、销售伪劣商品罪虽然被置于社会主义市场经济秩序罪一章中，但其中有几个罪名属于威胁不特定或者多数人生命与健康的危害公共安全犯罪，如生产、销售假药罪，生产、销售劣药罪，生产、销售不符合卫生标准的食品罪，生产、销售有毒、有害食品罪，生产、销售不符合标准的医用器材罪，生产、销售不符合安全标准的产品罪，生产、销售不符合卫生标准的化妆品罪。需要指出的是，刑法理论通说认为，生产、销售伪劣商品罪一节的9个罪名全部属于所谓选择性罪名，也就是说，只是生产而未销售的也能单独成立生产某某商品的犯罪。[1]通说存在疑问。首先，若认为全部属于所谓选择性罪名，则仅生产而未销售的，应该单独成立生产伪劣产品等罪的既遂，而不是未遂。正如认为非法制造、买卖、运输、邮寄、储存枪支罪被公认为是选择性罪名，则制造完成后与人交易时被现场抓获，不会成立非法制造枪支罪的未遂，而是成立非法制造枪支罪的既遂。其次，从生产、销售伪劣产品罪，生产、销售劣药罪，生产、销售不符合安全标准的产品罪，生产、销售伪劣农药、兽药、化肥、种子罪与生产、销售不符合卫生标准的化妆品罪五个罪名的罪状表述看，应当不难得出“销售金额5万元以上”（生产销售伪劣产品罪）、“对人体健康造成严重危害”（生产、销售劣药罪）、“造成严重后果”（生产、销售不符合安全标准的产品罪，生产、销售不符合卫生标准的化妆品罪）以及“使生产遭受较大损失”（生产、销售伪劣农药、兽药、化肥、种子罪）均是犯罪成立的条件，不是犯罪既遂的条件，因而属于刑法理论上的实害犯。

笔者认为，生产、销售伪劣商品罪一节中只有生产、销售假药罪，生产、销售不符合卫生标准的食品罪，生产、销售有毒、有害食品罪以及生产、销售不符合标准的医用器材罪才属于典型的选择性罪名。一是，“足以严重危害人体健康”以及“足以造成严重食物中毒事故或者其他严重食源性疾病”是对所生产的不符合卫生标准的食品、不符合标准的医用器材罪的商品属性的要求，并非如部分学

---

〔1〕 参见高铭暄、马克昌主编：《刑法学》（第四版），北京大学出版社、高等教育出版社2010年版，第412页；陈兴良主编：《刑法学》（第二版），复旦大学出版社2009年版，第468页以下；等等。

者所声称的这些犯罪属于具体危险犯[1]，而需要在具体个案中对行为进行是否形成现实性、紧迫性危险的判断。换言之，只要生产的食品具有“足以造成严重食物中毒事故或者其他严重食源性疾病”的“性质”，生产的医用器材“足以严重危害人体健康”的“功能”，就符合了构成要件，因而二罪在本质上属于抽象危险犯。二是，生产、销售有毒、有害食品罪属于抽象危险犯（有的称之为行为犯），[2]理论上几乎没有争议。《刑法修正案（八）》删除了生产、销售假药罪原罪状中“足以严重危害人体健康”的规定，因而成为了典型的抽象危险犯。既然属于抽象危险犯，则只要完成了生产假药或有毒、有害食品的行为，就应构成生产假药罪或生产有毒、有害食品罪的既遂。正如学界所公认的非法制造、买卖枪支罪属于抽象危险犯，制造而未出售的，无疑构成非法制造枪支罪的既遂，而不是构成非法制造、买卖枪支罪的未遂。三是，将上述四个罪名理解为真正意义上的选择性罪名，认为完成了生产行为，且产品具有相关属性，就已构成生产假药罪等罪的既遂，这显然有利于严厉打击这类犯罪行为，充分保障人民群众的食品、药品安全。

综上，由于生产、销售假药罪，生产、销售不符合卫生标准的食品罪，生产、销售有毒、有害食品罪以及生产、销售不符合标准的医用器材罪，属于典型的选择性罪名，只要生产出了假药等产品，即使尚未销售，也能成立生产假药罪等罪的既遂；若行为人为生产而准备工具、制造条件的，可以认定为犯罪预备；着手进行生产，尚未达到“足以严重危害人体健康”等程度的，可以认定为犯罪未遂。

［例一］ 2008 年 8 月至今，被告人周国付（在逃）伙同宋奎、周宏鑫、吴影敏、王中祥、吴圆圆（在逃）、吴亚平（在逃）先后在郑州经济技术开发区东杨村东一民房内生产假药。在上述犯罪活动中，周国付系老板，负责原料及包装的购买、销售成品药品；宋奎系生产窝点负责人，负责运输；周宏鑫、吴影敏、王中祥、吴圆圆（在逃）及吴亚平（在逃）负责生产；王中祥生产及负责看门。2009 年 6 月 6 日，郑州食品药品监督管理局对该窝点进行查扣，现场扣押云南白药 22 500 袋（每袋 5 贴）、麝香壮骨膏 21 050 袋（每袋 3 贴）、消痛贴膏 17 500 袋（每袋 1 贴）、齐氏风湿痛消贴 3560 袋（每袋 2 贴）、一正痛消 24 600 袋（每袋 5 贴）、腹泻帖（让宝宝更健康）15 400 袋（每袋 1 贴）、痛络去痛贴（加强

[1] 参见张明楷：《刑法学》（第三版），法律出版社 2007 年版，第 554 页以下；陈兴良主编：《刑法学》（第二版），复旦大学出版社 2009 年版，第 476 页；周光权：《刑法各论》，中国人民大学出版社 2008 年版，第 221 页以下；等等。

[2] 参见陈兴良主编：《刑法学》（第二版），复旦大学出版社 2009 年版，第 475 页。

型）14 500 袋（每袋2 贴）、消炎镇痛贴12 500 袋（每袋3 片）、晕车贴32 500 袋（每袋2 贴）、咳喘贴（宝宝一贴灵）26 320 袋（每袋1 贴）、小儿腹泻帖（宝宝一贴灵）28 500 袋（每袋1 贴）、中华耳目帖6450 袋（每袋1 贴）、丁桂儿脐贴（宝宝一贴灵）6540 袋（每袋2 贴）、小儿退热贴（宝宝一贴灵）1500 盒（每盒3 袋，每袋3 贴）、坐骨神经痛15 200 袋（每袋2 贴）、新金盖娃120 盒、咳特灵胶囊400 盒、999 皮炎平1200 盒、琥乙红霉素片300 盒、宫炎康胶囊350 盒、吗丁啉900 盒、阿莫西林胶囊800 盒、斯达舒450 盒、消炎止咳片900 盒、复方甘草片600 盒。其中扣押的四被告人生产的腹泻贴（让宝宝更健康）、咳喘贴（宝宝一贴灵）、小儿腹泻帖（宝宝一贴灵）、丁桂儿脐贴（宝宝一贴灵）、小儿退热贴（宝宝一贴灵）五种膏药，足以危害人体健康，经统计，总价值为39.596 8 万元。其中扣押的四被告人生产的中华耳目帖6450 袋（每袋1 贴）、云南白药22 500袋（每袋5 贴）、麝香壮骨膏21 050 袋（每袋3 贴）、消痛贴膏17 500 袋（每袋1 贴）、齐氏风湿痛消贴3560 袋（每袋2 贴）、一正痛消24 600 袋（每袋5 贴）、痛络去痛贴（加强型）14 500 袋（每袋2 贴）、消炎镇痛贴12 500 袋（每袋3 片）、晕车贴32 500 袋（每袋2 贴）等九种贴剂，经统计，总价值为83.230 55 万元。

河南省郑州市高新技术产业开发区法院认为，“被告人宋奎、周宏鑫、王中祥、吴影敏伙同他人生产、销售假冒伪劣产品，货值金额达122.82 余万元，其行为均已构成生产、销售伪劣产品罪。公诉机关指控四被告人犯生产、销售伪劣产品罪的事实和罪名成立，本院予以支持，但指控四被告人又犯生产、销售假药罪不妥，本院予以纠正。本案扣押的四被告人生产的伪劣产品尚未销售，应以生产、销售伪劣产品罪（未遂）定罪处罚。……判决如下：一、被告人宋奎犯生产、销售伪劣产品罪，判处有期徒刑3 年，缓刑3 年，并处罚金20 万元。二、被告人周宏鑫犯生产、销售伪劣产品罪，判处有期徒刑7 个月，并处罚金20 万元。三、被告人王中祥犯生产、销售伪劣产品罪，判处有期徒刑7 个月，并处罚金20万元。四、被告人吴影敏犯生产、销售伪劣产品罪，判处有期徒刑7 个月，并处罚金3 万元。”〔1〕

评析：该案反映了制售假药案件的一种普遍现象，现场查获数量惊人的假药，但往往难以查明行为人是否实际销售以及实际销售的假药数量。实践中，基

---

〔1〕 河南省郑州市高新技术产业开发区人民法院（2010）开刑初字第55 号“宋奎、周宏鑫、王中祥、吴影敏生产、销售伪劣产品案”刑事判决书，http：//www.lawyee.net/Case/Case Display.asp?ChannelID =2010100&RID =426983，2011 年1 月15 日访问。

本上都是根据2001年4月9日《最高人民法院、最高人民检察院关于办理生产、销售伪劣商品刑事案件具体应用法律若干问题的解释》第2条第2款“伪劣产品尚未销售，货值金额达到刑法第140条规定的销售金额3倍以上的，以生产、销售伪劣产品罪（未遂）定罪处罚”的规定，以所谓的生产、销售伪劣产品罪（未遂）处理的。本案也是如此。但这种判决存在疑问：首先，若认为生产、销售伪劣产品罪属于所谓选择性罪名，理当能单独成立生产伪劣产品罪，而且仅生产而未销售的，就已成立生产伪劣产品罪的既遂，而不是解释及附和解释立场的刑法理论所认为的仅成立生产、销售伪劣产品罪（未遂）。其次，刑法第140条的“销售金额5万元以上”是犯罪成立的条件而非犯罪未遂的条件，生产后尚未销售的或者销售金额未达5万元的，根本不成立该罪。正如《刑法》第397条罪状表述中的“致使公共财产、国家和人民利益遭受重大损失”是滥用职权罪成立的条件而不是既遂条件一样。最后，生产、销售假药罪不是具体危险犯，而是抽象危险犯。原罪状表述中的“足以严重危害人体健康”不是具体危险犯的标志，而是对生产、销售对象性质和危害程度的要求，《刑法修正案（八）》干脆删除了“足以严重危害人体健康”的规定。因此，只要生产出了假药就已成立生产假药罪，而且是既遂。故上述判决否定检察院关于成立生产、销售假药罪的指控是错误的（当然准确的指控是成立生产假药罪）。正确的判决是，被告人行为构成生产假药罪既遂。

［例二］　2007年农历10月份，被告人牛恩海通过台前县一叫“三”的人进了一些胶囊皮和空瓶及西药片等造哮喘药的原料，在范县高码头乡宋楼村，利用小磨及粉碎机等工具加工、制造无国家批号的速效哮喘灵胶囊、复方咳特灵胶囊310 000粒及骨筋丸胶囊305 000粒。该“药”经河南省食品药品检验所豫食药评［2008］4号文件《关于对假药“速效咳特灵”胶囊等是否足以严重危害人体健康的鉴定》结论是，该“药”含有茶碱成分和醋酸波尼松色谱行为与质谱行为一致的化合物，在服用本“药”的同时，服用同类或相似的药物，会造成剂量迭加，足以严重危害患者健康。2007年11月12日，其生产的“药品”已被全部扣押并销毁。河南省范县法院认为，“被告人牛恩海生产的‘药品’无国家明文批号，且足以严重危害人体健康，其行为已构成生产假药罪。……判决如下：被告人牛恩海犯生产假药罪判处有期徒刑1年缓刑2年，并处罚金15 000元。”〔1〕

〔1〕 河南省范县人民法院（2009）范刑初字第00095号“牛恩海生产假药案”，http://www.lawyee.net/Case/Case Display.asp?RID=367264，2010年7月5日访问。

评析：该案案情也是现场查获大量假药，而不能证明是否实际销售以及实际销售的数量，由于生产假药罪是抽象危险犯，生产而未销售的也成立生产假药罪（而且是既遂），故法院的判决是正确的。

三、危害公共卫生罪

刑法分则第6章妨害社会管理秩序罪第5节危害公共卫生罪，有8个条文，共规定了11个罪名：妨害传染病防治罪，传染病菌种、毒种扩散罪，妨害国境卫生检疫罪，非法组织卖血罪，强迫卖血罪，非法采集、供应血液、制作、供应血液制品罪，采集、供应血液、制作、供应血液制品事故罪，医疗事故罪，非法行医罪，非法进行节育手术罪，妨害动植物防疫、检疫罪。其中，传染病菌种、毒种扩散罪，采集、供应血液、制作、供应血液制品事故罪以及医疗事故罪三个罪名，以“造成传染病菌种、毒种扩散，后果严重的”、“造成危害他人身体健康后果的”或者“造成就诊人死亡或者严重损害就诊人身体健康”为犯罪成立的条件，因此这三个罪名属于实害犯，没有成立犯罪未遂的余地，没有讨论既未遂问题的必要。另外，妨害传染病防治罪、妨害国境卫生检疫罪以及妨害动植物防疫、检疫罪三个罪名，以“引起甲类传染病传播或者有传播严重危险”、“引起检疫传染病传播或者有传播严重危险”或者“引起重大动植物疫情的，或者有引起重大动植物疫情危险，情节严重的”为成立犯罪的条件，就已经引起传染病传播和重大动植物疫情而言，显然属于实害犯，没有犯罪未遂成立的余地，争议可能存在于“引起传播严重危险”和“重大动植物疫情危险”到底是犯罪成立的条件，还是犯罪既遂的条件，或者换句话说，有没有犯罪未遂成立的余地？笔者认为，由于该罪的基本法定刑均为3年以下有期徒刑或者拘役，因此，即便有犯罪预备和犯罪未遂成立的可能性，实际上也没有科处刑罚的必要。因此，笔者认为，就引起危险而言，也属于实害犯。换言之，这三个罪名也属于实害犯，没有讨论犯罪未完成形态的必要。

余下的五个罪名可以分为三类。第一类是非法组织卖血罪和强迫卖血罪。由于《刑法》第333条罪状表述是“非法组织他人出卖血液的，处……”以及“以暴力、威胁方法强迫他人出卖血液的，处……”，故属于刑法理论上的行为犯或者抽象危险犯，只要行为人实施完成这些行为即成立犯罪既遂，而不要求实际发生损害被组织卖血者、被强迫卖血者或者用血者生命、健康的结果。因此，从理论上讲，非法组织卖血罪以及强迫卖血罪是有成立犯罪预备、犯罪未遂以及犯罪中止的余地的。第二类是非法采集、供应血液、制作、供应血液制品罪，其罪状表述是“非法采集、供应血液或者制作、供应血液制品，不符合国家规定的标准，足以危害人体健康”。笔者认为，由于该罪保护的法益是供血者以及用血者的生命与健康，因此，只要非法采集血液的过程不符合国家规定的操作规范而“足以危害人体健康”的，或者所非法供应的血液或者非法制作、供应的血液制品达到了“足以危害人体健康”的程度，即便没有发生损害供血者或者用血者生命、健康的实际后果，也已成立该罪的既遂。从理论上讲，为实施该犯罪而准备工具、制造条件，因为意志意外的原因而未能着手采集与制作，则成立该罪的犯罪预备，若是基于自己的意志而放弃着手实行，则成立预备阶段的中止；若是已经着手实施采集、制作行为，因为意志以外的原因未能继续实施而达到“足以危害人体健康”的程度，可能成立该罪的未遂，若是基于自己的意志在达到“足以危害人体健康”的程度之前而放弃继续实施采集、制作行为的，可能成立该罪实行阶段的犯罪中止；若是非法采集血液的行为已经足以危害人体健康而主动放弃继续采集，以及所供应的血液或者制作、供应的血液具有足以危害人体健康的性质而放弃继续供应血液或者继续制作、供应血液制品，由于该罪已经既遂，不应认定为犯罪中止，只能作为酌定从轻情节考虑。第三类是非法行医罪与非法进行节育手术罪，由于该罪均以情节严重为构成要件，而且该罪在刑法理论上属于业务犯，行为人仅实施一次而又没有造成严重后果的，不会评价为犯罪。因此，笔者倾向于认为该罪属于实害犯，没有犯罪未完成形态成立的余地。

［例一］　1997 年 10 月 16 日，路福金未经国家有关机关的批准，非法组织龙岩、永定、三明等地的人员 20 人，租车到广东省饶平县医院出卖血液，路福金从 15 位卖血者中每人抽取“管理费”20 元，非法得款 300 元。次日晚上，他再次从龙岩、永定、三明及漳平等地非法组织 32 人，准备到广东省潮洲市出卖血液，当他在租两部中巴车准备出发时，被公安人员当场抓获而未遂。另外，路福金还于 1997 年 8 月至 9 月份间，曾非法组织 70 余人次到广东省饶平县医院出卖血液，从中抽取“管理费”1500 余元。辩护人认为，起诉书指控被告人路福金于 1997 年 10 月组织 21 人卖血者，因有 5 人不合格，只收取管理费 300 元，而其于次日（10 月 17 日）的行为属未遂。福建省永定县法院认为，“被告人路福金未经国家有关机关批准，非法组织他人出卖血液并从中抽取管理费，获取钱财，其行为已构成非法组织他人卖血罪。其 1997 年 8 月至 9 月份间的行为是在修订后的《刑法》施行前实施的，不予追究刑事责任。归案后，被告人路福金认罪态度好，其辩护人提出的辩护意见理由充分，可予采纳。……判决：路福金犯非法组织他人

卖血罪，判处有期徒刑 1 年 6 个月，缓刑 2 年；并处罚金 1000 元，该款于判决生效后 1 个月内一次性交清。”〔1〕

评析：虽然审理查明被告人 10 月 17 日非法组织他人出卖血液出发时“被公安人员当场抓获而未遂”，但在判决部分没有指明此次是否未遂。笔者认为，由于正准备出发，而没有开始实际出卖血液，应属于犯罪预备，若是正准备抽血时即被制止，则属犯罪未遂。需要指出的是，辩护人提出“10 月组织 21 人卖血者，因有 5 人不合格，只收取管理费 300 元，而其于次日（10 月 17 日）的行为属未遂”，似乎认为因有 5 人血液不合格而未能出卖应属于未遂。笔者认为，若是在出卖血液前先抽取小血化验，而且是由医院抽取，若因为化验不合格而没有抽取血液则因为危害不大，可以认定为犯罪预备；若血液已经抽出后拿去化验，因为不合格而未能出售的，由于已经完成抽血过程，具备了损害卖血者健康的抽象危险，应成立犯罪既遂。

［例二］　被告李志武私购采血用离心机一台及其它采血工具，伙同其妻刘丰阁于 1998 年 2 月 14 日至 2 月 28 日止，先后在本县城郊乡肖营村李道瑞（外逃）家和本县城关镇东门村徐丰平家非法采集 30 余人的血液，加工后卖给李坤生（外逃）转售。2 月 28 日经群众举报，被告人李志武、刘丰阁被公安机关抓获，并缴获已加工的血浆 23 袋。经南阳市卫生防疫站抽取其中 7 袋化验，均含有艾滋病病毒。河南省镇平县法院认为，“被告人李志武、刘丰阁未经国家主管部门批准而非法采集、供应血液，足以危害人体健康，其行为已构成非法采集、供应血液、制作、供应血液制品罪；且系共同犯罪，检察机关指控罪名成立，予以支持。”〔2〕

评析：虽然有 23 袋血浆尚未销售，只要非法制作的血液制品具有“足以危害人体健康”的性质，即成立犯罪既遂，故法院没有认定为犯罪未遂是正确的。而且，若非法采集血液的方式本身足以危害供血者健康，或者所采集的血液足以危害用血者的健康，即成立犯罪既遂，而不需要等非法采集行为本身已经实际损害供血者的健康，或者所采集、供应的血液或制作、供应的血液制品已经实际造

〔1〕　福建省永定县人民法院（1997）永刑初字第 146 号“路福金非法组织他人卖血案”刑事判决书，http：//www.lawyee.net/Case/Case Display.asp？ChannelID = 2010100&RID = 13480，2011 年 1 月 16 日访问。

〔2〕　河南省镇平县人民法院（1998）镇刑初字第 85 号“李志武、刘丰阁非法组织他人卖血案”刑事判决书，http：//www.lawyee.net/Case/Case Display.asp？ChannelID = 2010100&RID = 16117，2011 年 1 月 15 日访问。

成用血者生命、健康的损害才成立犯罪既遂。

四、破坏环境资源保护罪

刑法分则第6章妨害社会管理秩序罪第6节破坏环境资源保护罪共9个条文，规定了15个罪名，具体是重大环境污染事故罪〔1〕，非法处置进口的固体废物罪，擅自进口固体废物罪，非法捕捞水产品罪，非法猎捕、杀害珍贵、濒危野生动物罪，非法收购、运输、出售珍贵、濒危野生动物、珍贵、濒危野生动物制品罪，非法狩猎罪，非法占用农用地罪，非法采矿罪〔2〕，破坏性采矿罪，非法采伐、毁坏国家重点保护植物罪，非法收购、运输、加工、出售国家重点保护植物、国家重点保护植物制品罪，盗伐林木罪，滥伐林木罪，非法收购、运输盗伐、滥伐的林木罪。从理论上讲，保护环境资源最终都是为了保护人类的生命与健康，因此，大致可以认为破坏环境资源保护罪属于侵害不特定的或者多数人的生命、健康安全的抽象性公共危险犯。不过，该类罪通常并不直接侵害人类的生命与健康，而是通过破坏环境资源而间接地远期地侵害人类的生命与健康，从这个意义上讲，公共安全只是该类罪所间接侵害的法益，而确定犯罪既未遂的标准通常应根据所侵害的直接法益来确定。换言之，虽然可以将破坏环境资源保护罪纳入广义上的公共危险犯范畴，但公共危险形成与否难以作为该类罪既未遂的判断标准，而只能根据具体个罪确定具有可操作性的有形的认定标准。

由于从重大环境污染事故罪、擅自进口固体废物罪、非法捕捞水产品罪、非法狩猎罪、非法占用农用地罪、破坏性采矿罪以及非法收购、运输盗伐、滥伐的林木罪这些罪名的罪状表述看，这些罪名以严重污染环境“造成重大环境污染事故，致使公私财产遭受重大损失或者严重危害人体健康”、“情节严重”、“破坏野生动物资源，情节严重”、“造成耕地、林地等农用地大量毁坏”以及“造成矿产

---

〔1〕《刑法修正案（八）》将第338条（重大环境污染事故罪）修改为：“违反国家规定，排放、倾倒或者处置有放射性的废物、含传染病病原体的废物、有毒物质或者其他有害物质，严重污染环境的，处3年以下有期徒刑或者拘役，并处或者单处罚金；后果特别严重的，处3年以上7年以下有期徒刑，并处罚金。”

〔2〕《刑法修正案（八）》将第343条第1款（非法采矿罪）修改为：“违反矿产资源法的规定，未取得采矿许可证擅自采矿，擅自进入国家规划矿区、对国民经济具有重要价值的矿区和他人矿区范围采矿，或者擅自开采国家规定实行保护性开采的特定矿种，情节严重的，处3年以下有期徒刑、拘役或者管制，并处或者单处罚金；情节特别严重的，处3年以上7年以下有期徒刑，并处罚金。”

资源严重破坏”为犯罪成立的条件,[1]属于刑法理论上的实害犯，没有犯罪未完成形态成立的余地。

关于破坏环境资源保护罪未完成形态问题，值得讨论的是非法处置进口的固体废物罪，非法猎捕、杀害珍贵、濒危野生动物罪，非法收购、运输、出售珍贵、濒危野生动物、珍贵、濒危野生动物制品罪，非法采矿罪，非法采伐、毁坏国家重点保护植物罪，非法收购、运输、加工、出售国家重点保护植物、国家重点保护植物制品罪，盗伐林木罪以及滥伐林木罪这些罪名。

具体而言，由于《刑法》第339条第1款关于非法处置进口的固体废物罪罪状表述是“违反国家规定，将境外的固体废物进境倾倒、堆放、处置的，处……”，因而属于刑法理论上的行为犯、抽象危险犯，不以实际造成重大环境污染事故为犯罪成立条件，而是只要实施完成将境外的固体废物进境倾倒、堆放、处置的行为即为犯罪既遂；若行为人为实施进境倾倒、堆放、处置固体废物行为，而正在将境外的固体废物往境内运输途中即被拿获，理论上成立犯罪预备（实际是否处罚、能否处罚，则是另一回事)，若行为人运输进境之前即基于自己的意志放弃运输进境，或者进境后放弃着手实施倾倒、堆放、处置的，则成立预备阶段的中止；若行为人已经将境外的固体废物运输进境，正着手倾倒、堆放、处置而被及时抓获的，则成立犯罪未遂，若行为人基于自己的意志而放弃继续实施堆放、倾倒、处置行为，则成立实行阶段的中止；行为人倾倒、堆放、处置完毕后，理论上已经成立犯罪既遂，若行为人主动恢复原状、消除危险的，只能作为酌定从轻情节予以考虑。

《刑法》第341条第1款非法猎捕、杀害珍贵、濒危野生动物罪罪状表述为“非法猎捕、杀害国家重点保护的珍贵、濒危野生动物的”，由于该罪保护的直接法益是珍贵、濒危野生动物资源，就“猎捕”行为而言，应以“捕获”作为既遂的标准，就杀害[2]行为而言，应以杀死和严重伤害为判断既遂的标准。非法收

---

〔1〕即便理论上有未遂成立的余地，但未遂时难以认为法益侵害性达到值得科处刑罚的程度。例如，非法捕捞水产品罪构成犯罪要求“情节严重”，虽然理论上也存在着手实施非法捕捞时因意志以外的原因而未能完成非法捕捞行为，而形成犯罪未遂，但基本上可以认为非法捕捞水产品未遂的，难以评价为非法捕捞水产品情节严重（该罪法定最高刑仅为3年有期徒刑），因而不成立该罪，故该罪没有犯罪未完成形态成立的余地。

〔2〕笔者认为，这里的“杀害”不同于《刑法》第239条绑架罪中“杀害被绑架人”中的“杀害”，因为就“人”而言，严格区分了“杀”与“伤害”，而且“杀害被绑架人”情节适用的是绝对确定的死刑，因而理论和实务无可争议地认为这里的“杀害”是指杀死人。而对于珍贵、濒危野生动物而言，并没有对杀死与伤害行为进行分别规定，而且严重伤害珍贵、濒危野生动物的行为也严重破坏了珍贵、濒危野生动物资源，因而，“杀害国家重点保护的珍贵、濒危野生动物”中的“杀害”包括了“杀死”与“严重伤害”两种情形，严重伤害珍贵、濒危野生动物的，也应成立该罪的既遂。

购、运输、出售珍贵、濒危野生动物、珍贵、濒危野生动物制品罪的罪状表述是“非法收购、运输、出售国家重点保护的珍贵、濒危野生动物及其制品的，处……”,该罪具有赃物犯罪的性质，是通过惩罚事后行为来预防猎捕、杀害珍贵、濒危野生动物的犯罪。就“收购”行为而言，应以实际收购到（不只是达成收购的协议）珍贵、濒危野生动物及其制品为犯罪既遂的标准。就“运输”而言，应以处于随时可以启动的状态作为既遂的标准，不以到达目的地为既遂的标准。就“出售”行为而言，仅仅签订买卖协议还不够，还必须是实际交付珍贵、濒危野生动物及其制品为既遂标准（无须等到实际拿到销售款）。

《刑法》第344条规定非法采伐、毁坏国家重点保护植物罪，其保护的直接法益是珍贵树木或者国家重点保护的其他植物资源，故只要非法采伐、毁坏这类植物达到严重破坏植物资源的程度，即成立犯罪既遂，即使没有伐倒，或者伐倒了尚未运走，都有可能已经成立犯罪既遂。至于非法收购、运输、加工、出售国家重点保护植物、国家重点保护植物制品罪也具有赃物犯罪的性质，其既未遂的判断同于前述非法收购、运输、出售珍贵、濒危野生动物、珍贵、濒危野生动物制品罪,〔1〕此处不再赘述。

《刑法》第345条第1、2款分别规定了盗伐林木罪与滥伐林木罪，两罪的相同点在于，所保护的法益均是林木资源，不同在于前者不仅侵害了林木资源，还侵害了他人的林木财产权，而后者并不侵害他人林木财产权，仅侵害了国家的林木资源。由于盗伐林木罪保护的主要法益以及滥伐林木罪保护的唯一法益是森林或者其他林木作为涵养水源、固定水土、防止沙化等作为环境资源的价值，而不是林木本身作为一种加工材料的价值，因此，只要已经伐倒林木，即使还没有来得及运走即被抓获，甚至即便尚未伐倒林木，但若已经严重破坏林木资源（例如剥树皮等），也已成立犯罪既遂。只有在已经着手砍伐林木，在伐倒之前或在严重破坏林木资源之前即被抓获，才有成立犯罪未遂的余地。

［例一］　被告人张富龙于2000年8月下旬，将国家一级保护野生动物雪豹骨骼1副，雇佣他人汽车从河北省沧州市运至上海市。同月31日下午，被告人张富

---

〔1〕　非法收购、运输、出售珍贵、濒危野生动物、珍贵、濒危野生动物制品罪中没有规定“加工”行为，因此，司法解释规定该罪中的“出售”，包括出卖和以营利为目的的加工利用行为（参见2000年11月27日《最高人民法院关于审理破坏野生动物资源刑事案件具体应用法律若干问题的解释》第2条），应该说这是不当的类推解释。就非法加工国家重点保护植物、国家重点保护植物制品罪中而言，由于该罪的保护法益是植物资源，因而不要求加工到精致家具等的程度，只要这种“加工”行为已经严重侵害了植物资源，就已成立犯罪既遂。

龙伙同被告人黄晓霞至本市武定路全达饭店515房间，以人民币9万元的价格将雪豹骨骼出售给林海，被公安人员当场抓获。上海市静安区法院一审认为，“被告人张富龙非法运输、出售珍贵、濒危野生动物制品，其行为已构成非法运输、出售珍贵、濒危野生动物制品罪；被告人黄晓霞非法出售珍贵、濒危野生动物制品，其行为已构成非法出售珍贵、濒危野生动物制品罪。”上海市第二中级人民法院二审予以维持。〔1〕本案就运输行为而言，成立犯罪既遂是没有疑问的，问题在于出售时被当场抓获，应认定为犯罪未遂，故法院认定被告人黄晓霞成立非法出售珍贵、濒危野生动物制品罪既遂是存在疑问的。

［例二］ 2007年4月中旬，黄冬云邀集被告人潘田丰、粟来青来到永新县购买樟树销往外地。4月26日，三人来到怀忠镇茶源村，以500元、600元、700元的价格，分别在贺明朵、刘九莲、韩优洲家购买了三棵香樟树，并雇请黄文大、蒋建超、夏国强三人采挖，5月2日晚在装车时被公安人员抓获扣押。经专业技术人员鉴定，这三棵樟树均为香樟树，折活立木蓄积5.699立方米。江西省永新县法院认为，“被告人潘田丰、粟来青违反国家规定，非法收购国家二级保护植物香樟树3棵，折活立木蓄积5.699立方米，其行为构成非法收购国家重点保护植物罪，且属情节严重。公诉机关指控的罪名成立，应予支持。……判决如下：一、被告人潘田丰犯非法收购国家重点保护植物罪，判处有期徒刑2年，缓刑3年；并出罚金40 000元。二、被告人粟来青犯非法收购国家重点保护植物罪，判处有期徒刑2年，并处罚金40 000元。”〔2〕由于本案中的国家二级保护植物樟树已被伐倒，已经破坏了珍贵植物资源，故应成立非法采伐国家重点保护植物罪的既遂。该院没有评价非法采伐国家重点保护植物犯罪行为，而是评价非法收购国家重点保护植物行为〔3〕，可谓本末倒置。因此笔者认为，本案应定非法采伐国家重点保护植物罪，事先的所谓收购行为由于没有独立侵害植物资源法益，仅为非法采伐的预备行为，为非法采伐国家重点保护植物罪所吸收。

［例三］ 2009年3月6日上午，被告人杨金生、李冬华二人商量到明月山林

---

〔1〕 上海市第二中级人民法院（2001）沪二中刑终字第229号“张富龙非法运输、出售珍贵、濒危野生动物制品，黄晓霞非法出售珍贵、濒危野生动物制品案”刑事裁定书，http：//www. lawyee. net/Case/Case Display. asp？ChannelID = 2010100&RID = 223476，2011年1月16日访问。

〔2〕 江西省永新县人民法院（2007）永刑初字第50号“潘田丰、粟来青非法收购国家重点保护植物案”刑事判决书，http：//www. lawyee. net/Case/Case Display. asp？ChannelID = 2010100&RID = 147614，2011年1月16日访问。

〔3〕 似乎本案中谈妥了收购价格并付了款，即使尚未实际采伐，就已构成非法收购国家重点保护植物罪的既遂，其实，只要未实际采伐，还仅成立犯罪预备，因为还为侵害珍贵树木资源。

场搞点木材出售，二人于当日下午携带手锯等工具窜至地处山庄乡秀水村附近的明月山林场山庄分场“大面上”山场（当地人称“大壁里”山场）擅自砍伐杉树34株并制成2~4米的杉原木55根。在杨金生、李冬华扛运原木下山的途中被护林员刘苟生发现，二人丢下杉原木逃跑。当晚凌晨，为了逃避处罚，杨金生、李冬华又来到砍伐地点，将擅自砍伐制材的部分杉原木藏匿。经鉴定，杨金生、李冬华砍伐的34株杉树折立木蓄积3.567立方米。江西省安福县法院认为，“被告人杨金生、李冬华违反森林法规，以非法占有为目的，结伙擅自砍伐国有林木，数量较大，其行为已构成盗伐林木罪；公诉机关指控被告人的罪名成立。……判决如下：被告人杨金生犯盗伐林木罪，单处罚金12 000元。被告人李冬华犯盗伐林木罪，单处罚金12 000元。”[1]该案中，法院虽然认定没有既未遂，但从伐倒34株林木仅单处罚金来看，可能还是认为所盗伐的林木没有实际被“偷”走而危害不大。其实，既然已经伐倒，已经侵害了林木资源法益，成立盗伐林木罪的既遂，而且数量达到34株，加之当晚凌晨还潜入现场藏匿所伐倒的林木，应属情节恶劣，法院仅单处罚金，显属量刑畸轻。

五、归纳总结

主要结论：

1. 放火、爆炸、投放危险物质罪，以是否形成现实性紧迫危险作为着手的认定标准；为犯罪准备工具、制造条件，因为意志以外的原因未能着手实行，成立犯罪预备，适用第114条及总则中犯罪预备的处罚规定量刑，基于自己意志放弃着手实行的，成立预备阶段的中止，适用第114条及犯罪中止的处罚规定量刑；着手实行后，因为意志以外的原因未能造成严重后果的，直接适用第114条量刑，不再适用刑法总则犯罪未遂的处罚规定，若是基于自己的意志消除危险、有效避免严重后果的，成立实行阶段的犯罪中止，适用第114条及犯罪中止的处罚规定量刑；《刑法》第114条相当于放火、爆炸、决水、投放危险物质、以危险方法危害公共安全罪未遂的处罚规定，第115条相当于犯罪既遂的处罚规定。

2. 盗窃、抢夺、抢劫枪支、弹药、爆炸物罪属于抽象危险犯，应按照财产犯的既遂标准，即根据是否取得对枪支、弹药、爆炸物的控制作为既未遂判断标

---

〔1〕 江西省安福县人民法院（2009）安刑初字第43号“杨金生、李冬华盗伐林木案”刑事判决书，http：//www. lawyee. net/Case/Case Display. asp？ChannelID = 2010100&RID = 230152，2011年1月16日访问。

准。盗窃、抢夺、抢劫危险物质罪罪状中的“危害公共安全”不是具体危险犯的标志，而是为限制处罚范围对危险物质性质的要求，盗窃、抢夺、抢夺危险物质罪的既未遂标准，也应以行为人是否实际控制危险物质作为既遂的标准，无需查明是否形成具体性公共危险。

3. 劫持航空器罪与劫持船只、汽车罪属于抽象危险犯，以实际控制航空器、船只、汽车为既遂。暴力危及飞行安全罪中的“危及公共安全”是对行为性质的要求，行为尚未达到“危及公共安全”程度的，不成立犯罪，没有讨论未完成形态的必要。

4. 生产、销售伪劣产品罪，生产、销售劣药罪，生产、销售不符合安全标准的产品罪，生产、销售伪劣农药、兽药、化肥、种子罪以及生产、销售不符合卫生标准的化妆品罪，是实害犯，没有未遂成立的余地；而且不是所谓选择性罪名，仅生产而未销售的，不成立犯罪；司法解释关于生产了伪劣商品尚未销售的，可以成立生产、销售伪劣产品罪（未遂）的规定是错误的。生产、销售不符合卫生标准的食品罪，生产、销售不符合标准的医用器材罪，不是具体危险犯，“足以”是对食品、医用器材性质的要求；生产、销售假药罪和生产、销售有毒、有害食品罪是行为犯、抽象危险犯；只要生产的食品、医用器材具有“足以”的性质，只要生产了假药、有毒、有害的食品，即使尚未销售，也已成立生产假药罪、生产不符合卫生标准的食品罪，生产不符合标准的医用器材罪，生产有毒、有害食品罪的既遂，而不应如司法实践以所谓生产、销售伪劣产品罪（未遂）论处。

5. 非法组织卖血罪、强迫卖血罪属于行为犯、抽象危险犯，只要完成了非法组织卖血行为、强迫卖血行为，即成立犯罪既遂；非法采集、供应血液、制作、供应血液制品罪罪状中的“足以危害人体健康”，不是具体危险犯的标志，而是对行为性质的要求，只要非法采集血液的过程足以危害人体健康，只要所非法采集的血液、供应的血液或制作、供应的血液制品，具有“足以危害人体健康”的性质，即使尚未形成现实性具体危险，也已成立该罪的既遂。

6. 破坏环境资源保护罪可谓抽象性公共危险犯，但对于公众生命、健康这一间接法益的侵害具有抽象性，应当以环境资源这一直接法益的侵害作为认定既未遂的标准。盗伐林木罪的主要法益、滥伐林木罪的唯一法益是林木资源，因此，只要伐倒林木，即使尚未运走，由于已经现实侵害了林木作为环境资源的法益，应当成立盗伐林木罪、滥伐林木罪的既遂。

第三章 具体危险犯与抽象危险犯的归类

主要观点

1. 具体危险犯成立的条件是形成现实性的具体危险，而抽象危险犯中的危险只具有立法根据上的意义，将某个罪名是归入具体危险犯还是抽象危险犯，会导致适用条件上的不同，归类应当慎重。

2. 放火等罪中的“危害公共安全”不是具体危险犯的标志，而是与故意杀人罪、故意毁坏财物罪等罪区分的要素。

3. 非法制造、买卖、运输、储存、盗窃、抢夺、抢劫危险物质罪中的“危害公共安全”并非表明该罪是具体危险犯，是为了限制处罚范围而对危险物质性质上的要求，因而，盗窃行为无须形成具体危险，即成立盗窃危险物质罪的既遂。

4. 足以使交通工具发生倾覆、毁坏危险，是对破坏交通工具、交通设施行为性质的要求，是该罪与故意毁坏财物罪、破坏生产经营罪区分的因素，没有形成现实性危险，也能成立该罪的既遂。

5. 生产、销售不符合卫生标准的食品罪和生产、销售不符合标准的医用器材罪中的“足以”，是对食品、医用器材性质上的要求，只要具有这种性质，无须形成具体危险，即成立生产不符合卫生标准的食品罪、生产不符合标准的医用器材罪的既遂。

6. 非法采集、供应血液、制作、供应血液制品罪中的“足以危害人体健康”不是具体危险犯的标志，只要非法采集血液的过程足以危害人体健康，非法采集、供应的血液或制作、供应的血液制品具有足以危害人体健康的性质，无须形成现实性危险，即成立该罪的既遂。

主要法规链接

第114条 放火、决水、爆炸以及投放毒害性、放射性、传染病病原体等物质或者以其他危险方法危害公共安全，尚未造成严重后果的，处3年以上10年以下有期徒刑。

第116条　破坏火车、汽车、电车、船只、航空器，足以使火车、汽车、电车、船只、航空器发生倾覆、毁坏危险，尚未造成严重后果的，处3年以上10年以下有期徒刑。

第127条第1款　……盗窃、抢夺毒害性、放射性、传染病病原体等物质，危害公共安全的，处3年以上10年以下有期徒刑；情节严重的，处10年以上有期徒刑、无期徒刑或者死刑。

第334条第1款　非法采集、供应血液或者制作、供应血液制品，不符合国家规定的标准，足以危害人体健康的，处5年以下有期徒刑或者拘役，并处罚金；对人体健康造成严重危害的，处5年以上10年以下有期徒刑，并处罚金；造成特别严重后果的，处10年以上有期徒刑或者无期徒刑，并处罚金或者没收财产。

国外刑法理论上存在实害犯与危险犯这种分类，对于危险犯通常又分为具体危险犯与抽象危险犯，理论界虽然对于具体危险犯与抽象危险犯的概念界定存在分歧，但大致共识是，所谓具体危险犯，是指需要在司法上就具体个案进行是否存在现实性的具体性危险判定的一种危险犯类型（国外刑法理论认为未遂犯也属于具体危险犯）。而抽象危险犯，是在司法上以一般的社会生活经验为根据，认定行为通常具有发生侵害结果的危险，因而不需要在个案中进行具体判定的一种危险犯类型。[1]国外及我国台湾地区区分具体危险犯与抽象危险犯，通常是根据条文中是否存在“致生公共危险”、“因而发生公共危险”这样的表述，来区分具体危险犯与抽象危险犯。[2]

我国有刑法学者借鉴国外刑法理论将公共危险犯分为具体危险犯与抽象危险犯，[3]问题是，这种归类是否准确，若归类错误是否导致构成要件解释和适用上的错误？例如，若认为盗窃危险物质罪是所谓具体危险犯，则在认定是否符合该

---

〔1〕 参见张明楷：《刑法学》（第三版），法律出版社2007年版，第153页；Claus Roxin, Strafrecht Allgemeiner Teil Band Ⅰ, 4., Auflage, C. H. Beck München, 2006, S 423, 426.；林钰雄：《新刑法总则》，中国人民大学出版社2009年版，第76、77页；［日］振津隆行：《抽象的危险犯の研究》，成文堂2007年版，第36页以下；林干人：《刑法总则》（第二版），东京大学出版社2008年版，第106页；等等。

〔2〕 参见陈子平：《刑法总论》第74页；［日］大谷实：《刑法讲义总论》（新版第三版），成文堂2009年版，第128页；等等。

〔3〕 国外理论和判例通常认为，毁损名誉罪、伪证罪、遗弃罪也属于抽象危险犯，因此，具体危险犯与抽象危险犯的分类并不限于公共危险犯领域。本文仅在公共危险犯领域讨论具体危险犯与抽象危险犯的归类。

罪构成要件时，必须在个案中进行是否存在现实性公共危险的判断，若不存在现实性危险，则可能要么不成立盗窃危险物质罪，要么顶多认定为该罪的未遂。又如，若认为生产、销售假药罪属于具体危险犯，则一方面导致仅生产了假药的行为难以单独成立生产假药罪的既遂，因为仅生产而未销售的不可能已经对他人健康形成现实性的具体危险，另一方面导致即便销售了“足以严重危害人体健康”的假药，在认定是否成立销售假药罪时，也必须具体认定是否已经形成对于他人健康的现实性危险，若销售给中间商，由于假药到消费者手中还有相当时日，而难以认为已经形成具体性危险，因而，还仅成立销售假药罪的预备。这些结论是否合适，值得研究。因此，某个罪名是否冠以具体危险犯或者抽象危险犯标签，可谓兹事体大，不得不查！

一、梳理具体危险犯与抽象危险犯的归类

笔者认为，关于危险犯理论，国内理论界主要分为两派：一派可谓传统派，只承认危险犯概念，而不接受国外具体危险犯与抽象危险犯的分类。例如，通说教科书指出，危险犯是指“以行为人实施的危害行为造成法律规定的发生某种危害结果的危险状态作为既遂标志的犯罪。如我国《刑法》第114、第116~118条所规定的放火罪、决水罪、爆炸罪、投放危险物质罪、以危险方法危害公共安全罪、破坏交通工具罪、破坏交通设施罪、破坏电力设备罪、破坏易燃易爆设备罪等。这类犯罪在刑法理论上称为危险犯。”[1]另一派赞成具体危险犯与抽象危险犯的分类。例如，权威学者主张，“具体的危险犯中的危险，是在司法上以行为当时的具体情况为根据，认定行为具有发生侵害结果的危险；抽象的危险犯中的危险，是在司法上以一般的社会生活经验为根据，认定行为具有发生侵害结果的危险。大体可以认为，抽象的危险，是一种类型性的危险。”[2]

国内学者归入危险犯或者具体危险犯这一类犯罪的罪状中通常有这样一些标识性表述：一是，“危害公共安全”，如《刑法》第114条的放火罪、决水罪、爆

---

〔1〕 高铭暄、马克昌主编：《刑法学》（第四版），北京大学出版社、高等教育出版社2010年版，第160页。另参见王作富主编：《刑法》（第四版），中国人民大学出版社2009年版，第119页；刘宪权主编：《刑法学（上）》（第二版），上海人民出版社2008年版，第199页；李洁主编：《刑法学（上册）》，中国人民大学出版社2008年版，第189页；等等。

〔2〕 张明楷：《刑法学》（第三版），法律出版社2007年版，第153页。另参见陈兴良主编：《刑法学》（第二版），复旦大学出版社2009年版，第77~78页；周光权：《刑法总论》，中国人民大学出版社2007年版，第141页；等等。

炸罪、投放危险物质罪、以危险方法危害公共安全罪，第 118 条的破坏电力设备罪、破坏易燃易爆设备罪，第 124 条的破坏广播电视设施、公用电信设施罪，第 125 条第 2 款的非法制造、买卖、运输、储存危险物质罪，第 127 条中的盗窃、抢夺、抢劫危险物质罪；二是，“足以使火车、汽车、电车、船只、航空器发生倾覆、毁坏危险”，如第 116 条的破坏交通工具罪，第 117 条的破坏交通设施罪；三是，“危及飞行安全”，如第 123 条的暴力危及飞行安全罪；四是，“危及公共安全”，如第 130 条的非法携带枪支、弹药、管制刀具、危险物品危及公共安全罪；五是，“足以严重危害人体健康”，如第 145 条的生产、销售不符合标准的医用器材罪；六是，“足以造成严重食物中毒事故或者其他严重食源性疾病”，如第 143 条的生产、销售不符合卫生标准的食品罪；七是，“足以危害人体健康”，如 334 条第 1 款的非法采集、供应血液、制作、供应血液制品罪。

承认具体危险犯与抽象危险犯分类的学者，通常主张枪支、弹药、爆炸物犯罪（非法携带枪支、弹药危及公共安全罪除外）属于抽象危险犯。对于生产、销售有毒、有害食品罪，不承认具体危险犯与抽象危险犯划分的学者认为该罪属于所谓行为犯，而主张具体危险犯与抽象危险犯分类的学者则认为属于所谓抽象危险犯。笔者认为，按照前述所界定的抽象危险犯概念，刑法分则中抽象性公共危险犯起码应包括如下罪名：劫持航空器罪，劫持船只、汽车罪，非法制造、买卖、运输、邮寄、储存枪支、弹药、爆炸物罪，违规制造、销售枪支罪，盗窃、抢夺枪支、弹药、爆炸物罪，抢劫枪支、弹药、爆炸物罪，非法持有、私藏枪支、弹药罪，非法出租、出借枪支罪（仅就依法配备公务用枪的人员而言），生产、销售有毒、有害食品罪，非法处置进口的固体废物罪，等等。

只承认危险犯概念而不承认具体危险犯与抽象危险犯分类的一派，由于只是笼统地称某罪名是危险犯，而没有指明这种危险是否需要在个案中进行具体判断，因而虽然确定为危险犯的意义不大（意义可能就在于得出了形成了危险状态即成立犯罪既遂的结论），但也没有带来构成要件解释和适用上的困惑。而主张区分具体危险犯与抽象危险犯的一派的学者，并不笼统地称某个罪名是危险犯，而是进行是具体危险犯还是抽象危险犯的具体归类。然而，具体危险犯与抽象危险犯在构成要件和适用上都存在明显差异，首要的一点就是，具体危险犯中的危险是需要司法人员在个案中进行具体判断的，而且只有形成了现实性的具体性危险才成立犯罪，而抽象危险犯中的危险基本上只是立法根据上的危险，不需要司法人员在个案中进行具体判断，只需判断一定的行为是否完成。学界对公共危险犯中具体危险犯与抽象危险犯的归类是否妥当，值得认真探讨。

二、具体危险犯归类的合理性审视

下面按照刑法分则罪名的顺序，结合实例对学界归入具体危险犯一类的罪名进行重新审视。

（一）放火罪、爆炸罪、决水罪、投放危险物质罪、以危险方法危害公共安全罪

《刑法》第114条规定："放火、决水、爆炸以及投放毒害性、放射性、传染病病原体等物质或者以其他危险方法危害公共安全，尚未造成严重后果的，处3年以上10年以下有期徒刑。"学界根据该条中"危害公共安全"的罪状表述，认为该条规定的5个罪名均为具体危险犯。[1]以放火罪为例，有学者指出，"既然本罪属于危害公共安全罪中的具体危险犯，因此，综合考察认定是否出现公共安全的具体危险，是认定本罪既遂的标志。而具体危险的出现，显然只能以目的物的独立燃烧为特征。总之，行为具有危害公共安全的属性或者可能不等于该行为已经构成了既遂，还必须出现具体的公共安全的危险才能认定既遂。"[2]其实，主张放火罪是具体危险犯的学者混淆了公共安全与具体危险的判断。例如，主张放火罪是具体危险犯的学者，在放火罪既遂标准上通常主张独立燃烧说，[3]但独立燃烧说是对日本《刑法》第108条对现住建筑物等放火罪中"烧毁"的含义的解读及该罪作为抽象危险犯既遂的认定标准。日本《刑法》第108条规定，放火烧毁现供人居住或者现有人在内的建筑物、火车、电车、船舰或者矿井的，处死刑、无期或者5年以上惩役。关于该条中"烧毁"的含义及既遂的时点，日本理论与判例存在独立燃烧说、效用丧失说、重要部分开始燃烧说（燃起说）以及毁弃说的分歧。日本有影响的学者西田典之认为，"在仍以木结构为建筑物主流的我国，只要作为放火行为对象的建筑物达到能独立燃烧的状态，至少可以说其时已产生了延烧至其他物件的抽象性危险，因此，应该说判例的独立燃烧说是合理的。但值得注意的是，所谓独立燃烧，终究只是指'火离开媒介物而烧至该目的

---

〔1〕 参见张明楷：《刑法学》（第三版），法律出版社2007年版，第516页；陈兴良主编：《刑法学》（第二版），复旦大学出版社2009年版，第426页以下；周光权：《刑法各论》，中国人民大学出版社2008年版，第163页以下。

〔2〕 陈兴良主编：《刑法学》（第二版），复旦大学出版社2009年版，第426页。

〔3〕 陈兴良主编：《刑法学》（第二版），复旦大学出版社2009年版，第426页；周光权：《刑法各论》，中国人民大学出版社2008年版，第167页。

物，而后火达到能维持独立燃烧的状态’。从这个意义上讲，独立燃烧原本便预计了某种程度的继续可能性。因此，应该理解为仅仅只是对象着火燃烧尚不够。”〔1〕我国台湾地区新修订后的2005年“刑法”第173条第1项也规定，放火烧毁现供人使用之住宅或现有人所在之建筑物、矿坑、火车、电车或者其他供水、陆、空公众运输之舟、车、航空机者，构成放火烧毁现供人用的住宅罪，处无期徒刑或7年以上有期徒刑。在我国台湾地区，行为客体着火燃烧至何程度，方可谓之烧毁，学说见解不一，主要存在独立燃烧说、物质或效用全部毁损说、物质或效用一部毁损说以及主要物质或效用毁损说的分歧。我国台湾地区的德国派有力学者林山田指出：“上述四说宽严不一，似可折衷为如下的见解：所谓烧毁系指行为客体由于行为人的纵火行为燃烧而全部灭失，或行为客体虽然燃烧而部分灭失，但已丧失其主要效用而言。因此，行为人的纵火行为已将行为客体燃烧殆尽而全部灭失者，固属放火罪的既遂，即使纵火行为仅使行为客体燃烧而部分灭失，但已使行为客体丧失其主要效用者，亦属放火罪的既遂。”〔2〕可见，无论是日本通说所持的独立燃烧说，还是我国台湾地区的有力学说所主张的主要效用丧失说，都是针对对现住建筑物等放火罪，这一法定刑起点为5年或者7年的抽象危险犯中“烧毁”含义的解读以及既遂时点的认定标准。

我国放火罪的立法不同于日本和我国台湾地区，放火罪既不是抽象危险犯，也没有“烧毁”的规定，而且根据是否造成严重后果而分别规定3年至10年有期徒刑和10年以上有期徒刑、无期徒刑或者死刑两个法定刑幅度，因此，无论是日本的独立燃烧说，还是我国台湾地区的主要效用丧失说，均不适用于我们。值得注意的是，张明楷教授在其第二版刑法教科书中，在介绍了日本关于烧毁的含义和放火罪既遂标准的各种学说之后，其明确主张持独立燃烧说。〔3〕但是，张明楷教授在其第三版刑法教科书中，虽然也对日本关于放火罪的既遂标准作了介绍，却没有明确提出自己在放火罪既遂标准问题上持何种立场，仅仅是指出，“由于我国《刑法》第114条与第115条按照是否造成严重结果规定了不同的法定刑，所以，大体可以认为，《刑法》第115条是对放火等罪既遂的规定，第114条是对放火等罪未遂的规定，故尚未造成严重后果时，不再适用刑法总则关于未遂犯的处罚规定。但是，在尚未造成严重后果的情况下，行为人自动中止犯罪，避免了严重后果的，应认定为犯罪中止，适用《刑法》第114条以及总则关于中

---

〔1〕［日］西田典之：《刑法各论》（第四版补正版），弘文堂2009年版，第275~276页。

〔2〕林山田：《刑法各罪论（下册）》（修订五版），作者发行2005年版，第279页。

〔3〕参见张明楷：《刑法学》（第二版），法律出版社2003年版，第541页。

止犯的处罚规定。"〔1〕

笔者认为，《刑法》第114条放火等罪条文中的"危害公共安全"并非具体危险犯的标志，而是旨在强调放火罪（仅以放火罪为例说明）与以放火方式实施但不危害公共安全的故意杀人罪、故意伤害罪、故意毁坏财物罪、破坏生产经营罪的区别。至于条文中"尚未造成严重后果"的规定，"并不是为违法性、有责性提供根据的要素，只是为了根据罪行轻重规定不同法定刑所设定的分界要素，因而属于表明的构成要件要素"〔2〕。还需要回答两个问题。一是为何刑法中放火罪的法定刑分两条规定？其实，这完全是出于立法经济性的考虑。虽然从理论上讲，放火罪条文完全可以这样设置：放火危害公共安全的，处3年以上10年以下有期徒刑；致人重伤、死亡或者使公私财产遭受重大损失的，处10年以上有期徒刑、无期徒刑或者死刑。但立法者认为，放火、决水、爆炸、投放危险物质、以危险方法危害公共安全五种犯罪行为的法益侵害性相当，与其设置五个条文，还不如以两个条文进行规定更为经济。换句话说，放火罪的立法方式与生产、销售假药罪将基本犯和加重犯规定在一个条文中的立法方式没有本质区别。二是为何对相当于放火等罪的未遂专门规定法定刑？首先必须明确，《刑法》第114条相当于放火等罪未遂的法定刑的规定，行为人实施放火等行为因为意志以外的原因而尚未造成严重后果的，成立放火罪的未遂，不应适用刑法总则关于未遂犯从轻或者减轻处罚的规定，直接适用第114条的法定刑即可。故意杀人罪也存在着实施杀人行为但因意志以外的原因而未得逞的情形，之所以不就故意杀人罪的未遂专门设置条文并规定法定刑，是因为故意杀人罪是法益侵害性最为严重的犯罪，一般不会忽略对故意杀人罪未遂的认定。而放火等罪，若不对犯罪未遂做出规定，司法人员可能忽视对放火等罪未遂的认定，而且即便认定了放火等罪的未遂，在量刑上也可能极不统一。因此，为了提醒司法人员认定放火等罪的未遂以及做到量刑的统一，立法者才专门设置条文规定放火等罪的未遂及其法定刑。

日本和我国台湾地区关于对现住建筑物放火罪的规定仅设置一个条文，而且只有一个法定刑幅度，于是必须讨论"烧毁"的含义和既遂时点的问题。而我们需要讨论的是，是否危害公共安全，是适用第114条还是第115条法定刑，以及是否属于放火罪的犯罪预备、犯罪未遂、犯罪中止，即在尚未造成严重后果而适用第114条法定刑时，应否适用刑法总则关于犯罪预备、犯罪未遂、犯罪中止（包

---

〔1〕张明楷：《刑法学》（第三版），法律出版社2007年版，第518页。

〔2〕张明楷："论表面的构成要件要素"，载《中国法学》2009年第2期，第102页。

括预备阶段的中止和实行阶段的中止）的处罚规定的问题。下面结合实例说明：

［例一］ 2010年5月10日凌晨3时许，家住贵州省仁怀市茅坝镇茅坝社区的阚必洪酗酒失控，与妻子柏永霞发生争吵，阚必洪竟然将柴油泼在柏永霞的身上和床上，扬言要烧死柏永霞，并点燃了床上的衣服。柏永霞立即用棉被将火扑灭，阚必洪心有不甘，又准备用打火机点火。柏永霞大声呼叫“救命”，后在邻居的劝导下事态才得以平息。仁怀市检察院审查认为，阚必洪家与茅坝镇茅坝社区居委会的其他30余户房屋相连，阚必洪点燃床上被柴油淋湿的衣服，可能造成其本人和邻居的房屋被烧毁，甚至会造成人员伤亡，足以危害公共安全。故此，该院决定以放火罪对阚必洪提起公诉。〔1〕该案中，检察官根据所放火房屋与其他30余户房屋相连的事实，认定被告人的放火行为危害公共安全，而没有就是否独立燃烧、是否已经既遂做出判断。被告人将柴油泼在柏永霞的身上和床上，可谓放火预备（若是汽油，则可能认定为已经着手，因为汽油相对于柴油具有极强的挥发性），行为人点燃了床上的衣服，应当认为已经形成了危及他人生命与财产的现实的紧迫性危险，因而已经着手而进入了放火罪的实行阶段，直接适用第114条的法定刑即可，而不应适用总则犯罪未遂的处罚规定。

［例二］ 现年16岁的瞿某，因在鞭炮厂打工时办事拖拉受人责骂而怀恨在心，2010年10月15日中午，瞿某趁无人之际，从厂里偷得一圈引线，将引线的一头藏在插引车间的围墙后面，然后将引线沿防爆墙一直牵入放有2万盘鞭炮药饼、800万头成品鞭炮的仓库内。当瞿某吃完中饭回来，准备将引线点燃时，围墙后藏着的引线被人发现。因害怕被抓，瞿某急忙逃到醴陵火车站购买车票准备逃往杭州，结果在候车时被民警抓获。瞿某因涉嫌爆炸罪（未遂）被湖南省醴陵市检察院批准逮捕。〔2〕该案中，虽然已经买好引线，但只要不点燃引线，就还没有形成现实的紧迫性危险，故还不能认定为爆炸罪的着手；因为意志以外的原因而未能着手实行爆炸，应成立爆炸罪的预备，而不是爆炸罪的未遂，应适用《刑法》第114条和犯罪预备的规定进行处罚。检察院认定为爆炸罪未遂是错误。该案中没有就是否危害公共安全进行专门认定，但应该说，被告人的爆炸行为危害公共安全是显而易见的。

［例三］ 2009年11月2日晚，在云南省昌宁县大田坝乡文沧村，忙碌了一

〔1〕 参见陈利、母承德：“因琐事酒后点火烧妻，危害公共安全被起诉”，载《检察日报》2010年7月6日，第2版。

〔2〕 参见郭秀峰、周雅玲：“被骂几句就想炸厂，冲动少年险酿大祸”，载《检察日报》2010年11月14日，第2版。

天的村民肖先、肖华、肖军三兄弟各自到自家菜地去收菜，准备回家食用，发现白菜、青蒜苗的叶子上有白色的斑点并伴着刺鼻的农药恶臭的奇怪现象，引起了他们的警觉。次日一早，肖军的妻子杨芹在自家饮水缸取水洗漱时，又闻到一股刺鼻的农药味。肖先、肖华家的水缸也出现了同样的问题。杨芹等人立即报警。调查得知，本案系与被害人有宿怨的张顺菊所为，经云南省昌宁县检察院提起公诉，该县法院以投放危险物质罪判处被告人张顺菊有期徒刑4年。[1]该案中，被告人投放危险物质的行为一旦完成，由于已经处于被害人随时可能食用的状态，故应认定为投放危险物质罪的着手，由于被害人发觉而未得逞，应认定为投放危险物质罪的未遂，直接适用《刑法》第114条处罚。该案没有就是否危害公共安全进行判断，大致是因为被害人家中人口较多。需要指出的是，虽然被告人同时对多家饮水缸中投毒，但只要每户人口数量都很少，不能因为对多家投毒而客观上涉及到多人就认定为危害公共安全，而只能认定为故意杀人罪。实践中可能存在只要存在所谓投毒行为就认定为投放危险物质罪的现象，而忽略该罪属于危害公共安全的犯罪，应该说是错误的。

综上，我国放火等罪特有的条文设置和罪状描述表明，简单地认为其属于具体危险犯，并以所谓独立燃烧说作为既未遂的判断标准，于司法实践没有意义。放火等罪的中国问题是危害公共安全的判定，以及在尚未造成严重后果而适用第114条法定刑时，应否适用总则关于犯罪预备、犯罪未遂、犯罪中止（包括预备阶段的中止和实行阶段的中止）的处罚规定的问题。

（二）破坏交通工具罪、破坏交通设施罪

《刑法》第116条规定："破坏火车、汽车、电车、船只、航空器，足以使火车、汽车、电车、船只、航空器发生倾覆、毁坏危险，尚未造成严重后果的，处3年以上10年以下有期徒刑。"第117条规定："破坏轨道、桥梁、隧道、公路、机场、航道、灯塔、标志或者进行其他破坏活动，足以使火车、汽车、电车、船只、航空器发生倾覆、毁坏危险，尚未造成严重后果的，处3年以上10年以下有期徒刑。"由于上述两个条文中存在"足以……危险"的罪状表述，主张具体危险犯与抽象危险犯分类的学者认为，该两个罪名属于具体危险犯。[2]笔者认为，"足以……危险"的罪状表述并非表明该罪名属于具体危险犯，而是旨在强调这两个罪名与盗窃罪、故意毁坏财物罪等罪的区别在于是否危害公共安全，换句话

---

〔1〕 参见周洁、赵安金："投毒只因受冷遇，所幸发现无伤亡"，载《检察日报》2010年5月19日，第2版。

〔2〕 参见陈兴良主编：《刑法学》(第二版)，复旦大学出版社2009年版，第431页。

说，这是对行为性质的要求，而不是要求成立该罪必须形成现实性的具体危险。

［例一］ 1996年12月6日晚10时许，被告人沈君伟与赵毅敏共同作案，剪断上海“洁而佳”包装食品厂平时使用的“香山”牌厢式货车前后刹车油管。次日，经该车驾驶员邹某出车前检查，发现车辆被破坏而停止使用，幸免危险。后经上海市公安局交通警察总队事故防范处机动车辆技术鉴定：该车制动系统的前、后制动管路的损坏，能造成该车（行车）制动系统完全失效。上海市南市区法院审理后认为，被告人沈君伟、赵毅敏为泄愤报复，故意破坏他人平时使用的汽车，虽未造成严重后果，但足以使该车发生倾覆的危险，构成破坏交通工具罪。上海市第一中级人民法院二审予以维持。〔1〕应该说，虽然不是正在使用的交通工具，但处于可能投入使用的状态，破坏其刹车装置具有公共危险性，因此法院的判决是正确的。法院认定构成破坏交通工具罪，并非根据行为是否形成了现实性的具体危险，因为出车前被及时发现而没有形成现实性的危险，而是根据破坏行为是否具有危害公共安全的性质来进行判断的。

［例二］ 2010年7月18日凌晨1时许，犯罪嫌疑人孔祥长越过铁路防护网，采用掰和拽的方法，将京津城际铁路沿线一座高架桥下的桥墩上的28块钢罩盗走，总价值人民币3000余元。在准备转移赃物时，被巡防民警抓获。据了解，孔祥长盗窃的钢罩是京津城际高速铁路的专用设备，主要作用是防止灰尘进入支座，从而影响行车。由于盗窃这一专用设备的行为尚不足以造成列车倾覆、毁坏的危险，检察机关遂以盗窃罪对孔祥长批准逮捕。〔2〕该案中，检察院以盗窃罪而不是以破坏交通设施罪批准逮捕，原因并非在于行为没有形成现实性的具体危险，而是行为不具有危害公共安全罪的性质，仅具有侵害财产权的性质，因而仅符合盗窃罪的构成要件，而不符合破坏交通设施罪的构成要件。

［例三］ 2008年1月7日夜，被告人王廷明携带钢锯、管钳、扳手等作案工具，在赣榆县班庄镇圣泉街、振班街、327国道赣榆县欢墩收费站东侧十字路口等地，盗窃路名牌4个、十字路口标志牌2个、限速标志牌2个、限重标志牌1个，危害公共安全，涉嫌破坏交通设施罪。江苏省赣榆县法院一审认为，被告人王廷明破坏公路标志，其行为侵犯了交通运输安全，已构成破坏交通设施罪，应

---

〔1〕 上海市第一中级人民法院“沈君伟、赵毅敏为泄愤报复破坏他人交通工具案”刑事裁定书，http：//www. lawyee. net/Case/Case Display. asp？ChannelID = 2010100 &RID = 22865，2010年12月19日访问。

〔2〕 参见侯亚静、孙希全：“盗窃铁路防尘罩，无良蠢贼被批捕”，载《检察日报》2010年8月30日，第2版。

依法追究其刑事责任。而公诉机关指控被告人王廷明盗窃路名牌四个的行为不足以使汽车发生倾覆、毁坏危险，盗窃四个路名牌的行为不构成破坏交通设施罪。二审法院予以维持。[1]法院之所以否定盗窃路名牌的行为构成破坏交通设施罪，而肯定盗窃限速标志牌等构成此罪，原因同样不在于行为是否形成了现实性具体危险，而是在于行为是否具有危害公共安全的性质。盗窃路名牌的行为不可能危害公共安全，故仅符合盗窃罪构成要件，而盗窃限速标志牌等交通设施会危害到交通运输公共安全，故符合了破坏交通设施罪构成要件。

综上，破坏交通工具罪和破坏交通设施罪中的"足以……危险"并非具体危险犯的标志，成立该罪并不需要形成现实性的具体危险；"足以……危险"是对破坏行为性质的要求，是区别该罪与盗窃罪、故意毁坏财物罪等罪的要素。

（三）破坏电力设备罪、破坏易燃易爆设备罪与破坏广播电视设施、公用电信设施罪

《刑法》第118条规定："破坏电力、燃气或者其他易燃易爆设备，危害公共安全，尚未造成严重后果的，处3年以上10年以下有期徒刑。"第124条第1款规定："破坏广播电视设施、公用电信设施，危害公共安全的，处3年以上7年以下有期徒刑；造成严重后果的，处7年以上有期徒刑。"由于上述罪名均有"危害公共安全"的罪状表述，主张区分具体危险犯与抽象危险犯的学者同样会认为上述罪名属于具体危险犯。其实，成立上述犯罪并不需要形成现实性危险，"危害公共安全"仅仅是与盗窃罪、故意毁坏财物罪等罪区分的要素。

例如，刘某等人到北京市四惠东城铁站附近，盗割城铁三轨电缆线50米。经鉴定，被盗割电缆线价值人民币7000元。地铁供电公司证实，电缆的用途是用于电站给三轨送电的。因为城铁供电系统均为双向供电，单向受损后，另一向会及时补充，所以电缆的丢失不影响供电系统的正常工作，不会影响到运营。该案中，刘某等人虽然破坏了正在使用中的电力设备，但被盗割的城铁三轨电缆线系双向供电系统，盗割单边电缆线，另一方向必然会补充供电，不会造成城铁供电系统断电，不会影响城铁正常运营而危及公共安全，因此刘某等人不构成破坏电力设备罪，而是构成盗窃罪。[2]

---

〔1〕 江苏省连云港市中级人民法院（2008）连刑一终字第0089号"王廷明破坏交通设施案"刑事裁定书，http：//www. lawyee. net/Case/Case Display. asp？ ChannelID = 2010100&RID = 585142，2010年12月20日访问。

〔2〕 参见关欣、鞠佳佳："从司法视角考量破坏电力设备罪之危害公共安全属性"，载《河南司法警官职业学院学报》2009年第1期，第48页。

（四）暴力危及飞行安全罪

《刑法》第123条规定：“对飞行中的航空器上的人员使用暴力，危及飞行安全，尚未造成严重后果的，处5年以下有期徒刑或者拘役；造成严重后果的，处5年以上有期徒刑。”由于存在“危及飞行安全”的表述，学者也认为该罪属于具体危险犯。[1]其实，“危及飞行安全”是对暴力行为性质的要求，是区别该罪与故意伤害罪等罪的要素，并非表明成立该罪必须形成现实性的具体危险。

（五）非法制造、买卖、运输、储存危险物质罪与盗窃、抢夺、抢劫危险物质罪

《刑法》第125条第2款规定：“非法制造、买卖、运输、储存毒害性、放射性、传染病病原体等物质，危害公共安全的，依照前款的规定处罚。”第127条第1款规定，盗窃、抢夺毒害性、放射性、传染病病原体等物质，危害公共安全的，处3年以上10年以下有期徒刑；情节严重的，处10年以上有期徒刑、无期徒刑或者死刑。第2款规定，抢劫毒害性、放射性、传染病病原体等物质，危害公共安全的，处10年以上有期徒刑、无期徒刑或者死刑。由于均存在“危害公共安全”的罪状表述，理论也认为“上述行为必须对公共安全造成了现实危险，因此本罪并非行为犯而是具体危险犯”[2]。若认为上述罪名属于具体危险犯，意味着只有在行为产生了现实危险时才成立上述犯罪。从司法实践中看，事实并非如此。只要危险物质具有危害公共安全的性质，即使距离现实性危险还很遥远，也成立上述犯罪。换句话说，司法实践中认定上述犯罪时，并没有进行行为是否形成了现实性危险的判断，而是仅根据对象具有危害公共安全的性质直接认定构成上述犯罪。其实，之所以非法制造、买卖、运输、邮寄、储存枪支、弹药、爆炸物罪，盗窃、抢夺、抢劫枪支、弹药、爆炸物，以及《刑法修正案（三）》修订之前的非法买卖、运输核材料罪均仅规定了行为和对象而没有“危害公共安全”的罪状表述，原因仅在于，毒害性、放射性、传染病病原体等物质所涉及的范围很广，毒害性不大、放射性不强、传染病病原体传染性不强的危险物质，由于通常不会危及公共安全，以盗窃罪等罪处理即可，因此，“危害公共安全”是对危险物质性质的要求，而非表明认定上述犯罪时必须进行是否形成了现实性具体危险的判断。

［例一］ 被告人李作君于2006年至2008年1月间，明知刘建忠（已被判

---

〔1〕 参见周光权：《刑法各论》，中国人民大学出版社2008年版，第189页。

〔2〕 陈兴良主编：《刑法学》（第二版），复旦大学出版社2009年版，第445页。

刑）储存的1块凹形物体系放射性物质，仍然在北京市联系于林、左世庆等人，帮助刘建忠向他人出售。2008年1月17日，李作君被抓获归案。公安人员在河北省清苑县耿桥村一农户院内将该放射性物质起获。经鉴定，该凹形物体具有放射性，系放射核素U238、U235及其初级子体，U235与U238的组合比约为1:114，判断是核材料，属于生产过程中的中间产品。北京市第一中级人民法院认为，"被告人李作君违反国家对放射性物质的管理制度，明知是具有放射性的物质，仍为他人联系出售，其行为已构成非法买卖危险物质罪，依法应予惩处。北京市人民检察院第一分院指控被告人李作君犯罪的事实清楚，证据确实、充分，指控的罪名成立。李作君为了出售危险物质，联系他人，制造条件，其行为系犯罪预备，且认罪悔罪，依法可对其减轻处罚。依照《中华人民共和国刑法》第125条第2款、第22条、第47条、第61条之规定，判决如下：被告人李作君犯非法买卖危险物质罪，判处有期徒刑1年6个月。"〔1〕该案中，法院根据所买卖的对象具有放射性而直接认定构成犯罪，并没有进行行为是否产生现实性危险的判断。

［例二］　被告人蔡利辉原系广东汕头某单位员工，2007年6月受聘为无锡某不锈钢制品有限公司技术员。因汕头有多家企业需要测厚仪，蔡利辉便一直寻找机会盗窃公司的测厚仪变卖。今年4月4日上午，蔡利辉明知公司车间轧机上的测厚仪内的放射源系危险物质，仍将测厚仪拆下。4月5日，蔡利辉携带测厚仪搭乘长途客车到汕头老家，并将其藏匿于家中试图变卖。在家呆了10多天后，因没联系到买家，蔡利辉匆匆回到无锡，不久即被抓获。经无锡市核与辐射安全监督管理站认定，被盗测厚仪的放射源镅—241为低危险源，一般不会对人造成永久性损伤，但对长时间、近距离接触这些放射源的人可能造成可恢复的临时性损伤。庭审中，蔡利辉表示自己盗窃的测厚仪不会对人造成永久性损伤，自己的行为仅是普通的盗窃犯罪。但公诉人指出，蔡利辉作为公司技术员，对测厚仪的放射性、危险性是非常清楚的，为了一己私利，他不惜将偷盗来的危险物质从无锡千里迢迢带到汕头，还想变卖，任其流向社会。所以，他的行为涉嫌危害公共安全，触犯的是盗窃危险物质罪。江苏省无锡市锡山区法院以盗窃危险物质罪判处

〔1〕　北京市第一中级人民法院（2008）一中刑初字第03943号"李作君非法买卖危险物质案"刑事判决书，http://www.lawyee.net/Case/Case Display.asp?ChannelID=2010100&RID=206134，2011年1月18日访问。

被告人蔡利辉有期徒刑3年零3个月。[1]该案中，法院也没有进行是否存在具体的现实性危险的判断，而是直接根据所盗物品具有放射性而认定构成盗窃危险物质罪。

综上，危险物质犯罪条文中“危害公共安全”是对危险物质性质的要求，并非表明成立该罪必须形成具体性危险。若认为是具体危险犯，必然要求进行是否形成现实性危险的判断，导致处罚过于迟延，也徒增控方的证明难度。

（六）非法携带枪支、弹药、管制刀具、危险物品危及公共安全罪

《刑法》第130条规定：“非法携带枪支、弹药、管制刀具或者爆炸性、易燃性、放射性、毒害性、腐蚀性物品，进入公共场所或者公共交通工具，危及公共安全，情节严重的，处3年以下有期徒刑、拘役或者管制。”由于存在“危及公共安全”的表述，理论界也有学者认为该罪属于具体危险犯。[2]笔者认为，“危及公共安全”并非表明只有形成了现实性的具体危险才成立本罪，“危及公共安全”只是对危险物品、公共场所以及公共交通工具性质的要求，否则，对于携带空枪或者仅携带弹药进入公交汽车的行为，因为难以形成现实性危险，而只能得出不构成此罪的结论。从实践中，只要携带了上述危险物品进入了公共场所或者公共交通工具就认定构成该罪，而没有进行是否形成具体性危险的判断。

（七）生产、销售不符合卫生标准的食品罪与生产、销售不符合标准的医用器材罪

《刑法》第143条规定：“生产、销售不符合食品安全标准的食品，足以造成严重食物中毒事故或者其他严重食源性疾病的，处……”。第145条规定：“生产不符合保障人体健康的国家标准、行业标准的医疗器械、医用卫生材料，或者销售明知是不符合保障人体健康的国家标准、行业标准的医疗器械、医用卫生材料，足以严重危害人体健康的，处……”。由于两个罪名中均有“足以……”的罪状表述，于是理论界也有观点认为两个罪名均属于具体危险犯。[3]但是具体危险犯说存在疑问。以原生产、销售假药罪为例，具体危险犯说论者指出，“对生产、销售假药是否具有足以危害人体健康的判断，只能是一种事实判断，故不应

---

〔1〕参见卢志坚、张建如：“盗窃含放射源的测厚仪——江苏无锡首例盗窃危险物质罪案宣判”，载《检察日报》2009年10月15日，第2版。

〔2〕参见张明楷：《刑法学》（第三版），法律出版社2007年版，第538页。

〔3〕参见张明楷：《刑法学》（第三版），法律出版社2007年版，第554页以下；陈兴良主编：《刑法学》（第二版），复旦大学出版社2009年版，第476页；周光权：《刑法各论》，中国人民大学出版社2008年版，第221页以下。

以行为人的主观认识为基础进行判断，而应进行客观的判断，即以行为人所生产、销售的假药的性质、成分、效用、他人使用的可能性等事实为判断基础，以医学科学为判断标准，来分析这种假药是否具有严重危害人体健康的危险。根据前述司法解释……"[1]"足以严重危害人体健康，是指生产、销售的假药具有严重危害人体健康的可能性，而并不要求发生实际的严重危害结果。对于足以严重危害人体健康的标准，按照最高人民法院、《最高人民检察院关于办理生产、销售伪劣商品刑事案件具体应用法律若干问题的解释》的规定……"[2]"生产、销售假药，足以严重危害人体健康的，即构成本罪（具体危险犯）。只要有这种危险的存在，生产的假药是否实际卖出、消费者是否购买并使用，都对犯罪成立没有影响。"[3]上述具体危险犯说论者基本上都赞成关于生产、销售假药罪中关于"足以严重危害人体健康"的司法解释，而该解释并非是对具体危险判断的规定，而是对药品性质的规定；而且，既然"只要有这种危险的存在，生产的假药是否实际卖出、消费者是否购买并使用，都对犯罪成立没有影响"，而只是生产假药而未销售的，不可能形成现实性的具体危险。正如不能认为只要准备了放火用的火把、火柴，即使没有点火也已形成具体性公共危险一样。

既然"足以严重危害人体健康"只是对假药性质的要求，而不是对具体性危险的判断，就不得不认为该罪具有抽象危险犯的性质。立法者之所以对生产、销售不符合卫生标准的食品罪规定要求"足以造成严重食物中毒事故或者其他严重食源性疾病"，而对生产、销售有毒有害食品罪不作类似要求，只是因为向生产、销售的食品中添加"有毒、有害的非食品原料"本身就说明生产、销售的对象具有相当的人体危害性，而对于生产、销售不符合卫生标准的食品，若不以"足以造成严重食物中毒事故或者其他严重食源性疾病"对食品的性质进行限制，必然导致处罚范围过广，例如餐馆饭菜中掉入一根头发或者飞进一只小虫而不符合卫生标准，就有可能作为犯罪处理。换言之，"足以……"只是对假药、食品、医用器材性质的要求，是为了限制处罚范围而设，并非表明是具体危险犯、构成犯罪以形成现实性的具体危险为条件；只要对象具有这种性质，即便只是生产了而未来得及销售，也已成立犯罪，也有必要作为犯罪予以打击。下面结合实例进行分析：

[例一]　2007年农历10月份，被告人牛恩海通过台前县一叫"三"的人进

---

〔1〕张明楷：《刑法学》（第三版），法律出版社2007年版，第554页。

〔2〕陈兴良主编：《刑法学》（第二版），复旦大学出版社2009年版，第470页。

〔3〕周光权：《刑法各论》，中国人民大学出版社2008年版，第221页。

了一些胶囊皮和空瓶及西药片等造哮喘药的原料，在范县高码头乡宋楼村，利用小磨、粉碎机等工具加工、制造无国家批号的速效哮喘灵胶囊、复方咳特灵胶囊310 000粒及骨筋丸胶囊305 000粒。该“药”经河南省食品药品检验所豫食药评［2008］4号文件《关于对假药“速效咳特灵”胶囊等是否足以严重危害人体健康的鉴定》结论是，该“药”含有茶碱成分和醋酸波尼松色谱行为与质谱行为一致的化合物，在服用本“药”的同时，服用同类或相似的药物，会造成剂量迭加，足以严重危害患者健康。2007年11月12日，其生产的“药品”已被全部扣押并销毁。河南省食品药品检验所的鉴定结论是：被告人牛恩海制造的复方咳特灵和骨筋丸胶囊服用后足以危害患者健康。河南省范县法院认为，“被告人牛恩海生产的‘药品’无国家明文批号，且足以严重危害人体健康，其行为已构成生产假药罪。但其生产的‘药品’在案发后，已全部被销毁，社会危害性较小，且认罪态度较好，确有悔罪表现。依照《中华人民共和国刑法》第141条、第72条之规定，判决如下：被告人牛恩海犯生产假药罪判处有期徒刑1年缓刑2年，并处罚金15 000元。”〔1〕

评析：法院以被告人生产的“药品”为无国家明文批号，以及河南省食品药品检验所的关于被告人所生产的“药品”足以危害患者健康为由，没有进行是否形成了具体危险的判断而直接认定为生产假药罪，是正确的。这充分说明，“足以严重危害人体健康”只是为限制处罚范围而对药品性质作出的要求。生产了而未销售，虽然尚未形成具体危险，也应成立生产假药罪的既遂。

［例二］ 2008年6月起，被告人张松炎为获取非法利益，在明知“李某”（另案处理）所销售的药品系假药，批准文号为伪造的情况下，仍非法低价购买并向外销售。经查，张松炎花费32 750元，先后16次从“李某”处购得多潘立酮片、消渴丸、多维元素片（21）、酒石酸美托洛尔、地奥心血康、健胃消食片等假药十几种。后被告人张松炎将上述假药加价后，以5万余元的价格，分12次销售给被告人王稳定。被告人王稳定自2008年7月份开始从被告人张松炎处购买假药，并伙同他人以李东伟、李明伟、李锋、宋飞等假名，以发送保健品的名义，通过物流向巩义市汇丰药品有限公司宋陵药店、巩义市汇丰药品有限公司芝田镇第十一店、洛阳涧西区仁康大药房等十一家药店销售假药，销售金额达61 155元。期间，被告人郭鹏飞于2008年8月份曾参与销售假药，9月份退出。2008年

〔1〕 河南省范县人民法院（2009）范刑初字第00095号“牛恩海生产假药案”刑事判决书，http：//www. lawyee. net/Case/Case Display. asp？ChannelID＝2010100 &RID＝367264，2011年1月20日访问。

11月，被告人王稳定、郭鹏飞与曲利军（另案处理）商议合伙销售假药，并约定由被告人王稳定、郭鹏飞共同出资，王稳定负责进货，曲利军负责销售，郭鹏飞负责收款，三人按比例分红，直至案发。公安机关从王稳定处及豫鑫物流、中邮物流扣押多潘立酮片1370盒、消渴丸800瓶、酒石酸美托洛尔80盒、健胃消食片1440盒。其中，消渴丸和酒石酸美托洛尔的销售价格总计为12 640元。经郑州市食品药品监督局、河南省食品药品检验所鉴定，上述药品均为假药。其中，地奥心血康、消渴丸、酒石酸美托洛尔三种药品为处方药。河南省巩义市法院认为，“被告人张松炎、王稳定、郭鹏飞明知是假药而进行销售，且其销售的处方药的批准文号为伪造，足以严重危害人体健康，其行为均已构成销售假药罪。公诉机关指控的犯罪事实和罪名成立，予以支持。……判决如下：一、被告人张松炎犯销售假药罪，判处有期徒刑1年，并处罚金人民币15 000元。二、被告人王稳定犯销售假药罪，判处有期徒刑10个月，缓刑1年，并处罚金人民币15 000元。三、被告人郭鹏飞犯销售假药罪，判处有期徒刑8个月，缓刑1年，并处罚金人民币10 000元。”〔1〕

评析：该案根据被告人所销售的是具有足以严重危害人体健康性质的假药，没有进行销售后是否形成了具体性危险的判断，而直接认定为销售假药罪。这也说明，销售假药罪不是具体危险犯，“足以”只是为了限制处罚范围，对所销售的假药的性质所做的要求。

［例三］ 被告人兰明亮找到被告人廖正美商量，准备从事将病死的猪收购后进行加工。被告人廖正美同意后，便叫被告人曹进一起参与。2006年9月以来，被告人廖正美、曹进与被告人兰明亮、陈良群夫妇四人合伙，在荣昌县昌元镇虹桥村4组37号所租的房屋内进行收购病死猪加工成猪肉后，销售给他人食用，共获款20 000余元，四被告人已将此款均分。2007年2月，被告人廖正美、曹进、兰明亮、陈良群因合伙加工病死猪肉发生纠纷而解散。嗣后，被告人廖正美、曹进一起在荣昌县农场附近汤世坤的房屋内进行病死猪加工和销售；被告人兰明亮、陈良群夫妇在原加工处继续从事病死猪加工和销售活动。在这期间，被告人廖正美、曹进将所收购的病死猪20余吨以每斤0.3元至0.7元不等的价格卖给被告人兰明亮、陈良群，获款12 000余元。尔后，被告人廖正美、曹进再以每斤0.9元至1.2元从被告人兰明亮、陈良群处购回加工好的病死猪肉12吨，与其加

---

〔1〕 河南省巩义市人民法院“张松炎、王稳定、郭鹏飞销售假药案”刑事判决书，http://www.lawyee.net/Case/Case Display.asp? ChannelID = 2010100&RID = 235469，2011年1月20日访问。

工生产的4吨病死猪肉，共计16吨病死猪肉销售给叶世才，获款57 000余元。2007年6月6日和2007年6月10日，荣昌县畜牧兽医监督检验所查获了被告人兰明亮、陈良群的病死猪加工点，并当场提取了所加工的猪肉进行检验鉴定为：属禁止生产经营的食品，可能造成严重食物中毒或人体严重食源性疾患。重庆市荣昌县法院认为，“被告人廖正美、曹进销售病死猪及制品，销售金额达5万元以上的行为，符合销售伪劣产品罪的构成要件；被告人兰明亮、陈良群生产、销售病死猪的制品，足以造成严重食物中毒或其他严重食源性疾患的行为，符合生产、销售不符合卫生标准的食品罪的构成要件。荣昌县人民检察院指控被告人廖正美、曹进犯销售伪劣产品罪，被告人兰明亮、陈良群犯生产、销售不符合卫生标准的食品罪的罪名及犯罪事实成立。……判决如下：一是，被告人兰明亮犯生产、销售不符合卫生标准的食品罪，判处有期徒刑10个月，并处罚金人民币4万元。二是，被告人陈良群犯生产、销售不符合卫生标准的食品罪，判处有期徒刑10个月，并处罚金人民币4万元。三是，被告人廖正美犯销售伪劣产品罪，判处有期徒刑8个月，并处罚金人民币5万元。四是，被告人曹进犯销售伪劣产品罪，判处有期徒刑8个月，并处罚金人民币5万元。”〔1〕

评析：本案根据所生产、销售的病猪具有“可能造成严重食物中毒事故或人体严重食源性疾病”为由，没有进行是否形成具体性危险的判断，而直接认定为生产、销售不符合卫生标准的食品罪。这说明该罪不是具体危险犯，“足以”的规定是为了限制处罚，而对不符合卫生标准的食品的性质所做的要求。

［例四］ 2008年12月间，被告人段同明与他人在上海市奉贤区星火农场附近上海乳品四厂的垃圾场内，捡拾得光明乳业股份有限公司欲在该处销毁处理的袋装奶粉约计1000公斤，并驾车运至上海市浦东新区川沙新镇七灶村冯家宅72号赵红（另行处理）私开的牛奶加工厂，在明知上述奶粉可能含有有毒、有害的非食品原料的情况下，仍以人民币11 000元的价格销售给赵红，被其用于生产假冒的光明牌瓶装牛奶。2009年4月6日，上海市浦东新区质量技术监督局至赵红的仓库，当场查获其从被告人段同明处购买的光明牌奶粉共计1273袋（重509.2公斤）。经上海市质量监督检验技术研究院检验，上述奶粉中有1015袋（重406公斤）含有对人体有毒、有害的非食品原料三聚氰胺（含量最高为134mg/kg，最低为1.35mg/kg），其含量均超过国家规定的标准。上海市浦东新区法院一审认

〔1〕 重庆市荣昌县人民法院（2007）荣法刑初字第166号“廖正美、曹进销售伪劣产品，兰明亮、陈良群生产、销售不符合卫生标准的食品案”刑事判决书，http：//www. lawyee. net/Case/Case Display. asp？ChannelID＝2010100&RID＝152063，2011年1月11日访问。

为，“被告人段同明明知捡拾的可能掺有有毒、有害的非食品原料的奶粉仍出售给他人，其行为已构成销售有毒、有害食品罪。依照《中华人民共和国刑法》第144条、第53条、第64条之规定，对被告人段同明犯销售有毒、有害食品罪，判处有期徒刑2年，罚金人民币11 000元；被告人段同明的违法所得，予以没收。”上海市第一中级人民法院二审维持原判。〔1〕

评析：该案根据被告人所销售的奶粉中含有有害的非食品原料三聚氰胺为由，认定为销售有毒、有害食品罪。从理论上讲，生产、销售有毒、有害食品罪属于抽象危险犯，无须进行行为是否形成具体性危险的判断，这是正确的。但就生产、销售不符合卫生标准的食品罪而言，只要所生产、销售的食品具有“足以造成严重食物中毒事故或者其他严重食源性疾病”的性质，就构成生产、销售不符合卫生标准的食品罪的既遂，也无须进行是否形成现实性的具体危险的判断，与作为抽象危险犯的生产、销售有毒、有害食品罪判断无异。这也说明，生产、销售不符合卫生标准的食品罪不是具体危险犯，而更接近于抽象危险犯。

（八）非法采集、供应血液、制作、供应血液制品罪

《刑法》第334条规定：“非法采集、供应血液或者制作、供应血液制品，不符合国家规定的标准，足以危害人体健康的，处……”。由于条文中存在“足以”的规定，也有学者因此认为该罪属于所谓具体危险犯。〔2〕笔者对具体危险犯说也抱有疑问。由于该罪既保护供血者的健康，也保护用血者的健康，故只要采集血液的方式足以危害人体健康，或者所采集、供应的血液或者制作、供应的血液制品具有“足以危害人体健康”的性质，即使采集血液的过程尚未结束，所采集的血液、制作的血液制品尚未出售，所出售的血液或者血液制品尚未对用血者健康形成具体性危险，也应成立该罪的既遂，从这个意义上讲，该罪更接近于行为犯或抽象危险犯。

［例一］　1998年约3月份，被告高某某在南阳购买一台血浆离心机，并通过杨勇找到在驻马店市老街乡付庄居住的杨某，让杨某联系采血地点。然后，杨某就找到确山县胡庙乡臧集村舒庄的舒某某商量，并租赁舒的房子两间。1998年4月6日，高某某在南阳租一辆“面的”同王某某、黄某某一起拉着购买的血浆离

〔1〕　上海市第一中级人民法院（2009）沪一中刑终字第681号“段同明销售有毒、有害食品案”刑事裁定书，http://www.lawyee.net/Case/Case Display.asp?ChannelID = 2010100&RID = 369991，2011年1月20日访问。

〔2〕　参见张明楷：《刑法学》（第三版），法律出版社2007年版，第810页；周光权：《刑法各论》，中国人民大学出版社2008年版，第432页。

心机到驻马店。到驻马店后，高某某又找到杨某某，在杨某的带领下将人和机器运到舒某某家。于当天晚上即开始组织人员采血，并将采集的血液制作成血浆。在采集血液和制作血浆过程中，被告高某某负责全面工作，王某某（在逃）负责采血，黄某某负责血液分离，制作成血浆，杨某、孙某某负责组织卖血人员。从4月6日至4月12日被告高某某、杨某、黄某某、孙某某组织20余人卖血，采集血液并制作成血浆52袋（每袋500毫升），1998年4月10日由高某某将28袋血液制品卖出（尚未获得赃款）。4月12日夜晚被确山县公安局胡庙派出所干警查获，并搜查出离心机一台，血液制品24袋，环输器3袋，天平1架。案发后公安机关已将查获的23袋血液制品销毁。河南省确山县法院认为，“被告高某某、杨某、黄某某、孙某某在未经卫生行政主管部门批准，擅自设立采血点，采集血液，又无权制作，而又将采集的血液制作成血液制品，不符合国家规定的标准，足以危害人体健康，其行为均构成非法制作血液制品罪，确山县人民检察院指控被告高某某、杨某、黄某某、孙某某的犯罪事实成立，本院予以认定，但确定罪名不当。……判决如下：一是，被告高某某犯非法制作血液制品罪，判处有期徒刑3年，罚金3000元，罚金限判决生效后1个月内缴清。二是，被告杨某犯非法制作血液制品罪，判处有期徒刑2年，罚金2000元，罚金限判决生效后1个月内缴清。三是，被告黄某某犯非法制作血液制品罪，判处有期徒刑2年，罚金限判决生效后1个月内缴清。四是，被告孙某某犯非法制作血液制品罪，判处有期徒刑1年4个月，罚金1000元，罚金限判决生效后1个月内缴清。”〔1〕

评析：法院根据非法制作的血液制品不符合国家规定的标准，具有“足以危害人体健康”的性质，没有进行是否形成具体性危险的判断，就直接认定为该罪的既遂，是正确的。由于“足以危害人体健康”是对采集、供应的血液和制作、供应的血液制品性质的要求，即便采集了血液而未供应血液，或者制作了血液制品而未供应，也构成非法采集血液罪、非法制作血液制品罪的既遂。

［例二］ 被告李志武私购采血用离心机一台及其它采血工具，伙同其妻刘丰阁于1998年2月14日至2月28日止，先后在本县城郊乡肖营村李道瑞（外逃）家和本县城关镇东门村徐丰平家非法采集30余人的血液，加工后卖给李坤生（外逃）转售。2月28日经群众举报，被告人李志武、刘丰阁被公安机关抓获，并缴获已加工的血浆23袋。经南阳市卫生防疫站抽取其中7袋化验，均含有艾滋

---

〔1〕 河南省确山县法院“高某某、杨某、黄某某非法制作血液制品案”刑事判决书，http：//www.lawyee.net/Case/Case Display.asp？ChannelID＝2010100&RID＝23718，2011年1月20日访问。

病病毒。河南省镇平县法院认为，“被告人李志武、刘丰阁未经国家主管部门批准而非法采集、供应血液，足以危害人体健康，其行为已构成非法采集、供应血液、制作、供应血液制品罪；且系共同犯罪，检察机关指控罪名成立，予以支持。……判决如下：被告人李志武犯非法采集、供应血液、制作、供应血液制品罪，判处有期徒刑2年，并处罚金3000元。被告人刘丰阁犯非法采集、供应血液、制作、供应血液制品罪，判处有期徒刑1年，缓刑1年，并处罚金2000元。”〔1〕

评析：法院根据所制作的血浆含有艾滋病病毒的事实，认定所制作的血液制品足以危害人体健康，没有进行是否形成具体危险的判断，即认定构成该罪的既遂，是正确的。

三、归纳总结

本文主要结论：

1. 具体危险犯中的危险需要司法人员在个案中进行具体判断，形成现实性的具体危险是具体危险犯成立的条件，而抽象危险犯中的危险只具有立法根据上的意义，无须在个案中进行具体判断，是一种类型性危险。将某个罪名是归入具体危险犯还是抽象危险犯，会导致适用条件的不同，因此归类上应当慎重。

2. 《刑法》第114条放火等罪罪状中的“危害公共安全”，并非具体危险犯的标志，而是放火等罪与以放火等方式实施的故意杀人罪、故意伤害罪、故意毁坏财物罪、破坏生产经营罪之间区分的要素。认定放火等罪的成立，只需进行行为是否具有危害公共安全的性质的判断，而无需形成现实性的具体危险。

3. 足以使交通工具发生倾覆、毁坏危险，不是具体危险犯的标志，而且对破坏交通工具、交通设施行为性质的要求，是区分破坏交通工具罪、破坏交通设施罪与故意毁坏财物罪、破坏生产经营罪等罪区分的因素，成立破坏交通工具罪、破坏交通设施罪，无须形成现实性具体危险。

4. 非法制造、买卖、运输、储存、盗窃、抢夺、抢劫危险物质罪罪状中“危害公共安全”的表述，并非具体危险犯的标志，而是为限制处罚范围对危险物质的性质上的要求，只要危险物质具有危害公共安全的性质，即便行为尚未形成现实性危险，也成立上述犯罪的既遂。

---

〔1〕 河南省镇平县人民法院（1998）镇刑初字第85号“李志武、刘丰阁非法组织他人卖血案”刑事判决书，http：//www. lawyee. net/Case/Case Display. asp？ChannelID = 2010100&RID = 16117，2011年1月20日访问。

5. 非法携带枪支、弹药、危险物品危及公共安全罪也不是具体危险犯，“危及公共安全”是对危险物品性质上的要求以及公共场所、公共交通工具的范围的限制，携带危险物品进入公共场所和交通工具具有危及公共安全的性质，无须形成具体性危险，也已成立犯罪的既遂。

6. 生产、销售不符合卫生标准的食品罪以及生产、销售不符合标准的医用器材罪罪状中的“足以”并非具体危险犯的标志，而是对食品、医用器材性质上的要求，只要食品等具有“足以”的性质，仅生产而未销售的，也已成立生产不符合卫生标准的食品罪等罪的既遂；生产、销售上述对象均无需形成具体性危险才成立犯罪既遂。

7. 非法采集、供应血液、制作、供应血液制品罪罪状中的“足以危害人体健康”并非表明该罪是具体危险犯，而是对行为性质以及所采集、供应的血液和制作、供应的血液制品的性质的要求，只要非法采集血液的过程足以危害人体健康，非法采集、供应的血液和制作、供应的血液制品具有足以危害人体健康的性质，即使尚未形成现实性具体危险，也已成立该罪的既遂。

中篇

危害公共安全罪

第四章 破坏型公共危险犯

主要观点

1. 大型拖拉机可以解释为汽车，电瓶车、空中缆车可以解释为电车，对其进行破坏可以构成破坏交通工具罪。

2. 不是“正在使用中”的公用设施也能成为破坏型公共危险犯的对象，破坏“正在使用中”的公用设施，也可能因为不危及公共安全而不构成公共危险犯罪。

3. 能否成为破坏交通设施罪的对象，应以是否可能导致交通工具倾覆、毁坏危险来判断，盗窃路名牌、人行道上的下水道井盖等，不构成该罪。

4. 劫持火车、汽车，击打行驶中的车辆，占道逼车，堵塞交通，以及不作为均能评价为“破坏”，而可能构成破坏交通工具罪或者破坏交通设施罪。

5. 司法解释将破坏公用电信设施罪解释为实害犯，严重放纵了犯罪，应予废止。

6. 以盗窃方式实施破坏的，由于存在破坏与取得财产两个行为，既侵害了公共安全法益，又侵害了财产权法益，不属于想象竞合犯，应当数罪并罚。

7. 破坏型公共危险犯不仅相互之间，而且与放火罪、爆炸罪、故意杀人罪、故意伤害罪之间存在竞合关系，若只有一个行为，从一重处罚即可。

主要法规链接

第116条 破坏火车、汽车、电车、船只、航空器，足以使火车、汽车、电车、船只、航空器发生倾覆、毁坏危险，尚未造成严重后果的，处3年以上10年以下有期徒刑。

第117条 破坏轨道、桥梁、隧道、公路、机场、航道、灯塔、标志或者进行其他破坏活动，足以使火车、汽车、电车、船只、航空器发生倾覆、毁坏危险，尚未造成严重后果的，处3年以上10年以下有期徒刑。

第118条 破坏电力、燃气或者其他易燃易爆设备，危害公共安全，尚未造成严重后果的，处3年以上10年以下有期徒刑。

第119条　破坏交通工具、交通设施、电力设备、燃气设备、易燃易爆设备，造成严重后果的，处10年以上有期徒刑、无期徒刑或者死刑。

第124条　破坏广播电视设施、公用电信设施，危害公共安全的，处3年以上7年以下有期徒刑；造成严重后果的，处7年以上有期徒刑。

刑法典危害公共安全罪章中有6个以“破坏”为行为方式的罪名，即破坏交通工具罪、破坏交通设施罪、破坏电力设备罪、破坏易燃易爆设备罪、破坏广播电视设施罪、破坏公用电信设施罪，可谓之破坏型公共危险犯。其有三个特点：一是客观行为均为“破坏”；二是行为对象均为关涉公共安全的设施，如交通工具、交通设施、电力设备、易燃易爆设备、广播电视设施、公用电信设施，这些设施虽本身未必属于公共设施，但破坏这些设施可能侵害不特定的或者多数人的生命、身体或财产安全（如破坏私家车的刹车装置）；三是理论上均认为这类犯罪属于具体危险犯〔1〕或者危险犯〔2〕，理由是，这类犯罪罪状中存在“足以使火车、汽车、电车、船只、航空器发生倾覆、毁坏危险”或者“危害公共安全”的规定。

众所周知，现代社会已进入所谓的风险社会。“随着社会生活的复杂化、科学化、技术化，对于个人而言，社会就像一个巨大的黑匣子，不可能进行主体性的控制。人们的生活主要依赖脆弱的技术手段，与此同时，个人行为所具有的潜在危险也飞跃性地增大，人们不知瞬间会发生何种灾难。”〔3〕“国家最重要的任务是降低人民的灾难。”〔4〕破坏型公共危险犯严重危及和平年代人们的生命、身体和财产安全，因此，认真总结判例，加强这类犯罪的适用研究，对于司法实践无疑具有重要的指导意义。

一、对象的认定及公共危险的判断

（一）汽车、电车的解释限度

《刑法》第116条将破坏交通工具罪的对象明确限定为火车、汽车、电车、船只、航空器，第117条也规定破坏交通设施必须足以使“火车、汽车、电车、

---

〔1〕参见张明楷：《刑法学》（第三版），法律出版社2007年版，第522页以下。

〔2〕参见王作富主编：《刑法》（第四版），中国人民大学出版社2009年版，第279页以下。

〔3〕［日］井田良：《变革の时代における理论刑法学》，庆应义塾大学出版会2007年版，第19页。

〔4〕林东茂：《刑法综览》（修订五版），中国人民大学出版社2009年版，第390页。

船只、航空器”发生倾覆、毁坏危险，对于火车、船只、航空器的理解分歧不大，争议在于大型拖拉机是否属于“汽车”，电瓶车、缆车是否应包含在“电车”中？

关于大型拖拉机，通说教科书指出，“如果破坏的对象是用作交通运输的大型拖拉机，足以危害公共安全的，应以本罪（指破坏交通工具罪——引者注）论处。”〔1〕通说虽然没有指明大型拖拉机属于汽车，但显然只可能把大型拖拉机包含在“汽车”中。虽然将大型拖拉机解释为“汽车”得到了大多数权威教科书的赞同。〔2〕但是肯定论并没有说明理由。应该说，“大型拖拉机与汽车虽然存在燃料、功能等方面的差异，但二者都有自身装备的动力装置驱动，都在非固定轨道上迅速行驶，都能装载大量货物与人员。更为重要的是，二者性能的完整性对公共安全的保障，是同等重要的。换言之，破坏汽车与破坏大型拖拉机对公共安全所造成的危害，并无差别。既然如此，也可以认为，将大型拖拉机解释为汽车，处于被允许的扩大解释的范围之内。”〔3〕

关于“电车”的范围，有教科书指出，“电车应当包括所有使用电力的交通工具如地铁、旅游区的大型索道车，游乐园中的过山车、高架缆车等。但在解释时，也不应将一些并不危及公共安全的交通工具解释在内。例如电动自行车不应作为电车等。”〔4〕缆车可以分为地面缆车与空中索道。地面缆车与一般电车几乎没有区别，将其解释为电车，不存在障碍。架空索道与一般电车的区别主要在于，前者在空中行走，后者在地面行驶。更为重要的是，破坏架空索道所造成的公共危险，比破坏地面电车所造成的公共危险可能更为严重。所以，将架空索道解释为电车，既不存在用语含义的障碍，也能得出合理结论。而电瓶车既可以归入电车，也可以归入汽车。一方面随着科学技术的进步，汽车的驱动力完全可能是电池。既然如此。我们当然可以认为电瓶车是汽车。另一方面，电瓶车是由电池驱动的机动车。在此意义上说，称之为电车也没有不当之处。总之，认为破坏电瓶车足以危害公共安全的行为，成立破坏交通工具罪，不是类推解释，甚至不是扩大解释。〔5〕

---

〔1〕 高铭暄、马克昌主编：《刑法学》（第四版），北京大学出版社、高等教育出版社2010年版，第383页。

〔2〕 参见王作富主编：《刑法》（第四版），中国人民大学出版社2009年版，第279页；阮齐林：《刑法学》，中国政法大学出版社2008年版，第393页；陈兴良主编：《刑法学》，复旦大学出版社2009年版，第431页；等等。

〔3〕 张明楷：《罪刑法定与刑法解释》，北京大学出版社2009年版，第178页。

〔4〕 陈兴良主编：《刑法学》，复旦大学出版社2009年版，第431页。

〔5〕 参见张明楷：《罪刑法定与刑法解释》，北京大学出版社2009年版，第179页。

综上，由于刑法将破坏交通工具罪的对象明确限定为火车、汽车、电车、船只、航空器五种，而没有“等其他交通工具”的兜底性规定，要认定为破坏交通工具罪，就必须将破坏的对象解释为五种交通工具中的一种，而能否解释为其中的一种，必须考虑功能的类似性、破坏所可能产生公共危险性程度的相当性、刑法用语可能的射程、规范的保护目的、公民的预测可能性等方面，从而得出可以兼顾到刑法的法益保护功能与人权保障功能的合理结论。

（二）应否限于“正在使用中”

理论通说认为破坏的对象应限于“正在使用中”。例如，通说教科书指出，判断破坏交通工具是否足以发生倾覆、毁坏的危险，“一是看交通工具是否正在使用期间。只有破坏正在使用中的交通工具才可能危害到公共安全，‘正在使用’的交通工具，既包括正在行驶或航运中的交通工具，也包括停放在车库、码头、机场上的车辆、船只和飞机等已经交付使用，随时都可开动执行运输任务的交通工具。如果破坏的是尚未检验出厂或待修、待售之中的交通工具不构成本罪。”〔1〕破坏交通设施罪“客观方面表现为两类行为，一是直接破坏正在使用期间的与交通安全密切相关的轨道、桥梁等交通设施，二是采用其他方法危害交通安全”〔2〕。通说之所以强调破坏的对象必须限于“正在使用中”，显然是认为唯有破坏正在使用中的交通工具、交通设施才可能危及公共安全，但是即便是破坏待修的交通工具，也可能危及公共安全。例如，交付检修的汽车的刹车系统并无故障，但汽车检修人员首先破坏刹车系统，然后只检修其他部件，再交付使用的，仍然构成破坏交通工具罪。〔3〕另外，处于待售状态的交通工具虽然不属于正在使用中的交通工具，但是可以成为破坏交通工具罪的犯罪对象，例如，不是采取烧毁、炸毁的手段而是采取其他方式破坏已经检验合格随时可能出售的汽车，在该汽车售出后就使该汽车发生倾覆、毁坏的危险，如果不以破坏交通工具罪追究行为人的刑事责任显然是错误的。〔4〕

其实，即便破坏的是正在使用中的设施，也未必危及公共安全。例如，刘某等人到北京市四惠东城铁站附近，盗割城铁三轨电缆线50米。经鉴定，被盗割电

---

〔1〕 高铭暄、马克昌主编：《刑法学》（第四版），北京大学出版社、高等教育出版社2010年版，第383页。

〔2〕 王作富主编：《刑法》（第四版），中国人民大学出版社2009年版，第280页。

〔3〕 参见张明楷：《刑法学》（第三版），法律出版社2007年版，第522页。

〔4〕 参见夏尊文、隋幸华：“论破坏交通工具罪的客体及对象”，载《云梦学刊》2008年第5期，第76页。

缆线价值人民币7000元。地铁供电公司证实，电缆的用途是用于电站给三轨送电的。因为城铁供电系统均为双向供电，单向受损后，另一向会及时补充，所以电缆的丢失不影响供电系统的正常工作，不会影响到运营。该案中，刘某等人虽然破坏了正在使用中的电力设备，但被盗割的城铁三轨电缆线系双向供电系统，盗割单边电缆线，另一方向必然会补充供电，不会造成城铁供电系统断电，不会影响城铁正常运营而危及公共安全，因此刘某等人不构成破坏电力设备罪，而是构成盗窃罪。[1]

综上，能否成为这类犯罪的对象，不在于是否属于“正在使用中”，而是在于这种对象的破坏是否可能危及到不特定的或者多数人的生命、身体或者财产安全。下面分析几个判例。

［例一］ 1996年12月6日晚10时许，被告人沈君伟与赵毅敏共同作案，剪断上海“洁而佳”包装食品厂平时使用的“香山”牌厢式货车前后刹车油管。次日，经该车驾驶员邹某出车前检查，发现车辆被破坏而停止使用，幸免危险。后经上海市公安局交通警察总队事故防范处机动车辆技术鉴定：该车制动系统的前、后制动管路的损坏，能造成该车（行车）制动系统完全失效。上海市南市区法院审理后认为，被告人沈君伟、赵毅敏为泄愤报复，故意破坏他人平时使用的汽车，虽未造成严重后果，但足以使该车发生倾覆的危险，构成破坏交通工具罪。上海市第一中级人民法院二审予以维持。[2]应该说，虽然不是正在使用的交通工具，但处于可能投入使用的状态，破坏其刹车装置具有公共危险性，因此法院的判决是正确的。

［例二］ 2008年12月左右的一天晚上，被告人郑建凯伙同郭滨驾驶农用三轮车到湖大铁路1号涵洞内，用扳手将铁轨扣件拆掉盗走。另查明，案发时，王官油库之三门峡大坝的湖大铁路线暂停使用。河南省三门峡市湖滨区法院审理后认为，被告人郑建凯伙同他人盗窃正在使用的铁路扣件，破坏铁路交通设施；足以使火车发生倾覆，尚未造成严重后果，其行为已构成破坏交通设施罪。被告人郑建凯实施犯罪的地点系暂停使用的路段，对铁路运输安全的危害性相对较小。[3]应该

---

〔1〕 参见关欣、鞠佳佳：“从司法视角考量破坏电力设备罪之危害公共安全属性”，载《河南司法警官职业学院学报》2009年第1期，第48页。

〔2〕 上海市第一中级人民法院“沈君伟、赵毅敏为泄愤报复破坏他人交通工具案”刑事裁定书，http：//www.lawyee.net/Case/Case Display.asp？ChannelID＝2010100 &RID＝22865，2010年12月19日访问。

〔3〕 河南省三门峡市湖滨区人民法院（2009）湖刑初字第231号“郑建凯破坏交通设施案”刑事判决书，http：//www.lawyee.net/Case/Case Display.asp？ChannelID＝2010100&RID＝420535，2010年12月19日访问。

说，破坏的虽系暂停使用的路段，但并非永久性弃之不用的铁路，因而对之进行破坏还是存在导致火车倾覆、毁坏的危险，法院以破坏交通设施罪论处是正确的。

［例三］　2001 年 10 月 9 日晚，被告人罗诗海伙同罗诗波携带钢丝钳、螺丝刀等作案工具，各骑一辆摩托车，窜至赣州森林铁道梅水区段 51km 至 53km 处，盗撬了仍处于养护性经营状态铁路中用于固定铁轨的道钉 849 枚。江西省上犹县法院审理认为，被告人罗诗海伙同他人以非法占有为目的，盗撬正在使用中的铁路上用于固定铁轨的道钉，其行为虽然未造成严重后果，但足以使行驶中的火车发生倾覆的危险，危害公共安全，其行为已构成破坏交通设施罪。[1] 应该说，所谓养护性经营状态是指已经投入营运的一种状态，破坏之当然具有公共危险性，法院的判决是正确的。

［例四］　1999 年 7 月 12 日早上 6 时许，系村支书的被告人熊家文伙同 40 余村民采用锄头挖、炸药炸的方面，将经过该村的公路段的部分路面予以毁坏，被告人熊家文辩称，本案被毁的路段没有经过验收，不能作为正在使用中的公路。湖南省麻阳苗族自治县法院审理后认为，被告人熊家文、熊生根基于两村之间的矛盾，采取报复手段，故意将菜冲坑路段毁坏，造成财物损失实际存在，其行为均已触犯《刑法》第 275 条之规定，构成故意毁坏财物罪。县检察院指控被告人的行为构成破坏交通设施罪的罪名不成立，理由是：一是，被告人熊家文、熊生根实施的行为在客观上虽然造成了路面被毁的事实，但两被告人没有危害公共安全的主观犯意；二是，被炸路段未经公路主管部门验收，不属于破坏交通设施罪的犯罪对象。被告人熊家文、熊生根的辩护人就本案定性观点成立，本院予以采纳。[2] 应该说，以故意毁坏财物罪定罪的结论是正确的，但说理存在不足。本案之所以不构成破坏交通设施罪，不在于被告人不具有危害公共安全的故意，因为只要行为人认识到自己毁坏的是投入营运的公路就不缺乏所谓的公共危险故意；不构成破坏交通设施罪，也不在于被炸路段是所谓未经验收的公路，因为即使是未经验收的公路，只要不处于封闭状态，实际上就完全可能有人使用，对之破坏完全可能具有公共危险性；本罪之所以仅构成故意毁坏财物罪，关键原因在于被

---

〔1〕　江西省上犹县人民法院（2007）上刑初字第 9 号“罗诗海破坏交通设施案”刑事判决书，http：//www. lawyee. net/Case/Case Display. asp？ChannelID = 2010100& RID = 119110，2010 年 12 月 19 日访问。

〔2〕　湖南省麻阳苗族自治县人民法院（1999）麻刑初字第 93 号“熊家文、熊生根破坏交通设施案”刑事判决书，http：//www. lawyee. net/Case/Case Display. asp？ChannelID = 2010100&RID = 2328，2010 年 12 月 19 日访问。

告人是采取用锄头挖、炸药炸等毁灭性的方式破坏公路，导致被毁路段几乎失去投入营运的可能性，没有导致交通工具倾覆、毁坏的危险，因而侵害的法益仅为财产所有权，没有侵害公共安全法益。

（三）具体对象的认定

《刑法》第117条破坏交通设施罪仅规定“破坏轨道、桥梁、隧道、公路、机场、航道、灯塔、标志或者进行其他破坏活动，足以使火车、汽车、电车、船只、航空器发生倾覆、毁坏危险”，到底破坏哪些交通设施可能使交通工具发生倾覆、毁坏危险，只能留给理论解决。而理论界对于交通设施的界定通常限于泛泛而谈，疏于对司法实践的总结，因此，认真总结提炼判例，以指导司法实践，实有必要。

1. 高速公路上的护栏。例如，自2009年8月以来，被告人元某先后伙同他人在青莱高速公路莱芜车段、沂源鲁村车段破坏交通设施，拆卸高速公路护栏，打开缺口，使多人的大型运输车辆从缺口处下高速公路，并多次收取好处费。2009年11月18日，被告人再次纠集李某、王某等人于11月19日凌晨在青莱高速公路234公里莱芜方向右侧处拆卸高速公路护栏，打开缺口后，使得张某驾驶的超载大型货车从此处下高速公路偷逃费用，车主支付给元某等人800元现金，后被路政稽查人员查获。山东省莱芜市莱城区检察院认为，元某针对正在使用的高速公路护栏进行破坏，足以引发交通事故，危害公共安全，应当以破坏交通设施罪追究刑事责任。[1]笔者认为，高速公路的护栏无疑具有保障行车安全的作用，破坏护栏的足以发生交通工具倾覆、毁坏的危险，构成破坏交通设施罪。

［例一］ 2004年7月21日，上诉人匡斌窜至合徐高速公路156~157km处，用随身携带的扳手、老虎钳等作案工具盗窃高速公路护栏上的螺丝钉约200个。其再次作案盗窃螺丝钉200个后逃跑时被抓获。安徽省蚌埠市中级人民法院二审认为，上诉人匡斌盗窃高速公路上的螺丝，给高速公路的交通安全造成重大隐患，足以危害交通安全，其行为已构成破坏交通设施罪，驳回上诉，维持原判。[2]笔者认为，法院的判决是正确的。

2. 铁路防尘罩。例如，2010年7月18日凌晨1时许，犯罪嫌疑人孔祥长越

---

〔1〕 参见刘伟道、刘德国：“为逃高速费拆护栏构成破坏交通设施罪”，载《检察日报》2010年7月24日，第3版。

〔2〕 安徽省蚌埠市中级人民法院（2005）蚌刑终字第09号“匡斌破坏交通设施案”刑事裁定书，http：//www. lawyee. net/Case/Case Display. asp？ChannelID = 2010100 &RID = 53358，2010年12月20日访问。

过铁路防护网，采用掰和拽的方法，将京津城际铁路沿线一座高架桥下的桥墩上的28块钢罩盗走，总价值人民币3000余元。在准备转移赃物时，被巡防民警抓获。据了解，孔祥长盗窃的钢罩是京津城际高速铁路的专用设备，主要作用是防止灰尘进入支座，从而影响行车。由于盗窃这一专用设备的行为尚不足以造成列车倾覆、毁坏的危险，检察机关遂以盗窃罪对孔祥长批准逮捕。〔1〕笔者认为，盗窃防尘罩不危及公共安全，不构成破坏交通设施罪。

3. 高速公路两侧的隔离栅网。例如，2009年2月至7月，被告人韩某多次到日东高速公路夏庄段，盗窃高速公路两侧设置的隔离栅网累计长度744米，造成隔离栅网部分缺失，危及车辆通行和人身安全。经鉴定，被告人韩某盗窃物品价值34 372元。山东省莒县法院经审理认为，被告人韩某盗窃高速公路两侧设置的隔离栅网造成部分缺失，严重影响了道路交通安全，足以危及不特定多数人的生命、健康和重大公私财产的安全，其行为已构成以危险方法危害公共安全罪，判处被告人韩某有期徒刑5年。〔2〕笔者认为，既然盗窃高速隔离网危及道路交通安全，应以破坏交通设施罪定罪，而不应以内涵不清、外延不明的以危险方法危害公共安全罪论处。

4. 铁路轨距杆。例如，犯罪嫌疑人高增山于2009年4月的一天下午，用管钳拆卸位于山东省临沂市罗庄区盛庄办事处北铁路的铁路轨距杆2根，后予以变卖。同年5月2日，他又盗窃轨距杆1根。据鉴定，其盗窃的3根轨距杆价值504元。后经铁路部门证实，高增山盗窃的轨距杆是为保持线路正常规矩，确保行车安全而设计的。据此。检察机关认为，虽然高增山盗窃的财物价值不大，但其行为危害了公共安全，构成破坏交通设施罪，遂对其提起公诉。〔3〕笔者认为，盗窃铁路轨距杆，会导致交通危险，应以破坏交通设施罪论处。

5. 标志牌。例如， 江苏省赣榆县检察院指控，2008年1月7日夜，被告人王廷明携带钢锯、管钳、扳手等作案工具，在赣榆县班庄镇圣泉街、振班街、327国道赣榆县欢墩收费站东侧十字路口等地，盗窃路名牌4个、十字路口标志牌2个、限速标志牌2个、限重标志牌1个，危害公共安全，涉嫌破坏交通设施罪。

---

〔1〕 参见侯亚静、孙希全："盗窃铁路防尘罩　无良蠹贼被批捕"，载《检察日报》2010年8月30日，第2版。

〔2〕 参见张玉刚、刘学华："盗窃高速隔离网　危害安全受处罚"，载《人民法院报》2010年1月16日，第3版。

〔3〕 参见赵云昌、肖娜："盗窃铁路轨距杆，价值虽小危害大"，载《检察日报》2010年1月5日，第2版。

赣榆县法院一审认为，被告人王廷明破坏公路标志，其行为侵犯了交通运输安全，已构成破坏交通设施罪，应依法追究其刑事责任。而公诉机关指控被告人王廷明盗窃路名牌4个的行为不足以使汽车发生倾覆、毁坏危险，盗窃4个路名牌的行为不构成破坏交通设施罪。二审法院予以维持。〔1〕笔者认为，法院认为盗窃路名牌不具有公共危险，不构成破坏交通设施罪，是正确的。交通标志牌能否成为破坏交通设施罪的对象，关键看其对于交通安全的作用，对其进行破坏是否足以使交通工具发生倾覆、毁坏危险。

6. 钢轨扣件。例如，2007年12月25日至30日，被告人曾开松在成渝引入线K0794M至K1399的4m区段内，先后五次用从周某某处购买的活动扳手拆盗"W"型弹跳钢轨扣件共计388套，其中一处最多被拆6套，严重危及行车安全。成都市铁路运输法院认为，被告人曾开松拆盗铁路扣件，破坏铁路轨道，足以使火车发生倾覆、毁坏危险，尚未造成严重后果，构成破坏交通设施罪，判处有期徒刑3年。〔2〕笔者认为，法院的判决是正确的。

7. 下水道井盖、过桥盖板。对于盗窃道路上的井盖、盖板行为如何定性，实践中存在分歧。例如，2009年12月20日凌晨1时，四名被告人共谋后，张某将6个井盖盗走，赵某和于某将赃物抬到道边处，再由吴某用车将赃物装走，运往废品收购站，以400元的价格卖掉。黑龙江省伊春市西林区法院认为，4名被告人明知盗窃井盖使井口裸露，直接对不特定多数人的生命、财产以及交通安全构成威胁和侵害，其行为符合以危险方法危害公共安全罪的特征。该院以以危险方法危害公共安全罪，分别判处四名被告人1年至3年不等有期徒刑。〔3〕

［例二］ 2003年10月及2004年1月，被告人王德堂、王德祥先后两次分别在丰都县三合镇、丰都县武装部及丰都中学附近的公路上盗走下水道井盖13套及单个井盖9块。2003年10月至2004年2月期间，被告人王德堂先后三次在丰都县三合镇四环路转山堡隧洞、国旅宿舍、林业局及平都中学等处附近的公路上，盗走下水道井盖24块。经评估，被盗井盖共价值人民币6710元。转山堡隧洞附

〔1〕 江苏省连云港市中级人民法院（2008）连刑一终字第0089号"王廷明破坏交通设施案"刑事裁定书，http：//www. lawyee. net/Case/Case Display. asp？ ChannelID = 2010100&RID = 585142，2010年12月20日访问。

〔2〕 成都铁路运输法院（2008）成铁刑初字第40号"曾开松破坏交通设施案"刑事附带民事判决书，http：//www. lawyee. net/Case/Case Display. asp？ ChannelID = 2010100&RID = 146305，2010年12月20日访问。

〔3〕 参见高明月："盗取井盖梦想发财，危害公共安全领刑"，载《人民法院报》2010年4月13日，第3版。

近公路上的下水道井盖被盗后，致行人甘业华、代祥、冉群、付华明等人掉入被盗走井盖的下水道中，造成甘业华右踝关节骨折伴脱位，其损伤程度为轻伤。重庆市丰都县检察院以以危险方法危害公共安全罪起诉。重庆市丰都县法院认为，被告人王德堂、王德祥以盗窃井盖的方法破坏正在使用中的公路的完整，足以使汽车发生倾覆、毁坏的危险，危害公共安全，其行为均已构成破坏交通设施罪，分别判处被告人王德堂、王德祥有期徒刑6年零6个月、4年。[1]

［例三］ 2004年12月29日下午17时30分许，被告人胡华骑三轮车至本市江干区秋涛北路皇冠大酒店西北侧通往商业银行、永乐家电城等公共场所的公共通道上时，用铁钩窃得道路上正在使用中的窨井盖一只，在逃跑途中被抓获。该窨井盖直径70厘米，下有深度达1.5米的污水井，并有污水排放设施，该窨井盖的缺失足以威胁到不特定多数人的生命、健康和财产安全。浙江省杭州市江干区法院认为，被告人胡华目无国法，盗窃正在使用中的公共交通通道上的市政公共设施，足以使过往不特定行人的生命健康、不特定车辆的安全处于危险状态，尚未造成严重后果，其行为已构成以危险方法危害公共安全罪。虽然以危险方法危害公共安全罪与破坏交通设施罪侵犯的客体均为不特定多数人的人身及财产安全，但破坏交通设施罪侵害对象为用于交通的设施而非本案侵害对象为用于污水排放的市政公用设施，故被告人胡华关于其行为构成破坏交通设施罪的辩解本院不予采纳。被告人以危险方法危害公共安全罪，判处有期徒刑3年6个月。[2]

［例四］ 2004年11月6日凌晨1时许，被告人毛张林伙同被告人李艳华、王金虎、李祖胜、陆世裕、袁俊臣窜至334省道小新滩至郭家坝路段马岭包隧道口第一次撬掉公路雨沟过桥盖板4块。同年11月19日凌晨1时许，被告人又窜至334省道小新滩至郭家坝路段马岭包、米仓口隧道口第二次撬掉公路雨沟过桥盖板10块。湖北省秭归县法院审理认为，被告人毛新林等人以非法占有为目的，两次秘密窃取公路雨沟过桥盖板，数额巨大，五被告人的行为均已构成盗窃罪。公诉机关指控五被告人的行为构成破坏交通设施罪，法院不予支持。理由是：一是五被告人犯罪的主观方面是以非法占有公私财物为目的；犯罪的客观方面表现

---

〔1〕 重庆市丰都县人民法院（2004）丰刑初字第157号“王德堂、王德祥破坏交通设施案”刑事判决书，http：//www. lawyee. net/Case/Case Display. asp？ChannelID = 2010100&RID = 345203，2010年12月20日访问。

〔2〕 浙江省杭州市江干区人民法院（2005）江刑初字第271号“胡华以危险方法危害公共安全案”刑事判决书，http：//www. lawyee. net/Case/Case Display. asp？ChannelID = 2010100&RID = 221918，2010年12月20日访问。

为五被告人秘密窃取公路雨沟过桥盖板，并将盗窃的盖板变卖获取了金钱，但五被告人盗窃犯罪的行为破坏了公路交通设施，对交通安全造成了一定的危险，其行为同时触犯盗窃罪、破坏交通设施罪两个罪名，属想象竞合犯，应择一重罪处罚。二是破坏交通设施罪的犯罪构成要件，要求犯罪行为达到“足以使汽车发生倾覆、毁坏的危险”，从公诉机关向法院提供的证据来看，法院难以认定五被告人的犯罪行为达到这种程度。三是公诉机关指控五被告人的盗窃行为致使宽50厘米、深40厘米、长5.4米的公路雨沟形成沟堑，给公路交通造成了重大安全隐患，但没有向法院提供直接证据，证实该数据取得的来源。虽然有证人证实沟堑的长、宽、深度，但都是证人的估计证据，不是公安机关在五被告人盗窃盖板后现场勘查测量的实际数据。综上，公诉机关提供的鉴定结论、证人证言难以证实沟堑的长、宽、深度能否达到足以使汽车发生倾覆、毁坏的危险，同时五被告人在庭审中也一致辩解沟堑的深度没有40厘米，公诉机关无法提供确实充分的证据反驳五被告人的辩解意见，故公诉机关指控五被告人犯破坏交通设施罪的主要证据不足，不能以破坏交通设施罪对五被告人定罪量刑，应以盗窃罪来追究五被告人的刑事责任。[1]

由上述几个案例可以看出，对于盗窃公路上井盖、盖板的行为的定性存在较大分歧。笔者认为，虽然井盖属于市政工程的污水处理设施，但如果处于汽车等交通工具通行的公路上，就成为了交通设施的一部分，毁坏或盗走井盖，通常不难得出已经足以使汽车等交通工具发生倾覆、毁坏危险的结论，应以破坏交通设施罪定罪；在构成破坏交通设施罪时，通常不应以内涵不清、外延不明的所谓以危险方法危害公共安全罪定罪；若井盖位于人行道上，汽车、电车不会行驶在这些设施上，通常可以得出毁坏或者盗走井盖不至于足以使汽车、电车发生倾覆、毁坏危险，不能论以破坏交通设施罪，若对不特定或者多数的行人行走安全以及非机动车行驶安全产生危险，可以以危险方法危害公共安全罪定罪处罚；公路雨沟的过桥盖板，无疑属于交通设施的一部分，对于保障交通运输安全具有重要意义，盗走或者毁坏盖板的，通常不难得出足以使汽车、电车发生倾覆、毁坏危险的结论，上述湖北省秭归县法院对于危险的认定过于严格，不符合交通运输的实际，放纵了犯罪；采取盗窃或者毁坏的手段破坏交通设施的行为，构成破坏交通设施罪、以危险方法危害公共安全罪与盗窃罪、故意毁坏财物罪之间的想象竞合

---

〔1〕 参见最高人民法院中国应用法学研究所编：《人民法院案例选·2006年第2辑（总第56辑）》，人民法院出版社2006年版，第72～76页。

犯，从一重处罚即可。

综上，只要认为所毁坏或盗走的设施属于铁路、公路、水路、航空设施的一部分，而且这些设施对于保障交通运输安全具有重要作用，通常就应得出具有足以使火车、汽车、电车、船只、航空器发生倾覆、毁坏危险的结论，除非这些设施对于交通运输安全意义不大，或者说只关涉行人或者非机动车安全，才能否定破坏交通设施罪的成立。

二、"破坏"的含义

破坏型公共危险犯的行为方式均为"破坏"。刑法分则有几个罪名的行为方式与之相近，如故意毁坏财物罪中的"毁坏"，故意损毁文物罪中的"损毁"，侮辱国旗、国徽罪行为方式之一的"侮辱"，帮助毁灭、伪造证据罪中的"毁灭"，以及故意销毁会计凭证、会计帐簿、财务会计报告罪中的"销毁"。很显然，这些措辞在汉语词典中的含义基本相同，但由于各自的行为对象和所侵害的法益存在明显差异，故在刑法意义上上述措辞的含义差异巨大。例如，故意毁坏财物罪中的"毁坏"可以包括隐匿，但不可能包含盗窃行为；故意损毁文物罪中的"损毁"不可能包括隐匿行为。然而，破坏型公共危险犯由于保护的法益是公共安全，评价的是行为所可能导致的公共危险性，因此，盗窃公用设施的行为，完全可能被评价为"破坏"行为。"破坏"作为日常用语，含义极其宽泛，把握"破坏"含义的关键在于，这种行为能否导致公共危险性，若某种行为能够导致公共危险性，即使没有物理性地毁损财物，也有可能被评价"破坏"。下面结合判例探讨"破坏"的含义。

（一）如何评价劫持火车、电车的行为

刑法规定了劫持航空器罪与劫持船只、汽车罪，却没有规定"劫持火车罪"、"劫持电车罪"，由此而来的问题是，劫持火车、电车的行为如何处理？《刑法》第116、117条均将火车、汽车、电车、船只、航空器并列规定，却仅规定劫持航空器罪与劫持船只、汽车罪。我们既不能指责立法存在疏漏，也不能认为劫持火车和电车的行为无罪。根据法益保护原则，我们应当在罪刑法定原则框架内，最大限度地将严重侵害法益的行为都解释为犯罪。就劫持电车而言，虽然《刑法》第116、117条中"电车"是与"汽车"并列规定，但刑法用语具有相对性[1]；

〔1〕 参见张明楷：《刑法分则的解释原理》，中国人民大学出版社2004年版，第327页以下。

我们固然应该认为第116、117条中的“汽车”不包括“电车”，但由于电车具备汽车的功能和本质特征，故可以认为，劫持汽车罪中的“汽车”包括了“电车”，这样，劫持电车的行为就可以劫持汽车罪论处。或许还有另外一个思路，将劫持电车的行为解释为破坏交通工具，如下所述，虽然可以将劫持交通工具的行为解释为破坏交通工具，但相对而言，将劫持电车解释为劫持汽车，或许更能被一般人所接受。

由于难以将火车解释为包含在汽车、船只、航空器之中，而劫持火车比劫持汽车、船只的危害性更大，作为无罪处理显然不合适。国内有学者主张，“劫持火车、电车的行为也足以使火车、电车发生倾覆、毁坏危险，故应将劫持火车、电车的行为视为本罪（即破坏交通工具罪——引者注）的破坏行为。”〔1〕作为结论，笔者是同意的，但笔者注意到，虽然1979年《刑法》第107条也规定有破坏交通工具罪，但实践中并没有把劫持汽车的行为解释为破坏交通工具。

［例一］　1991年4月7日上午，被告人陈开华乘坐客车时，在客车驾驶员背后，掏出携带的自制火药枪，对准驾驶员的后脑部命令道：“叫你开到哪，你就开到哪，否则就开枪！”驾驶员在陈开华持枪威逼下，继续开车前行。当客车行驶到西溪地段时，一乘客要下车，驾驶员遂踩刹车让该乘客下了车。陈开华又威胁驾驶员：“不能再停车！”客车沿国道福——漳公路继续行驶至通往天宅村的路口时，陈开华令驾驶员改变方向，拐进天宅村小路。当客车拐进小路不久，遇一手扶拖拉机阻路，陈开华跳下车叫手扶拖拉机让开。客车沿小路继续行进，又遇一农用大车挡住去路。陈开华见状，便从身上掏出10元人民币给售票员，说是作为汽油费，遂又下车叫农用大车让路。客车驾驶员见陈开华随农用大车转到拐弯处，且已离客车有一段距离，便乘机将客车掉头开走。陈开华见客车朝相反方向开走，未再追赶。福建省龙海县法院一审认为，被告人陈开华明知持枪胁迫驾驶员，会给驾驶员造成严重的心理恐慌，从而可能引发行车事故，却对车上乘客的生命与财产安全采取放任不管的态度，持枪劫持正在行驶中的公共汽车，其行为危害的是公共安全，已构成犯罪，应予惩处。公诉人指控陈开华犯流氓罪不妥。陈开华的犯罪行为，在1979年《刑法》分则中没有明文规定，依照1979年《刑法》第79条的规定，适用类推比照分则中最相类似的条文定罪判刑。陈开华犯罪行为所侵害的对象是交通工具，这与刑法第107条规定的破坏交通工具罪最相类似，因此应当比照该条定罪量刑。据此，该院于1991年8月22日判决：被告

---

〔1〕张明楷：《刑法学》（第三版），法律出版社2007年版，第522页。

人陈开华犯劫持汽车罪，判处有期徒刑3年。福建省漳州市中级人民法院二审维持一审以劫持汽车罪定罪部分，量刑改为1年6个月有期徒刑。福建省高级人民法院审核认为，陈开华在主观上，不具有破坏交通工具的故意，其劫持汽车不是为了破坏汽车，造成汽车倾覆和毁坏，从而达到危害交通运输安全的目的，只是为实现乘车去林某家而采取的一种手段。由于陈开华犯罪主观方面与《刑法》第107条规定的犯罪主观方面不一致，《刑法》第107条不是与陈开华犯罪行为最相类似的条文，因而不能适用此条规定类推定罪科刑。陈开华劫持汽车的行为虽与《刑法》第100条第3项规定的犯罪手段相符，但陈开华的行为不具有反革命目的，所以也不应依照此条定劫持汽车罪。从陈开华持枪以暴力胁迫手段劫持正在运行中的公共汽车犯罪行为的特征看，陈开华实现乘车去找林某的目的，而对公共汽车及车上乘客的生命及财产安全采取了放任不管的态度，其行为的本质是危害公共安全，这种犯罪行为已包括在《刑法》第105条规定的“以其他危险方法危害公共安全罪”之中，应直接以以危险方法危害公共安全罪定罪，于是发回重审。龙海县法院重审后以以劫持汽车的危险方法危害交通安全罪，判处被告人陈开华有期徒刑1年6个月。[1]

笔者认为，若认为陈开华劫持汽车的行为能够以以危险方法危害公共安全罪定罪，则无疑已经肯定了行为的公共危险性，而这里的危险显然是交通安全的危险。一审、二审法院之所以只是认为劫持汽车是与破坏交通工具罪相类似的行为，福建省高级人民法院之所以主张以以危险方法危害公共安全罪定罪，而均没有直接以破坏交通工具罪定罪，显然是因为法院均将破坏交通工具罪的中“破坏”理解为物理性毁损，而没有注意到，破坏的本质是妨碍交通工具正常功能的发挥，从而危及公共交通安全。劫持汽车无疑具有破坏交通工具罪的本质特征。因此，笔者认为，劫持交通工具就是一种破坏交通工具的行为，劫持火车能直接以破坏交通工具罪定罪处刑。

（二）击打行驶车辆的行为如何定性

[例二]　王某因与孙某有矛盾，于是想报复孙某。当王某得知孙某开车要从某处经过时，遂携带木棍到该处等候。孙某开着桑塔纳轿车路过时（当时夜已深，路上没有其他车辆和行人），王某明知车上除孙某外，还有三个人的情况下，用木棍击打轿车副驾驶位置前面的挡风玻璃，慌忙中孙某击打方向盘，结果造成

---

〔1〕 福建省龙海县人民法院“陈开华以劫持汽车的危险方法危害交通安全案”刑事判决书，http：//www. lawyee. net/Case/Case Display. asp？ChannelID = 2010100 &RID = 4892，2010年12月20日访问。

桑塔纳轿车侧翻，致车上李某受伤，后经抢救无效死亡。本案争议的罪名是破坏交通工具罪、以危险方法危害公共安全罪、故意杀人罪以及过失致人死亡罪。否定成立破坏交通工具罪的理由是，“破坏交通工具罪是指故意破坏汽车等交通工具，足以使汽车等交通工具发生倾覆、毁坏危险，危害公共安全的行为。本案中的王某用木棍打击孙某驾驶的轿车，从打击部位和打击强度上看，并不足以使交通工具发生倾覆危险，虽然最终造成车翻人亡结果，但主要原因是驾车的孙某在王某用木棍打击前挡风玻璃时处置不当所造成的，所以王某的行为不符合破坏交通工具罪的构成要件。”〔1〕笔者认为，若认为后果是因为驾驶员孙某处置不当造成的话，那大概只有玩特技表演的人才能做到处事不惊而避免严重后果的发生。毁坏交通工具的某个部位谓之“破坏”交通工具，在交通工具前方击打交通工具，交通安全危险性丝毫不亚于前者，后者反而不属于“破坏”交通工具，恐怕存在疑问。应该说，在正在行驶中的交通工具前方击打挡风玻璃，足以发生交通工具倾覆、毁坏危险，完全属于“破坏”交通工具的行为，符合了破坏交通工具罪的构成，至于在成立破坏交通工具罪的同时，是否还符合故意杀人罪的构成要件，则是犯罪之间竞合的问题，即便同时符合故意杀人罪的构成要件，也不应否认行为符合破坏交通工具罪的构成要件。故击打行驶中的交通工具、情节严重的行为，完全可以评价为“破坏”交通工具的行为。

（三）占道逼车是否属于“破坏”

［例三］ 1997年6月30日中午12时许，被告人杨政锋驾驶“151”型解放牌货车在从礼泉县城返回的途中，绕县城西环路行驶。当行驶至北环路十字路口时，礼泉县交通局路政大队值勤人员示意停车，杨政锋驾车强行冲过。后执勤人员陈浩明、刘惊雷、刘劲松、邹兵建遂乘一辆三轮摩托车追赶。被告人杨政锋为阻止摩托车超越自己驾驶的货车，沿路曲线行驶。当摩托车行至大货车左侧时，杨政锋左打方向盘，占道逼车，将三轮摩托车逼入路边的阴沟后继续逃跑。此时，礼泉县交警大队干警韩瑞勇驾驶的小汽车继续追赶。在礼泉县赵镇索村路段追上杨政锋开的大货车后，韩瑞勇连续鸣笛，打左转向灯，示意超车。当韩瑞勇驾车处于大货车左侧时，被告人杨政锋仍左打方向盘占道逼车，阻止追赶，将韩瑞勇驾驶的北方牌小汽车逼向路边与树木相撞，韩瑞勇当场死亡，刘惊雷、刘劲松受轻伤，北方牌小汽车严重损坏，损失价值29 445元。陕西省咸阳市法院一审

〔1〕 刘建青、乔建设：“击打行驶车辆致车翻人亡如何定性”，载《中国检察官》2010年第1期，第69页。

认为，被告人杨政锋驾车强行冲过执勤工作人员的拦挡。后又曲线占道行驶，逼挡乘车追赶的执勤交警超车，致使摩托车翻下路基，北方牌小汽车与路边树木相撞，一人死亡，二人轻伤，车辆严重损坏，情节恶劣，后果严重。但起诉书指控被告人杨政锋犯故意杀人罪不当。被告人杨政锋虽有逼挡超车的行为，但并未直接碰撞车辆。其致车辆损毁的行为，构成破坏交通工具罪，判处无期徒刑。陕西省高级人民法院二审认为，上诉人杨政锋作为经过正规培训取得驾驶执照的正式司机，明知自己所从事的是高度危险性作业，在驾车高速曲线行驶占道逼车可能对追赶他的车辆产生危害后果，却先后二次故意左打方向盘，限制追赶车辆的前进路线，致摩托车翻下路基，小车撞树，车毁人亡，显然对危害结果的发生持放任态度，故其行为已构成故意杀人罪。原审对杨政锋以破坏交通工具罪定性不当，应予纠正。被告人杨政锋犯故意杀人罪，判处无期徒刑。[1]笔者认为，破坏交通工具罪与故意杀人罪完全可能存在竞合关系，即便本案被告人的行为符合故意杀人罪的构成要件，也不可否认其行为属于破坏交通工具的行为，不应否认也符合了破坏交通工具罪的构成要件，因为占道逼车的行为足以发生车辆倾覆、毁坏的危险。故二审否定破坏交通工具罪的成立是错误的。

（四）物理性毁坏是否当然属于“破坏”

故意砸毁正在使用的通信电杆，无疑属于破坏公用电信设施、破坏广播电视设施或者破坏电力设备的行为，但毁坏整个交通工具未必构成破坏交通工具罪。

[例四] 被告人李常安怀疑妻子黄丽群与德保县公安局局长岑某某关系暧昧而怀恨在心，为泄愤报复，给岑造成不良影响，谋划炸坏公安局小轿车。为此，被告人李常安用草香1段、雷管1枚、硝铵炸药2筒、导火索85厘米、竹签等制成爆炸装置。1996年5月16日凌晨0时许，被告人李常安撬开德保县公安局停放桂OL0108本田牌小轿车库门锁头，将其自制的爆炸装置放于车左前门下方离左前轮20厘米的地面上，然后用打火机点燃捆在导火索头的草香，即关上库门离开现场，0时50分，炸药引爆，小轿车被炸坏，造成经济损失31 490元。广西百色地区中级人民法院认为，被告人李常安明知使用爆炸的手段会造成小轿车被毁坏的后果仍为泄愤报复而为之，并造成小轿车毁坏，造成损失31 490元的严重后果，其主观上有毁坏公私财物的故意，客观上实施了毁坏公私财物的行为，被告人李常安的行为已构成故意毁坏财物罪。公诉机关指控被告人李常安犯破坏交通

---

[1] 陕西省高级人民法院“杨政锋故意杀人，徐静、韩松辰、韩兴华、雷玉梅、韩瑞芳请求刑事附带民事赔偿案”刑事判决书，http：//www. lawyee. net/Case/Case Display. asp？ChannelID = 2010100 &RID = 23652，2010年12月20日访问。

工具罪定性不当。被告人的行为构成故意毁坏财物罪，判处有期徒刑 3 年。[1]笔者认为，虽然以故意毁坏财物罪定罪的结论是正确的，但说理存在问题。故意毁坏财物罪与破坏交通工具罪之间可能存在竞合关系，采取物理性破坏交通工具的行为，也是一种故意毁坏财物的行为，是否成立破坏交通工具罪，关键在于这种物理性的毁坏是否可能导致被毁坏的交通工具上路后发生倾覆、毁坏的危险。本案中，由于是使用炸药将小轿车彻底炸毁在车库里，被炸毁的轿车不可能再上路行驶发生公共交通安全危险，故不构成作为公共危险犯的破坏交通工具罪。

（五）将台钳卡在铁轨上是否属于"破坏"

［例五］　被告人向东成于 1983 年因犯强奸罪被判刑，但其认为是"冤案"并长期进行申诉。为了引起有关部门的注意，向东成于 2005 年 1 月 1 日，携带 2 封申诉信和购买的 2 台台钳，从安阳乘车到藁城火车站。当日 18 时许，向东成将申诉信放在铁道中间用石头压住，并把两台台钳分别卡在距申诉信不远的石德线上行 29km + 98m 和下行 29km + 390m 处的铁路钢轨上。18 时 15 分左右和 18 时 25 分台钳分别被通过的 G28095 次列车和 1584 次旅客列车撞碎，导致牵引 1584 次旅客列车的 DF42419 号机车严重晃车，机车上的线路动态测试仪显示为四级超限预警，形成了足以使列车脱轨倾覆的危险。石家庄铁路运输法院认为，被告人向东成将台钳卡在铁路钢轨上，形成了足以使火车发生脱轨倾覆的危险，危及了交通运输的安全，其行为已构成破坏交通设施罪，判处被告人向东成有期徒刑 3 年 6 个月。[2]笔者认为，法院的判决是正确的。破坏交通设施，未必需要物理性毁坏交通设施本身，只要破坏行为妨碍交通设施功能的正常发挥，以至足以发生交通工具倾覆、毁坏危险，即属于破坏交通设施的行为。

（六）堵塞交通是否属于"破坏"交通设施

若认为破坏交通设施限于物理性毁损交通设施本身，则堵塞交通的行为显然不属于"破坏"交通设施，但堵塞交通完全可能足以使交通工具发生倾覆、毁坏危险。例如，2007 年 3 月 7 日至 10 日，犯罪嫌疑人刘大伟为了满足自己看火车刹车的好奇心，他先后 4 次到桃威铁路文登段，将铁路边闲置的水泥杆停车警示牌、

---

〔1〕 广西壮族自治区百色地区中级人民法院（1996）百中刑初字第 73 号"李常安故意毁坏财物案"刑事判决书，http：//www. lawyee. net/Case/Case Display. asp？ ChannelID = 2010100&RID = 8813，2010 年 12 月 20 日访问。

〔2〕 石家庄铁路运输法院（2005）石铁刑初字第 21 号"向东成破坏交通设施案"刑事判决书，http：//www. lawyee. net/Case/Case Display. asp？ ChannelID = 2010100 &RID = 147433，2010 年 12 月 20 日访问。

水泥警示柱、螺栓、钢筋、石头等物放置在路轨上，自己则站在路边观看火车如何刹车。但列车高速行驶，当司机发现了路轨上的杂物时，已经来不及刹车，导致列车与障碍物相撞，列车受损，所幸未造成严重后果。山东省威海市环翠区检察院将涉嫌破坏交通设施罪的刘大伟批准逮捕。[1]

[例六]　被告人李友、付刚于2000年11月16日晚，从铁路金华东站爬乘41032次货物列车准备盗窃废铁。当晚21时40分许，列车从该站开出不久，两人即从列车第41位的4534957号车厢搬出废铁约200公斤向车下抛扔。其中有一圆柱状空心废铁（长75厘米，直径40厘米，壁厚1厘米）是由两人共同抬至车厢边，由李友将它推下车厢，滚落在浙赣线K174+500米附近的两轨中间，使下行的旅客列车K71次机车于21时59分撞上该废铁，致使机车排障器、机车电机受损较严重，燃油箱外部撞成一个较深的孔洞，并使水泥枕上形成大小不等的撞击痕迹30余处等损坏，为此列车停车12分钟，花去机车损坏修理费4700元。杭州铁路分局有关部门联合鉴定认为：K71次机车撞上此类铁质障碍物有使列车脱轨即倾覆的可能。杭州铁路运输法院审理认为，被告人李友、付刚作为已达到负完全刑事责任年龄的人，为图财盗窃铁路货车上废铁，虽未构成盗窃罪，但已实施了破坏交通设施的行为，即他们在主观上明知自己盗窃的方法即把废铁抛扔于行驶中的货车下，可能会导致发生破坏轨道，危害列车的结果，但两被告人仍然放任这种结果的发生，将其中一圆柱状废铁抬至车厢边，由李友推下后落在另一轨道中，结果造成运输途中的旅客列车的机车等设施损坏及列车停车，使铁路运输的安全受到较大影响，两被告人的行为符合破坏交通设施罪的主客观要件。两被告人故意破坏铁路轨道，并足以使火车发生倾覆、毁坏危险，他们的行为均已触犯我国刑法的规定，构成破坏交通设施罪，公诉机关所指控的事实及罪名成立。[2]

[例七]　2006年4月24日，被告人的日木干、阿西拉坡等人商量到沙马拉达火车站盗窃铁路运输物资，并电话邀约让被告人马海瓦苦、吉克尔洛到约定的地点接货。4月25日凌晨0时30分许，当25431次货物列车在沙马拉达火车站三道停会时，被告人的日木干、阿西拉坡等人爬上一盖车车厢顶部，后被告人的日

---

〔1〕　参见曲检："只为观看火车刹车，故意设障险生灾祸"，载《检察日报》2007年6月21日，第2版。

〔2〕　杭州铁路运输法院（2001）杭铁刑初字第28号"李友、付刚破坏交通设施案"刑事判决书，http://www.lawyee.net/Case/Case Display.asp? ChannelID=2010100 &RID=19506，2010年12月20日访问。

木干、阿西拉坡破封钻入该盖车车厢内。当列车运行到沙马拉达至瓦祖火车站间的永红3号隧道时掀盗布匹2捆，当列车运行到永红5号隧道时掀盗布匹6捆，共计价值26 742.88元。在永红5号隧道掀下布匹中的1捆，撞击隧道壁后，垫于轨道上导致25431次货物列车机后第26位~第40位脱轨倾覆，中断行车16小时59分，造成铁路直接经济损失145.7万元，间接经济损失203.8万元。被告人马海瓦苦、吉克尔洛当晚按事前的分工，携带移动座机到吉克伍呷莫家中等待接货。西昌铁路运输法院认为，被告人的日木干、阿西拉坡、马海瓦苦、吉克尔洛以非法占有为目的，伙同他人共同盗窃铁路运输物资，共计价值26 742.88元，数额巨大。其中，被告人的日木干、阿西拉坡从货物列车上掀盗下来的布匹导致列车倾覆，中断行车16小时59分，造成严重后果。被告人的日木干、阿西拉坡从列车上掀盗布匹的行为构成盗窃罪，同时该行为又触犯了破坏交通设施罪，属想象竞合犯，应择一重罪处罚。因此，对被告人的日木干、阿西拉坡的行为应以破坏交通设施罪定罪量刑。被告人马海瓦苦、吉克尔洛按照分工负责在车下接货，二被告人的行为已构成盗窃罪。西昌铁路运输检察院对被告人的日木干、阿西拉坡犯破坏交通设施罪，被告人马海瓦苦、吉克尔洛犯盗窃罪的指控成立，本院予以支持。〔1〕

上述案例将堵塞交通的行为认定为破坏交通设施罪，是正确的。因为堵塞交通也会足以发生交通工具倾覆、毁坏的危险，应将其评价为"破坏"交通设施行为。

（七）破坏型犯罪能否由不作为构成

从理论上讲，先行行为或者本身就负有作为义务的人，不排除危险，导致公共危险或者实害发生的，可能构成不作为的破坏型公共危险犯。

［例八］ 位于重庆江北区五宝镇段长江红花碛水域的"红花碛2号"航标船，标示出该处的水下深度和暗碛的概貌及船只航行的侧面界限，系国家交通部门为保障过往船只的航行安全而设置的交通设施。2003年7月28日16时许，被告人王仁兴驾驶机动渔船至该航标船附近时，见本村渔民王云等人从渔船上撒网致使"网爬子"（浮于水面的网上浮标）挂住了固定该航标船的钢缆绳，即驾船前往帮助摘取。当王仁兴驾驶的渔船靠近航标船时，其渔船的螺旋桨被该航标船的钢缆绳缠住。王仁兴为使渔船及本人摆脱困境，持刀砍钢缆绳未果，又登上该航标船将钢缆绳解开后驾船驶离现场，致使脱离钢缆绳的"红花碛2号"航标船

---

〔1〕 西昌铁路运输法院（2006）西铁刑初字第55号"的日木干、阿西拉坡破坏交通设施，马海瓦苦、吉克尔洛盗窃案"刑事判决书，http：//www.lawyee.net/Case/Case Display.asp？ChannelID = 2010100&RID = 131437，2010年12月20日访问。

顺江漂流至下游两公里的锦滩回水沱。17时许，重庆航道局木洞航标站接到群众报案后，巡查到漂流的航标船，并于当日18时许将航标船复位，造成直接经济损失人民币1555.50元。重庆江北区人民法院认为，被告人王仁兴为自身利益，竟不顾公共航行安全，故意破坏交通设施航标船，致其漂离原定位置，其行为已构成破坏交通设施罪。重庆市第一中级人民法院二审审理查明，上诉人王仁兴驾驶的机动渔船上除王外还有王的妻子胡美及帮工王仁书，王仁兴是在渔船存在翻沉危险的情况下，才解开航标船的钢缆绳。上诉人王仁兴在其渔船存在翻沉的现实危险下，不得已解开航标船钢缆绳来保护其与他人人身及渔船财产的行为，虽系紧急避险，但在危险消除后，明知航标船漂离会造成船舶发生倾覆、毁坏危险，应负有采取相应积极救济措施消除危险状态的义务，王仁兴能够履行该义务而未履行，属不作为，其行为构成了破坏交通设施罪，应负刑事责任。[1]笔者认为，即便先前紧急避险是合法行为，其也具有使航标船复位的义务，不履行义务的，构成不作为的破坏交通设施罪，故法院的判决是正确的。

综上，由于破坏型公共危险犯所侵害的法益是公共安全，而不在于被破坏对象本身的财产权，故破坏不限于物理性毁损，甚至不需要接触被破坏的对象，只要行为导致足以发生公共危险，就能理解为“破坏”；即便物理性损毁了对象，只要不具有产生公共危险的可能性，也不能被评价为“破坏”。

三、罪数及竞合

无论司法解释还是理论通说均认为，同时构成盗窃罪和破坏电力设备罪等破坏型公共危险犯的，依照刑法处罚较重的规定定罪处罚。例如，2007年8月15日《最高人民法院关于审理破坏电力设备刑事案件具体应用法律若干问题的解释》第3条规定：“盗窃电力设备，危害公共安全，但不构成盗窃罪的，以破坏电力设备罪定罪处罚；同时构成盗窃罪和破坏电力设备罪的，依照刑法处罚较重的规定定罪处罚。”又如，2007年1月15日《最高人民法院、最高人民检察院关于办理盗窃油气、破坏油气设备等刑事案件具体应用法律若干问题的解释》（以下简称《盗窃油气解释》）第4条规定：“盗窃油气同时构成盗窃罪和破坏易燃易爆设备罪的，依照刑法处罚较重的规定定罪处罚。”还如，2004年12月30日，

---

〔1〕重庆市第一中级人民法院“王仁兴破坏交通设施案”刑事判决书，http：//www.lawyee.net/Case/Case Display.asp? ChannelID = 2010100&RID = 46487，2010年12月20日访问。

《最高人民法院关于审理破坏公用电信设施刑事案件具体应用法律若干问题的解释》（以下简称《电信设施解释》）第3条规定："……盗窃公用电信设施同时构成盗窃罪和破坏公用电信设施罪的，依照处罚较重的规定定罪处罚。"通说教科书也赞成司法解释的立场，认为行为同时符合盗窃罪与破坏公用电信设施罪等破坏型公共危险犯构成要件的，依照想象竞合犯原理从一重处罚。[1]

笔者将上述立场概括为"想象竞合说"。若认为破坏型公共危险犯与盗窃罪之间是想象竞合关系，则前提显然是认为只有一个行为；若事实上并不只一个行为，则司法解释和通说所持的"想象竞合说"就存在疑问。虽然可以肯定破坏型公共危险犯与故意毁坏财物罪之间是想象竞合关系，因为在破坏公共设施（破坏交通工具罪中的交通工具未必是公共设施）的同时也毁坏了财物，只有一个行为。但是，盗窃罪属于刑法理论上的取得罪（故意毁坏财物罪属于毁弃罪），行为人在破坏公共设施后，必须另外实施取得财物的行为，否则不会建立新的占有（盗窃罪包括排除占有和建立新的占有两个阶段的行为）。例如，就破坏电力设备罪而言，剪断电线就已经完成了破坏电力设备的行为（而且已经成立破坏电力设备罪的既遂），而要完成盗窃行为，必须进而实施转移、取得电线的行为，因而，行为人必须实施两个行为。又如，就破坏易燃易爆设备罪而言，实践中多发的打孔盗油案件，在输油管道上打完孔，就已经完成了破坏易燃易爆设备的行为（已经成立破坏易燃易爆设备罪的既遂），行为人只有进而实施放油的行为，才能取得油品从而完成盗窃行为，很显然，也存在两个行为。司法解释和通说显然是一方面没有考虑到盗窃罪属于取得罪，具有不同于毁弃罪的特点，误以为破坏的同时就取得了财产，但另一方面又认为，"盗窃油气，数额巨大但尚未运离现场的，以盗窃未遂定罪处罚。"（《盗窃油气解释》第3条第2款）显然前后矛盾。这也说明，司法解释也不得不承认破坏行为与盗窃行为是两个不同的行为。故我们的结论是：破坏行为与盗窃行为是两个行为，不符合成立想象竞合犯的前提（限于一个行为），侵犯了公共安全和财产权两个法益，应当数罪并罚。

当只有一个行为时，破坏型公共危险犯可能与故意毁坏财物罪、放火罪、爆炸罪、故意杀人罪、故意伤害罪等罪之间存在竞合关系，不用讨论是法条竞合关系，还是想象竞合关系，从一重处罚即可。需要说明的是，实践中存在将破坏公共设施危及公共安全的以以危险方法危害公共安全罪定罪的做法，应该说，破坏

---

〔1〕参见刘宪权主编：《刑法学（下）》（第二版），上海人民出版社2008年版，第430页；曲新久：《刑法学》，中国政法大学出版社2009年版，第266页；周光权：《刑法各论》，中国人民大学出版社2008年版，第182页；等等。

型公共危险犯就是一种以危险方法危害公共安全的行为，两者成立犯罪的条件和法定刑完全一样，因此，从一定意义上讲，破坏型公共危险犯与以危险方法危害公共安全罪是基本法与补充法的关系，也可谓具体与抽象、特别法与普通法的关系。质言之，在行为同时符合破坏型公共危险犯构成要件时，应以此罪论处，而不应以内涵不清、外延不明的具有口袋罪特征的被广为诟病的以危险方法危害公共安全罪定罪。下面分析一些案例。

［例一］　2008 年至 2009 年，浙江省乐清市、永嘉市两地发生 140 起移动、联通基站内的通讯电缆、蓄电池被盗事件，造成损失近百万。一些基站因此退出服务状态，无法提供信息的接收和发送，给周围百姓的生活带来了极大不便。浙江省乐清市法院先后作出判决，以盗窃罪、破坏公用电信设施罪，数罪并罚。[1] 应该说，结论是正确的，但由于案情交代不够详尽。或许在破坏公用电信设施罪之外定盗窃罪的原因在于，行为的危害性没有达到司法解释规定的立案标准。《电信设施解释》第 1 条规定，破坏公用电信设施必须实际造成相当数量用户一定时间的通讯中断才构成破坏公用电信设施罪。本来从《刑法》第 124 条“破坏广播电视设施、公用电信设施，危害公共安全”的规定来看，破坏公用电信设施罪属于刑法理论上的危险犯，只要发生法定的危险，就成立犯罪，可是司法解释将该罪解释成了实害犯，[2] 导致破坏公用电信设施罪几乎形同虚设。实务部门反映，“截止 2007 年 11 月，永川电信部门共发生通信电缆被盗割案件 800 余件，但抓获作案人员的仅有 80 余起，又由于不够刑事责任年龄、不够处罚金额等种种原因，最终提起公诉的更是少之又少，而 2007 年全年永川区检察院提起公诉的该类案件中没有一个犯罪嫌疑人被以破坏公用电信设施罪定罪，法院全部以盗窃罪定罪量刑，刑法规定的破坏公用电信设施罪几乎形同虚设。而以盗窃罪判处的犯罪嫌疑人中刑期最长的为有期徒刑 1 年 6 个月，其他的多判处为拘役或单处罚金。处刑明显偏轻，难以警戒不法分子，也难以起到惩罚和教育作用。”[3] 破坏公用电信设施罪是危险犯，不应以造成实害为成立条件，司法解释的规定不利于保护法益，应予废止。

---

〔1〕　参见史淑菊：“外出打工难挡诱惑，‘组团’偷盗均被判刑”，载《检察日报》2010 年 12 月 5 日，第 2 版。

〔2〕　参见谭尘：“破坏电力设备罪有关问题初探”，载《天津市政法管理干部学院学报》2008 年增刊，第 17 页；宋鲲鹏、蔡肇颖：“盗窃使用中的公用电信设施行为的认定”，载《人民司法》2008 年第 10 期，第 53 页。

〔3〕　钟德刚、范刚常、朱德林：“盗割通信电缆犯罪的司法适用分析”，载《重庆工商大学学报（西部论坛）》2008 年 11 月增刊，第 123 页。

［例二］　湖南省道县法院审理查明：一是，被告人邬余生、杨党山系同村人。2008 年 8 月 6 日晚，被告人邬余生、杨党山在马江口村路段盗窃 100 对规格电缆线 105 米，将电缆线胶皮烧掉后，经吴跃全、唐军华介绍将电缆铜丝卖给道江镇爱莲南路废品收购店的周金玲，得赃款 1060 元，其中吴跃全分得 50 元、杨党山分得 200 元、唐军华分得 90 元，其余的归邬余生。经道县价格认证中心的鉴定该电缆价值 1541 元。二是，2008 年 8 月 10 日晚，被告人邬余生、杨党山伙同韩海龙在马江口村路段盗窃 100 对规格电缆线 161 米，将电缆线胶皮烧掉后，经吴跃全、唐军华介绍卖给周金玲，共得赃款 1550 元，其中吴跃全分得 50 元、韩海龙分得 400 元、杨党山分得 200 元、唐军华分得 100 元，其余的归邬余生。经道县价格认证中心的鉴定该电缆价值 2304 元。三是，2008 年 8 月 15 日凌晨，被告人邬余生、吴跃全在道县兴桥中学路段盗窃 100 对规格电缆线 50 米（经鉴定价值 792 元），将电缆线烧皮后，卖给周金玲，共得赃款 766 元。吴跃全、邬余生均分赃款。经道县价格认证中心的鉴定该电缆价值 792 元。同时将通往兴桥、蚣坝、后江桥、井塘、麦子塘、横岭、四马桥、东江脚、周塘营、洪塘营等地的 8 芯光缆割断，致使该线 5236 户电话用户及 236 户宽带用户通信中断达 6 个小时 41 分钟（2008 年 8 月 15 日 0 时 14 分至 8 月 15 日 6 时 55 分）。该光缆产权属中国电信股份有限公司道县分公司，维护由道县长途线路局负责，造成经济损失 7526 元。四是，2008 年 8 月 18 日晚，被告人邬余生、杨党山又在福六田村路段盗窃 100 对规格电缆线 93 米（经鉴定价值 1387 元），将电缆线烧皮后，经唐军华介绍将铜丝卖给周金玲，共得赃款 940 元，其中杨党山分得 100 元、唐军华分得 100 元，其余的归邬余生。经道县价格认证中心的鉴定该电缆价值 1387 元。该院认为，被告人邬余生、吴跃全盗割正在使用的公用电信设施光缆，危害公共安全，造成 5236 户电话用户及 236 户宽带用户通信中断达 6 个小时 41 分钟，其行为均已构成破坏公用电信设施罪；被告人邬余生、杨党山以非法占有为目的，多次秘密窃取公用电缆线，数额较大，其行为已构成盗窃罪。〔1〕该案虽然是作为数罪并罚处理的，但作为盗窃罪论处的部分，完全可能是因未达司法解释就破坏公用电信设施罪所确定的“实害”立案标准而被迫以盗窃罪论处的。若如此，该判决则不值得称道。

［例三］　山东省垦利县法院审理查明，2009 年 8 月份，被告人宋立五伙同他人在垦利县黄河口镇利林村北侧的孤岛采油厂富十一站正在使用的输油管道上打

〔1〕　湖南省道县人民法院（2009）道刑初字第 75 号“邬余生、吴跃全、杨党山破坏广播电视设施、公用电信设施、盗窃案”刑事判决书，http：//www.lawyee.net/Case/Case Display.asp？ChannelID=2010100&RID=253192，2010 年 12 月 21 日访问。

孔，之后伙同被告人崔树峰、崔建云、蒙保玉到该被打孔的输油管道上盗窃原油，先后盗窃三次，共计59袋，合计2.655吨，价值3253元。2009年9月2日凌晨，被告人宋立五、崔树峰、崔建云、蒙保玉到垦利县黄河口镇利林村北侧的孤岛采油厂富十一站该被打孔的输油管道上盗窃原油12袋，合计0.54吨，价值1764元。该院认为，被告人宋立五在输油管线上打孔盗油，故意破坏正在使用中的输油管线，其行为危害了公共安全，已构成破坏易燃易爆设备罪。公诉机关指控被告人宋立五犯破坏易燃易爆设备罪的罪名成立。被告人宋立五系初犯，归案后认罪态度较好，可酌情从轻处罚。被告人崔树峰、崔建云、蒙保玉以非法占有为目的，共同秘密窃取财物，价值5017元，数额较大，其行为侵犯了公私财物的所有权，均已构成盗窃罪。公诉机关指控被告人崔树峰、崔建云、蒙保玉犯盗窃罪的罪名成立。[1]该案对打孔并盗油者定破坏易燃易爆设备罪，对事先通谋事后参与盗油者定盗窃罪，应该说违背了共同犯罪的原理。既然事先存在共谋，对所有被告人均应破坏易燃易爆设备罪与盗窃罪数罪并罚。正如事先通谋由一人破坏防盗门后二人共同入室行窃，均应以故意毁坏财物罪、盗窃罪（还可能构成非法侵入住宅罪）数罪并罚一样。

［例四］　2003年8月6日晚，被告人朱福军与张和华、张学滨（以上二人已判刑）等人携带电瓶、手摇钻、快速球形阀、活动扳手等作案工具，驾驶解放牌油罐车，到河口区义和镇西北村北1公里处的河口采油厂采油二矿六队至集输二首站输油管线上打眼焊接阀门，并用油罐车盗窃原油，后将原油销赃至沾化县利国乡裴家村。2003年8月9日晚，被告人朱福军与张和华、张学滨等人携带上述作案工具，驾驶解放牌油罐车，到河口区太平乡立新村东北500米处的河口采油厂集输大队丁王站至二首站输油管线上打眼焊接阀门，并用油罐车盗窃原油，后将原油销赃至沾化县下河乡原油收购站，得赃款13 000余元。该案一审山东省东营市河口区法院以破坏易燃易爆设备罪定罪，检察院以罪名错误为由提出上诉，主张应定盗窃罪。二审法院山东省东营市中级人民法院认为，正在使用中的油田输油管道属于刑法上规定的易燃易爆设备。原审被告人朱福军以非法占有为目的，采用破坏性手段盗窃正在使用的油田输油管道中的油品，不但危害了公共安全，而且也侵犯了财产所有权，其行为触犯了破坏易燃易爆设备罪和盗窃罪两个罪名，应按处罚较重的规定定罪处罚。首先，从刑法规定来看，破坏易燃易爆设

〔1〕 山东省垦利县人民法院（2010）垦刑初字第7号“宋立五破坏易燃易爆设备，崔树峰、崔建云、蒙保玉盗窃案”刑事判决书，http：//www.lawyee.net/Case/Case Display.asp？ChannelID = 2010100&RID = 499273，2010年12月21日访问。

备罪的法定刑高于盗窃罪法定刑，一般应以破坏易燃易爆设备罪定罪处罚。其次，原被告人朱福军与张和华、张学滨（以上 2 人均判刑）共同在油田输油管线上打孔盗油。对相同的犯罪事实，原审公诉机关以破坏易燃易爆设备罪指控，原审法院亦以破坏易燃易爆设备罪定罪量刑，判决已生效。所以，原审法院以破坏易燃易爆设备罪对朱福军定罪并无不当。最后，从本案的犯罪行为看，原审被告人先后两次犯罪，破坏行为与盗窃行为并存，仅以第二次犯罪销赃数额指控为盗窃罪的犯罪数额，实际上未对第一起犯罪行为进行指控。综合上述三点，原审法院以破坏易燃易爆设备罪定罪处罚，并无不当。驳回上诉，维持原判。〔1〕其实，根本无需比较破坏易燃易爆设备罪与盗窃罪法定刑的轻重，因为原本就不只一个行为，不属于想象竞合犯，应当以破坏易燃易爆设备罪与盗窃罪数罪并罚。

综上，破坏公共设施后进而取得财物的行为，存在破坏和盗窃两个行为，侵害了不同的法益，应当以破坏型公共危险犯与盗窃罪数罪并罚。下面分析关于竞合的判例。

［例五］　被告人邓某某因婚姻情感受挫而悲观厌世，遂产生在旅客列车纵火之念。2008 年 6 月 12 日 8 时许，被告人邓某某先后在山东省高密市购买了白色塑料桶、10 元钱的 90 号汽油、2 瓶“康师傅”牌水晶葡萄饮料、1 瓶“汇源”牌矿泉水、4 只一次性打火机。然后将汽油分装在 3 个饮料瓶内，放入随身携带的绿色布包，并用湿毛巾、衣物等掩盖。当日 13 时许，被告人邓某某持票乘上烟台开往金华西的 2584 次旅客列车，就坐于 5 号车厢 92 号 93 号座位间的过道上，并将装有汽油的绿色布包放在该车厢 93 号座席下伺机纵火。15 时 50 分许，当列车运行至胶济线临淄站至淄博站间 249km 附近时，被告人邓某某将装有汽油的饮料瓶盖子拧松使汽油溢出，并用打火机点燃。汽油迅速燃烧，被告人邓某某赤脚逃至 4 号车厢。列车乘务人员使用紧急制动阀停车，并及时将火扑灭。火灾致 5 号车厢 93 号、94 号座席及座席下地板焚毁，尚未造成人员伤亡。被告人邓某某在返回 5 号车厢找鞋时被列车乘警当场抓获。徐州铁路运输法院认为，被告人邓某某在正在运行的旅客列车上放火，足以使火车发生毁坏危险，尚未造成严重后果，其行为构成破坏交通工具罪。公诉机关指控其所犯罪名成立，予以支持。〔2〕应该

〔1〕　山东省东营市中级人民法院（2009）东刑一终字第 28 号“朱福军破坏易燃易爆设备案”刑事裁定书，http：//www. lawyee. net/Case/Case Display. asp？ChannelID = 2010100&RID = 346283，2010 年 12 月 21 日访问。

〔2〕　徐州铁路运输法院（2008）徐铁刑初字第 27 号“邓某某破坏交通工具案”刑事判决书，http：//www. lawyee. net/Case/Case Display. asp？ChannelID = 2010100& RID = 167990，2010 年 12 月 21 日访问。

说，本案既符合破坏交通工具罪的构成要件，也符合放火罪的构成要件，不能说在车外放火构成放火罪，在车内纵火就不再符合放火罪构成要件。由于本案很难说行为主要侵害的是公共交通安全，还是交通安全之外的不特定或者多数人的生命、身体、财产安全，因此以哪个罪定罪都可以。

[例六]　2006年7月30日晚，被告人耿大碑提出偷电缆线，将其中的铜芯卖钱，张中才同意后二人携带斧头、电筒，在内六线冷家坡2号隧道K492416米至K492470米处，由耿砍断正在使用的综合光电缆两截共54米，价值人民币3869元，二人将电缆线拖至附近的玉米地中藏匿。造成内六线石丫口至梅花山区间非正常接发列车3小时，影响L111、56112、43009等旅客、货物列车正常运行7趟，危及行车安全，打乱运输秩序。贵阳铁路运输法院认为，被告人耿大碑、张中才为了钱财，合伙盗割正在使用中的铁路器材，足以使火车的正常运行发生危险，危害公共安全，尚未造成严重后果，其行为均构成破坏交通设施罪，贵阳铁路运输检察院对二被告人的指控罪名成立，应予确认。[1]应该说，铁路通讯电缆既属于铁路交通设施的一部分，也属于公用电信设施，因此，盗剪铁路通讯光缆的行为既构成破坏交通设施罪，也构成破坏公用电信设施罪，由于就破坏而言只有一个行为，两罪之间属于想象竞合关系，应从一重处罚。当然，如前所述，还应与盗窃罪数罪并罚。

综上，由于公共设施具有多种功能，可能既属于交通设施的一部分，也属于公用电信设施；行为人可能采取放火、爆炸等方式破坏公共设施；行为人可能采取破坏公共设施的手段实施杀人、伤害行为；因此，破坏型公共危险犯不仅相互之间可能存在竞合关系，而且与其他公共危险犯、故意杀人罪、故意伤害罪之间也可能存在竞合关系，原则上从一重处罚，在法定刑相同时，尽量以能够对行为所侵犯的法益进行全面评价的罪名定罪处罚。

四、归纳总结

主要结论如下：

1. 破坏交通工具罪与破坏交通设施罪涉及的交通工具均限定为火车、汽车、电车、船只、航空器，由于大型拖拉机与汽车、电瓶车、空中缆车等与电车在功

[1] 贵阳铁路运输法院（2007）贵铁刑初字第10号“耿大碑、张中才破坏交通设施案”刑事判决书，http：//www. lawyee. net/Case/Case Display. asp？ChannelID = 2010100&RID = 153275，2010年12月21日访问。

能上的相似性，以及破坏所导致的公共危险的相当性，应该且能够将大型拖拉机解释为汽车，将电瓶车、空中缆车等解释为电车。

2. 能否成为破坏型公共危险犯的对象，不在于是否属于“正在使用中”，而在于这种对象的破坏是否可能危及到不特定的或者多数人的生命、身体或者财产安全；即便破坏的是正在使用中的公用设施，若是采取整体毁损的方法而不至于发生公共交通安全危险，也还是仅符合故意毁坏财物罪的构成要件，而不可能构成破坏交通工具罪。

3. 只要认为所毁坏或盗走的设施属于铁路、公路、水路、航空设施的一部分，而且这些设施对于保障交通运输安全具有重要作用，通常就应得出具有足以使交通工具发生倾覆、毁坏危险的结论，除非这些设施对于交通运输安全意义不大，或者说只关涉行人或者非机动车安全，才能否定破坏交通设施罪的成立。

4. 破坏公用电信设施罪与破坏广播电视设施罪、破坏电力设备罪、破坏易燃易爆设备罪一样，属于危险犯，并非实害犯，但司法解释确定的立案标准将其把握为实害犯，导致司法实践中以该罪起诉、判决的案件极少，严重放纵了此类犯罪，相关司法解释应予废止。

5. 劫持火车的行为可以评价为破坏交通工具罪，劫持电车的行为可以评价为破坏交通工具罪或者劫持汽车罪（对汽车作相对性理解）；击打行驶中的车辆、占道逼车、堵塞交通的行为以及不作为均能评价为“破坏”，而可能构成破坏交通工具罪或者破坏交通设施罪。

6. 通说及司法解释认为，以盗窃等手段破坏公用设施时，从一重处罚，显然是将其理解为想象竞合犯。然而，成立想象竞合犯的前提是只有一个行为，而采取盗窃的手段破坏公用设施的，存在破坏行为（排除占有）和盗窃行为（取得占有）两个行为，应当以破坏型公共危险犯与盗窃罪数罪并罚。由于公共设施具有多种功能，可能既属于交通设施的一部分，也属于公用电信设施；行为人可能采取放火、爆炸等方式破坏公共设施，行为人还可能采取破坏公共设施的手段实施杀人、伤害行为，因此，破坏型公共危险犯不仅相互之间可能存在竞合关系，而且与其他公共危险犯、故意杀人罪、故意伤害罪之间也可能存在竞合关系，由于只有一个行为，原则上从一重处罚，在法定刑相同时，尽量以能够对行为所侵犯的法益进行全面评价的罪名定罪处罚。

第五章　暴力危及交通安全犯罪

主要观点

1. 劫持航空器罪的对象不应限于民用航空器，不应限于“正在使用中”和“正在飞行中”，暴力、胁迫无须达到抢劫罪所要求的足以抑制对方反抗的程度，只要达到使对方明显难以反抗的程度。

2. 劫持火车可以破坏交通工具罪定罪，劫持电车可以评价为劫持汽车罪。

3. 劫持汽车后摆脱司机，而由自己控制汽车的，应以劫持汽车罪与抢劫罪数罪并罚；一开始就把司机赶下车而由自己驾驶的，仅构成抢劫罪。

4. 劫持航空器罪与暴力危及飞行安全罪之间是基本法与补充法的关系。

主要法规链接

第121条　以暴力、胁迫或者其他方法劫持航空器的，处10年以上有期徒刑或者无期徒刑；致人重伤、死亡或者使航空器遭受严重破坏的，处死刑。

第122条　以暴力、胁迫或者其他方法劫持船只、汽车的，处5年以上10年以下有期徒刑；造成严重后果的，处10年以上有期徒刑或者无期徒刑。

第123条　对飞行中的航空器上的人员使用暴力，危及飞行安全，尚未造成严重后果的，处5年以下有期徒刑或者拘役；造成严重后果的，处5年以上有期徒刑。

《刑法》第121～123条分别规定了劫持航空器罪，劫持船只、汽车罪和暴力危及飞行安全罪三个暴力危及交通运输安全的犯罪，与针对公用设施的妨碍交通安全的破坏交通工具罪、破坏交通设施罪不同在于，这三个罪名都是以暴力为手段针对人实施的危及公共交通安全的犯罪。这些犯罪往往与恐怖活动有关。因此，加强这类犯罪研究，清晰准确地解读其构成要件，明晰其与相关犯罪之间的关系，具有重要的现实意义。

一、劫持航空器罪

《刑法》第121条规定："以暴力、胁迫或者其他方法劫持航空器的，处10年以上有期徒刑或者无期徒刑；致人重伤、死亡或者使航空器遭受严重破坏的，处死刑。"关于该罪的构成要件，有如下争议问题需要探讨：

（一）对象是否限于民用航空器

肯定说认为应限于民用航空器。理由是，"根据《国际民用航空公约》（亦称《芝加哥公约》）的规定，航空器分为民用航空器和国家航空器，凡用于军事、海关或警察部门的航空器，是国家航空器，国家航空器以外的航空器是民用航空器。下述三个国际公约规定的劫持航空器的犯罪仅指对民用航空器的劫持，不包括国家航空器，即《东京公约》第1条、《海牙公约》第3条以及《蒙特利尔公约》第4条均规定：'本公约不适用于供军事、海关或警用的航空器'。因此，这里的航空器是专指民用航空器。劫持国家航空器，虽然同样具有严重的危害性，但不能构成劫持航空器罪。目前，我国《刑法》只有第430条第2款有军人驾驶航空器叛逃的规定，而非军人劫持非民用航空器应按何种罪定罪处罚，刑法中尚未有明文规定，有待立法的进一步完善。"〔1〕否定说的理由是，"虽然根据有关国际公约，劫持航空器犯罪中的航空器仅限于民用航空器，但是，不能完全根据国际刑法规范解释国内刑法；国内刑法也没有对航空器作出任何限定，因为国内刑法在规定某种犯罪时完全可能超出国际犯罪的外延；劫持供军事、海关、警察部门使用的国家航空器的犯罪行为也可能发生，且必然危害公共安全，应依法惩治。事实上，国家航空器与民用航空器的界限并不清晰，将本罪的对象限定为民用航空器后，我国行使刑事管辖权时，必须遵守国际公约的有关规定。换言之，在上述情况下，对劫持民用航空器的行为可以行使普遍管辖权；对劫持国家航空器的行为，只能适用其他管辖原则。"〔2〕

笔者认为，劫持航空器罪中的航空器既包括民用航空器，也包括非民用航空

---

〔1〕 高铭暄、马克昌主编：《刑法学》（第四版），北京大学出版社、高等教育出版社2010年版，第389页。另参见王琼："论我国刑法与反劫持航空器国际公约的协调"，载《法学杂志》2008年第1期，第154页；孙国祥：《刑法学》，科学出版社2008年版，第325页。

〔2〕 张明楷：《刑法学》（第三版），法律出版社2007年版，第528、529页。另参见刘宪权主编：《刑法学（下）》（第二版），上海人民出版社2008年版，第434页；陈兴良主编：《刑法学》（第二版），复旦大学出版社2009年版，第439页；阮齐林：《刑法学》，中国政法大学出版社2008年版，第400页；等等。

器。首先需要明确的是，国际公约之所以将劫持航空器国际犯罪限定于民用航空器是有原因的。可以说，国际公约中将航空器限定为民用的，实属不得已而为之，有其自己的背景和苦衷。因为国际刑法中的犯罪是采取普遍管辖原则，即任何国家均可以依据国内法对该行为进行追诉，这样就自然会产生不同国家主权上的冲突。假如国际公约中将政府、军事的航空器也包含在内，就会产生争论，国际公约难以通过，在实践中也根本不能得到贯彻。例如，劫持政府航空器的，在国际法上往往被认为是政治犯，而政治犯不引渡是一个国际原则；两国交战时，一方人员劫持了对方的航空器而被认定为国际犯罪，其本身就是荒唐的，不同国家均可以依据普遍管辖对其进行刑事追究更是不可思议。特别是涉及航空器的犯罪大多与恐怖主义有关，而不同国家对于恐怖主义的理解差距太大，很难达成统一意见，因此，国际社会才将一系列恐怖行为予以特别立法，回避恐怖主义等敏感问题。“只有这样，不同国家才有可能在惩罚危害航空器问题上达成一致意见。这种回避的结果就是制定公约时将航空器限定为民用的，对此，各国均能予以接受，国际公约才能顺利被通过。因此，国际公约不是不想惩罚危害政府、军用航空器的行为，而是其本身条件所限而不能。但是，国际公约上的这些问题，在国内法中一概不存在，在处罚危害政府、军事航空器时既没有主权障碍，也没有引渡的问题，完全可以依照国内法直接予以惩处。”〔1〕

其次，从劫持航空器犯罪的危害性来看，劫持非民用航空器也应与劫持民用航空器同样惩处。行为人以暴力劫持或控制飞行中的航空器的行为，无疑会危及乘客和机组人员的生命安全。例如，在完全封闭的机舱内使用武器，将会击中乘客。另外，现代客机都是在高海拔和保持气压正常的状态下飞行的。若在此状态下发射武器，就会导致脆弱的机舱减压，结果就很容易致使客机完全地坠毁。在历史上，发生了许多起因暴力致使乘客和机组人员伤亡的惨痛事件。据不完全统计，从1968年1月到1982年6月，在国际航线上，共发生了684起劫机事件，结果导致至少500人的死亡和400人的受伤。除了劫机犯在飞行中的飞机内发射武器所导致的安全威胁之外，由于劫机犯强迫飞机在一种不安全的状态下飞行，结果就很容易导致空难事件的发生。例如，当飞机缺乏足够的燃料飞行时，或者地面情况不允许降落时，劫机犯却往往不顾机长的警告，依然强迫飞机继续地飞行，或者在其指定的地面强行地降落。在这些情况下，乘客和机组人员的生命安全就极度的危险。另外，在某些情况下，由于机组人员被劫机犯杀害或伤害，或

〔1〕 郝兴旺：“危害航空安全犯罪的若干问题”，载《法庭科学》2007年第2期，第96页。

者被劫持的飞机得不到地面的维护或服务，这也很容易增加乘客的飞行危险。事实上，在许多情况下，飞行人员和乘客都长时间地被剥夺了睡眠权利，他们的精神状态始终处于高度紧张的状态，结果其身心健康都受到击打的危害。〔1〕“虽然国家航空器上有时人员很少，但劫持国家航空器的行为不仅可能导致航空器的毁坏，还可能导致地面的不特定或者多数人的伤亡。”〔2〕

最后，主张劫持航空器罪的对象不限于民用航空器，也是为了与劫持船只、汽车罪和暴力危及飞行安全罪相协调。因为即便主张劫持航空器罪的对象限于民用航空器的学者，也没有将劫持船只、汽车罪和暴力危及飞行安全罪的对象限定为所谓民用船只、汽车和民用航空器。〔3〕而且，若认为暴力危及国家航空器飞行安全的，构成犯罪（暴力危及飞行安全罪），劫持国家船只、汽车的也构成犯罪（劫持船只、汽车罪），却认为危害性相对大得多的劫持国家航空器的行为反而无罪，也明显有违刑法的公平正义性。

（二）对象是否应限于“正在使用中”或者“正在飞行中”

若行为人将正在度假的机组人员劫持上待修的飞机，要求飞往指定目的地的是否构成此罪？笔者注意到，通说教科书基本上都是按照国际公约将本罪的对象限定为正在使用或者飞行中的航空器。例如，有教科书指出，“本罪侵犯的对象是正在使用或飞行中的航空器。根据有关公约规定，当地面人员或机组为某一特定飞行而对航空器进行飞行前的准备时起，直到降落后24小时为止，该航空器被认为是正在使用中。航空器从装载完毕，机舱外部各门均已关闭时起，直至打开任一机舱门以便卸载时止，视为正在飞行中；航空器被迫降落时，在主管当局接管该航空器及机上人员及财产责任之前，视为仍在飞行中。”〔4〕相反观点认为，这一限定缺乏合理性。例如，当机组人员已进入航空器，还没有关闭机舱时，行为人对机组人员使用暴力、胁迫手段进而以实力支配航空器的，也宜认定为劫持

---

〔1〕 参见王新：“劫持航空器罪研究：以现象和概念为视野”，载《中外法学》2007年第1期，第77、78页。

〔2〕 张明楷：《刑法学》（第三版），法律出版社2007年版，第529页。

〔3〕 高铭暄、马克昌主编：《刑法学》（第四版），北京大学出版社、高等教育出版社2010年版，第390页。

〔4〕 陈兴良主编：《刑法学》（第二版），复旦大学出版社2009年版，第439页。另参见高铭暄、马克昌主编：《刑法学》（第四版），北京大学出版社、高等教育出版社2010年版，第389页；王作富主编：《刑法》（第四版），中国人民大学出版社2009年版，第284页；杨春洗、杨敦先、郭自力主编：《中国刑法论》（第四版），北京大学出版社2008年版，第234页；等等。

航空器。[1]笔者认为，由于我国刑法中的劫持航空器罪未对“航空器”进行限定，故不应完全按照国际公约的规定解释国内法中劫持航空器罪的对象，凡是劫持行为可能导致航空器飞行安全危险的，都能成为劫持航空器的对象。不仅“当机组人员已进入航空器还没有关闭机舱时”的航空器能成为劫持航空器罪的对象，而且将正在休假的机组人员劫持上待修的航空器并强行要求飞往指定目的地的，也应成立劫持航空器罪。因为这些情形都对飞行安全构成危险，而且也没有超出劫持航空器罪条文用语可能的射程。

（三）如何理解“暴力”、“胁迫”或者“其他方法”

鉴于本罪的法定刑极重，理论通说均将本罪中的“暴力”限定为对机组成员等人行使有形力并达到足以抑制其反抗的程度的暴力。也就是与抢劫罪和劫持船只、汽车罪中的暴力做同样的理解。[2]笔者认为，固然劫持航空器罪的法定刑极重，也应与暴力危及飞行安全罪的“暴力”程度相区别，但由于劫持的对象是上不着天、下不着地的航空器，即便暴力没有达到足以抑制机组成员反抗的程度，而仅达到使机组成员明显难以反抗的程度（与强奸罪中的暴力程度相当），机组成员也可能“乖乖就范”，而且为减轻控方证明暴力程度的负担，有效打击劫持航空器犯罪，也不应要求劫持航空器罪中“暴力”必须达到足以抑制对方反抗的程度，而是只要达到使对方明显难以反抗即可。

关于“胁迫”，通说教科书认为，“所谓胁迫，是指以暴力为内容进行精神胁迫使被害人不敢反抗的精神强制方法。”[3]笔者认为，考虑到劫持航空器犯罪的场所特殊性，不宜与在地面实施的抢劫罪和劫持船只、汽车罪对胁迫作同样的要求。不管是否以暴力相胁迫，胁迫是否达到足以抑制对方反抗的程度，只要胁迫达到使对方明显难以反抗，被迫按照其意志改变航向、目的地，即达到操控航空器的目的即可。例如，行为人已与地面电视台通话以揭发机长犯罪事实相要挟，也能达到控制机长以控制航空器的目的。

关于“其他方法”，理论上通常认为，在暴力、胁迫之外还规定“其他方法”，这是在汲取我国刑事司法实践和国际上的经验而规定的，以弥补刑事立法时所具有的僵硬性、滞后性等缺陷，用以打击现实生活中已经存在或者将来出现

---

〔1〕 参见李恩慈主编：《特别刑法论》，中国人民公安大学出版社 1993 年版，第 52 页。

〔2〕 参见张明楷：《刑法学》（第三版），法律出版社 2007 年版，第 529 页；周光权：《刑法各论》，中国人民大学出版社 2008 年版，第 187、188 页。

〔3〕 李洁主编：《刑法学（下册）》，中国人民大学出版社 2008 年版，第 50 页。

的其他各种各样的劫持航空器形态。[1]何为“其他方法”，有学者认为，“是指为达到劫持目的而采用的暴力、胁迫以外的方法，如麻醉方法。”[2]还有观点主张，“其他方法，是指暴力、胁迫以外的其他劫持方法，如在航空器内放置某种破坏装置或物质，破坏或损毁航行设备或妨碍其正常工作，使用麻醉药物，用自己驾驶的航空器迫使被劫持的航空器改变航向，与机长合谋、贿买机组人员劫持航空器等。暴力、胁迫或者其他方法的共同特征是使航空器内的机组人员和其他人员不能反抗、不敢反抗或者不知反抗。”[3]笔者认为，主张贿买机组人员的方式也能达到使机组人员不能反抗、不敢反抗或者不知反抗的程度的观点，恐怕存在疑问。将贿买解释为“劫持”，或许也超出了用语本身可能的含义。笔者以为，既为“劫持”，对航空器内的人员而言，必须是与暴力、胁迫相当的、违背机组人员意志的行为；对于地面人员而言，可以包括贿买方法在内的所有能达到控制飞行中的航空器目的的行为。从这个意义上讲，通说将劫持航空器罪中暴力、胁迫的对象限定为航空器中的人员是存在疑问的，因为对地面操作人员实施暴力、胁迫或贿买等其他方法，也能达到控制飞行中航空器的目的，也会危及飞行安全。

（四）劫持航空器是否限于迫使机组人员改变航向和着陆地点

理论上通常将劫持理解为改变航向或者着陆地点。[4]笔者认为，即便不是改变航向和着陆地点，也有可能危及飞行安全，也有必要作为劫持航空器罪论处。例如，强迫机组人员提速，或者强迫在超高空或超低空飞行，即便没有改变航向和着陆地点，也会严重危及飞行安全，也有必要认定为劫持航空器罪。

（五）如何认定既遂、未遂、预备与中止

国际刑法理论中，关于劫持航空器犯罪的既未遂标准存在着手说、目的说、离境说和控制说四种学说。[5]国内通说主张控制说，认为行为人控制了航空器或者控制了航空器的航行，成立本罪的既遂。[6]但也有学者认为，“本罪既遂的认

---

〔1〕 参见王新：“劫持航空器罪研究：以现象和概念为视野”，载《中外法学》2007年第1期，第86页。

〔2〕 王作富主编：《刑法》（第四版），中国人民大学出版社2009年版，第285页。

〔3〕 周光权：《刑法各论》，中国人民大学出版社2008年版，第187页。

〔4〕 参见刘宪权主编：《刑法学（下）》（第二版），上海人民出版社2008年版，第433页。

〔5〕 参见郝秀辉：“中国航空刑法问题研究述评——中国航空法学30年研究综述（二）”，载《北京航空航天大学学报（社会科学版）》2010年第3期，第35页。

〔6〕 参见张明楷：《刑法学》（第三版），法律出版社2007年版，第529页；吴大华主编：《刑法各论》，中国人民大学出版社2008年版，第43页；刘宪权主编：《刑法学（下）》（第二版），上海人民出版社2008年版，第434页；周光权：《刑法各论》，中国人民大学出版社2008年版，第187页；曲新久：《刑法学》，中国政法大学出版社2009年版，第269页；等等。

定，应当以其是否实施了劫持行为为标准，但是所谓实施了劫持行为并不意味着劫持行为已经完成甚至成功。因此，只要行为人开始实行劫持行为，虽然其行为并未完成，或者虽然劫持但实际未能控制航空器，或者未能造成任何严重后果的，均仍得以认定构成既遂。”〔1〕还有学者认为，“劫持航空器罪，是严重危及飞行安全的罪行，只要行为人实施了劫持行为，无论是否达到使该航空器降落在行为人指定的地点，都是犯罪既遂。但是，如果行为人刚表示要劫机，立即被制服，实际未能控制该航空器，也未影响正常飞行的，以劫持航空器未遂论处为宜。”〔2〕笔者认为，确定劫持航空器罪的既未遂标准，应当注意到或者说允许犯罪学意义上的既未遂标准不同于刑法学意义上的标准，在刑法学意义上应当坚持控制说。据统计，1947 年至 1953 年第一次劫机浪潮期间，世界范围内共发生 15 起既遂和 2 起未遂的劫机事件，在第 1958 年至 1960 年第二次劫机浪潮期间共发生 11 起既遂和 5 起未遂的劫机事件，在 1961 年至 1970 年期间，共出现 237 起劫机既遂和未遂事件，“9·11”之后，2002 年全球共发生 8 起未遂、2 起既遂劫机事件，2003 年发生 5 起未遂、3 起既遂劫机事件，2004 年全世界共出现 4 起未遂、1 起既遂劫机事件，2005 年在全球范围内，没有发生任何一起劫持航空器的事件。〔3〕笔者认为，这些犯罪学上统计的劫机事件很可能是以目的说为标准确定的。刑法学的研究目的有别于犯罪学，劫持航空器罪作为一种危险犯，只有以控制说为既遂标准才能有效打击这类犯罪；也只有以控制说为既遂标准，才能与同为控制型犯罪的绑架罪的既遂标准（通说认为以控制人质为既遂）相协调；认为只要实施了劫持行为就既遂的，要么使得既遂标准过于提前，要么存在标准不明确而不具有可操作性的缺陷，因而不可取。

从理论上讲，劫持航空器罪不仅存在既未遂问题，而且存在预备、中止的可能性。固然理论上可以很“清楚”地得出劫机着手之前属于犯罪预备、主动中止犯罪预备或者着手实行劫持航空器后主动中止实行或者阻止结果发生的属于犯罪中止的结论，但实际上，理论上的界定标准不具有可操作性。为劫机（下面以劫持飞机为例说明劫持航空器罪）做准备认定为犯罪预备通常没有问题（如例一），在准备阶段主动放弃劫机打算认定为预备阶段的中止也没有什么疑问，问题是何谓劫机的着手实行，以及着手实行后何种情形成立犯罪中止，在理论上都是很难

〔1〕陈兴良主编：《刑法学》（第二版），复旦大学出版社 2009 年版，第 440 页。

〔2〕王作富主编：《刑法》（第四版），中国人民大学出版社 2009 年版，第 285 页。

〔3〕参见王新：“劫持航空器罪研究：以现象和概念为视野”，载《中外法学》2007 年第 1 期，第 73 页以下。

说清的。笔者初步认为，开始实施暴力、胁迫时，可以认为已经开始着手实行劫机的行为，因为意志以外的原因未达到实际控制飞机程度的，成立未遂，在实际控制之前主动放弃犯罪的成立犯罪中止，已经实际控制飞机后已经成立犯罪既遂，即便行为人主动放弃继续控制飞机，由于理论上不承认所谓既遂后的中止，因而不成立犯罪中止，只能作为酌定情节从轻处罚。〔1〕下面分析两个判例。

［例一］　1993年7月，被告人李向东产生杀死徐捷及其家人后劫持飞机逃亡台湾之念，并得到被告人黄庆利的赞同。1993年8月间，二被告人购买了电子钢珠枪和由发令枪改制的小口径手枪各一支。因效能不理想，又购买催泪枪一支。为了逃避安全检查，将催泪枪分解伪装。于1993年9月28日和10月27日两次进行登机试验。尔后，二被告人又购买尖刀两把，并准备警用匕首一把，被告人李向东又准备了毒药“赤血盐”，兑换了美钞。1993年11月初，二被告人再次预谋，决定于1993年11月6日晚，杀死徐捷及其全家后乘长春市至厦门市的班机，将飞机劫持至台湾。11月3日，由李向东出资、黄庆利去长春购买了11月7日长春市至厦门市的飞机票三张。11月4日，黄庆利找到徐捷将欲杀人、劫机一事告知徐，11月5日晚9时许，黄庆利再次找到徐捷并同徐一起到公安机关报案。公安机关接到报案后，于1993年11月6日将被告人李向东抓获归案。吉林省吉林市中级人民法院一审认定被告人李向东构成故意杀人罪、劫持航空器罪预备，黄庆利构成犯罪中止，判处李向东劫持航空器罪有期徒刑10年、故意杀人罪有期徒刑5年，判处黄庆利劫持航空器罪和故意杀人罪，免予刑事处罚。〔2〕该案中被告人的行为仅限于为劫持航空器准备工具、制造条件的阶段，故认定被告人李向东成立劫持航空器罪的预备、黄庆利成立劫持航空器罪预备阶段的中止是正确的。

［例二］　被告人孙宪禄于1993年7月至11月住院期间，萌生劫持飞机去台湾的歹念，同年11月26日购得天津至上海的飞机票一张。11月28日上午，被告人孙宪禄将烟火药剂200余克及黑色火药制成的引燃线装进塑料袋，用白纱布包扎在头部，于当日下午14时许，混过天津机场安检人员的检查，登上中国国际航空公司波音737B－2581号1523次航班天津至上海的飞机。在飞行途中，被告人在飞机厕所里将火药从头部取下扎在腹部，随后窜至飞机后舱，左手握住捆有火柴棒的引燃线，右手持火柴盒，并露出腹部的火药，胁迫机组人员将飞机飞往台

〔1〕　从立法论上讲，可以借鉴国外刑法中关于绑架罪中控制人质后主动释放人质的减轻处罚（日本《刑法》第228条之二、德国《刑法》第239条a）的规定，规定劫持航空器后主动放弃犯罪、保障航空器上人员安全的，可以减轻处罚。

〔2〕　吉林省吉林市中级人民法院（1994）吉刑初字第16号刑事判决书。

湾。否则即引爆炸毁飞机。经机组人员与之周旋，提出飞机要加油，被告人孙宪禄同意，机组人员又提出先让乘客下机，再继续飞行，被告人亦同意。飞机在南京机场紧急降落，被告人孙宪禄被制伏抓获。南京市中级人民法院以劫持航空器罪判处被告人孙宪禄无期徒刑。[1]该案被告人实际上已经控制了飞机，成立劫持航空器罪既遂，是没有疑问的。被告人在飞机厕所里捆绑炸药尚属于犯罪预备，窜至后舱开始胁迫机组人员时，已经开始着手实行劫持航空器罪，假定在实际控制飞机前即被制伏，成立劫持航空器罪的未遂，假定开始胁迫后实际控制飞机前被机组人员说服放弃犯罪，则成立劫持航空器罪的实行阶段的犯罪中止。

（六）劫持航空器罪与相关犯罪之间的竞合

我国通说教科书习惯于明晰罪与罪之间的所谓界限。例如，通说教科书指出，“劫持航空器与故意破坏作为交通工具的航空器，二者都以航空器为对象，都危害飞行安全，都是故意犯罪。其区别是：一是，前者仅指飞行中或使用中的航空器，后者虽然也限于使用中的航空器，但对‘使用中’的含义有所不同。前者有国际公约明确的解释和限定，而后者没有明文规定。二是，前者是以暴力、胁迫或其他方法实施劫持行为，后者是对航空器实施物理性的破坏。如果破坏航空器是以此相胁迫，以达到劫持航空器的目的，则属于劫持行为。三是，前者的目的是劫持并控制该航空器，只能是直接故意。后者是使航空器损坏或者毁坏，可以是直接故意，也可以是间接故意。”[2]其实，对于一般的案件，即使没有上述所谓区别标准，分清两罪也不是问题，当遇到疑难案件时，上述标准也不起作用。例如，当以对国际公约所限定的所谓使用中的航空器实施毁坏以达到劫机目的时，同时构成两罪，上述第一个区别标准便不起作用。又如，当以毁坏航空器的方式劫持航空器时，也同时构成两罪，上述第二个所谓划分标准便完全丧失价值。再如，将劫持航空器罪的罪过形式限定于直接故意而排除间接故意本身就没有法律依据，而且当直接故意毁坏航空器以劫持航空器时，也同时构成两罪，于是上述第三个标准也没有意义。其实，“刑法理论与司法实践需要以犯罪的保护法益为指导，正确解释各种犯罪的构成要件，合理归纳案件事实，妥当判断案件事实符合哪种或哪些犯罪的构成要件，并善于运用想象竞合犯的原理，认定相关犯罪。”[3]与其徒劳无功、孜孜不倦地划清劫持航空器罪与破坏交通工具罪之间的界限，还不如承认两罪之间存在竞合关系，当同时符合两罪的构成要件时成立

---

〔1〕江苏省南京市中级人民法院（1994）宁刑初字第003号刑事判决书。

〔2〕王作富主编：《刑法》（第四版），中国人民大学出版社2009年版，第285页。

〔3〕张明楷：“犯罪之间的界限与竞合”，载《中国法学》2008年第4期，第103页。

想象竞合犯，从一重处罚即可。

由于劫持航空器致人重伤、死亡时适用绝对确定的死刑，重于故意杀人罪与故意伤害罪的法定刑，因此，“致人重伤、死亡”既包括过失致人重伤、死亡，也包括故意致人重伤、死亡，即劫持航空器罪与故意伤害罪、故意杀人罪之间存在竞合关系，从一重处罚的结果是以劫持航空器罪定罪处罚；故意杀人未遂时，也没有造成重伤结果时，从一重处罚的结果有可能适用故意杀人罪定罪量刑。〔1〕

二、劫持船只、汽车罪

《刑法》第122条规定：“以暴力、胁迫或者其他方法劫持船只、汽车的，处5年以上10年以下有期徒刑；造成严重后果的，处10年以上有期徒刑或者无期徒刑。”有以下问题值得研究：

（一）劫持火车、电车如何处理

《刑法》第116条规定破坏交通工具罪的对象是火车、汽车、电车、船只、航空器，第117条的破坏交通设施罪也限于使火车、汽车、电车、船只、航空器发生倾覆、毁坏危险，但劫持交通工具类犯罪仅规定了劫持航空器罪和劫持船只、汽车罪，对于劫持火车、电车的行为却没有规定，不管是立法者有意为之还是立法疏忽，都需要解决劫持火车、电车的定性问题。第一种观点认为，“劫持火车、电车的行为也足以使火车、电车发生倾覆、毁坏危险，故应将劫持火车、电车的行为视为本罪（即破坏交通工具罪——引者注）的破坏行为。”〔2〕第二种观点主张将劫持船只、汽车罪做扩大解释，汽车涵括公共汽车、火车、电车。〔3〕第三种观点认为，火车、电车不在劫持船只、汽车罪的对象之列，对劫持火车、电车的应按以危险方法危害公共安全罪或者破坏交通工具罪论处。〔4〕第四种观点主张应当增设“劫持交通工具罪”。笔者认为，破坏交通工具罪的本质是妨害交通工具功能的正常发挥而危及公共交通安全，劫持火车也可能导致火车发生倾覆、毁坏危险，完全符合破坏交通工具罪的特征，因此，将劫持火车的行为评价为破坏交通工具罪没有疑问。至于劫持电车的行为，可以对“汽车”作相对化解释，破坏交通工具罪与破坏交通设施罪中的汽车由于与电车并列规定而不能包括

---

〔1〕参见周光权：《刑法各论》，中国人民大学出版社2008年版，第188页。

〔2〕张明楷：《刑法学》（第三版），法律出版社2007年版，第522页。

〔3〕参见胡康生、郎胜主编：《中华人民共和国刑法释义》，法律出版社2004年版，第120页。

〔4〕李健主编：《刑法精要与依据指引》，人民出版社2005年版，第252页。

电车，而劫持汽车罪中的“汽车”由于没有与电车并列规定，而可以包括电车，因为电车完全具备汽车作为交通运输工具所具备的基本功能，故可以将劫持电车的行为评价为劫持汽车罪。

（二）劫持汽车罪与抢劫罪之间的罪数与竞合

有教科书指出，劫持船只、汽车罪与抢劫罪区别的关键在于：“一是，行为的目的不同。抢劫是为了取得、占有交通工具，而劫持只是控制和支配交通工具。二是，侵犯的客体不同。抢劫行为侵犯的是财产权和人身权，而劫持船只、汽车罪必须危害到公共安全，包括不特定多数人的健康、生命或重大公私财产安全。三是，既遂的标准不同。抢劫罪一般以取得财物为标准，而劫持船只、汽车罪只要实施了劫持船只、汽车的行为，造成公共危险的，即成立既遂，不要求实际造成严重后果。”〔1〕有学者主张，“为抢劫船只、汽车，强令驾驶人员将其行驶到特定场所的，原则上也以重罪抢劫罪论处。”〔2〕另有学者指出，“如果是为了抢劫而对船只、汽车进行一定控制的，应当按照牵连犯的处理原则，从一重罪论处。”〔3〕笔者认为，解决劫持船只、汽车罪与抢劫罪之间的罪数与竞合问题，必须考量两罪所保护的法益的差异以及行为的个数。劫持船只、汽车罪保护的法益是交通运输安全，虽然也保护船只、汽车内的人员的安全，但应限于船只、汽车内存在多数人的情形。因而，若行为人将除行为人之外仅司机一人在内的汽车劫持到荒无人烟的罗布泊无人区，则由于没有侵害到公共交通安全，只可能构成抢劫罪，而不可能构成劫持汽车罪；在车内除行为人之外还存在多数人或者车外有其他车辆行人通行的可能性，而可能危及公共交通安全的，劫持汽车的行为，则可能既侵害公共交通安全，又侵害他人的财产权；由于通常认为行为人控制船只、汽车后就已经成立劫持船只、汽车罪的既遂，若控制船只、汽车后继续控制船只、汽车，达到可以认为行为人存在排除意思与利用意思的程度时，则可以认为行为人在劫持行为外还另外实施了抢劫行为；既然同时侵害了劫持船只、汽车罪和抢劫罪的法益，又具有劫持和抢劫两个行为，则完全可能成立劫持船只、汽车罪与抢劫罪两罪，而应数罪并罚。需要说明的是，我国刑法理论通常将非法占有目的中的排除意思理解为必须具有永久性的排除意思，这明显不利于保护法益，因而是错误的。现在国外刑法理论和判例普遍认为，非法占有目的（也称不法领得的意思）中的排除意思并不需要具有永久性的排除意思，只要明显妨碍他

〔1〕刘宪权主编：《刑法学（下）》（第二版），上海人民出版社2008年版，第435页。

〔2〕周光权：《刑法各论》，中国人民大学出版社2008年版，第188页。

〔3〕陈兴良主编：《刑法学》（第二版），复旦大学出版社2009年版，第441页。

人对于财物的利用，或者说对他人对于自己财物利用可能性的侵害达到了值得科处刑罚的程度，即便行为人可能用后归还而不具有永久性排除他人对于财物利用的意思，也有可能被认定为具有排除意思而具有非法占有目的，构成取得型财产罪。〔1〕因此，行为人出于某种目的而劫持船只、汽车，即便不具有永久性的排除他人占有的意思，只要明显妨碍了他人对于自己财产的利用而达到了值得科处刑罚的程度，完全可能被认定为非法占有目的，而构成抢劫罪。但无论我国刑法理论还是司法实践，在这个问题上都存在认识上的偏差。下面举例说明。

［例一］　2005 年 4 月 5 日晚 9 时许，胡峰与妻子陈君（25 周岁）及朋友夏某、蒋某四人饮酒后到镇江市一 KTV 练歌房 222 包厢饮酒唱歌。10 时许，夏、蒋相继离开。后胡峰与陈君在包厢内发生争执并砸坏包厢门玻璃和酒瓶等物品。其后胡峰手持一空啤酒瓶并用胳膊挟持陈君至练歌房大门口，打开停在门口待客的一辆出租车后门，将陈君推、踢进车内，然后自己上车让驾驶员王某将车驶离现场。王某正欲驾车离开时，KTV 练歌房经理上前阻拦并告知已报警，王某遂将车熄火并下车站在驾驶室门外，并欲拔去出租车钥匙。此时，胡峰下车手持空啤酒瓶绕过车头冲向王某，并用啤酒瓶向王某砸去，王某因害怕受伤而退后几步，胡峰见未砸中王某，便乘机坐进出租车驾驶室，经多次发动后将车快速驶离现场。后胡峰驾车在镇江市长江路撞上路边大树，致车身从中间一分为二断成两截，陈君被甩出车外，当场死亡。出租车严重毁损，经估价损失为 5.9 万元。后交警部门出具交通事故责任认定书，认定胡峰因酒后驾驶发生交通事故，应负事故的全部责任。江苏省镇江市润州区法院审理后认为，被告人胡峰以暴力方法劫持正在营运的出租汽车，酒后高速驾驶，足以危害公共安全，并造成 1 人死亡、车辆毁损的严重后果，其行为完全符合劫持汽车罪的构成要件，已构成劫持汽车罪，依法应予惩处。江苏省镇江市中级人民法院经审理认为：上诉人胡峰酒后闹事，先是在歌舞厅里摔砸酒瓶，后手持一啤酒瓶挟妻子离开歌舞厅，将停在歌舞厅门口的出租车后门打开，殴打妻子，当歌舞厅工作人员以报警为由将出租车拦下后，其手持酒瓶恐吓司机开车，司机被迫下车，其亦下车并手持酒瓶威胁正准备拔汽车钥匙的司机，司机又被迫后退，胡峰则自己坐进驾驶室将出租车开走，并造成车毁人亡的严重后果。显然上诉人胡峰的行为不是过失行为，是故意行为，不符合交通肇事罪的特征。上诉人胡峰采用暴力相威胁的方法，以自己的意愿控制正

〔1〕 参见［日］曾根威彦、松原芳博编：《重点问题刑法各论》，成文堂 2008 年版，第 96 页以下。

在用于营运的出租车并改变了汽车的合法用途，高速驾驶，足以危害公共安全，且造成汽车断成两截，妻子陈君死亡的严重后果，其行为符合劫持汽车罪的特征，构成劫持汽车罪。原审判决认定事实清楚，适用法律正确，量刑适当，应予维持。上诉人胡峰的辩解与事实和证据不符，不予采纳。驳回上诉，维持原判。[1]

笔者认为，在发动汽车之前司机就已被赶下车，不存在操控下的被劫持的汽车，缺乏劫持汽车罪的对象，根本不符合劫持汽车罪的构成。即使被告人具有归还的意思，也不能否认其具有非法占有目的。因为出租车司机对于出租车的利用必要性相当大，即使被告人预定归还，但其预定归还的时间（即使用时间）也不会很短，而且其行为导致出租车毁坏，故应当认定被告人具有侵害被害人相当程度的利用可能性的意思，即具有排除意思，应认定具有非法占有的目的，[2]构成抢劫罪，还同时构成交通肇事罪，应当数罪并罚。上述判决忽视了劫持汽车罪与抢劫罪构成要件的差异，出现了定性上的错误。

［例二］　1999年4月10日，被告人苏某某、罗明均与被告人李德国预谋，要借辆车前去库尔勒市哈拉玉官乡，绑架邢江的正在上学的儿子，以便向邢江勒索钱财。4月20日李德国（有驾驶证）没有借到车。苏某某提出抢一辆由女司机开的出租车。三人商定，由苏某某、罗明均劫一辆车过去，李德国乘14路公交车去预定的地点接车。4月21日早晨8时许，苏某某、罗明均携带绳子、胶带、匕首等作案工具，搭乘李娟驾驶的M－14885号夏利出租车向哈拉玉官乡行驶。当车行至铁司杆村三队时，罗明均提出要解手，车停后罗下车打开车的左前门，苏某某手持匕首要李娟下车，抢走车钥匙准备劫车。此时，铁司杆村的小学教师肉孜巴吾东路过此地，李娟下车求救，在肉孜巴吾东的帮助下，李娟驾车离开现场。新疆库尔勒市法院认为，被告人苏某某、罗明均为绑架他人准备作案工具，使用暴力胁迫手段抢劫出租车，被告人李德国参与预谋劫车，三被告人的行为已触犯刑律，均已构成抢劫罪。新疆维吾尔自治区巴音郭楞蒙古自治州中级人民法院认为，上诉人苏某某、罗明均、李德国预谋并实施劫持一辆出租车，目的是为绑架勒索而准备作案工具，待作案后再将车交还给出租车驾驶员，其主观上并非要非法占有该车。因此，三上诉人及苏某某的辩护人提出劫车无占有的目的之理由成立，予以采纳。三上诉人的行为构成了劫持汽车罪。原判定性不准，应予纠

---

〔1〕　江苏省镇江市中级人民法院（2005）镇刑一终字第72号“胡峰劫持汽车案”刑事裁定书，http：//www. lawyee. net/Case/Case Display. asp? ChannelID = 2010100 &RID = 102354，2010年12月23日访问。

〔2〕　参见张明楷：《诈骗罪与金融诈骗罪研究》，清华大学出版社2006年版，第307页。

正。[1]该案一审以抢劫罪定罪，二审否定行为人具有非法占有的目的，认为构成劫持汽车罪。笔者认为，二审以被告人的“目的是为绑架勒索而准备作案工具，待作案后再将车交还给出租车驾驶员，其主观上并非要非法占有该车”为由，否认被告人具有非法占有目的，是错误的。因为如上所述，即使行为人具有归还出租车的意思，也严重妨碍了出租车司机对于出租车的利用，具有值得科处刑罚的法益侵害性，具有刑法意义上的排除意思，应认定非法占有目的的存在。另外，既然被告人没有让司机继续驾车的意思，不存在操控司机进行驾驶的行为，不符合劫持汽车罪的构成要件，不构成劫持汽车罪，而仅构成抢劫罪。

［例三］　被告人王令朋原在石狮市祥芝镇当渔工，后在2000年2月25日被老板辞退。被告人王令朋怀疑是莆田人杨红面挑拨所致，遂生报复念头。同年2月27日中午，被告人王令朋纠集被告人杨凤斌酒后分别持菜刀和2把大号螺丝刀窜到祥芝镇祥农村前店杨红面的暂往处，将杨红面及前来观看的周春林打成轻微伤。因杨、周的老乡闻讯围追，被告人王令朋、杨凤斌为逃离现场，在祥芝镇政府前公路环岛处，采用持菜刀、螺丝刀威胁的手段，拦截林建来正在驾驶的闽CT0123号桑塔纳2000型出租车，并强行上车。被告人杨凤斌持螺丝刀坐在副驾驶座，被告人王令朋坐后座，并用菜刀架在林建来的脖子上，威逼林建来将车开往石狮市区。当车行至宝盖镇仑后村路段环岛时，被告人王令朋命令林建来将车开往蚶江镇，遭林拒绝后即用菜刀将林的头部砍成轻伤，林建来被砍伤后乘机弃车逃脱。被告人杨凤斌则驾车往蚶江镇方向继续逃窜。当车行至蚶江镇石壁村附近路段时，撞上公路边的电线杆，致该出租车严重毁损。二被告人困于车内，后被公安人员当场抓获。经中国太平洋保险公司泉州支公司勘定，该车损失达人民币48 140元。福建省石狮市法院认为，被告人王令朋、杨凤斌在实施伤害他人的行为后，为逃离现场而使用胁迫方法拦截正在公路上行驶的车辆，并对驾驶人员实施威胁和伤害手段，逼使车辆改变行驶方向，后又由被告人杨凤斌亲自驾驶车辆并致该车因碰撞而严重毁损，造成财产重大损失，危害公共安全，其行为均已构成劫持汽车罪，且属造成严重后果。[2]

---

〔1〕　新疆巴音郭楞蒙古自治州中级人民法院“苏某某、罗明均、李德国劫持汽车案”刑事判决书，http：//www. lawyee. net/Case/Case Display. asp？ChannelID = 2010100&RID = 26137，2010年12月23日访问。

〔2〕　福建省石狮市人民法院（2000）狮刑初字第419号“王令朋、杨凤斌劫持汽车案”刑事判决书，http：//www. lawyee. net/Case/Case Display. asp？ChannelID = 2010100&RID = 9340，2010年12月23日访问。

笔者认为，被告人强迫出租车司机驾车已经构成劫持汽车罪的既遂，后来司机乘机逃脱后，被告人自己驾车而且出现了车辆被撞毁的严重后果，应认定行为人具有非法占有目的，因而又符合抢劫罪的构成；由于侵害了两个犯罪的法益，存在两个行为，符合了劫持汽车罪与抢劫罪的构成要件，应当数罪并罚。

综上，由于劫持汽车罪侵害的法益是公共安全，行为人强迫司机驾驶而控制了汽车时为既遂；而抢劫罪侵害的法益是他人的财产权；若行为人将司机赶下车自己驾车，则明显妨碍了他人对于汽车的利用，可以认定行为人具有非法占有的目的而构成抢劫罪，而不构成劫持汽车罪；若控制汽车后，中途司机下车，能认定行为人具有非法占有目的时，由于侵害了两个法益，具有两个行为，应当以劫持汽车罪与抢劫罪数罪并罚；若司机一直在车上，虽然可能认定行为人具有非法占有目的，但由于很难认定被害人已经失去了对汽车的控制，即便行为人具有非法占有目的也只是成立抢劫罪的未遂，虽然理论上可能成立劫持汽车罪既遂与抢劫罪的未遂两罪，但以劫持汽车罪一罪论处即可。

（三）劫持汽车罪与绑架罪的关系

从理论上不难区分两罪：前者侵害的是公共交通安全，后者侵害的是人质的生命、身体安全以及其他的意志自由；前者是强迫他人按照自己的意志驾驶汽车，后者是通过控制人质的方式向关心人质安危的人提出不法要求。有学者在谈到两罪的关系时指出，“为绑架船只、汽车的驾驶人员或者其他个别乘客，而劫持船只、汽车的，应成立想象竞合犯，以重罪绑架罪论处”。“被劫持的船只、汽车停泊在港口或者停放在路边，将船只、汽车的驾驶人员劫持上船只、汽车，强迫其按指示方向行使，不具有绑架人质的目的，到达目的地后将驾驶人员释放的，亦属于劫持正在使用中的船只、汽车，只构成本罪，而不成立绑架罪。”〔1〕

实践中发生过这样的案件：梁月锋与妻子一道来金华打工。2010 年 7 月 23 日晚，梁月锋跟朋友在外面喝酒，醉醺醺回家后跟妻子吵起来，还动手打了妻子。妻子气愤出逃，梁月锋打车四处寻找，兜了一圈，老婆没找到，车钱也不肯给。司机与他吵了起来，并报警。民警赶到现场时，发现梁月锋正拎着半截酒瓶追赶司机。情况紧急，民警傅某上前制止，没想到梁月锋突然将矛头指向了傅某，他用左手一把将傅某的制服抓住，顺势用半截酒瓶顶住傅某的脖子，把傅某架到车里去，要求警察开车帮他找妻子。锋利的玻璃切口，刺破了傅某的脖子和手腕。傅某一边安抚，一边请求后方支援。双方对峙了一段时间，车内闷热，傅

〔1〕 周光权：《刑法各论》，中国人民大学出版社 2008 年版，第 188 页。

某急中生智对梁月锋说："车上太热，我们下车谈。"两人下车时，傅某与前来支援的警察将梁月锋抓获。2010 年 8 月 3 日，浙江省金华市婺城区检察院以绑架罪将梁月锋批准逮捕。[1]笔者认为，行为人"绑架"民警，是为了让民警开车帮忙寻妻，并不是通过控制人质向他人提出不法要求，根本不符合绑架罪构成要件；汽车并没有发动，行为人也没有实际控制汽车，因此尚属于劫持汽车罪的未遂。

三、暴力危及飞行安全罪与劫持航空器罪之间的竞合

《刑法》第 123 条规定："对飞行中的航空器上的人员使用暴力，危及飞行安全，尚未造成严重后果的，处 5 年以下有期徒刑或者拘役；造成严重后果的，处 5 年以上有期徒刑。"该条是根据国际公约在国内法上作出的规定。劫持航空器罪与暴力危及飞行安全罪都是保障航空安全的犯罪，为何在劫持航空器罪之外还规定暴力危及飞行安全罪？原因在于，空中飞行的特点决定了对飞行中的航空器上的人员使用暴力可能导致航空器严重摇晃而危及飞行安全，而行为人未必具有劫持航空器的目的，所以对劫持航空器罪具有补充作用。

关于暴力危及飞行安全罪与劫持航空器罪之间的关系，有教科书指出，"二罪的主要区别是：一是，犯罪对象不同。本罪（指暴力危及飞行安全罪——引者注）为航空器上的人员。而后罪的对象既可以是航空器上的人员，也可以是航空器本身。二是，手段不同。本罪的手段仅限于使用暴力，而后罪的手段多种多样，除暴力外，胁迫或者其他方法都可以实施。不过，行为人如果采用对航空器人员使用暴力的方法劫持航空器，行为人的行为同时触犯这两个罪名，应按照想象竞合犯的原则，从一重处断。"[2]笔者认为，劫持航空器罪与暴力危及飞行安全罪其实就是基本法和补充法的关系，在符合劫持航空器罪构成要件时，由于劫持航空器罪的法定刑远高于暴力危及飞行安全罪，因此绝对排除了暴力危及飞行安全罪的适用；换言之，只有在行为人不符合劫持航空器罪构成要件时，才有暴力危及飞行安全罪适用的余地。因此，试图划清两罪的界限没有意义。

---

〔1〕 参见楼顺忠、赵明："醉汉绑架警察寻妻，民警斗智将其抓捕"，载《检察日报》2010 年 8 月 13 日，第 2 版。

〔2〕 孙国祥主编：《刑法学》，科学出版社 2008 年版，第 327 页。

四、归纳总结

1. 劫持航空器罪的对象不应限于民用航空器，而应包括军用、警用等国家航空器；对象不应限于“正在飞行中”或者“正在使用中”，只要可能危及飞行安全，都有可能构成此罪；空中劫持的特点决定了劫持航空器罪中的暴力、胁迫无须达到抢劫罪中足以抑制对方反抗的程度，只要达到使对方明显难以反抗的程度即可。

2. 劫持火车的行为可以破坏交通工具罪论处；劫持电车的行为，可以通过对汽车作相对化理解，而将其评价为劫持汽车罪；劫持汽车因为以控制汽车为既遂，因而行为人持续控制汽车而达到可以认为行为人具有排除的意思时（即便行为人不具有永久性排除的意思，也不否认排除意思的存在），应认为同时存在劫持和抢劫行为，侵害了两个以上的法益，应以劫持汽车罪与抢劫罪数罪并罚；一开始就将司机赶下车而由自己亲自驾驶的，不构成劫持汽车罪，仅构成抢劫罪。

3. 劫持航空器罪与暴力危及飞行安全罪之间是基本法与补充法的关系，只有在不构成劫持航空器罪时，才有暴力危及飞行安全罪成立的余地。

第六章 枪支、弹药、爆炸物、危险物质犯罪

主要观点

1. 储存与持有之间只有量的区别，持有、私藏较大数量的枪支、弹药的，应以非法储存枪支、弹药罪论处，对于持有、私藏爆炸物、危险物质的，应当评价为非法储存爆炸物、危险物质罪。

2. 危险物质犯罪不是具体危险犯，“危害公共安全”是对危险物质性质的要求，成立该类罪不要求形成现实性的具体危险，出于隐匿、抛弃目的而窃取的，也能构成盗窃危险物质罪。

3. 违规制造、销售枪支罪中的“依法被指定、确定的枪支制造企业、销售企业”系表面的构成要件要素，该罪属于短缩的二行为犯。

4. 认识到对象物既包括普通财物又包括枪支而盗窃的，应当数罪并罚，盗窃枪支过程中使用暴力的能够转化为抢劫罪，不能转化为抢劫枪支罪。

5. 持有手榴弹只能评价为非法储存爆炸物罪，非法制造、买卖枪支行为超过追诉时效的，应以非法持有枪支罪定罪处罚。

6. 丢失枪支不报罪的认识内容是不报告行为以及由此形成的抽象性危险，成立该罪要求不报告行为与严重后果之间存在因果关系。

7. 在火车上捡拾枪支并控制枪支的，只能评价为非法持有枪支罪，将已经非法持有的枪支带入公共场所的，应以非法持有枪支罪与非法携带枪支危及公共安全罪数罪并罚。

主要法规链接

第 125 条第 1 款　非法制造、买卖、运输、邮寄、储存枪支、弹药、爆炸物的，处 3 年以上 10 年以下有期徒刑；情节严重的，处 10 年以上有期徒刑、无期徒刑或者死刑。

第 2 款　非法制造、买卖、运输、储存毒害性、放射性、传染病病原体等物

质，危害公共安全的，依照前款的规定处罚。

第126条 依法被指定、确定的枪支制造企业、销售企业，违反枪支管理规定，有下列行为之一的，对单位判处罚金，并对其直接负责的主管人员和其他直接责任人员，处5年以下有期徒刑；情节严重的，处5年以上10年以下有期徒刑；情节特别严重的，处10年以上有期徒刑或者无期徒刑：一是，以非法销售为目的，超过限额或者不按照规定的品种制造、配售枪支的；二是，以非法销售为目的，制造无号、重号、假号的枪支的；三是，非法销售枪支或者在境内销售为出口制造的枪支的。

第127条第1款 盗窃、抢夺枪支、弹药、爆炸物的，或者盗窃、抢夺毒害性、放射性、传染病病原体等物质，危害公共安全的，处3年以上10年以下有期徒刑；情节严重的，处10年以上有期徒刑、无期徒刑或者死刑。

第2款 抢劫枪支、弹药、爆炸物的，或者抢劫毒害性、放射性、传染病病原体等物质，危害公共安全的，或者盗窃、抢夺国家机关、军警人员、民兵的枪支、弹药、爆炸物的，处10年以上有期徒刑、无期徒刑或者死刑。

第128条第1款 违反枪支管理规定，非法持有、私藏枪支、弹药的，处3年以下有期徒刑、拘役或者管制；情节严重的，处3年以上7年以下有期徒刑。

第2款 依法配备公务用枪的人员，非法出租、出借枪支的，依照前款的规定处罚。

第3款 依法配置枪支的人员，非法出租、出借枪支，造成严重后果的，依照第1款的规定处罚。

第129条 依法配备公务用枪的人员，丢失枪支不及时报告，造成严重后果的，处3年以下有期徒刑或者拘役。

第130条 非法携带枪支、弹药、管制刀具或者爆炸性、易燃性、放射性、毒害性、腐蚀性物品，进入公共场所或者公共交通工具，危及公共安全，情节严重的，处3年以下有期徒刑、拘役或者管制。

刑法典危害公共安全罪一章中有6个条文（第125~130条）9个罪名（多为所谓选择性罪名）是关于枪支、弹药、爆炸物、危险物质犯罪的规定，具体是：非法制造、买卖、运输、邮寄、储存枪支、弹药、爆炸物罪，非法制造、买卖、运输、储存危险物质罪，违规制造、销售枪支罪，盗窃、抢夺枪支、弹药、爆炸物、危险物质罪，抢劫枪支、弹药、爆炸物、危险物质罪，非法持有、私藏枪支、弹药罪，非法出租、出借枪支罪，丢失枪支不报罪，非法携带枪支、弹药、管制刀具、危险物品危及公共安全罪。刑法典中还存在其他有关上述对象的罪名，如第114条的投放危险物质罪，第136条的危险物品肇事罪，第151条的走私武器、弹药罪，走私核材料罪，第291条之一的投放虚假危险物质罪，第331条的传染病菌种、毒种扩散罪，第369条的破坏武器装备罪，第370条的故意提供不合格武器装备罪、过失提供不合格武器装备罪，第436条的武器装备肇事罪，第438条的盗窃、抢夺武器装备罪，第439条的非法出卖、转让武器装备罪，第440条的遗弃武器装备罪，第441条的遗失武器装备罪，等等。

近年来，涉及上述对象的重特大犯罪案件频繁发生，致人死伤的惨剧触目惊心，严厉打击涉枪涉爆犯罪的重要性自不待言。作为刑法学者，充分解释现有相关条文，研究总结司法判例，为司法实践提供正确的指导，自然是责无旁贷。

一、非法制造、买卖、运输、邮寄、储存枪支、弹药、爆炸物罪

所谓非法制造，是指未经许可，擅自生产、制作（包括改装、配装、组装、修理、拼装等）。[1]所谓非法买卖，是指未经国家有关部门批准，以金钱或者实物作价（即物物交换），或者抵债，私自购买或者销售枪支、弹药、爆炸物的行为。[2]贩卖枪支主要零部件情节严重的，也属于非法买卖行为。[3]有学者认为，这里的买卖还包括租赁行为。[4]但是应该说，限于一时性的转移使用权而不转移所有权的租赁行为不符合一般人对买卖行为的理解。所谓非法运输，是指非法将枪支、弹药、爆炸物从一地运往另一地。[5]所谓非法邮寄，通说认为，是指违反法律规定，私自通过邮局邮寄枪支、弹药、爆炸物的行为。[6]所谓储存，通说按照2001年的《最高人民法院关于审理非法制造、买卖、运输枪支、弹药、爆炸物等刑事案件具体应用法律若干问题的解释》（以下简称《2001年解释》），认为限于明知是他人非法制造、买卖、运输、邮寄的枪支、弹药、爆炸物而为其存放的

---

〔1〕 参见陈兴良主编：《刑法学》（第二版），复旦大学出版社2009年版，第442页。

〔2〕 参见高铭暄、马克昌主编：《刑法学》（第四版），北京大学出版社、高等教育出版社2010年版，第392页。

〔3〕 参见周光权：《刑法各论》，中国人民大学出版社2008年版，第191页。

〔4〕 参见孙国祥主编：《刑法学》，科学出版社2008年版，第327页。

〔5〕 参见王作富主编：《刑法》（第四版），中国人民大学出版社2009年版，第287页。

〔6〕 参见李洁主编：《刑法学（下册）》，中国人民大学出版社2008年版，第52页。

行为。[1]如后所述，笔者不同意这种观点，原因不在于司法解释现在已经作了修改，而在于这种理解容易形成不当的处罚漏洞和导致相关罪名适用的不协调。所谓枪支，通常是指《枪支管理法》中所规定的各种枪支，即以火药或者压缩气体等为动力，利用管状器具发射金属弹丸或者其他物质，足以致人伤亡或者丧失知觉的各种枪支。其种类包括军用的手枪、步枪、冲锋枪和机枪，射击运动用的各种枪支，狩猎用的有线膛枪、散弹枪、火药枪，麻醉动物用的注射枪，以及能发射金属弹丸的气枪。还应包括自制的具有一定杀伤力的土枪、火药枪、钢珠枪等。[2]所谓弹药，是指上述枪支所使用的弹药。[3]如后所述，司法解释认为手榴弹包含在弹药之内，笔者不同意这种理解。对于爆炸物的范围，一般认为包括手榴弹、地雷、炸弹、爆破筒、炸药和雷管等。根据有关法律规定，民用爆炸物品的范围相当广泛。具体分为三类：一是爆破器材，包括各类炸药、雷管、导火索、导爆索、非电导爆系统、起爆药和爆破器；二是黑火药、烟火剂、民用信号弹和烟花爆竹；三是公安部门认为需要管理的其他爆炸物品。但是，爆破性或者杀伤性较小的烟花爆竹是否属于本罪中的爆炸物，值得考虑。一般来说，非法生产烟花爆竹行为，以治安管理处罚即可，不应成立非法制造爆炸物罪；因非法生产烟花爆竹引起爆炸的，应以过失爆炸罪、重大责任事故罪、重大劳动安全事故罪、危险物品肇事罪等罪论处。[4]不过，现在的烟花爆竹的生产似乎越来越夸张，响声可谓地动山摇，因此，若“现代”爆竹的爆破力达到相当的程度，还是有可能认定为爆炸物的。关于该罪还有以下问题值得研究：

（一）无偿赠与枪支、弹药、爆炸物的处理

无偿赠与可以分为永久性转让所有权的赠与（即无偿转让）以及限于一时转让使用权而不转让所有权（即出借）两种情形。由于上述犯罪限于非法“买卖”行为，而“买卖”必然限于有偿，因此，两种赠与情形对于一般人均无法以上述罪名进行规制。对于军人，由于《刑法》第439条规定军人非法转让武器装备的，构成非法转让武器装备罪，因此，军人无偿将军用枪支、弹药、爆炸物赠与他人（限于转移所有权）的，应定非法转让武器装备罪。此外，对于依法配备公

---

〔1〕参见王作富主编：《刑法》（第四版），中国人民大学出版社2009年版，第287、288页；陈兴良主编：《刑法学》（第二版），复旦大学出版社2009年版，第442页；曲新久：《刑法学》，中国政法大学出版社2009年版，第270页；等等。

〔2〕参见阮齐林：《刑法学》，中国政法大学出版社2008年版，第402页。

〔3〕参见刘宪权主编：《刑法学（下）》（第二版），上海人民出版社2008年版，第438页。

〔4〕参见周光权：《刑法各论》，中国人民大学出版社2008年版，第190页。

务用枪以及配置枪支的人员，无偿出借枪支的，可能构成《刑法》第 128 条的非法出借枪支罪；由于非法出借枪支罪的对象限于“枪支”，因此，这类人员无偿转让、出借弹药、爆炸物的，除可能构成相关犯罪的共犯外，只能是宣告无罪。

（二）运输的理解

关于运输的理解，国内学者要么简单地认为，运输就是将枪支、弹药、爆炸物“由甲地运往乙地”〔1〕，要么考虑到走私武器、弹药罪罪名的存在，武断地认为“运输的空间范围只应限于国内”〔2〕。把运输仅仅理解为一种发生位移的行为，完全忽视《刑法》第 151 条走私武器、弹药罪的存在，显然难言正确，但认为由于走私武器、弹药罪的存在而主张非法运输枪支、弹药、爆炸物罪只能限于国内运输，也不正确，因为“武器、弹药”与“枪支、弹药、爆炸物”并非等同概念，例如民用炸药难以评价为武器、弹药。此外，从条文关系看，难以认为走私武器、弹药罪与非法运输枪支、弹药、爆炸物罪之间存在特别法与普通法的法条竞合关系。笔者认为，当运输行为同时符合两罪构成要件时，作为想象竞合犯从一重处罚较为合适。因此，不应简单地将非法运输枪支、弹药、爆炸物罪中的运输限于国内运输。

（三）邮寄的理解

理论通常将邮寄限于通过邮政部门寄送，这存在两点疑问：一是寄送业务不再由国家邮政部门垄断，因此，邮寄既包括通过邮政部门传递枪支、弹药、爆炸物，也包括通过民间的速递机构传递。〔3〕二是没有考虑到走私武器、弹药罪罪名的存在，因为通说认为走私包括邮寄行为。〔4〕跟运输的理解同样，笔者认为非法邮寄枪支、弹药、爆炸物同时符合非法邮寄枪支、弹药、爆炸物罪与走私武器、弹药罪构成要件的，宜作为想象竞合犯从一重处罚为妥。

（四）非法买卖武器装备的处理

《刑法》第 10 章军人违反职责罪中第 439 条规定：“非法出卖、转让武器装备的，处 3 年以上 10 年以下有期徒刑；出卖、转让大量武器装备或者有其他特别严重情节的，处 10 年以上有期徒刑、无期徒刑或者死刑。”由于军人违反职责罪可谓特别法，因此，当军人出售军用枪支、弹药、爆炸物时，应按照特别法条非

〔1〕 刘宪权主编：《刑法学（下）》（第二版），上海人民出版社 2008 年版，第 437 页。

〔2〕 高铭暄、马克昌主编：《刑法学》（第四版），北京大学出版社、高等教育出版社 2010 年版，第 392 页。

〔3〕 参见周光权：《刑法各论》，中国人民大学出版社 2008 年版，第 191 页。

〔4〕 参见张明楷：《刑法学》（第三版），法律出版社 2007 年版，第 561 页。

法出卖武器装备罪定罪处罚，排除非法买卖枪支、弹药、爆炸物罪的适用；对于购买者，仍应以非法买卖枪支、弹药、爆炸物罪论处；军人购买武器装备或者民用枪支、弹药、爆炸物的，也只能以非法买卖枪支、弹药、爆炸物罪论处。

（五）非法储存的诠释

《2001年解释》第8条第1款规定："《刑法》第125条第1款规定的'非法储存'，是指明知是他人非法制造、买卖、运输、邮寄的枪支、弹药而为其存放的行为。"该解释立场几乎得到了刑法教科书的一致赞同。[1]该解释将非法储存的适用限定于必须同时符合三个条件：一是，来源的非法性，即必须属于非法制造、买卖、运输、邮寄的枪支、弹药、爆炸物；二是，必须有证据证明行为人明知来源的非法性；三是，行为人必须是"为其存放"，即为非法制造、买卖、运输、邮寄者存放，而不是为己存放。这直接导致以下情形不能认定为非法储存爆炸物罪[2]：一是，甲偶然获得爆炸物后存放（如检得战争或演习遗留的未爆手榴弹），因为不符合来源的非法性和"为其存放"的条件，而不构成此罪；二是，甲偶然获得后让乙代其存放（如虽知情仍在自家替捡到未爆手榴弹者存放），由于不符合来源的非法性要件而不构成此罪；三是，甲接受他人赠与后存放（如从捡得未爆手榴弹人员处获赠），因为不符合来源的非法性和"为其存放"的条件而不构成此罪；四是，甲接受乙赠与非法制造的爆炸物后存放，虽然符合来源的非法性要件，但由于是为自己存放而不符合"为其存放"的要件而不构成此罪；五是，甲勒索乙非法制造的爆炸物后存放，虽然符合来源的非法性条件，但不符合"为其存放"要件而不构成此罪；六是，甲从乙处受赠或勒索非法制造的爆炸物后委托知情者丙存放，丙为甲存放，而不是直接为非法制造爆炸物者存放，因而还是不符合"为其存放"要件而不构成此罪；七是，甲非法制造爆炸物后对乙谎称是其拾得的并委托乙存放，由于乙并不明知来源的非法性而不构成此罪；等等。[3]很显然，司法解释不当地缩小了非法储存爆炸物罪的处罚范围，形成了不能容忍的处罚漏洞。

---

〔1〕参见王作富主编：《刑法》（第四版），中国人民大学出版社2009年版，第287、288页；陈兴良主编：《刑法学》（第二版），复旦大学出版社2009年版，第442页；周光权：《刑法各论》，中国人民大学出版社2008年版，第191页；曲新久：《刑法学》，中国政法大学出版社2009年版，第270页；等等。

〔2〕若是存放枪支、弹药，即使不能评价为非法储存枪支、弹药罪，通常也能以非法持有、私藏枪支、弹药罪论处，所以，对非法储存的不当解释通常只会导致非法储存爆炸物行为的处罚空隙。

〔3〕参见王志胜、方建军、段麦荣："非法储存爆炸物罪的规范疏漏与完善"，载《人民检察》2005年第13期，第53页。

上述司法解释在司法实践中产生了极为恶劣的后果。据实务部门同志介绍，山西省太原市万柏林区人民法院在2000~2005年间，根据上述司法解释否定犯罪嫌疑人构成非法储存爆炸物罪，占了以非法储存爆炸物罪起诉的案件总量的53.4%。[1]上述错误的司法解释对于实务的误导作用从下面两个随机抽取的判例中即可窥见一斑：

［例一］ 2002年2月23日，被告人杨建平将郭水土（另案处理）送的两套爆炸装置（每套装置包括TNT炸药1块、铜管1枚、导火索1段），带回寨上暂住处藏匿。3月下旬，杏林区杏林镇计生办多次通知杨建平去办理其违反计划生育的有关事宜，杨建平怕去处理时被扣留，就想带爆炸装置威胁计生干部，以便逃跑。3月25日，杨将其中一套爆炸装置的铜管插入炸药，放在包中，并乘坐公共汽车，将该爆炸装置带到杏林区内林村其女友高美淑家中存放，还告诉高美淑是炸药，很危险，不要去动。后来，杨建平去杏林镇计生办时就将该套爆炸装置带在身边。3月28日，当杨与高美淑的父亲高清标一起在杏林镇计生办干部的陪同下，到仙游县赖店镇计生办办理相关手续时，又将该套爆炸装置带在身边，当日返回厦门，到同安下车后，又携带该爆炸装置搭乘公共汽车到湖里，并直接带到厦门灿坤电器实业股份有限公司上班，被门卫叶春明查获。厦门市湖里区法院认为，“被告人杨建平违反法律、法规，携带爆炸装置乘坐公共汽车，危及公共安全，情节严重，其行为已构成非法携带危险物品危及公共安全罪。根据《最高人民法院关于审理非法制造、买卖、运输枪支、弹药、爆炸物等刑事案件具体应用法律若干问题的解释》第8条第1款之规定，非法储存爆炸物罪是指明知是他人非法制造、买卖、运输、邮寄的枪支、弹药、爆炸物而为其存放的行为，本案中被告人杨建平从郭水土处得到爆炸装置后，其将爆炸装置放在暂住处及其女友住处，均是为了自己，而非为他人存放，故对该存放行为不应定罪。”[2]该案中，检察院以非法运输、储存爆炸物罪起诉，法院按照上述司法解释认为被告人是为自己存放而不是为他人存放，否定成立非法储存爆炸物罪。笔者认为，被告人的行为同时符合了非法储存爆炸物罪与非法携带危险物品危及公共安全罪，应当数罪并罚。

---

〔1〕 参见吴宏毅：“非法储存爆炸物罪的规范疏漏与完善”，载《重庆工商大学学报（社会科学版）》，2008年第5期，第103页。

〔2〕 厦门市湖里区人民法院（2002）湖刑初字第223号“杨建平非法携带危险物品危及公共安全案”刑事判决书，http://www.lawyee.net/Case/Case Display.asp? ChannelID = 2010100&RID = 46903，2011年1月7日访问。

［例二］ 2004年以来，被告人郭海燕伙同王世华（已判刑）将四支鸟铳先后存放藏匿在于田镇长圣村祠堂和无人居住的矮棚内以及王世华租住在县城小工业品市场的房间内，并且购买了火药、铁砂子备用。此后，被告人郭海燕及其同伙多次持藏匿的鸟铳在县城开铳击伤他人，情节恶劣。江西省遂川县法院认为，“被告人郭海燕违反枪支管理规定，伙同他人存放以火药为动力的鸟铳及火药、铁砂子，且伙同他人多次持铳伤人，其行为符合非法持有枪支、弹药罪构成要件及《最高人民法院关于审理非法制造、买卖、运输枪支、弹药、爆炸物等刑事案件具体应用法律若干问题的解释》第5条第1款第2项、第5项，第8条第2款规定，构成非法持有枪支、弹药罪。公诉机关指控被告人郭海燕犯非法储存枪支、弹药罪，因现有证据不能证明被告人郭海燕伙同他人存放的鸟铳、火药、铁砂子是明知他人非法制造、买卖、运输、邮寄的枪支、弹药，也不能证明所存放的枪支的归属。被告人郭海燕在寻衅滋事犯罪中每次只持有鸟铳一支，故应认定为其非法持有枪支一支。所以应以非法持有枪支、弹药罪追究被告人郭海燕的刑事责任，并对被告人郭海燕实行数罪并罚。辩护人黄翼飞提出的被告人郭海燕的行为不构成非法储存枪支、弹药罪，构成非法持有枪支、弹药罪的辩护意见，符合法律规定，可以采纳。”〔1〕该案中，检察院以非法储存枪支、弹药罪起诉，法院以“因现有证据不能证明被告人郭海燕伙同他人存放的鸟铳、火药、铁砂子是明知他人非法制造、买卖、运输、邮寄的枪支、弹药，也不能证明所存放的枪支的归属”为由，认为不构成非法储存枪支、弹药罪，而只能构成非法持有枪支、弹药罪。笔者认为，由于非法控制的枪支、弹药数量较大，应以非法储存枪支、弹药罪定罪处罚。法院适用错误的司法解释作出了错误的判决。

上述错误的司法解释导致错误的理论和实践，值得我们深思。现在有一种现象：国内通说教科书几乎完全照抄照搬司法解释，其篇幅几乎占据了教科书的1/3左右。罪刑“法”定，不是司法解释定，我们服从的是“刑法”，而不是“司法解释”。成文刑法比我们要聪明，也比司法解释高明。刑法学者应当忠实于刑法，而不是奴颜婢膝地为司法解释“献殷勤”。

借助理论和实务部门的批评，最高司法机关也认识到，“《2001年解释》将‘非法储存’的爆炸物仅限定为他人非法制造、买卖、运输、邮寄的爆炸物，没有包括行为人非法储存的他人实施抢劫、抢夺、盗窃等犯罪而得到的爆炸物以及

〔1〕 江西省遂川县人民法院（2006）遂刑初字第22号“郭海燕寻衅滋事，非法持有枪支、弹药案”、http://www.lawyee.net/Case/Case Display.asp?ChannelID=2010100&RID=71212，2011年1月7日访问。

来源不明的爆炸物，造成实践中对非法存放这些爆炸物的行为无法定罪处罚。而爆炸物的危险性在于其自身，而不在于获得的途径，仅从爆炸物的获得途径上加以区分不科学，容易出现处罚上的漏洞，进而危害公共安全。"〔1〕为此，2009 年 11 月 16 日修正后的《最高人民法院关于审理非法制造、买卖、运输枪支、弹药、爆炸物等刑事案件具体应用法律若干问题的解释》（以下简称《2009 年解释》）第 8 条第 1 款规定："刑法第 125 条第 1 款规定的'非法储存'，是指明知是他人非法制造、买卖、运输、邮寄的枪支、弹药而为其存放的行为，或者非法存放爆炸物的行为。"该解释之所以对非法"储存"枪支、弹药与非法"储存"爆炸物进行了区别规定，显然是因为刑法在非法储存枪支、弹药罪罪名之外，还有《刑法》第 128 条的非法持有、私藏枪支、弹药罪，而刑法在非法储存爆炸物罪罪名之外，不存在相应的非法持有、私藏爆炸物罪。质言之，对于非法储存枪支、弹药的行为，即使不构成非法储存枪支、弹药罪，还可以认定为非法持有、私藏枪支、弹药罪，而不至于因为对于非法储存的严格解释而形成处罚漏洞，相反，若对非法储存爆炸物罪中的非法储存进行限制解释，则可能直接导致处罚漏洞。

现在关于"非法储存"的解释是否就完美无缺呢？笔者认为，界定"非法储存"不仅要考虑到非法持有、私藏枪支、弹药罪罪名的存在，还要照顾到刑法仅规定了非法储存爆炸物罪和非法储存危险物质罪，而没有设置非法持有、私藏爆炸物罪和非法持有、私藏危险物质罪的事实，此外，还要考虑到人们对于"储存"作为日常用语的一般性理解。如后所述，私藏与持有属于同义反复，是可以删除的赘语。立法者之所有在非法储存枪支、弹药罪之外，单独规定非法持有枪支罪，是因为枪支便于随身携带，而且持有枪支案件较为多发，设置非法持有枪支罪是出于一般预防的考虑；同理，之所以不规定非法持有爆炸物罪和非法持有危险物质罪，是因为爆炸物和危险物质不便于随身携带，持有这种物质实践中较少见，故没有一般预防的必要。再则，按照一般人的理解，到银行存一分钱不会谓之存钱，既为储存，通常意味着达到一定数量的存放。事实上，相关司法解释在规定非法储存爆炸物罪和非法储存危险物质罪的立案标准时，一般也有数量的要求。

综上，笔者认为，"非法储存"应是未经许可存放相当数量的枪支、弹药、爆炸物、危险物质的行为；立法者之所以仅将非法持有、私藏枪支、弹药罪的法

---

〔1〕 周海洋："《关于修改〈关于审理非法制造、买卖、运输枪支、弹药、爆炸物等刑事案件具体应用法律若干问题的解释〉的决定》的理解与适用"，载《人民司法》2010 年第 1 期，第 38 页（作为单位为最高人民法院）。

定最高刑设置为7年有期徒刑，是因为还有法定最高刑为死刑的非法储存枪支、弹药罪的存在；为了体现非法储存枪支、弹药罪与非法持有、私藏枪支、弹药罪之间法益侵害性的差异，应规定持有、私藏较少数量枪支、弹药的，构成非法持有、私藏枪支、弹药罪，达到一定数量的，构成非法储存枪支、弹药罪；现有的解释规定，导致只要不属于“明知是他人非法制造、买卖、运输、邮寄的枪支、弹药而为其存放”的情形，即便行为所持有、私藏的枪支、弹药能够武装一个军团的队伍，也只能以非法持有、私藏枪支、弹药罪定罪，最重判处7年有期徒刑，相反，只要属于上述情形，即便仅持有1支民用枪支的，也应认定为非法储存枪支罪（法定最低刑是3年有期徒刑），而不是非法持有、私藏枪支罪（法定最低刑为管制）；由于非法储存爆炸物罪和非法储存危险物质罪没有相应的非法持有、私藏爆炸物、危险物质罪罪名，在规定立案标准时，只需考虑违法性和有责性是否达到值得科处刑罚的程度。

基于上述立场，笔者认为司法解释对于有关罪名的立案标准以及实践中的做法值得商榷。《2009年解释》第1条规定：“个人或者单位非法制造、买卖、运输、邮寄、储存枪支、弹药、爆炸物，具有下列情形之一的，依照刑法第125条第1款的规定，以非法制造、买卖、运输、邮寄、储存枪支、弹药、爆炸物罪定罪处罚：一是，非法制造、买卖、运输、邮寄、储存军用枪支1支以上的；二是，非法制造、买卖、运输、邮寄、储存以火药为动力发射枪弹的非军用枪支1支以上或者以压缩气体等为动力的其他非军用枪支2支以上的；……”第5条规定：“具有下列情形之一的，依照刑法第128条第1款的规定，以非法持有、私藏枪支、弹药罪定罪处罚：一是，非法持有、私藏军用枪支1支的；二是，非法持有、私藏以火药为动力发射枪弹的非军用枪支1支或者以压缩气体等为动力的其他非军用枪支2支以上的；……”可见，司法解释将非法储存枪支罪与非法持有、私藏枪支罪规定了同样的立案数量标准。这有违储存的本来含义，不为笔者所赞成。正确的做法是，将非法储存枪支、弹药罪的数量标准规定略高于非法持有、私藏枪支、弹药罪。

[例三] 2001年9月，被告人蔡祖瑶在西安市告知被告人高新宝欲购买手枪。经被告人高新宝介绍和联系，被告人蔡祖瑶到深圳市罗湖区仙湖植物园附近从李峰（在逃）处以人民币6000元购得仿“六四”式自制手枪1支、“六四”式手枪子弹5发（其中1发被被告人蔡祖瑶在2001年12月初试枪时所用）。被告人蔡祖瑶购得手枪后，返回丽水途经温州时，将购得的手枪向被告人高新宝出示。嗣后，被告人蔡祖瑶欲前往外地打工，于2002年12月21日将手枪交由被告人余

小军保管，并将弹匣及4发子弹取出自行保管。被告人余小军将被告人蔡祖瑶委托其保管的手枪藏至其住房外墙墙洞内。浙江省丽水市莲都区法院认为，“被告人余小军明知系他人非法买卖的枪支而予以存放，其行为已构成非法储存枪支罪。……判决如下：被告人余小军犯非法储存枪支罪，判处有期徒刑3年。”〔1〕该案中，被告人替人保管1支枪，仅仅因为是明知是他人非法买卖的枪支而为其存放，就被认定为非法储存枪支罪而判处3年有期徒刑。但是，行为人持有枪支的法益侵害性的大小与枪支的来源毫无关系。我们显然不能认为，明知是他人非法买卖的1支枪支而为其存放的行为法益侵害性一定大于明知是他人盗窃或者拾得的1支枪而为其保管的行为。前者以非法储存枪支罪论处将面临至少3年有期徒刑的刑罚，而后者以非法持有枪支罪定罪只能判处3年以下的有期徒刑、拘役或者管制的刑罚。笔者认为，该案被告人余小军替人保管1支枪的行为应认定为非法持有枪支罪，判处3年以下有期徒刑、拘役或者管制，该案定性错误、量刑畸重！

［例四］ 1993年期间，被告人马清成从其亲戚处找来一根钢管，用木头等做配件，在其父马洪顺的帮助下，自制了一支长1.65米的单管火药枪，用于打猎及防盗。被告人马清成结婚后将该枪带回自己家中存放。2000年1月期间龙刚学（系被告人马清成的妻子龙刚春之兄，已治安处罚）将一支长1.71米的自制单管火药枪存放于被告人马清成家中至今。四川省攀枝花市西区法院认为，“被告人马清成违反法律规定，非法制造火药枪1支，其行为已构成非法制造枪支罪；另外，被告人马清成明知是他人非法制造的枪支，却仍为其存放，其行为又构成非法储存枪支罪。公诉机关指控的罪名成立，本院予以采纳。……被告人马清成关于其行为构成非法持有枪支罪，而不构成非法储存枪支罪的辩解，因《最高人民法院关于审理非法制造、买卖、运输枪支、弹药、爆炸物等刑事案件具体应用法律若干问题的解释》中对这两个罪名有明确的界定：‘非法持有’是指不符合配备、配置枪支、弹药条件的人员，违反枪支管理法律、法规的规定，擅自持有枪支、弹药的行为。被告人马清成的行为不符合上述规定，而该解释中‘非法储存’的规定是指明知是他人非法制造、买卖、运输、邮寄的枪支、弹药、爆炸物而为其存放的行为，被告人马清成的行为符合该罪的构成要件。因此，被告人马清成的行为构成非法储存枪支罪。其不构成非法储存枪支罪，而构成非法持有枪

---

〔1〕 浙江省丽水市莲都区人民法院（2003）莲刑初字第118号“蔡祖瑶、高新宝非法买卖枪支、弹药，余小军非法储存枪支案”，http：//www.lawyee.net/Case/Case Display.asp？ChannelID = 2010100 &RID = 7502，2011年1月7日访问。

支罪的辩解与法律规定不相符合，本院不予采纳。……判决如下：被告人马清成犯非法制造枪支罪，判处有期徒刑1年；犯非法储存枪支罪，判处有期徒刑3年，决定执行有期徒刑3年零6个月。"〔1〕该案中，被告人马清成自己制造1支枪构成非法制造枪支罪仅被判处1年有期徒刑，而替人保管1支单管火药枪却构成非法储存枪支罪被判处3年有期徒刑，实在怪异！笔者认为，即便明知是他人非法制造的枪支，由于只有1支民用枪支，应认定为非法持有枪支罪，适用3年以下有期徒刑、拘役或者管制的法定刑幅度；对被告人应以非法制造枪支罪与非法持有枪支罪数罪并罚。

（六）爆炸物及其数量的认定

理论上对于烟花爆竹是否属于爆炸物存在争议。司法解释对于非法储存爆炸物罪的立案标准有明确的数量要求，因此，爆炸物数量的大小对于罪与非罪、轻罪与重罪的区分具有重要意义。有这样的案例：2008年5月，吴某租用村民的房屋非法配制黑火药，并将配制好的黑火药交由雇佣工人非法从事烟花爆竹生产达1年多。2009年9月6日，吴某非法购进用于配制黑火药的原料银粉9公斤、硫磺3公斤、氯酸钾43公斤。9月20日，吴某在装填好黑火药时被公安机关当场抓获。现场扣押了装药台上装填爆竹剩余的黑火药100克，装填好黑火药的成品鞭炮7万余枚，配制黑火药的剩余原料银粉8公斤、硫磺31公斤、氯酸钾18公斤。公安机关将扣押的成品鞭炮当场销毁。

对吴某的行为如何定性有三种不同意见：第一种意见认为，吴某构成非法制造爆炸物罪，因为烟花爆竹是以黑火药或烟火药为原料的可爆炸危险品，可将烟花爆竹视同爆炸物。第二种意见也认为，吴某构成非法制造爆炸物罪，但理由不同，认为虽然公安机关只当场查获100克黑火药，其数量未达到刑法及相关司法解释规定的定罪量刑标准（黑火药1000克以上，烟火药3000克以上），但可以对鞭炮中含有的黑火药进行鉴定（现有证据能证实吴某曾配制8500克黑火药填充进鞭炮），应将这8500克黑火药折算后定罪量刑。第三种意见认为，吴某不构成非法制造爆炸物罪。理由是烟花爆竹不是刑法意义上的爆炸物，烟花爆竹中的黑火药也不能折算成爆炸物数量予以定罪量刑。〔2〕笔者认为，由于一般性的烟花爆

---

〔1〕 四川省攀枝花市西区人民法院（2001）攀西刑初字第135号"马清成非法制造枪支、非法储存枪支案"刑事判决书，http：//www. lawyee. net/Case/Case Display. asp? ChannelID = 2010100&RID =47726，2011年1月7日访问。

〔2〕 参见廖正全："配制黑火药生产烟花爆竹是否构罪"，载《检察日报》2010年1月26日，第3版。

竹的爆破力有限，不宜评价为刑法意义上的爆炸物。虽然将该案中的烟花爆竹中的黑火药进行折算累加可能达到司法解释确定的立案数量标准，但解释所确定的数量显然是就单个爆炸物而言的，将分散到各个烟花爆竹中的黑火药进行折算累加，已经超出了一般人的所能接受的范围，故不应折算累加后以非法制造爆炸物罪论处。

二、非法制造、买卖、运输、储存、盗窃、抢夺、抢劫危险物质罪

1997年《刑法》第125条第2款原规定是，“非法买卖、运输核材料的，依照前款的规定处罚”。《刑法修正案（三）》将其修改为现在的规定。毒害性物质，是指含有毒质能够致人患染疾病、死亡的有机物或者无机物，如氰化钾、砒霜、毒鼠强等禁用剧毒化学品（包括氟乙酰胺、氟乙酸钠、毒鼠硅、甘氟）等。放射性物质，是指含有能自发放射出穿透力较强射线元素的物质。传染病病原体，包括传染病的病毒、细菌、真菌、螺旋体、原虫等，病原体通过某种方式在人群中传播，造成传染病流行。[1]实践中较为多发的是制造、买卖、运输、储存毒鼠强案件。上述罪名有以下几个问题值得重点研究：

（一）“危害公共安全的”是否表明该罪是具体危险犯

上述条款中均有“危害公共安全的”的表述，据此，有不少刑法教科书认为，非法制造、买卖、运输、储存危险物质罪和盗窃、抢夺、抢劫危险物质罪属于具体危险犯。[2]有教科书甚至还明确指出，非法制造、买卖、运输、储存危险物质的行为必须对公共安全造成现实的危险才构成该罪；如果行为人虽盗窃、抢夺了危险物质，但是对公共安全并没有造成危害的，不构成盗窃、抢夺危险物质罪，但是可能构成盗窃罪、抢夺罪，“例如行为人以不法所有为目的而采用了科学合理的方法将盗窃的危险物质加以储存，而不可能危害公共安全的情形”。[3]在国外刑法理论中，所谓具体危险犯与抽象危险犯，通常是根据危险是否构成要件的要素，是否需要在个案中进行具体的现实的判断进行区分的。[4]可是从实践

---

〔1〕熊选国、任卫华主编：《刑法罪名适用指南——危害公共安全罪》，中国人民公安大学出版社2007年版，第53页。

〔2〕参见张明楷：《刑法学》（第三版），法律出版社2007年版，第532～534页；陈兴良主编：《刑法学》（第二版），复旦大学出版社2009年版，第445～448页；等等。

〔3〕参见陈兴良主编：《刑法学》（第二版），复旦大学出版社2009年版，第445～447页。

〔4〕参见［日］林干人：《刑法总论》（第二版），东京大学出版会2008年版，第106页。

中看，认定危险物质犯罪时并没有进行是否存在具体的现实的危险的判断，而是只要实施了上述行为，即便行为人采取了科学合理的方法防范危害，仍以上述罪名予以定罪处罚。

［例一］　2009年10月13日16时许，被告人胡某某至本区电镀厂第三车间仓库，趁无人之机，窃得氰化钠约5.5公斤，后储藏于本区四团镇新桥村其暂住处。上海市奉贤区法院认为，"被告人胡某某秘密窃取毒害性物质，危害公共安全，其行为已触犯刑律，构成盗窃危险物质罪。……判决如下：被告人胡某某犯盗窃危险物质罪，判处有期徒刑3年。"[1]该案中，法院并没有就所谓盗窃危险物质形成的具体性危险进行判断，而是直接根据盗窃了一定数量的危险物质的行为认定构成盗窃危险物质罪。

［例二］　被告人蔡利辉原系广东汕头某单位员工，2007年6月受聘为无锡某不锈钢制品有限公司技术员。因汕头有多家企业需要测厚仪，蔡利辉便一直寻找机会盗窃公司的测厚仪变卖。今年4月4日上午，蔡利辉明知公司车间轧机上的测厚仪内的放射源系危险物质，仍将测厚仪拆下。4月5日，蔡利辉携带测厚仪搭乘长途客车到汕头老家，并将其藏匿于家中试图变卖。在家呆了10多天后，因没联系到买家，蔡利辉匆匆回到无锡，不久即被抓获。经无锡市核与辐射安全监督管理站认定，被盗测厚仪的放射源镅—241为低危险源，一般不会对人造成永久性损伤，但对长时间、近距离接触这些放射源的人可能造成可恢复的临时性损伤。庭审中，蔡利辉表示自己盗窃的测厚仪不会对人造成永久性损伤，自己的行为仅是普通的盗窃犯罪。但公诉人指出，蔡利辉作为公司技术员，对测厚仪的放射性、危险性是非常清楚的，为了一己私利，他不惜将偷盗来的危险物质从无锡千里迢迢带到汕头，还想变卖，任其流向社会。所以，他的行为涉嫌危害公共安全，触犯的是盗窃危险物质罪。江苏省无锡市锡山区法院以盗窃危险物质罪判处被告人蔡利辉有期徒刑3年零3个月。[2]该案中，法院也没有进行是否存在具体的现实的危险的判断，而是直接根据所盗物品具有放射性而认定构成盗窃危险物质罪。需要指出的是，行为人盗窃危险物质后搭乘长途汽车往返于广东汕头与江苏无锡之间，还涉嫌构成非法运输危险物质罪和非法携带危险物品危及公共安全罪，两罪之间存在竞合关系，从一重应以非法运输危险物质罪定罪处罚。由于盗窃危险物质罪与非法运输危险物质罪所侵害的法益并不完全重合，行为人实施了

---

〔1〕 上海市奉贤区人民法院（2010）奉刑初字第69号刑事判决书。

〔2〕 参见卢志坚、张建如："盗窃含放射源的测厚仪——江苏无锡首例盗窃危险物质罪案宣判"，载《检察日报》2009年10月15日，第2版。

两个以上的行为，侵犯了两个以上的法益，符合了数个犯罪的构成要件，应当数罪并罚。笔者的结论是，应以盗窃危险物质罪与非法运输危险物质罪数罪并罚。

综上，危险物质犯罪中“危害公共安全的”并非具体危险犯的标志，“危害公共安全的”仅仅是表明并非针对所有有毒有害的物质实施的都构成该罪，只有这种毒害性达到一定程度、具有相当程度的公共危险性的，才能成为危险物质犯罪的对象。换言之，“危害公共安全的”是对对象性质的要求，而不是对行为危险程度的要求。因此，这种犯罪更接近于所谓的抽象危险犯。

（二）成立盗窃、抢夺、抢劫危险物质罪是否应具备非法占有的目的

国内外刑法理论多数认为，构成财产犯罪必须具有非法占有的目的（也称不法领得的意思），具体包括排除的意思和利用的意思。[1]但是，盗窃危险物质罪（仅以盗窃为例）不仅侵害了财产权，而且从其位于危害公共安全罪一章来看，立法者认为该罪侵犯的主要法益是公共安全，即该罪的主要性质不是财产犯而是公共危险犯。为了与故意毁坏财物罪相区分，构成盗窃罪必须具有排除的意思和利用的意思，而出于毁弃或者隐匿的目的排除他人的占有的，因为行为人没有利用的意思，而否认具有非法占有的目的，否定成立盗窃罪；而且只有行为人按照财物可能具有的用途进行利用的，才能认定具有利用的意思。[2]构成盗窃危险物质罪是否也需要行为人具有利用的意思，而且必须具有按照财物可能的用途进行利用的意思？或者说，虽然行为人不具有按照财物可能的用途进行利用的意思，但因为行为人排除了他人对于危险物质的占有而具有了公共危险，能否认定为盗窃危险物质罪？下面结合判例进行分析：

［例三］ 被告人王德利曾在上海陆海化学工程有限公司（以下简称陆海公司）从事操作探伤仪（装有危险性的放射性物质）的工作，因怀疑自己身体健康与操作探伤仪工作有关，在2005年12月底与王德江密谋，准备从陆海公司在本市金山区漕泾镇暂住地的车库内，盗窃Ir—192伽玛射线探伤仪后向该公司负责人魏某敲诈勒索。2006年1月1日两人开始分别实施有关行为。2006年1月4日20时许，被告人王德利至本市金山区漕泾镇暂住地，用事先配好的钥匙打开了车库门进入室内，窃取Ir—192伽玛射线探伤仪一部。之后，被告人王德利在明知该探伤仪装有放射性物质，一旦泄露会对人体产生严重伤害的情况下，将窃取的伽玛射线探伤仪丢弃在本市金山区漕泾镇中一东路、沪杭公路桥洞南面的河中。

---

〔1〕 参见［日］西田典之：《刑法各论》（第四版补正版），弘文堂2009年版，第146页以下；张明楷：《诈骗罪与金融诈骗罪研究》，清华大学出版社2006年版，第292页以下；等等。

〔2〕 参见张明楷：《外国刑法纲要》（第二版），清华大学出版社2007年版，第550页以下。

随后，王德利、王德江两人在2006年1月6日至8日期间，多次向魏某发送手机短信索要人民币7万元，因魏某拒绝并报警而未得逞。被告人王德利所窃伽玛射线探伤仪价值人民币27 992元。被窃探伤仪根据王德利、王德江发给魏某的短信提供的地点被打捞起获。上海市金山区法院一审认为，“被告人王德利伙同他人盗窃放射性物质，危害公共安全，其行为已构成盗窃危险物质罪。……对被告人王德利犯盗窃危险物质罪，判处有期徒刑5年。”二审法院认为，“王德利对于Ir—192伽玛射线探伤仪系具有危险性的放射性物质，主观上是明知的。王德利为达到敲诈他人钱财的目的，将具有放射性的危险物质弃于河道内，而全然不顾此物质可能对周围的环境和人们的身体健康造成损害，其行为在客观上对社会公共安全已造成了危害。……裁定驳回上诉，维持原判。”〔1〕

评析：很显然，被告人王德利窃取具有放射性的物质不具有按照财物可能具有的用途进行利用的意思，〔2〕法院只考虑到行为具有公共危险性的一面，而忽视了盗窃危险物质罪具有财产犯罪的一面，而作为财产犯，只有行为人具有按照财物可能的用法进行利用的意思时，才能认为行为人具有非法占有的目的。本案中，行为人一开始就没有占有的目的，只具有通过排除单位对于放射性物质的占有而借机向单位勒索财物，正如绑架行为人一开始就打算杀死人质后谎称人质还活着借机勒索财物，只能评价为故意杀人罪与敲诈勒索罪，而不能评价为绑架罪一样。若该案行为人开始具有占有放射性物质的意图，只是后来改变主意，决定抛弃放射性物质后借机向单位勒索财物，则由于前面的盗窃行为已经既遂，当然能够评价为盗窃危险物质罪，本案显然不属于这种情形。

笔者认为，盗窃危险物质罪侵犯的主要法益是公共安全，即便行为人出于毁弃、隐匿的目的获取、支配危险物质，也会侵害公共安全，上述案例就是如此，因此我们可以考虑，认定盗窃、抢夺、抢劫危险物质罪，只要求行为人具有排除的意思，并且排除占有的行为因此具有公共危险的，就可以肯定盗窃、抢夺、抢劫危险物质罪的成立。之所以相对于盗窃罪等财产犯，对于非法占有目的中的利用意思要件进行了一定程度的缓和，源于两点：一是强调盗窃罪等取得罪必须同时具有利用的意思，是为了与故意毁坏财物罪相区分，而盗窃、抢夺、抢劫危险

---

〔1〕上海市第一中级人民法院“王德利盗窃危险物质案”刑事裁定书，http：//www. lawyee. net/Case/Case Display. asp？ChannelID＝2010100&RID＝297045，2011年1月7日访问。

〔2〕虽然现在刑法理论和判例对于利用意思的解释越来越缓和，但通常认为还是应坚守财物可能的用途这一底线，而一开始就打算将所盗窃的物质抛弃后进行勒索，借此勒索财物不可能是财物本身可能具有的用途，因此应否定利用意思的存在。

物质罪之外，并不存在需要与之区分的故意毁坏危险物质罪罪名；二是盗窃罪等取得罪侵犯的主要法益是财产权（本权或者占有），而盗窃、抢夺、抢劫危险物质罪侵犯的主要法益是公共安全，前者是财产犯，后者是公共危险犯，判断构成要件具备与否，必须考虑该罪所保护的主要法益。因此，笔者认为上述判决结论是正确的；构成盗窃、抢夺、抢劫危险物质罪，不需要行为人具有按照财物可能的用途进行利用的利用意思。

（三）运输的理解以及邮寄危险物质行为的处理

考虑到《刑法》第151条走私核材料罪（核材料属于放射性危险物质）的存在，有的学者将运输危险物质的行为限于国（边）境之内。[1]然而，危险物质的范围远比核材料范围广，仅因为走私核材料罪罪名的存在，就将运输危险物质罪行为限于国（边）境之内，会导致运输核材料以外的危险物质超出国（边）境的不构成非法运输危险物质罪的后果，显然不妥。因此，笔者认为，运输不应限于国（边）境之内，非法运输危险物质，同时构成非法运输危险物质罪和走私核材料罪的，构成想象竞合犯，从一重处罚即可。

值得注意的是，刑法针对枪支、弹药、爆炸物，规定了非法邮寄行为，而对于危险物质没有规定，是否意味着非法邮寄危险物质的行为无罪？其实，邮寄可以评价为运输的一种形式，因此，非法邮寄危险物质的，构成非法运输危险物质罪，[2]非法邮寄核材料超出国（边）境的，同时构成非法运输危险物质罪与走私核材料罪，从一重处罚即可。

三、违规制造、销售枪支罪

（一）违规制造、销售枪支罪与非法制造、买卖枪支罪是否排斥对立关系

理论通说认为，两罪的根本区别在于主体的不同，违规制造、销售是有资格即有许可制售，但是违反了国家规定的合法制售管理要求；而非法制造、买卖是没有许可即没有从事制售枪支的资格而从事非法的制造、买卖。[3]问题是，若直接负责的主管人员发生认识错误，如何定性？例如，受雇负责X企业的生产、销售工作的甲，因受蒙骗，误以为X企业属于依法被指定的枪支制造、销售企业，

---

〔1〕参见阮齐林：《刑法学》，中国政法大学出版社2008年版，第404页。

〔2〕参见陈兴良主编：《刑法学》（第二版），复旦大学出版社2009年版，第445页。

〔3〕参见阮齐林：《刑法学》，中国政法大学出版社2008年版，第405页；刘宪权主编：《刑法学（下）》（第二版），上海人民出版社2008年版，第441页；等等。

以非法销售为目的，指示生产人员制造无号枪支。对此应如何处理。甲的行为客观上符合《刑法》第125条规定的构成要件，但其主观上产生了认识错误，导致其不具备《刑法》第125条所要求的故意。一方面，这种情形虽然属于抽象的事实认识错误，但即使适用错误论，也不可能认定X企业属于依法指定的枪支制造、销售企业。换言之，适用错误论也不能使本案的行为主体符合《刑法》第126条的规定。另一方面，以某种理由宣告甲的行为无罪也明显不当。有学者指出，“惟一的出路在于承认表面的构成要件要素。亦即《刑法》第126条所规定的‘依法被指定、确定的枪支制造企业、销售企业’并不是真正的构成要件要素，只是表明的构成要件要素，即它并不是为违法性、有责性提供根据的要素，而是为了与《刑法》第125条的犯罪相区别所设立的要素。因此，就《刑法》第126条与第125条的关系而言，虽然认为二者在通常情况下处于对立关系的观点是成立的，但在发生事实认识错误等特殊情形下，只要某企业（不管是否属于‘依法被指定、确定的枪支制造企业、销售企业’）客观上非法制造、销售了枪支，直接负责的主管人员与直接责任人员缺乏《刑法》第125条所规定的犯罪的故意（如误以为所属企业是‘依法被指定、确定的枪支制造企业、销售企业’）也应认为符合《刑法》第126条的构成要件，认定为违规制造、销售枪支罪的既遂。”〔1〕

（二）“以非法销售为目的”的地位

违规制造、销售枪支罪的前两项行为均要求“以非法销售为目的”，问题之一是，行为人出于非法销售的目的而着手制造枪支时是否是违规制造枪支罪的着手？二是，出于非法销售的目的而超过限额制造枪支的，以及制造完成了无号、重号、假号的枪支，尚未销售的，是否构成违规制造枪支罪的既遂？这涉及到该罪中“以非法销售为目的”的地位的问题。笔者认为，违规制造枪支罪属于刑法理论上的所谓短缩的二行为犯，即以实施第二行为为目的的犯罪，但只有第一行为是构成要件行为，第二行为不是构成要件行为，第二行为犯的目的实现与否，既不影响犯罪的成立，也不影响犯罪既遂的认定。〔2〕违规制造枪支罪中的非法销售目的是第二行为的目的，属于间接目的、最终目的，就违规制造枪支罪而言，销售行为不是构成要件行为，制造行为才是构成要件行为、实行行为，出于非法销售的目的着手制造枪支时，即为着手实行；犯罪既遂的判断标准不是看销售目

---

〔1〕 张明楷：“论表面的构成要件要素”，载《中国法学》2009年第2期，第100页。

〔2〕 参见张明楷：“论短缩的二行为犯”，载《中国法学》2004年第3期，第147页。

的实现与否，而是看制造行为完成与否。

四、盗窃、抢夺、抢劫枪支、弹药、爆炸物罪

（一）明知对象性质的情况下是想象竞合犯还是应数罪并罚

刑法理论通常探讨的是，行为人不明知是枪支而盗窃的，只能评价为盗窃罪，发现是枪支而持有、私藏的，再评价为非法持有、私藏枪支罪，与盗窃罪数罪并罚。〔1〕问题是，在既遂之前就已发现对象中既有普通财物又有枪支（以枪支为例说明）而统统取走的，是一个行为还是两个行为，是盗窃罪与盗窃枪支罪之间的想象竞合犯，还是以盗窃罪与盗窃枪支罪数罪并罚？或许有人会设想为多种情形：一是，一塑料袋钞票和一塑料袋枪支，左右手各提一袋走出门去；二是，钞票和枪支装在一个袋子里，一手提走；三是，钞票和枪各一麻袋，行为人分两次搬运出门；等等。我们能否认为第二种情形只有一个行为，而应作为想象竞合犯处理，而第一和三种情形明显属于两个行为，而应数罪并罚？笔者认为，对刑法中的行为应当进行规范性评价，上述三种情形，均为盗窃普通财物和盗窃枪支两个行为，侵害了两个法益，同时符合两罪构成要件，应当数罪并罚。

［例一］ 2000年2月22日晚8时许，被告人詹文兵窜至贵阳市甘荫塘菊花洞路中建四局建材科研设计所宿舍17栋2楼保卫干部王贵华家，用木棍撬开厨房窗户防护栏后，翻窗入室行窃，盗得五四式手枪1支（枪号23006275）、子弹26发、金项链1条、金戒指1枚。所盗金首饰变卖后挥霍。贵阳市中级人民法院一审对该行为以盗窃罪与盗窃枪支罪数罪并罚。贵州省高级人民法院二审认为，“原判对上诉人詹文兵以秘密窃取公私财物为目的所实施的盗窃枪支弹药及金首饰的行为，分别定性盗窃罪和盗窃枪支、弹药罪实行数罪并罚不当，对此犯罪行为应当择一重罪处罚，即只定盗窃枪支、弹药罪，而不再定盗窃罪，本院依法纠正。”〔2〕该案中，从案情描述看，在盗窃既遂之前，行为人已经认识到对象的性质，应该评价为两个行为，应当数罪并罚。因此，一审认定为数罪是正确的，二审改判为一罪是错误的。

---

〔1〕 参见杨春洗、杨敦先、郭自力主编：《中国刑法论》（第四版），北京大学出版社2008年版，第236页。

〔2〕 贵州省高级人民法院（2000）黔刑终字第522号“詹文兵、厉益抢劫、盗窃枪支、弹药案”刑事判决书，http：//www. lawyee. net/Case/Case Display. asp？ChannelID = 2010100&RID = 10108，2011年1月7日访问。

［例二］ 1999年12月1日晚，被告人余柱、谢国辉、王勇、李奎四人在前往海口玉沙村的路途中，被告人余柱、谢国辉提出“现在大家没钱花了，一起去搞点钱来花”的主张，被告人李奎、王勇也表示同意。接着四人一起去海口市万绿园，在万绿园里的高尔夫球场后的草地上，他们看见一对男女，被告人李奎、王勇及谢国辉便冲上去抓住男的（王俊），余柱用水果刀指着王俊说：“不许动”，后抢走王俊携带的“七七”式手枪1支，子弹7发，摩托罗拉手机1部，谢国辉抢走王俊传呼机1台。后四人逃离作案现场。1999年12月的一天，被告人余柱、王勇及谢国辉在双岛校园附近工地找被告人李江财，将“七七”式手枪和6发子弹卖给李江财，李江财当场付给他们三人300元。海南省海口市中级人民法院认为，“被告人余柱、李奎、王勇结伙持刀进行抢劫，其行为均已构成抢劫罪，被告人余柱在抢劫中抢得“七七”式手枪1支，其行为已构成抢劫枪支、弹药罪。被告人余柱还伙同被告人王勇等人将抢来的枪支卖给他人，其行为均已构成非法买卖枪支、弹药罪。被告人李江财明知是枪支弹药还予以购买，其行为已构成非法买卖枪支、弹药罪。”〔1〕笔者认为，行为人抢劫时认识到了枪支的存在，法院以抢劫罪与抢劫枪支、弹药罪数罪并罚是正确的。〔2〕不过，行为人抢劫枪支后出售的，没有侵犯新的法益（抢劫枪支、弹药罪与非法买卖枪支、弹药罪均为公共危险犯），属于刑法理论上的不可罚的事后行为，因此，在抢劫枪支、弹药罪之外另定非法买卖枪支、弹药罪并数罪并罚不妥。

（二）能否转化为抢劫的问题

《刑法》第269条规定犯盗窃、诈骗、抢夺罪可以转化为《刑法》第263条抢劫罪，但刑法并没有专门规定犯盗窃、抢夺枪支、弹药、爆炸物、危险物质罪可以转化为抢劫罪或者抢劫枪支、弹药、爆炸物、危险物质罪。有学者指出，在盗窃、抢夺枪支、弹药、爆炸物、危险物质过程中，为窝藏赃物、毁灭罪证或抗拒抓捕而当场使用暴力或者以暴力相威胁的，是否成立准抢劫枪支、弹药、爆炸物罪？按照严格解释的立场，应当否认准抢劫罪的成立。“因为在侵犯财产罪中，准抢劫罪的成立是以法律有明文规定为限的，该规定属于特别规定，不能无限扩

---

〔1〕 海南省海口市中级人民法院（2001）海中法刑初字第36号“余柱、李奎、王勇抢劫、非法买卖枪支、弹药，余柱抢劫枪支、弹药，李江财非法买卖枪支、弹药案”刑事判决书，http：//www.lawyee.net/Case/Case Display.asp？ChannelID = 2010100&RID = 6112，2011年1月7日访问。

〔2〕 参见管瑞哲：“被告人余柱等人抢劫，抢劫枪支，非法买卖枪支、弹药案——抢劫他人财物同时抢劫枪支的行为该如何定罪”，载张耕总主编：《刑事案例诉辩审评——危害公共安全罪》，中国检察出版社2005年版。

大适用到非财产犯罪的情形。所以，在法无明文规定可以转化为准抢劫枪支、弹药、爆炸物、危险物质罪的场合，认定准抢劫罪的成立，可能与罪刑法定原则相悖。”[1]的确，由于《刑法》第269条明文规定只能转化为第263条的抢劫罪，盗窃、抢夺枪支（以枪支为例）过程中使用暴力，无论如何不能转化为抢劫枪支罪。但是，枪支也是财物，盗窃、抢夺枪支也符合盗窃罪的构成要件，因此，盗窃、抢夺枪支过程中完全可能转化为抢劫罪，但不是转化为抢劫枪支罪。这样处理具有合理性：一是不能说犯普通盗窃、抢夺罪能够转化为抢劫罪，而实施法益侵害性更为严重的盗窃、抢夺枪支罪反而不能转化为抢劫罪；二是《刑法》第17条第2款仅规定已满14周岁不满16周岁的对抢劫罪（笔者认为就是指《刑法》第263条的抢劫罪）承担刑事责任，而通说认为该年龄段人实施盗窃、抢夺行为是能够转化为抢劫罪的，显然不能认为，该年龄段的盗窃、抢夺普通财物能转化为抢劫罪，而实施法益侵害性更为严重的盗窃、抢夺枪支、弹药的行为反而不能转化为抢劫罪。还有观点认为，应当在《刑法》第127条后增设一条：犯盗窃、抢夺枪支、弹药、爆炸物罪，为窝藏赃物、抗拒抓捕或者毁灭罪证而当场使用暴力或者以暴力相威胁的，依照《刑法》第127条的规定按抢劫枪支、弹药、爆炸物罪处罚。[2]其实，立法者仅在第269条规定转化型抢劫，而不在第127条也规定转化型抢劫，是因为考虑到一般预防的需要，即便发生了盗窃、抢夺枪支罪转化为抢劫罪的情形，立法者认为评价为抢劫罪（评价为抢劫罪可以追究已满14周岁不满16周岁的行为人刑事责任），或者直接认定为盗窃、抢夺枪支罪情节严重，而适用10年以上有期徒刑、无期徒刑或者死刑的法定刑幅度，与评价为抢劫枪支罪效果一样，因此，并非立法疏漏，而是立法者有意而为之。

（三）抢夺与抢劫的界定

由于抢夺枪支、弹药、爆炸物、危险物质罪的起点刑只有3年有期徒刑，而抢劫枪支、弹药、爆炸物、危险物质罪的起点刑就是10年，因此，准确认定抢夺与抢劫具有重要意义。我国刑法理论通说，“抢夺”是指乘人不备，公然夺取枪支、弹药、爆炸物、危险物质的行为。而抢劫枪支、弹药、爆炸物、危险物质罪，是指以非法占有为目的，当场使用暴力、胁迫或者其他方法，强行劫夺枪支、弹

〔1〕周光权：《刑法各论》，中国人民大学出版社2008年版，第195页。

〔2〕参见储硕、粟昌德：“刑法应增设转化型抢劫枪支、弹药、爆炸物、危险物质罪条款”，载《检察实践》2003年第3期，第72页。

药、爆炸物、危险物质的行为。[1]抢夺与抢劫概念认识上的模糊必然导致实践中认定的混乱。有学者针对通说，为区分盗窃罪与抢夺罪而提出的秘密窃取是盗窃，乘人不备、公然夺取的是抢夺的立场，提出，“以对物暴力的方式强夺他人紧密占有的财物，具有致人伤亡可能性的行为，才构成抢夺罪”[2]。笔者认为，抢夺与抢劫的区分应把握两点：一是抢夺是被害人来不及抗拒，抢劫是被害人难以抗拒；二是抢夺中的暴力没有达到足以压制对方反抗的程度，而抢劫中的暴力必须达到足以压制对方反抗的程度。下面看几个判例：

[例三] 1995 年 4 月 30 日凌晨，被告人祖贵均、向书成和同案人罗志强（已判刑）流窜到河北省武安市下白石派出所，翻墙入院，拨门入室，盗窃现金 10 元，又潜入该所佘润田的办公室，盗窃警服 1 套。发现有枪后，3 人合谋抢枪。由向书成在屋外望风，祖贵均持砖伙同罗志强返回屋内。祖贵均持砖猛击熟睡中的佘润田头部，致其轻伤昏迷，罗志强用被子将佘润田蒙住，抢走“六四”式手枪 1 支、子弹 10 发。河北省邯郸市中级人民法院一审认为，“被告人祖贵均、向书成盗窃枪支 1 次，并用盗窃来的枪支进行抢劫犯罪活动，抢夺枪支 1 次，并在抢夺枪支过程中击伤公安人员，其行为均已触犯《中华人民共和国刑法》第 112 条的规定，分别构成盗窃枪支罪、抢夺枪支罪。”河北省高级人民法院二审认为，“一审判决认定的犯罪事实清楚，证据确凿。认定被告人祖贵均、上诉人向书成犯盗窃罪、抢劫罪，定性准确，量刑适当。但是将祖贵均、向书成盗窃、抢夺警察枪支、弹药的行为分别认定为盗窃枪支罪和抢夺枪支罪，定性不准，应认定为盗窃、抢夺枪支、弹药罪。”[3]笔者认为，被告人“祖贵均持砖猛击熟睡中的佘润田头部，致其轻伤昏迷，罗志强用被子将佘润田蒙住，抢走“六四”式手枪 1 支、子弹 10 发”，显然已经足以压制被害人的反抗，如果这还不能评价为抢劫的话，乘被害人不备一枪使被害人毙命，大概也不能评价为抢劫了。因此，应认定被告人的行为构成抢劫枪支、弹药罪，而不是抢夺枪支、弹药罪。

（四）既未遂的认定

该罪侵犯的主要法益是公共安全。本来，法益是否受到侵害是判断既未遂的

---

[1] 参见高铭暄、马克昌主编：《刑法学》（第四版），北京大学出版社、高等教育出版社 2010 年版，第 394、395 页。

[2] 张明楷：“盗窃与抢夺的界限”，载《法学家》2006 年第 2 期，第 119 页。

[3] 河北省高级人民法院“祖贵均、向书成盗窃、抢夺枪支、弹药和盗窃、抢劫案”刑事判决书，http：//www. lawyee. net/Case/Case Display. asp？ChannelID =2010100 &RID =22870，2011 年 1 月 7 日访问。

一种重要考虑因素，盗窃、抢夺、抢劫枪支、弹药、爆炸物罪，属于抽象的危险犯；只要行为人实施了盗窃、抢夺、抢劫枪支、弹药、爆炸物的行为，便可根据社会一般生活经验，得出具有公共危险的结论。但这并不意味着一旦着手实行就是本罪的既遂，只有发生了替代的侵害结果（行为人或第三者控制了枪支、弹药、爆炸物），才成立犯罪既遂。就盗窃、抢夺、抢劫危险物质罪而言，行为人或者第三者控制了危险物质的，才成立犯罪既遂。[1]

［例四］ 2000年3月27日晚11时许，三亚市藤桥派出所干警陈丰带领联防队员全业汪到藤桥朱家酒店处，向正在吃宵夜的被告人高雄表明身份后，依法口头传唤高雄回派出所调查其涉嫌3月8日敲诈勒索邢忠云一案，但高雄以自己是南田农场人，藤桥派出所无权处理为由拒绝，当陈丰再次要求高雄回所接受调查时，高雄竟然拿起所坐的塑料椅朝全业汪砸去，但被全将椅子夺下，高雄欲再打全时，陈丰上前制止，高雄便转身扑上抱住陈丰欲将陈摔倒，陈挣脱后即拔出随身带的“七七”式手枪以防不测，高雄见状又先后两次扑向陈丰企图抢下其手枪，两人纠缠在一起，陈丰奋力挣脱。此时，联防队员全业汪和闻讯赶来的张信奇等人冲上去将高雄制伏并扭送派出所。海南省三亚市城郊法院一审认为，“被告人高雄采用暴力手段劫取公安干警的枪支，其行为已构成抢劫枪支罪（未遂），应依法处罚。鉴于被告人高雄系未犯罪未遂，依法比照既遂犯对其减轻处罚，依照《中华人民共和国刑法》第127条第2款、第23条之规定，以被告人高雄犯抢劫枪支罪，判处有期徒刑6年。”三亚市中级人民法院认为，“上诉人高雄无视国家法律，采用暴力手段劫取公安干警的枪支，其行为已构成抢劫枪支罪，由于公安干警的阻止而未能得逞，系犯罪未遂。……驳回上诉，维持原判。”[2]

［例五］ 2005年8月4日7时许，佛山市顺德区公安局陈村镇派出所巡警中队民警（下称民警）曾海东与治安员林伟强着便衣预伏时，发现被告人周明光与黄国健（另案处理）有抢夺他人财物的嫌疑，便驾驶摩托车跟踪被告人周明光与黄国健至佛山市顺德区陈村镇南涌大明铝材厂附近路段，准备利用被告人周明光与黄国健过马路的时机将被告人周明光与黄国健制伏。民警曾海东在表明自己是警察的身份后，迅速掏出手枪，喝令被告人周明光坐在地上，但被告人周明光反抗，并伸出双手抓住民警曾海东手中枪支的枪管部分用力往自己怀里拉，企图抢

〔1〕 参见张明楷：《刑法学》（第三版），法律出版社2007年版，第533、534页。

〔2〕 海南省三亚市中级人民法院（2001）三亚刑终字第10号“高雄抢劫枪支案”刑事裁定书，http：//www. lawyee. net/Case/Case Display. asp？ ChannelID =2010100& RID =38316，2011年1月7日访问。

夺枪支。因民警曾海东的奋力阻止而使被告人周明光未能得逞。在摆脱被告人周明光的抢夺后，民警曾海东立即朝天鸣枪示警，被告人周明光则仓惶逃离现场。民警曾海东随即在现场群众赵杨新和汤亮声的协助下将被告人周明光追至南涌警务区附近的小巷内。被告人周明光见无路可逃，便再次转身逼近民警曾海东，民警曾海东遂再次朝天鸣枪示警，并在群众的协助下将被告人周明光抓获。广东省佛山市顺德区法院一审认为，"被告人周明光无视国家法律，抢夺军警人员的枪支，侵犯不特定多数人的生命、健康以及公私财产的安全，被告人周明光的行为已构成抢夺枪支罪。……判决：被告人周明光犯抢夺枪支罪，判处有期徒刑11年，剥夺政治权利7年。"广东省佛山市中级人民法院二审认为，"上诉人周明光无视国法，在公安警察执行公务时，为达到抗拒抓捕的目的，抢夺警察枪支，其行为已构成抢夺枪支罪（未遂），原判认定基本事实清楚，基本证据确实、充分，定罪准确，审判程序合法。上诉人及其辩护人提出周明光的行为不构成抢劫枪支罪，没有事实和法律依据，不予采纳。上诉人周明光抢夺枪支的行为由于公安人员的奋力阻止，没有得逞，属于未遂，原判未认定未遂导致量刑不当，本院予以纠正。对于未遂犯，可以比照既遂犯减轻处罚。周明光的辩护人的此项辩护意见具有法律依据，予以采纳。"〔1〕

笔者认为，上述判决认定未遂是正确的。

五、非法持有、私藏枪支、弹药罪

（一）"私藏"的理解

由于持有、私藏并列规定，《2009年解释》试图明晰两者之间的界限，第8条第2款规定："《刑法》第128条第1款规定的'非法持有'，是指不符合配备、配置枪支、弹药条件的人员，违反枪支管理法律、法规的规定，擅自持有枪支、弹药的行为。"第3款规定："《刑法》第128条第1款规定的'私藏'，是指依法配备、配置枪支、弹药的人员，在配备、配置枪支、弹药的条件消除后，违反枪支管理法律、法规的规定，私自藏匿所配备、配置的枪支、弹药且拒不交出的行

〔1〕广东省佛山市中级人民法院（2006）佛刑一终字第181号"周明光抢夺枪支（未遂）案"刑事判决书，http://www.lawyee.net/Case/Case Display.asp？ChannelID=2010100&RID=81185，2011年1月7日访问。

为。”对于司法解释的立场，刑法教科书纷纷跟进附和。〔1〕从沿革上看，“私藏”一语来自1979年《刑法》第163条私藏枪支、弹药罪的规定（其罪状为“违反枪支管理规定，私藏枪支、弹药，拒不交出的”），旧刑法之所以如此表述，是因为文革刚刚结束，流散到社会上的枪支还不少，出于惩办少数教育多数的刑事政策上的考虑，“私藏”枪支只要不“拒不交出”的，就不作为犯罪处理。但是，该规定暴露出了一些问题：一是，私藏概念的外延比较窄小，似乎要求具有秘密性，因而不能涵盖应当作为犯罪处理的其他行为。例如，公开非法携带枪支招摇过市的，虽然也是非法持有枪支的一种表现形式，但难以认定为“私藏”。二是，“拒不交出”的要件过于苛刻，导致该罪可能形同虚设。根据旧刑法的规定，似乎不管行为人私藏枪支多长时间，只要其交出，便不成立犯罪。这显然不利于保护法益。三是，“拒不交出”的表述似乎表明该罪是一种不作为犯，应该说该罪所要谴责的是对枪支的不法支配、控制的状态，防范因此产生的抽象性公共危险，是一种作为犯。四是，刑法实施和改革开放近二十年后，关于个人不得非法持有枪支的规定早已家喻户晓，因此取消“拒不交出”要件，直接规定非法持有枪支即为犯罪的时机已经成熟。因为上述因素，1997年《刑法》对1979年旧《刑法》第163条进行了修改：一是因为私藏概念的外延比较窄小，所以，加上持有概念，二是删除了旧《刑法》第163条中的“拒不交出”的要素。本来，在使用了非法持有概念之后，可以删除私藏概念的，但立法机关为了保持刑法的连续性，也为了避免有人误认为旧《刑法》第163条所规定的私藏枪支、弹药行为不再是犯罪，所以，在增加了非法持有一语的同时，仍然保留了私藏概念。《2009年解释》明确区分非法持有与私藏，或许有利于司法机关适用《刑法》第128条，也不至于形成处罚上的空隙，未尝不可。但应注意的是，一是，对这种解释不可推而广之，即不能认为持有与私藏始终是两个截然不同的概念，否则，在法条仅使用了持有概念而没有使用私藏概念时，会造成处罚的不公平。例如，持有假币罪，非法持有毒品罪，非法持有国家绝密、机密文件、资料、物品罪，非法持有毒品原植物种子、幼苗罪；均没有规定“私藏”行为，若我们头脑中锁定非法持有、私藏枪支、弹药罪中的“持有”与“私藏”概念，固守两者之间是排斥对立的立场，则不得不得出“私藏”假币，毒品，国家绝密、机密文件、资

〔1〕 参见高铭暄、马克昌主编：《刑法学》（第四版），北京大学出版社、高等教育出版社2010年版，第395页；陈兴良主编：《刑法学》（第二版），复旦大学出版社2009年版，第448页；王作富主编：《刑法》（第四版），中国人民大学出版社2009年版，第291页；刘宪权主编：《刑法学（下）》（第二版），上海人民出版社2008年版，第444页；等等。

料、物品或者毒品原植物种子、幼苗不构成犯罪的结论，显然不当，形成处罚漏洞。二是，该解释仍然要求私藏枪支时具备“拒不交出”的要件，缺乏法律依据，也徒增了控方的证明负担。因为私藏也是对枪支、弹药事实上的控制，既然非法持有时不要求拒不交出，便也没有理由要求持有的表现形式之一的私藏枪支、弹药必须具备拒不交出的条件。〔1〕

综上，笔者认为“私藏”是持有的一种形式，不应附加主体和“拒不交出”要件，私藏可谓赘语，是可以删除的、不用去理会的刑法用语。

（二）弹药与爆炸物的关系

刑法规定有非法持有、私藏枪支、弹药罪，但没有规定非法持有爆炸物罪，于是有人认为这是不能容忍的立法空白，“建议立法机关适时修改我国《刑法》第128条规定的非法持有枪支、弹药罪的规定，将爆炸物也纳入其中，设立涵盖完整的‘非法持有枪支、弹药、爆炸物罪’，从而在更有力地打击涉枪涉爆犯罪的同时，维护罪刑法定原则和法律解释的严肃性、统一性。”理由是，“现代社会中，随着公众知识水平的提高、科学技术的发展和武装器材制造工艺的进步，爆炸物类型日益增多，各种便携式、易随身的爆炸物也层出不穷。与通常情况下的枪支弹药一样，此类便携式爆炸物不仅能够进行规模化、静态意义上的储存，也可以进行日常性、个体化、动态意义上的‘随身持有’，其危害性令人防不胜防。”〔2〕此为修法说。还有一种观点认为，爆炸物属于弹药，理由是，一是，广义上的弹药可以包括爆炸物，从汉语的语义上来说，二者本来就难以界定，并且从语言习惯上，弹药往往包括爆炸物。二是，从二者的作用机理与结构上，也具有很多相通之处。三是，犯罪对象的具体表现形式的差异并不重要，刑法所关注的是这类危险物品所共同具有的社会公共的危害性，根据其社会危害程度不同而确定其量刑。四是，这种爆炸物与弹药界定的争论对于实践没有意义，因为对于实践来说，只要根据法律解释中所规定的这类物质的相应的定罪量刑标准进行认定，就达到了刑法打击这类犯罪的目的。将爆炸物与弹药统称为“弹药”，不会造成实践的不便，又似可消弭理论的纷争。五是，在司法解释中可看到，实务部门亦将手榴弹、手雷、炮弹等视为弹药。〔3〕这种观点可谓“爆炸物属于弹药说”。

---

〔1〕 参见张明楷：《刑法分则的解释原理》，中国人民大学出版社2004年版，第316页。

〔2〕 王志胜、方建军、段麦荣：“非法储存爆炸物罪的规范疏漏与完善”，载《人民检察》2005年第13期，第54页。

〔3〕 参见黄大威：“非法持有、私藏枪支、弹药罪的规范缺陷与完善”，载《北方法学》2009年第6期，第91页。

笔者注意到《2009 年解释》第 5 条规定，非法持有、私藏手榴弹 1 枚以上的，构成非法持有、私藏弹药罪。可是，若认为爆炸物当然属于弹药的话，为何司法解释仅规定非法持有、私藏手榴弹构成非法持有、私藏弹药罪，而没有规定非法持有手雷等其他爆炸物也构成非法持有、私藏弹药罪？这说明，最高司法机关在将不通过枪管发射而可以自动爆炸的爆炸物解释为弹药时也持谨慎态度。理论界也主张区分弹药与爆炸物，认为所谓弹药，应当是指通过各种军用、民用枪支或者仿真枪支发射的、本身无引爆装置的各种弹药。枪榴弹、手榴弹、炮弹等不属于“弹药”，而属于爆炸物。〔1〕笔者以为，之所以司法解释和学界有将手榴弹等爆炸物解释为弹药的冲动，原因之一是，《2001 年解释》对“非法储存”爆炸物的适用范围限定太窄，而刑法又没有设置非法持有、私藏爆炸物罪罪名，导致出现大量的处罚漏洞；原因之二是，人们头脑中已经形成“储存”是与“持有”、“私藏”相排斥的概念，既然刑法没有规定非法持有、私藏爆炸物罪，若不将爆炸物解释为弹药，结论就只能是非法持有、私藏爆炸物无罪；原因之三是，在人们头脑中，“储存”限于静态意义上地控制物品，而持有可以是动态的，当动态意义上持有爆炸物时将无法处理。其实，从法益保护和罪刑均衡考虑，持有几颗弹药尚且构成犯罪，持有手榴弹、手雷反而不构成犯罪，的确不利于保护公共安全和实现罪刑均衡。但是，立法者仅规定非法持有、私藏枪支、弹药罪，而没有规定非法持有、私藏爆炸物罪，是出于一般预防的需要，是出于规范上的考虑，而非立法疏漏。对于非法持有、私藏爆炸物的行为，一是可以非法储存爆炸物罪进行规制；〔2〕二是若系动态意义上持有爆炸物，可以认定为非法运输爆炸物罪；〔3〕三是非法携带爆炸物进入公共场合或公共交通工具，危及公共安全的，可以《刑法》第 130 条的非法携带危险物品危及公共安全罪论处；四是行为人出于爆炸、杀人等目的而控制爆炸物的，可以评价为爆炸罪、故意杀人罪的犯罪预备，等等。总而言之，虽然刑法没有设置非法持有、私藏爆炸物罪罪名，不将爆炸物硬性解释为弹药，也不至于形成处罚漏洞。

---

〔1〕 参见赵志华：《枪支弹药爆炸物危险物质犯罪的定罪与量刑》，人民法院出版社 2006 年版，第 27 页；王作富主编：《刑法》（第四版），中国人民大学出版社 2009 年版，第 287 页；吴大华主编：《刑法各论》，中国人民大学出版社 2008 年版，第 44 页；李洁主编：《刑法学（下册）》，中国人民大学出版社 2008 年版，第 51 页；等等。

〔2〕 由于非法储存爆炸物罪没有与之相应的非法持有、私藏爆炸物罪，对于非法储存爆炸物罪的立案标准可以适当降低数量标准。

〔3〕 不应将非法运输爆炸罪限定于必须是与非法制造、买卖相关联的行为，原则上讲，较大数量较大距离的位移都可评价为非法运输。

（三）所谓不可罚的事后行为

刑法理论通常认为，对非法制造的枪支、弹药进行控制的，持有行为被吸收，不再单独定罪；持有的枪支、弹药数量多、危害大，且与买卖、运输、邮寄枪支、弹药行为紧密关联的，应构成非法储存枪支、弹药罪，而不构成本罪。[1]非法制造、买卖、运输、邮寄、盗窃、抢夺、抢劫枪支、弹药后持有、私藏枪支、弹药的，在理论上通常认为属于不可罚的事后行为。但所谓不可罚的事后行为这一概念并不妥当，因为后行为并非绝对不可罚，而是由于前行为已经对后行为进行了包括性刑法评价，换言之，若因为超过追诉时效、未达刑事法定年龄、没有足够证据予以证明等原因而未能评价前行为，是完全可能而且应该对所谓不可罚的事后行为单独进行刑法评价。[2]国外刑法理论因此认为，“共罚的事后行为”可能比“不可罚的事后行为”的称谓更为妥当。[3]由于非法、私藏枪支、弹药罪被公认为是持续犯，[4]而非法制造、买卖、运输、邮寄、盗窃、抢夺、抢劫爆炸物罪通常都不会被认为属于继续犯（要么是即成犯，要么是状态犯），[5]追诉时效都是从行为既遂之日起开始计算。假定行为人制造、抢劫枪支后一直持有枪支超过20年，虽然就非法制造枪支罪、抢劫枪支罪而言，已经超过追诉时效，但因为非法持有枪支的状态一直在持续，追诉时效还没有开始起算，因而以非法持有枪支罪论处还没有超过追诉时效。

总之，虽然行为人实施非法制造、买卖、运输、邮寄、盗窃、抢夺、抢劫枪支、弹药、爆炸物、危险物质之后持有该枪支、弹药、爆炸物、危险物质的，通常不再论以非法持有、私藏枪支、弹药罪或非法储存爆炸物、危险物质罪，但前行为因为超过追诉时效、未达刑事法定年龄、没有足够的证据予以证明，而不能

---

〔1〕参见周光权：《刑法各论》，中国人民大学出版社2008年版，第196、197页；刘宪权主编：《刑法学（下）》（第二版），上海人民出版社2008年版，第444页；等等。

〔2〕参见陈洪兵：“认真评价本犯的事后行为”，载《南京农业大学学报（社会科学版）》2009年第1期，第95页以下。

〔3〕参见［日］井田良：《刑法总论的理论构造》，成文堂2005年版，第455页。

〔4〕实践中也是认为非法持有、私藏枪支、弹药罪是一种持续犯（继续犯），追诉时效从结束持有、私藏状态之日起计算。例如，被告人华伟福于1989年起将一支猎枪藏匿于上海市青浦区练塘镇联农村四农104号1室其住处。2009年11月24日12时许，被告人华伟福持该猎枪至练塘镇金前村“八百亩”桥南侧30米处的太浦河旁树林欲打猎时，被公安人员人赃俱获。经鉴定，该枪支以火药发射为动力，可以击发并具有杀伤力。上海市青浦区法院以非法持有枪支罪，判处有期徒刑6个月，缓刑1年。参见上海市青浦区人民法院（2010）青刑初字第142号刑事判决书。该案中，行为人从持有枪支之日到案发，超过了20年，显然只有认为非法持有枪支罪属于持续犯，才没有超过追诉时效。

〔5〕非法储存枪支、弹药、爆炸物、危险物质罪也应认为属于持续犯。

对前行为予以定罪时，完全可以而且应该以非法持有、私藏枪支、弹药罪或者非法储存爆炸物、危险物质罪论处。

（四）持有型犯罪共犯的处理

认定持有型犯罪的共犯的关键是认定行为人的作为义务问题。例如，妻子目睹丈夫将枪支藏于家里而不举报的，是否构成非法持有枪支罪的共犯？又如，父母目睹成年儿子将毒品藏于家里而不阻止的，是否构成非法持有毒品罪的共犯？实践中有这样的案例：2005 年 12 月一天凌晨，应某伙同李某窜到一火车站伺机盗窃旅客钱财。当一旅客列车进站时，由李某顶着应某爬上车，应某拉开一节软卧车厢 8 号包房的窗户，盗得旅客曾某的公文包一个，交给李某，两人一同逃离现场。随后李某打开公文包进行清点，发现包内有 1 支“六四”式手枪和 7 发子弹，李某拿走了枪支和子弹，应某未提出异议。2006 年 12 月，李某携带枪支弹药被公安机关抓获。2007 年 7 月 19 日，应某亦被公安机关抓获。对李某构成非法持有枪支、弹药罪没有异议，但对应某行为如何定性存在四种不同意见：第一种意见认为，应某的行为构成盗窃枪支、弹药罪；第二种意见认为，应某的行为构成私藏枪支、弹药罪；第三种意见认为，应某的行为构成非法持有枪支、弹药罪；第四种意见认为，应某的行为构成盗窃罪。因为不构成私藏枪支罪共犯的理由是应某不符合解释规定的非法私藏枪支、弹药罪的主体要件，认为不构成非法持有枪支、弹药罪共犯的理由是，“本案中，应某只实施一个行为——盗窃。盗窃意外所得枪支弹药后，由李某持有，应某没有持有枪支弹药的行为。所以，应某不构成非法持有枪支、弹药罪的共犯”〔1〕。笔者认为，由于盗窃时不知包中有枪支，盗窃既遂后才发现包中有枪支弹药，显然不能认定二人行为构成盗窃枪支、弹药罪，此其一；其二，因为二人的盗窃行为使得原枪支的控制支配（不管原来状态是合法还是非法）发生转移，相应地也接管了枪支、弹药所伴随的公共危险，二行为人都有义务消除这种公共危险状态，应某不阻止同伙拿走枪支弹药，因为没有履行消除公共危险的作为义务，应当构成非法持有枪支罪的不作为共犯。

从上述案例可以看出，行为人能否构成非法持有枪支罪的不作为共犯，关键在于看行为人是否具有消除危险、保护法益的义务。一般可以认为，夫妻之间，父母与成年的精神正常的子女之间没有阻止对方犯罪的义务，也没有保护法益的义务，但如果一方负有危险源监督义务（例如精神病儿子将枪支带回家），或者

〔1〕 杨兴辉：“‘意外’偷得枪支任由同伙拿走”，载《人民检察》2008 年第 6 期，第 34 页。

存在法益保护义务（如上述案例中先前的犯罪行为使法益处于恶化状态，行为人因此产生了法益保护义务），不主动消除非法持有枪支这种抽象危险状态的，就可能构成非法持有枪支罪的不作为共犯。

六、非法出租、出借枪支罪

司法解释将《刑法》第128条第2、3款确定为非法出租、出借枪支罪一个罪名，但应该指出，两款所规定成立犯罪的条件存在明显差异：依法配备公务用枪的人员只要完成非法出租、出借枪支行为即构成非法出租、出借枪支罪的既遂，所以属于理论上的行为犯、抽象危险犯；而配置枪支的人员非法出租、出借枪支的，仅有出租、出借行为还不成立犯罪，只有因为所出租、出借的枪支造成严重后果方成立犯罪，因而属于刑法理论上的实害犯。非法出租、出借枪支罪有以下问题值得探讨：

（一）非法出租、出借枪支者知悉枪支丢失不报告的处理

实践中可能发生非法出租、出借枪支者知悉所出租、出借的枪支丢失（包括遗失、遗弃、被盗、被骗、被抢等）的而不报告的情况，如何处理？理论上存在争议。一种观点认为，依法配备公务用枪的人员非法出租、出借枪支，明知借用人、租用人已丢失枪支而不及时报告的，同时构成非法出租、出借枪支罪和丢失枪支不报罪，但两者之间存在吸收关系，应当以非法出租、出借枪支罪定罪处罚，原则上不数罪并罚。[1]另一种观点认为，对这一问题应视具体情况作具体分析。如果非法出租、出借的枪支丢失后，承租人或借用人及时通知了出租人或出借人，而出租人或出借人未及时报告公安机关，造成严重后果的，出租人或出借人应构成非法出租、出借枪支罪和丢失枪支不报罪，实行数罪并罚。如果承租人或借用人没有及时通知出租人或出借人，造成严重后果的，则出租人或出借人仅构成非法出租、出借枪支罪，不构成本罪。以上两种情况，承租人或借用人只构成非法持有枪支罪一罪。[2]笔者同意后一种观点，知悉后不及时报告的，应当数罪并罚。非法出租、出借枪支罪所遣责的是非法让枪支处于不具有控制枪支资格的人控制枪支而形成抽象性公共危险，是一种作为犯，而丢失枪支不报罪所谴责的是枪支失去控制后不及时报告致使枪支继续处于失控状态，而增加枪支被用于

---

〔1〕 参见陈兴良主编：《罪名指南（上）》，中国政法大学出版社2000年版，第171页；周光权：《刑法各论》，中国人民大学出版社2008年版，第198页。

〔2〕 参见姜自和、朱云三：“论丢失枪支不报罪”，载《法学论坛》2001年第3期，第77页。

违法犯罪的危险性，是一种不作为犯，因此，公务员非法出租、出借枪支后被丢失而不及时报告的，存在两个行为，侵害两种不同的法益，符合两罪的构成要件，应当数罪并罚。

（二）依法配备、配置枪支的人员将枪支赠与他人的处理

从理论上讲，将枪支赠与他人由于转让了所有权，比仅转移使用权的出租、出借枪支的法益侵害性更重，更应受到刑罚处罚，但现行刑法没有相关罪名予以规制。当然，若赠与人明知他人可能用之实施犯罪而赠与的，可以构成共犯；若应当预见到他人可能用之实施犯罪而没有预见到或者已经预见而轻信能够避免的，可能单独成立玩忽职守罪（就国家机关工作人员而言）。

（三）依法配备、配置枪支的人员丢弃枪支的处理

若行为人是军人，可能构成《刑法》第440条的遗弃武器装备罪。虽然从理论上讲，丢弃枪支比出租、出借枪支危害性更大，更应作为犯罪处理，但除军人外，目前没有相应的罪名予以规制（或许可以考虑成立滥用职权罪）。

（四）非依法配备、配置枪支的人员非法出租、出借枪支的处理

非法出租、出借枪支罪的主体限于依法配备公务用枪和依法配置枪支的人员，这是没有疑问的。问题是，非上述人员出租、出借枪支的如何处理？很显然不会构成非法出租、出借枪支罪。从理论上讲，不是依法配备、配置枪支的人员其持有枪支本身必然是非法的，也就是说，其非法出租、出借枪支前的非法控制枪支的行为已经构成非法持有、私藏枪支罪，其将枪支出租、出借给他人并没有增加风险，故没有必要另外作为犯罪评价；若行为人明知他人将所出租、出借的枪支进行违法犯罪活动，则因为增加了风险，除构成非法持有枪支罪之外，还构成承租人、借用人利用枪支所实施犯罪的共犯。

［例一］　2007年8、9月份的一天，被告人李宗红将自己的单管猎枪、折叠式五连发猎枪及猎枪子弹16发交由被告人朱晓明在其家中存放。同年10月份的一天，被告人白平向李宗红借枪，李宗红将存放于朱晓明处的枪支及子弹一并借给白平使用。白平将上述枪支、子弹交给被告人刘安亮及小伟（在逃）等人欲用于在滨州市无棣县抢夺冬枣配货客户市场，刘安亮、小伟持枪窜至无棣县，但没有使用所持枪支。同年11月13日，白平将枪支、子弹归还朱晓明，朱晓明又将枪支、子弹送到利津县汀罗镇交由被告人周金峰存放。山东省东营市河口区法院一审认为，“被告人白平、朱晓明、周金峰违反枪支管理规定，非法持有以火药为动力发射枪弹的非军用枪支2支，情节严重，其行为均构成非法持有枪支罪。被告人刘安亮违反枪支管理规定，非法持有以火药为动力发射枪弹的非军用枪支

1支，其行为构成非法持有枪支罪。”山东省东营市中级人民法院二审予以维持。[1]

评析：被告人李宗红将枪支借给白平，白平又将枪支借给刘安亮和小伟，由于李宗红和白平均不属于依法配备、配置枪支的人员，其行为不构成非法出借枪支罪。被告人李宗红和白平若明知他人将用所借枪支进行抢夺犯罪活动，则除构成非法持有枪支罪之外，还构成抢夺罪的共犯，本案中，对被告人李宗红和白平应以非法持有枪支罪与抢夺罪的预备数罪并罚；若不知悉借枪者的犯罪意图，二被告人的行为仅构成非法持有枪支罪。上述判决没有评价抢夺罪的预备行为是错误的。

（五）配置枪支的人员出租、出借枪支的罪过形式

《刑法》第128条第3款规定，依法配置枪支的人员非法出租、出借枪支以“造成严重后果”为成立犯罪的条件，如后所述，虽然理论界对于丢失枪支不报罪（也是针对“造成严重后果”的主观态度）的罪过形式存在激烈争论，但对于非法出租、出借枪支罪的罪过形式似乎高度一致，均认为是故意犯罪，分歧仅在于：有笼统地认为是故意犯罪；[2]有认为只能由直接故意构成；[3]有明确地指出包括直接故意和间接故意。[4]如后所述，笔者认为，非法出租、出借枪支罪中评价的行为是非法出租、出借行为，行为人的罪过形式也是针对该行为的而言，该行为产生的结果是一种抽象性危险结果，行为人只要故意实施非法出租、出借枪支的行为，就能够认识到非法出租、出借枪支的行为会产生抽象性公共危险，而希望或者放任这种抽象性危险的存在，因此，只要有意实施非法出租、出借枪支的行为，就具备了非法出租、出借枪支罪的故意，因而，立法者规定依法配备公务用枪的人员只要有意地非法出租、出借枪支，就构成了犯罪，只是为了限制处罚范围，就依法配置枪支的人员（身份有责性不如依法配备公务用枪的人员重），除有意实施非法出租、出借枪支的行为之外，还要求所出租、出借的枪支客观上已经造成了严重后果方构成犯罪；“造成严重后果”相对于非法出租、出借枪支行为所形成的抽象性公共危险结果而言，可谓间接结果，是一种限制处罚的条

---

〔1〕山东省东营市中级人民法院（2008）东刑一终字第29号“李宗红、白平、周金峰、刘安亮、朱晓明盗窃、非法持有、私藏枪支、弹药，故意伤害，职务侵占案”刑事裁定书，http：//www.lawyee.net/Case/Case Display.asp？ChannelID=2010100&RID=179007，2011年1月9日访问。

〔2〕参见王作富主编：《刑法》（第四版），中国人民大学出版社2009年版，第291页。

〔3〕参见高铭暄、马克昌主编：《刑法学》（第四版），北京大学出版社、高等教育出版社2010年版，第396页。

〔4〕参见陈兴良主编：《刑法学》（第二版），复旦大学出版社2009年版，第450页。

件，是对行为人有利的条件设置，因此，不需要行为人对这种间接结果也需要有现实的认识并对之持希望或者放任的态度，这并不违背责任主义原理和人权保障精神。

七、丢失枪支不报罪

（一）该罪的罪过形式

刑法理论界关于该罪的罪过形式存在激烈的争论，代表性观点列举如下：

1. “主观方面表现为过失，这里的过失是针对所造成的严重后果而言，至于未及时报告的行为，可以是因为疏忽或者有意隐瞒。”〔1〕

2. “犯罪主观方面是故意或是过失，理论上存在不同观点。通说认为，行为人丢失枪支后不报告是故意的，对于造成的严重后果则表现为过失。”〔2〕

3. “从立法精神看，本罪着重于对依法配备公务用枪的人员，丢失枪支后不及时报告的行为予以处罚。这种不报告行为显然是故意的。因此，本罪的主观方面应评价为故意。”〔3〕

4. 本罪的主观方面是故意，“故意内容是对及时履行报告义务而言的。即行为人已知自己丢失了枪支仍不履行及时报告的义务，放任枪支流失、威胁公共安全的危险状态。因为不知自己的枪支已经丢失而没有及时报告的，不能构成本罪。行为人对自己丢失枪支和因丢失枪支所造成的严重后果，不得是故意的。行为人丢失枪支是由于过失还是由于不可预见或者不可抗拒的原因造成的，不影响本罪的成立。”〔4〕

5. “丢失枪支不报罪的罪过形式是复合罪过，既包括间接故意又包括过失，但绝不可能是直接故意。”〔5〕

6. “本书认为，本罪的责任形式为故意。一是，就丢失枪支而言，通常表现为过失，不可能是故意，但也包括没有过失而丢失枪支的情况（如被盗、被抢的某些情况）。但丢失枪支本身只是成立本罪的前提，丢失枪支的心理状态，不能

〔1〕 高铭暄、马克昌主编：《刑法学》（第四版），北京大学出版社、高等教育出版社 2010 年版，第 397 页。

〔2〕 王作富主编：《刑法》（第四版），中国人民大学出版社 2009 年版，第 291 页。

〔3〕 刘宪权主编：《刑法学（下）》（第二版），上海人民出版社 2008 年版，第 446 页。

〔4〕 阮齐林：《刑法学》，中国政法大学出版社 2008 年版，第 409 页。

〔5〕 韩哲：“关于丢失枪支不报罪主观罪过形式的探讨”，载《法学评论》2005 年第 5 期，第 120 页。

决定本罪的主观要件内容。二是，依法配备公务用枪的人员，在认识到枪支丢失的情况下，故意不及时报告，就有危害公共安全的危险，因为枪支的杀伤力大，丢失后会造成严重后果。但刑法为了控制处罚范围，认为单纯的不及时报告行为还不值得科处刑罚，于是客观上要求‘造成严重后果’。从司法实践上看，严重后果通常表现为枪支落入不法分子之手后，成为作案工具，进而造成严重后果。事实上，只要行为人丢失枪支不及时报告，因而造成严重后果的，不管行为人是否希望或者放任严重后果发生（可以肯定，行为人能够预见严重后果发生的可能性），就应当以犯罪论处。因此，本罪中的‘造成严重后果’虽然是客观构成要件要素，但不需要行为人对严重后果具有认识与希望或者放任态度，‘造成严重后果’便成为超出故意内容的客观要素，即本书所说的‘客观的超过要素’。承认本罪主观构成要件为故意，并不违反刑法总则的规定。因为行为人不及时报告时，至少对其行为造成的直接的、无具体对象的结果（使枪支处于失控的状态）具有希望或者放任的心理状态。详言之，本罪的故意内容是，明知自己丢失枪支不及时报告的行为，会发生使枪支继续处于失控状态的结果，并且希望或者放任这种结果发生。三是，本罪完全有成立共同犯罪的可能性，只有将本罪的责任形式确定为故意，才有利于处理共同犯罪案件。”〔1〕

7. “就丢失枪支不报罪而言，法条对于行为人违反规范态度的描述是，在行为人明知枪支是一种危险物品，失控的话可能会造成严重危害社会的结果的情况下，仍然‘不及时报告’，这显然是行为人明知故犯、故意而为的态度，因此，属于故意犯罪形态。……笔者认为，在将‘造成严重后果’之类作为犯罪构成客观要件的时候，这种要件必须在行为人的认识范围之内。按照刑法第 14 条的规定，这种认识不要求一定是确定的认识，也可以是一种可能性的认识即认识到可能发生该种结果（相反地，主张‘客观的超过要素’论的学者认为，对类似于客观处罚条件的要素只要具有认识的可能性就可以了，即对该要素可以没有认识）因此，在行为人对于自己的行为所可能引起的严重后果，确实没有认识（预见）的时候，不构成犯罪。当然，如何判断行为人是不是具有该种认识，则需要具体分析。就丢失枪支不报告，造成严重后果的情形而言，通常来说，行为人对所可能发生的后果是有预见的。因为，这里的行为人不是一般人，而是依法配备公务用枪的人。这些人对于枪支的性能、使用规则、管理规则等有充分的了解，因此，对于在丢失枪支之后不报告，可能会引起的严重后果，应当说是有充分认识

〔1〕 张明楷：《刑法学》（第三版），法律出版社 2007 年版，第 537、538 页。

的。但在行为人提出反证，令人信服地说明，其对不报告行为所引起的后果，确实没有认识（预见）的时候，便不得不说，行为人的行为不构成犯罪。”[1]

8. “在故意不报告和对于结果的过失这两种罪过形式中，故意是主要罪过，过失是次要罪过，最终的结论就是丢失枪支不报罪的行为人主观上是故意。……丢失枪支不报罪中，行为人遗失枪支时，明显存在过失；对于枪支被盗、被骗、被抢的情况，可以肯定其疏于管理，也应当有过失，所以丢枪的事实不能作为客观的超过要素看待。丢失枪支之后不报告造成严重后果的，行为人作为特定的枪支配置者不能说对于结果的发生完全无法预见，所以，这个要件也不是客观的超过要素。在行为人对于所有要素都有认识或者认识可能性的场合，按照‘主要罪过说’的理论，从事实的角度肯定多个罪过的存在，然后从规范的角度确定哪一个是主要罪过，根据主要罪过对被告人定罪，比人为地将行为人已然预见的事实多少有些牵强地解释为客观的超过要素更为合理。”[2]

其实，上述令人眼花缭乱的观点都承认，行为人不及时报告的行为是故意，对于造成的严重后果基本上是过失，但都在一个罪名要么是故意、要么是过失（复合罪过说和主要罪过说除外），若认为该罪是故意，由于难以否认“造成严重后果”是客观要件要素，而客观构成要件具有故意规制机能，就必须要求行为人不仅现实地认识到“造成严重后果”，而且必须对之持希望或者放任的态度（故意问题上持“认识说”的黎宏教授，以及持“客观的超过要素”立场的张明楷教授除外），而这样要求显然违背常理；若认为该罪罪过形式是过失，存在“不及时报告”明显是故意而为，以及缺乏《刑法》第15条过失犯罪要求“法律有规定”前提的问题，因此纠结不已。

笔者认为，首先，因为缺乏“法律有规定”的前提，该罪不可能是过失犯罪；其次，丢失枪支只是该罪成立的前提，“不及时报告”才是该罪的实行行为，不及时报告因此产生枪支继续处于失控状态所导致的抽象性公共危险是本罪的直接结果，确定罪过形式只要评价行为人对于实行行为和直接结果的态度即可，很显然，行为人对实行行为和直接结果具有现实的认识并持希望或者放任的态度；最后，丢失枪支不及时报告属于违反枪支管理法的行政违法行为，为了限制处罚范围，具有中国特色的“行政违反加重犯”[3]特意加上只有“造成严重后果”

---

〔1〕 黎宏：“论‘客观处罚条件’的若干问题”，载，《河南省政法管理干部学院学报》2010年第1期，第25~27页。

〔2〕 周光权：“论主要罪过”，载《现代法学》2007年第2期。第41~47页。

〔3〕 参见张明楷：“行政违反加重犯初探”，载《中国法学》2007年第6期，第63页以下。

才值得科处刑罚，“造成严重后果”可谓间接结果，成立犯罪加上这一限制性条件，是对行为人有利的评价，因此，即便行为人对“造成严重后果”没有现实的认识并持希望或者放任的态度，也不违背责任主义原理，而且行为人对于“造成严重后果”至少具有预见的可能性，因而也并非结果责任。因此，丢失枪支不报罪的罪过形式只能是故意，故意的内容是对丢失枪支后不及时报告的实行行为，以及由此产生的使枪支继续处于失控状态所导致的抽象性公共危险的结果，具有认识并持希望或者放任的态度。

（二）“丢失”的含义

通说认为“丢失”枪支，是指因为疏于管理使枪支被盗或者遗失，或者因被抢、被骗而失去对枪支控制的情况。〔1〕但有学者对通说提出质疑，“《枪支管理法》第44条规定：‘违反本法规定，有下列行为之一的，由公安机关对个人或者单位负有直接责任的主管人员和其他直接责任人员处警告或者15日以下拘留；构成犯罪的，依法追究刑事责任……’其中第4项规定了枪支被盗、被抢或者丢失，不及时报告的情况。但在刑法中规定的丢失枪支不报罪的罪状，并没有像《中华人民共和国枪支管理法》中那样，将枪支被盗、被抢或者丢失后不及时报告都规定在条文中，而只规定了枪支丢失后不及时报告，造成严重后果的，构成犯罪。‘丢失’一词，按现代汉语词典的解释，是指‘因保管不善而遗失’。尽管通说的观点认为造成‘丢失’使枪支处于失控状态，当然可以包括‘被盗’、‘被抢’、甚至被骗的情况，但明显与《枪支管理法》第44条第4项的规定这一附属刑法规范相矛盾，因为《枪支管理法》第4项是将‘被盗’、‘被抢’、‘丢失’并列规定的，显然没有把枪支的被盗、被抢涵盖于丢失之中，法律规范不仅要求语言的规范性，还要求词义的确定性，通说的观点显然有类推解释之嫌，是与罪刑法定这一基本原则相悖的。因此建议条文中增加枪支被盗、被抢、被骗的情形。”〔2〕

另有学者批评指出，“通说称‘丢失枪支包括枪支被盗、被抢的情况’，我们认为这并不是‘丢失’一词的规范含义，也不是一般国民根据汉语语言习惯都可

---

〔1〕参见高铭暄、马克昌主编：《刑法学》（第四版），北京大学出版社、高等教育出版社2010年版，第397页；张明楷：《刑法学》（第三版），法律出版社2007年版，第536页；王作富主编：《刑法》（第四版），中国人民大学出版社2009年版，第292页；陈兴良主编：《刑法学》（第二版），复旦大学出版社2009年版，第451页；等等。

〔2〕隋庆军：“丢失枪支不报罪的立法缺陷与完善”，载《河北法学》2005年第3期，第94、95页。

能预料到的结论，不仅偏离了国民的规范意识和刑法认同感，而且与现行法律规定相冲突，违背了法律体系内部和谐统一的原则。通说所主张的将丢失枪支扩大解释为包括枪支被盗、被抢的观点，与罪刑法定原则所蕴含的基本精神不一致，也有违现代法治的基本要求和我国刑法的目的。"〔1〕

笔者赞成同通说的观点。刑法有自己特有的任务和目的，有自己特殊的规范表述要求，理解刑法用语的含义应当考虑刑法的法益保护目的，在法益保护和人权保障之间寻求平衡。固然《枪支管理法》第44条第4项将被盗、被抢与丢失并列规定，但刑法不可能照搬附属刑法的规定，而且照搬附属刑法的规定也会存在所谓的缺陷，例如仅规定被盗、被抢、丢失，会遗漏被骗、被敲诈勒索以及行为人故意赠与、丢弃的情形。法律的语言表述是有限的，但其含义根据刑法的目的进行解释却是无穷的。丢失枪支不报罪的规范保护目的在于，公务枪支失去后会使枪支处于失控状态，而行为人不及时报告会使这种失控状态继续，立法者认为配备公务用枪者失去枪支后有义务及时报告，以最大限度地减少或避免枪支失控所可能带来的严重后果。因此，该罪关注的不是失去枪支的原因，而是失去枪支后的态度。

值得思考的是，一是公务用枪者非法主动赠与枪支（无偿转让所有权）后是否有及时报告的义务，不及时报告是否构成丢失枪支不报罪？二是《刑法》第440条针对军人主体设置了遗弃武器装备罪，问题是，非法主动遗弃（即丢弃）公务用枪（包括军人）是否产生及时报告的义务，不及时报告的是否构成丢失枪支不报罪？虽然从理论上讲，要求主动赠与或丢弃枪支者及时报告，不具有期待可能性，但是，过错程度较低甚至没有任何过错而遗失枪支或者枪支被抢者尚有及时报告的义务，主动放弃枪支者反而没有及时报告的义务而不构成丢失枪支不报罪，恐怕存在疑问，而且，这也无异于为行为人指明了逃避处罚的方向，因为即使是不小心遗失枪支而不及时报告者也可以通过辩称是自己丢弃的而无罪。笔者的结论是，依法配备公务用枪的人员，无论什么原因失去对枪支的控制（如遗失、丢弃、赠与、被盗、被抢、被骗、被敲诈勒索等等）都负有及时报告的义务，否则可能构成丢失枪支不报罪。

（三）是否需要"不及时报告"与"造成严重后果"之间具有因果关系

"丢失枪支"与"造成严重后果"之间必须具有因果关系，这是没有疑问的，

---

〔1〕 江宜怀："丢失枪支不报罪客观方面的法理分析"，载《郑州大学学报（哲学社会科学版）》2008年第2期，第62页。

问题是，是否要求“不及时报告”与“造成严重后果”也必须具有因果关系，质言之，若严重后果在行为人发现枪支被丢失之前已经造成，是否还构成该罪？通说教科书基本上没有讨论这一问题。有学者在论文中谈到了这一问题，存在两种对立的观点。否定说认为，“‘不及时报告’与‘严重后果’之间并不存在因果关系，报告的及时与否在一般情况下不能保证‘严重后果’的不发生。如果必须谈及因果关系，倒是丢失枪支的行为本身与‘严重后果’在某种程度上存在因果关系。”[1]肯定说认为，“‘不及时报告’行为与‘严重后果’之间具有引起和被引起关系，造成‘严重后果’的原因应该是‘不及时报告’行为。”[2]

笔者赞成肯定说。“法律不强人所难”。法律只能将行为人可以控制或者说可以避免的结果归责于行为人。若严重后果在行为人能够及时报告之前已经造成，由于不是行为人可以控制的结果，行为人也没有违反及时报告的义务，显然不应将严重后果归责于行为人，否则就是结果责任。若不及时报告与严重后果之间没有因果关系，不能以丢失枪支不报罪追究行为人刑事责任，但如果行为人对于枪支的失去负有责任的，则可能构成玩忽职守罪；考虑到玩忽职守罪的法定刑重于丢失枪支不报罪，因此论以玩忽职守罪时，宣告刑不能超过丢失枪支不报罪的法定最高刑。[3]

八、非法携带枪支、弹药、管制刀具、危险物品危及公共安全罪

（一）携带的含义

通说教科书几乎都没有对“携带”下定义，大概是因为携带的含义不言自明。

辨析携带的含义，少不了要与运输、持有进行对照性分析。有学者提出了区分持有、携带与运输的方法，认为，“在实践中，持有不仅表现为手拿，也可表现为随身携带，携带也不仅仅是藏在身上，也可表现为持有。从某种意义上讲，持有和携带并无明显不同。所以，区分二者，关键是看行为人是否进入公共场所或公共交通工具。没有进入的，按照非法持有枪支、弹药罪处理；进入的，按照非法持有、私藏枪支罪和非法携带枪支、弹药危及公共安全罪并罚；如属于牵连

---

〔1〕 隋庆军：“丢失枪支不报罪的立法缺陷与完善”，载《河北法学》2005年第3期，第95页。

〔2〕 徐立、韩光军：“关于丢失枪支不报罪客观方面若干问题的认定”，载《河北法学》2004年第8期，第106页。

〔3〕 参见张明楷：《刑法学》（第三版），法律出版社2007年版，第536页。

犯，则从一重处罚。‘非法携带’与‘非法运输’可以从以下两方面来区分：一是携带枪支、弹药往往量少，而非法运输则量大；二是非法携带并无运输目的，仅是带在身上而已；而非法运输则有将这些枪支、弹药由一地带到另一地的目的，带在身上仅仅是运输的方法而已。”[1]其实，携带本身就是持有的一种形式，《刑法》第130条之所以使用“携带”一词，是因为考虑与《铁路法》、《公路法》等相关行政法律法规相协调（这些法律法规中通常使用“携带”一语），旅客随身带有的物品数量通常不会太大，使用“携带”更能表明第130条罪名是对“进入公共场所或者公共交通工具”这一动态的强调；相对而言，持有强调的是一种持续性的非法支配与控制状态；在公共场所或者公共交通工具上才取得对危险物品的控制的（例如在火车上捡到一支枪），就不能评价为携带枪支进入公共交通工具，而只能评价为持有枪支。运输强调的是使危险物品发生位移，既不是强调对危险物品的非法控制状态，也不是强调进入公共场所或者公共交通工具致使公共危险增加；如下面判例所示，运输与携带并非量上的差别，将数量巨大的危险物品带入公共场所或者公共交通工具，也可能评价为“携带”。所以，在肯定非法持有枪支、弹药罪，非法运输枪支、弹药罪，非法携带枪支、弹药危及公共安全罪之间可能存在竞合这一前提下，区分三者的关键在于，“持有”强调的是对危险物品的非法支配与控制状态，“携带”强调的是将危险物品带入公共场所或者公共交通工具从而增加公共危险的这种动态，而“运输”，强调的是发生位移。

（二）罪数与竞合

刑法理论界习惯于明晰罪与罪之间的界限，其实，罪与罪之间通常存在难分你我的竞合关系；处理罪数与竞合问题，首先应规范性地评价行为的个数与法益的数量，若存在多个行为，侵害了多个法益，符合多个犯罪构成要件，通常应当数罪并罚；若只有一个行为，则是存在竞合关系，从简便司法考虑，通常无须讨论是法条竞合还是想象竞合，从一重处罚即可。

实践中经常发生的案件是，行为人在携带枪支、弹药进入公共场所或者公共交通工具之前，就已经在持续性非法控制枪支、弹药，以涉嫌构成非法持有枪支、弹药罪，携带上述枪支、弹药进入公共场所或者公共交通工具，不仅涉嫌构成非法携带枪支、弹药危及公共安全罪，还涉嫌非法运输枪支、弹药罪。如何处

[1] 张利兆、姚宇、邓强：“涉枪犯罪案件办理中存在的问题与对策探究——以浙江省宁波市近三年的办案情况为切入点”，载《人民检察》2010年第9期，第64页。

理这类罪数与竞合问题，是实践中的难题。“数罪并罚说”认为，当行为人属于非法持有枪支弹药，并且携带枪支弹药非法进入公共场所或者公共交通工具的，则应当适用非法持有枪支、弹药罪和非法携带枪支、弹药危及公共安全罪，数罪并罚。[1]“数罪并罚反对说”主张，“刑法规定了非法持有枪支、弹药罪，所以没有合法资格，携带枪支、弹药进入公共场所的，同时构成本罪与持有枪支、弹药罪，两罪之间有想象竞合关系，应从一重罪处断。”[2]“应当认为所谓的非法携带并不包括能够独立论罪诸如非法持有枪支罪，非法储存枪支、弹药、爆炸物罪，非法储存危险物质罪等上述犯罪。因而对于上述物品而言，所谓的非法携带不是携带物品本身的非法，而在于携带可能为合法的，但是进入公共场所或者公共交通工具的行为存在着未经批准等违反法律法规的地方。如果携带本身即为非法，应当按照非法持有枪支罪等犯罪论处，而非法持有枪支等物品非法进入公共场所的行为为非法持有枪支等行为所吸收，不应单独定罪并进而同非法持有枪支罪等犯罪数罪并罚。”[3]

笔者原则上赞成数罪并罚说。若行为人在携带危险物品进入公共场所或者公共交通工具之前已经构成非法持有、私藏枪支、弹药罪和非法储存枪支、弹药、爆炸物、危险物质罪，由于携带这些危险物品进入公共场所或者公共交通工具增加了公共场所或者公共交通工具上的公共危险性，侵害了的新的法益，而且在规范性意义上又增加了携带危险物品进入公共场所或者公共交通工具这一行为，既然在规范性意义上存在两个行为，侵害了两个法益，同时符合了两个犯罪的构成要件，根据有罪必罚的原理，应当数罪并罚。下面结合一些判例进行分析：

[例一]　被告人杨祥系淄博市淄川祥义化工有限公司的法定代表人，该公司没有危险化学品经营资质。2004 年 4、5 月份，被告人杨祥在山东省莱芜市维然化工有限公司（以下简称维然公司）购买了 15 吨甲醇钠后，即委托没有危险化学品运输资质的个体运输业主被告人凌长青代为运输。2004 年 5 月 10 日，被告人凌长青及其雇佣司机被告人董克盛与被告人黄景富分别驾驶鲁 G56093 号和冀 C52468 号大货车在维然公司各装载 7. 5 吨甲醇钠后，经蓬莱港乘船运到辽宁省大连市凯飞化工有限公司（以下简称凯飞公司）。维然公司的工作人员在此前及 5

---

〔1〕参见杨忠民：“非法持有枪支、弹药罪的适用问题探讨”，载《中国人民公安大学学报》2004 年第 3 期，第 63 页；张利兆、姚宇、邓强：“涉枪犯罪案件办理中存在的问题与对策探究——以浙江省宁波市近三年的办案情况为切入点”，载《人民检察》2010 年第 9 期，第 64 页。

〔2〕周光权：“论主要罪过”，载《现代法学》2007 年第 2 期，第 199 页。

〔3〕陈兴良主编：《刑法学》（第二版），复旦大学出版社 2009 年版，第 452 页。

月 10 日当天，分别明确告知被告人凌长青、董克盛、黄景富甲醇钠属危险化学品及该产品的化学特性。同年 5 月 12 日，凯飞公司以产品包装不合格为由要求退货，被告人凌长青与黄景富电话征得被告人杨祥同意并分别与杨商定运费后，与被告人董克盛一道驾车运载上述甲醇钠准备再次乘船返回。为了多赚取运费，被告人凌长青、黄景富、董克盛在辽宁省大连市一废品收购站为上述 2 辆货车各配载了约 7 吨潮湿的废纸件，捆装在甲醇钠上面。5 月 14 日 14 时许，被告人凌长青、黄景富、董克盛为躲避船舶安全人员的检查，在《滚装船舶车辆安全装载记录单》上将货物名称填写为“纸”，隐瞒车上装载危险化学品甲醇钠的事实，使 2 辆货车在辽宁省大连港违规登上了大连至蓬莱的山东渤海轮渡有限公司所属的“英华”轮船。当时该船装载了 71 辆机动车、143 名旅客和 44 名船员。当日 17 时 19 分，当“英华”轮航行至北纬 38 度 30.1 分、东经 121 度 36 分时，被告人黄景富驾驶的位于 C 舱甲板首部的冀 C52468 号货车装载的甲醇钠燃烧引发火灾，船方随即采取紧急措施控制火势并于 21 时 53 分到达蓬莱港。后经公安消防部门全力抢救，大火于 5 月 20 日被全部扑灭，火灾造成直接经济损失共计人民币 50 余万元。烟台港公安局消防部门认定：被告人黄景富身为冀 C52468 号大货车司机，违反消防法规，运输易燃易爆物品甲醇钠，造成甲醇钠燃烧并成灾，应负直接责任。山东省烟台市芝罘区法院认为，“被告人凌长青、董克盛明知甲醇钠属于危险化学品，却隐瞒真相，用车辆装载大量甲醇纳进入公共交通工具，情节严重，其行为违反了危险物品的管理规定，危害了公共安全，均构成非法携带危险物品危及公共安全罪，亦应依法惩处。”〔1〕

评析：被告人凌长青、黄景富、董克盛均没有运输危险物品运输资质，还满载危险物品长途运输，完全符合非法运输危险物质罪构成要件；同时，驾驶满载危险物品的车辆驶入大型轮船，无疑又符合了非法携带危险物品危及公共安全罪构成要件（虽然数量极其巨大，也不失为“携带”），由于在登上轮船以前，非法运输危险物质行为已经既遂，因而，本案中三被告人的人均存在非法运输行为与非法携带危险物品进入公共交通工具行为，侵害了两个以上的法益，应当以非法运输危险物质罪与非法携带危险物品罪数罪并罚，法院遗漏对非法运输危险物质行为的评价是错误的。

［例二］ 2002 年 2 月，被告人孔德明驾船在湖南省衡南县协助他人进行水下

〔1〕 山东省烟台市芝罘区人民法院（2004）烟芝刑初字第 371 号“黄景富、凌长青、董克盛、杨祥危险物品肇事案”刑事判决书，http://www.lawyee.net/Case/Case Display.asp? ChannelID = 2010100 &RID = 86357，2011 年 1 月 9 日访问。

工程施工爆破。工程完工后，被告人孔德明将施工后剩下的20根炸药私自存放在自己的船上。2002年3月5日下午，被告人孔德明驾驶存放有20根炸药的船到岳阳市七里山洞氮肥厂码头装尿素，后为争生意与岳阳市水运公司职工发生纠纷，被告人孔德明即拿出3根炸药威胁。此时，公安干警闻讯赶到并当场将被告人孔德明存放在船上的20根炸药予以收缴。经湖南省公安厅刑事技术鉴定，被告人孔德明所存放的炸药共计3.85千克，内含硝酸铵和TNT成分。湖南省岳阳市岳阳楼区法院认为，"被告人孔德明违反国家有关法规，非法携带危险物品炸药3000余克进出公共场所，危及公共安全，情节严重，其行为已构成非法携带危险物品危及公共安全罪，公诉机关指控的事实成立。但根据最高人民法院的司法解释，非法储存是指明知是他人非法制造、买卖、运输、邮寄的枪支、弹药、爆炸物而为其存放的行为，被告人孔德明存放的炸药是他人以合法手续领的，并非他人非法制造、买卖、运输、邮寄的炸药，不属非法储存，故公诉机关指控被告人孔德明的行为构成非法储存爆炸物罪的罪名不能成立。……判决如下：被告人孔德明犯非法携带危险物品危及公共安全罪，判处拘役5个月。"[1]

评析：被告人携带炸药进入公共场所之前，非法储存爆炸物的行为已经既遂，按照《2009年解释》，构成了非法储存爆炸物罪，因此，本案应当以非法储存爆炸物罪与非法携带危险物品危及公共安全罪数罪并罚。

[例三]　2009年上半年，被告人蒙某某为狩猎，在湖南老家使用钢管、弹簧、螺丝等材料，非法制造了枪支1支。2010年1月5日，被告人蒙某某从安徽省歙县狩猎后准备回家。1月6日凌晨4时许，被告人蒙某某从鹰潭火车站乘上K529次旅客列车5号车厢。当该次列车从鹰潭站开出后，乘警进行安全检查时，当场从蒙某某身穿的西服左内口袋里查获子弹12发（蒙某某从老家的一沟渠里捡得），从其迷彩服左侧口袋内查获枪把1个，又从其棉袄内查获了枪管1根。缴获的枪把、枪管、子弹，经杭州市公安司法鉴定中心技术鉴定，类枪物认定为以火药为动力发射枪弹的枪支，12发子弹认定为军用五六式步枪弹。缴获的枪支、子弹现暂扣于上海铁路公安局杭州公安处。杭州铁路运输法院认为，"被告人蒙某某非法制造、运输以火药为动力发射枪弹的非军用枪支，并非法运输军用子弹，其行为已构成非法制造、运输枪支、弹药罪。……判决如下：被告人蒙某某

---

[1] 湖南省岳阳市岳阳楼区人民法院"孔德明非法携带危险物品危及公共安全案"刑事判决书，http：//www.lawyee.net/Case/Case Display.asp？ChannelID=2010100&RID=49243，2011年1月9日访问。

犯非法制造、运输枪支、弹药罪，判处有期徒刑3年，缓刑3年。"〔1〕

评析：被告人行为既符合非法制造、运输枪支、弹药罪构成要件，又符合非法携带枪支、弹药危及公共安全罪构成要件；非法运输枪支、弹药罪与非法携带枪支、弹药危及公共安全罪之间存在竞合关系，虽然竞合的结果应以重罪非法运输枪支、弹药罪定罪处罚，但因为非法运输枪支、弹药罪与非法制造枪支、弹药罪之间是所谓选择性罪名关系，故可以非法制造枪支、弹药罪与非法携带枪支、弹药危及公共安全罪数罪并罚。

九、归纳总结

本文主要结论：

1. 无偿赠与枪支、弹药、爆炸物的，除军人可能构成非法转让武器装备罪之外，对于一般人难以定罪；不应将运输与邮寄限定为国内，非法运输、邮寄枪支、弹药、爆炸物罪，非法运输危险物质罪与走私武器、弹药罪，走私核材料罪之间存在竞合关系，从一重处罚即可。储存与持有之间只有量的区别，持有、私藏较大数量的枪支、弹药的，应以非法储存枪支、弹药罪论处。刑法没有规定非法持有、私藏爆炸物、危险物质罪，对于持有、私藏爆炸物、危险物质的，只能评价为非法储存爆炸物、危险物质罪。

2. 危险物质犯罪中的"危害公共安全"的罪状表述，并非表明该类罪属于具体危险犯，"危害公共安全"是对危险物质危害程度的要求，成立该类罪无须已经形成现实性的具体危险。由于盗窃、抢夺、抢劫危险物质罪所侵害的主要法益是公共安全，不是财产权，故行为人出于隐匿、抛弃的目的而夺取危险物质的，也应肯定排除意思的存在而具有非法占有的目的，成立盗窃、抢夺、抢劫危险物质罪。

3. 违规制造、销售枪支罪中的"依法被指定、确定的枪支制造企业、销售企业"系表面的构成要件要素，行为人误以为本单位系依法被指定、确定的枪支制造企业、销售企业而非法制造、销售枪支的，也能成立违规制造、销售枪支罪的既遂。该罪是短缩的二行为犯，"非法销售目的"是间接目的、间接结果，违规制造行为是实行行为，完成违规制造行为即成立既遂。

---

〔1〕 杭州铁路运输法院（2010）杭铁刑初字第28号"蒙某某非法制造、运输枪支案"刑事判决书，http：//www. lawyee. net/Case/Case Display. asp？ChannelID = 2010100 &RID = 495125，2011年1月9日访问。

4. 明知盗窃、抢夺、抢劫的对象既包括普通财物，又包括枪支、弹药、爆炸物、危险物质的，在规范性意义上存在两个行为，侵害了两个法益，同时符合了盗窃、抢夺、抢劫枪支、弹药、爆炸物、危险物质罪与盗窃罪、抢夺罪、抢劫罪的构成要件，应当数罪并罚。盗窃、抢夺枪支、弹药、爆炸物、危险物质过程中能够转化成抢劫罪，不能转化为抢劫枪支、弹药、爆炸物、危险物质罪。

5. “私藏”是持有的一种，是赘语，是可以删除的。手榴弹等属于爆炸物，不能成为持有、私藏弹药罪的对象，对之进行非法控制的，成立非法储存爆炸物罪。非法持有、私藏枪支、弹药罪与非法储存枪支、弹药、爆炸物、危险物质罪属于继续犯，虽然一般情况下非法制造、买卖、运输枪支、弹药、爆炸物、危险物质后而持有的，持有行为可以评价为不可罚的事后行为，但当前行为因为超过追诉时效等原因而未能得到评价时，应当以非法持有、私藏枪支、弹药罪和非法储存枪支、弹药、爆炸物、危险物质罪进行评价。

6. 非法出租、出借枪支的公务用枪者知悉枪支丢失后而不报告的，构成非法出租、出借枪支罪与丢失枪支不报罪，应当数罪并罚。依法配备、配置枪支的人员将枪支无偿赠与给他人的，公务人员能以滥用职权罪与相关犯罪的共犯处理，其他人员只可能评价为相关犯罪的共犯。

7. 丢失枪支不报罪的实行行为是不报告行为，结果是不及时报告所导致枪支继续处于失控状态而形成的抽象性危险，行为人对不报告行为与抽象性危险结果具有认识并持希望或者放任态度，故属于故意犯罪，造成严重后果属于限制处罚的条件，即便对之没有现实的认识并持希望或者放任的态度，也不违背责任主义原理。不及时报告与严重后果之间必须存在因果关系，在能及时报告之前，已经造成严重后果的，不应让行为人对严重后果承担责任。

8. 携带并不意味着数量一定很小，其强调的是将危险物品带入公共场所或公共交通工具，在火车上拾得枪支而别在腰间的，仅成立非法持有枪支罪，不成立非法携带枪支危及公共安全罪。持有强调的是一种非法控制状态，运输强调的位置的转移，已经非法持有枪支，而后进入公共场所的，成立非法持有枪支罪与非法携带枪支危及公共安全罪，应数罪并罚，利用公共交通工具运输枪支的，非法运输枪支罪与非法携带枪支危及公共安全罪之间形成想象竞合，从一重处罚。

第七章　责任事故罪中管理、监督过失责任

主要观点

1. 重特大责任事故频发，严重威胁下层劳动人员的生命安全，成为影响社会稳定、降低政府威信的重要因素。

2. 事故犯罪不仅应追究直接责任人员的责任，而且不应遗漏追究相关人员未确立安全管理体制、未配备安全设施、未对员工进行安全知识培训以及对负责人选任不当的管理过失责任，以及对直接责任人员负有监督义务而疏于履行，致使事故发生的监督过失责任。

3. 根据各类事故犯罪的特点，可以大致分为矿难事故型、建筑施工事故型、服务经营事故型、危险品事故型以及其他事故型五种类型，应当针对各事故类型的特点提出有针对性的事故防范措施。

主要法规链接

第131条　航空人员违反规章制度，致使发生重大飞行事故，造成严重后果的，处3年以下有期徒刑或者拘役；造成飞机坠毁或者人员死亡的，处3年以上7年以下有期徒刑。

第132条　铁路职工违反规章制度，致使发生铁路运营安全事故，造成严重后果的，处3年以下有期徒刑或者拘役；造成特别严重后果的，处3年以上7年以下有期徒刑。

第133条　违反交通运输管理法规，因而发生重大事故，致人重伤、死亡或者使公私财产遭受重大损失的，处3年以下有期徒刑或者拘役；交通运输肇事后逃逸或者有其他特别恶劣情节的，处3年以上7年以下有期徒刑；因逃逸致人死亡的，处7年以上有期徒刑。

第133条之一　在道路上驾驶机动车追逐竞驶，情节恶劣的，或者在道路上醉酒驾驶机动车的，处拘役，并处罚金。有前款行为，同时构成其他犯罪的，依照处罚较重的规定定罪处罚。

第134条第1款　在生产、作业中违反有关安全管理的规定，因而发生重大伤亡事故或者造成其他严重后果的，处3年以下有期徒刑或者拘役；情节特别恶劣的，处3年以上7年以下有期徒刑。

第2款　强令他人违章冒险作业，因而发生重大伤亡事故或者造成其他严重后果的，处5年以下有期徒刑或者拘役；情节特别恶劣的，处5年以上有期徒刑。

第135条　安全生产设施或者安全生产条件不符合国家规定，因而发生重大伤亡事故或者造成其他严重后果的，对直接负责的主管人员和其他直接责任人员，处3年以下有期徒刑或者拘役；情节特别恶劣的，处3年以上7年以下有期徒刑。

第135条之一　举办大型群众性活动违反安全管理规定，因而发生重大伤亡事故或者造成其他严重后果的，对直接负责的主管人员和其他直接责任人员，处3年以下有期徒刑或者拘役；情节特别恶劣的，处3年以上7年以下有期徒刑。

第136条　违反爆炸性、易燃性、放射性、毒害性、腐蚀性物品的管理规定，在生产、储存、运输、使用中发生重大事故，造成严重后果的，处3年以下有期徒刑或者拘役；后果特别严重的，处3年以上7年以下有期徒刑。

第137条　建设单位、设计单位、施工单位、工程监理单位违反国家规定，降低工程质量标准，造成重大安全事故的，对直接责任人员，处5年以下有期徒刑或者拘役，并处罚金；后果特别严重的，处5年以上10年以下有期徒刑，并处罚金。

第138条　明知校舍或者教育教学设施有危险，而不采取措施或者不及时报告，致使发生重大伤亡事故的，对直接责任人员，处3年以下有期徒刑或者拘役；后果特别严重的，处3年以上7年以下有期徒刑。

第139条　违反消防管理法规，经消防监督机构通知采取改正措施而拒绝执行，造成严重后果的，对直接责任人员，处3年以下有期徒刑或者拘役；后果特别严重的，处3年以上7年以下有期徒刑。

第139条之一　在安全事故发生后，负有报告职责的人员不报或者谎报事故情况，贻误事故抢救，情节严重的，处3年以下有期徒刑或者拘役；情节特别严重的，处3年以上7年以下有期徒刑。

一、管理、监督过失理论概述

我国刑法典第二章危害公共安全罪中规定了一系列责任事故罪罪名，如重大飞行事故罪、铁路运营安全事故罪、交通肇事罪、重大责任事故罪、强令违章冒险作业罪、重大劳动安全事故罪、大型群众性活动重大安全事故罪、危险物品肇事罪、工程重大安全事故罪、教育设施重大安全事故罪、消防责任事故罪和不报、谎报安全事故罪等。重大责任事故发生后，因过失导致事故发生的直接责任人员通常不难认定，一般也不会遗漏认定，但对于并非直接导致事故发生，而是由于没有确立安全管理体制、建立必要安全设施、选任人员不当，或者对直接责任人员负有监督义务却疏于监督，而与责任事故的发生具有刑法上的因果关系（规范的保护目的范围内）的，即所谓管理、监督过失责任人员的认定，往往会为司法人员所疏忽。因此，总结司法实践经验，为正确司法提供理论支撑很有必要。

何谓管理、监督过失，在理论上存在不同表述：

1. 监督过失可以分为两种类型：一是因缺乏对被监督者的行为的监督所构成的狭义的监督过失；二是由于没有确立安全管理体制所构成的管理过失。在狭义的监督过失中，存在着被监督者的过失行为，即被监督者的过失行为直接造成了结果，但监督者对被监督者的行为负有监督义务，即有义务防止被监督者产生过失行为，却没有履行这种义务，导致了结果发生。在管理过失中，行为人因为过失没有采取必要的防范措施，或者没有指示他人采取防范措施，导致了结果发生，或者由于自然原因或第三者的意外行为导致了结果发生。〔1〕

2. “监督过失”，其概念可分为“狭义之监督过失”与“广义之监督过失”。“广义之监督过失”，就是除狭义之监督过失外，尚包含管理过失。“狭义之监督过失”，指对于直接发生结果有过失之行为人处于指挥、监督立场者（即监督者）因懈怠而未防止该过失发生之情形。易言之，由于监督者指挥、监督在现场作业（工作）之被监督者，而处于能预见且能回避被监督者过失之地位，因此得就直接行为者之过失，追究监督者之过失责任。“管理过失”，即因管理者等对于物的设备、机构、人的体制等管理之不完善，而与结果发生有直接关联之直接过失。例如，旅馆等之经营者，对于火灾警报自动设备应维持正常运作状态，有管理义务之懈怠，结果发生火灾而导致多人死伤。“管理过失”与指挥、监督被监督者之不妥适所产生之“监督过失”不同，管理过失着重在管理者未为妥适之管理以回避结果发生的不作为。而对于管理过失应特别重视的是确立安全管理体制之义务，因此，必须从不纯正不作为犯之成立要件，特别从是否肯定管理者等之保障人地位之观点，掌握管理过失。狭义之监督过失，是对于人之指挥、监督不妥适

---

〔1〕 参见张明楷：《刑法学》（第三版），法律出版社 2007 年版，第 244、245 页。

所构成之过失，而管理过失并不以从业人员之行为为媒介，乃是因管理者等对于物的设备、机构、人的体制等之管理不完善本身所构成之过失。[1]

3. 所谓监督过失，是指在现场作业人员因失误而引发事故之时，本应该为了不出现这种过错而加以指导、训练、监督，并且，如果履行此监督义务本可以避免结果的发生或结果的扩大。这属于为了防止事故的安全体制确立义务。所谓管理过失，是指在具有事故的预见可能性的场合，违反了为了将此事故的发生防患于未然，或者即便发生了结果，为了防止受害程度的扩大而准备物质设备与确定人员体制这种安全体制确立义务。[2]

4. 监督过失，是指直接行为人违反使别人不要犯过失的监督注意义务的过失。例如，作为上级人员的工厂厂长由于疏于对现场工作人员的适当指挥、监督，致使工作人员疏忽大意，违反操作，引起爆炸事故的情况就属于此。管理过失，是指管理者自身对物力、人力设备、机械、人员体制等管理上有不善而构成过失的情况。例如，具有使火灾自动报警设施处于正常运转状态的管理义务的人由于疏忽履行该义务，引起火灾，造成多数人死亡的场合，就是管理上的过失，[3]等等。

笔者认为，上述关于管理、监督过失的界定没有大的差异。大致可以认为，广义的监督过失包括了狭义的监督过失和管理过失。狭义的监督过失通常是对直接责任人员（具有从属关系或者平行关系）负有监督义务而疏于履行监督义务形成的过失责任；而管理过失通常不以直接责任人员为媒介，而是因为未确立有效的安全管理体制、配备必要的安全设施，或者对人员的选任不当，而与事故的发生之间存在一定的因果关系。有时管理过失也可谓一种监督过失，监督过失也可谓一种管理过失，两者并非可以截然分清。追究管理、监督过失责任并不以追究直接责任人员的责任为前提，有时因为直接责任人员已经伤亡，有时由于直接责任人员过失轻微尚不足以被追究刑事责任，有时因为事故的直接诱因系自然原因或者他人的无过错行为，都可能导致仅追究管理、监督过失责任人的责任。这时，管理、监督过失责任也可谓一种直接责任。

近年来，我国各种人为的灾难性事故频发，一次事故甚至导致数百人丧命，责任事故犯罪也因此成为和平时期威胁普通人生命的最大杀手，成为影响社会安

---

〔1〕 参见陈子平：《刑法总论》（2008 年增修版），中国人民大学出版社 2009 年版，第 157、158 页。

〔2〕 参见［日］西田典之：《刑法总论》，弘文堂 2006 年版，第 257、258 页。

〔3〕 参见［日］大谷实：《刑法讲义总论》（新版第三版），成文堂 2009 年版，第 208、209 页。

定的重要因素。为便于总结讨论，笔者将各种责任事故大致分为矿难事故型、建筑施工事故型、服务经营事故型、危险品事故型、其他事故型五种类型，进行分析探讨。

二、责任事故的类型化分析

（一）矿难事故型

据有关部门统计，2004 年，全国煤矿共发生死亡事故 3641 起，死亡 6027 人。其中，一次死亡 3～9 人重大事故 249 起、死亡 1090 人；一次死亡 10 人以上特大事故 43 起、死亡 1044 人。2005 年，全国煤矿共发生死亡事故 3341 起，死亡 5986 人，其中，一次死亡 3～9 人重大事故 210 起、死亡 886 人；一次死亡 10 人以上特大事故 58 起、死亡 1739 人。2006 年，全国煤矿共发生死亡事故 2945 起，死亡 4746 人，其中，一次死亡 3～9 人重大事故 237 起、死亡 1072 人；一次死亡 10 人以上特大事故 45 起、死亡 977 人。2006 年我国煤矿百万吨死亡率 2.041%，比 2005 年 2.83% 下降近 0.8 个百分点，但仍是美国等西方发达国家的 50 倍，是印度、南非、波兰等发展中煤炭大国的 4 倍。除生产力综合水平低的原因外，一些矿主无视法律、无视监管、无视生命，“采带血的煤，赚带血的钱”，给人民群众的生命财产造成了巨大损失。一些国家工作人员怠于职守或者违反规定参股煤矿生产，助长了煤矿非法生产现象。[1]下面结合判例分析管理、监督过失责任的认定。

［例一］　在“尚知国、朱文友、李启新、吕学增等重大劳动安全事故案”中，唐山市开平区法院审理查明，“2004 年 4 月，唐山恒源实业有限公司法定代表人朱文友购买唐山市刘官屯煤矿后，任命被告人尚知国担任矿长助理，主持煤矿全面工作，行使矿长职责，被告人李守耕担任生产副矿长兼调度室主任，被告人李启新担任技术副矿长兼安全科科长，进行矿井基建。2005 年 4 月，朱文友任命尚知国为矿长，2005 年 12 月 2 日尚知国取得矿长资格证。被告人吕学增原系唐山市刘官屯煤矿矿长，被告人朱文友购买该矿后仍担任矿长职务，同时担任该矿党支部书记兼保卫科科长，负责保卫工作，没有行使矿长职责，2005 年 11 月份其矿长资格证被注销。在矿井基建过程中，该矿违规建设，私自找没有设计资

---

〔1〕 参见逄锦温、邱利军：“《关于办理危害矿山生产安全刑事案件具体应用法律若干问题的解释》的理解与适用”，载《人民司法》2007 年第 7 期，第 18 页。

质的单位修改设计，将矿井设计年生产能力 30 万吨改为 15 万吨。在《安全专篇》未经批复的情况下，擅自施工；河北煤矿安全监察局冀东监察分局于2005 年 7 月 18 日向该矿下达了停止施工的通知，但该矿拒不执行，继续施工。在基建阶段，在未竣工验收的情况下，1193 落垛工作面进行生产，1193（下）工作面已经贯通开始回柱作业，从 2005 年 3 月至 11 月累计出煤 63 300 吨，存在非法生产行为。该矿‘一通三防’管理混乱，采掘及通风系统布置不合理，无综合防尘系统，电气设备失爆存在重大隐患，瓦斯检查等特种作业人员严重不足；在没有形成贯穿整个采区的通风系统情况下，在同一采区同一煤层中布置了 7 个掘进工作面和 1 个采煤工作面，造成重大安全生产隐患。劳动组织管理混乱，违法承包作业。无资质的承包队伍在井下施工，对各施工队伍没有进行统一监管。2005 年 12 月 7 日 8 时，该矿负责人无视国家法律法规，拒不执行停工指令，继续安排井下 9 个工作面基建工作。176 名工人下井作业后，担任调度员兼安全员的被告人周炳义没有按照国家有关矿井安全规章制度下井进行安全检查，只是在井上调度室值班。负责瓦斯检测的通风科科长刘文成违反安全生产规定，安排无瓦斯检测证的李金刚、郑建华在井下检测瓦斯浓度。当日 15 时 10 分许，该矿发生特别重大瓦斯煤尘爆炸事故，造成 108 人死亡，29 人受伤，直接经济损失 4870.67 万元。经事故调查组调查报告认定，刘官屯煤矿‘12.7’特别重大瓦斯煤尘爆炸事故是一起责任事故。事故的直接原因是：刘官屯煤矿 1193（下）工作面切眼遇到断层，煤层垮落，引起瓦斯涌出量突然增加；9 煤层总回风巷 3、4 联络巷间风门打开，风流短路，造成切眼瓦斯积聚；在切眼下部用绞车回柱作业时，产生摩擦火花引爆瓦斯，煤尘参与爆炸。事故的间接原因是：刘官屯煤矿违规建设，非法生产，拒不执行停工指令，采掘及通风系统布置不合理，无综合防尘系统，特种作业人员严重不足，无资质的承包队伍在井下施工。”该院认为，“唐山市刘官屯煤矿的劳动安全设施不符合国家规定，在《安全专篇》未经批复的情况下擅自施工；河北煤矿安全监察局冀东监察分局于 2005 年 7 月 18 日向该矿下达了停止施工的通知，但该矿拒不执行，继续施工，因而发生特别重大伤亡事故，造成 108 人死亡。被告人尚知国身为该矿矿长，主持该矿全面工作，被告人李启新身为技术副矿长兼安全科科长，对排除事故隐患，防止事故发生负有职责义务。上述被告人无视国家安全生产法律、法规，忽视安全生产，拒不执行停工指令，对事故的发生负有直接责任；被告人吕学增作为矿长（2004 年 4 月至 2005 年 11 月间）未履行矿长职责，在得知煤矿安全监察部门向该矿下达了停止施工的通知后，对该矿继续施工不予阻止，对事故的发生亦负有直接责任。被告人尚知国、李启新、吕学增的行为均已构成重大劳动安全事故罪。被告人朱文友作为唐山恒源实业有限公司法定代表人、煤矿投资人，对该矿的劳动安全设施是否符合国家规定负有管理义务，对事故负有直接责任，其行为亦构成重大劳动安全事故罪。……判决如下：一是，被告人尚知国犯重大劳动安全事故罪，判处有期徒刑6年；二是，被告人朱文友犯重大劳动安全事故罪，判处有期徒刑3年；三是，被告人李启新犯重大劳动安全事故罪，判处有期徒刑5年；四是，被告人吕学增犯重大劳动安全事故罪，判处有期徒刑3年。”〔1〕

评析： 被告人朱文友承担刑事责任并非因为其是煤矿投资人，而是因为存在未确立煤矿安全管理体制以及选任负责人不当的管理过失；被告人尚知国、李启新、吕学增作为矿长、副矿长违规基建、违规生产，拒不执行停工命令，对周炳义、刘文成等选任不当而负有管理过失责任，对周炳义等人员未实施有效的监督而负有监督过失责任。担任调度员兼安全员的周炳义未按照国家有关矿井安全规章制度下井进行安全检查，只是在井上调度室值班，对事故的发生负有直接责任，因此法院未追究其刑事责任未必妥当；负责瓦斯检查的通风科科长刘文成安排无瓦斯检测证的李金刚、郑建华检测瓦斯，存在选任不当的管理过失，法院未追究其刑事责任也值得商榷；无瓦斯检测证的李金刚、郑建华未准确检测出井下瓦斯浓度，对事故的发生负有直接责任，法院亦未对其定罪，也恐有不当。

［例二］ 在“林南先重大劳动安全事故案”中，海南省东方市法院一审判定，“2001年10月15日，中国人民武装警察部队黄金第二支队（以下简称‘黄金部队’）与鑫龙公司的法定代表人林南先签订联合勘查东方市普光农场九公里半金矿点的合同书。合同规定：黄金部队负责矿产登记有关事宜，而鑫龙公司则负责劳动方面的组织、施工、管理。但黄金部队既没有审查该公司是否具有探矿资格，也没有向有关主管部门备案，放任不具有开采资格的鑫龙公司进行金矿开采。2002年4月份，被告人林南先代表该公司又与湖南省汝城县工程队的负责人邓细吉（批捕在逃）签订劳动协议书，又将采矿作业发包给同样不具备采矿资质的汝城县工程队。该协议规定：鑫龙公司负责提供生产矿井和机械设备等事项，而汝城县工程队则负责执行该公司的采矿计划和生产安排。2002年6月16日23时许，邓细吉安排两名工人下井钻洞安装炸药。次日凌晨2时许，炸药被点燃后，工人开鼓风机往井外排烟。3时许，被害人邓大华便下井开始作业，过了一段时

---

〔1〕 唐山市开平区人民法院“尚知国、朱文友、李启新、吕学增等重大劳动安全事故案”判决书，载 http：//www. lawyee. net/Case/Case Display. asp？ ChannelID = 2010100&RID = 294905，2010年10月1日访问。

间，负责开升降机的工人小朱见邓大华尚未出来，就赶紧跑到工棚叫醒邓的胞弟邓小华说：‘你哥可能出事了。’睡在邓小华身旁的李全友听到叫声后，也醒来跟邓小华一起下井救人。至3时半左右，矿点的工人见下井的3名工人尚未出来，认为情况不妙，就跑去对王明说：‘井下可能出事了。’王明听后便下井往工作面走，当见到前方有一名工人已躺下，就马上退出并叫醒全部工人，接着王明跟谢梅松再次下井，但由于谢梅松自我保护不好，也晕倒在井下。而朝工作面行走的王明见状想上去抱谢，却感觉全身乏力，便往回跑。出井后，王明用手机分别向‘110’和‘120’报警和呼救，并通知林南先。约半小时后，林南先赶到现场。6时半，当地医院急救中心的车辆也赶到，在井上工人的协助下，先后将这四人抱出井外，但这四人均已死亡。经医院诊断：邓大华、邓小华、谢梅松及李全友均为井下窒息死亡。”原判认为，“被告人林南先身为鑫龙公司法定代表人，在其公司不具备勘探资质的情况下，擅自开展探矿业务，对事故隐患不采取安全防范措施，致使其勘探的矿井发生重大伤亡事故，情节特别恶劣，其行为已构成重大劳动安全事故罪。依照《中华人民共和国刑法》第135条和《中华人民共和国民法通则》第119条、第130条的规定，认定被告人林南先犯重大劳动安全事故罪，判处有期徒刑5年。”海南省海南中级人民法院二审认为，“上诉人林南先不严格执行国家有关劳动生产安全的法律、法规，在明知自己不具备勘探资格的情况下，为片面追求经济利益，在与同案犯邓细吉合作开采过程中，对存在危及工人安全生产的事故隐患，不采取积极的防范措施，造成4人死亡的严重事故，其行为已构成重大劳动安全事故罪。……裁定如下：驳回上诉，维持原判。”〔1〕

评析：被告人林南先的过错在于，本身不具备开采资格却承接采矿业务，对事故发生负有直接责任，未提供必要的安全设施条件，而负有管理过失，而且还擅自将采矿作业任务发包给不具备采矿资质的汝城县工程队，对邓细吉等人的违章行为负有监督过失责任；本案仅追究林南先的刑事责任是存在疑问的，邓细吉明知自己不具有采矿资质还承接采矿作业任务，组织工人违章施工，其对事故的发生负有直接的责任，应当追究其重大责任事故罪的责任；黄金部队在没有审查鑫龙公司是否具有探矿资格、没有向有关主管部门备案的情况下，与其签订所谓联合勘查协议，放任不具有开采资格的鑫龙公司进行金矿开采，故对事故的发生负有监督过失责任，黄金部队的法定代表人也应被追究刑事责任。

---

〔1〕 海南省海南中级人民法院（2006）海南刑终字第54号“林南先重大劳动安全事故案”刑事裁定书，载 http：//www. lawyee. net/Case/Case Display. asp？ChannelID = 2010100&RID = 102668，2010年10月1日访问。

综上，矿难事故的发生，通常由于行为人未确立安全管理体制，未对工人进行必要的安全培训，未建立必要的安全设施条件，未确定具备上岗资格、负有责任心的人员对安全进行监管，而存在管理过失；另外，行为人对安全监管人员等未进行有效监督，对工人违章作业未进行必要监督，而对事故发生负有监督过失责任；矿产开采中，往往存在违法将采矿业务承包或授权给不具备采矿资质的人或单位开采，而且通常还存在层层违法转包的情形，发包方或者授权方，对于承包方、被授权方采矿作业负有监督责任，疏于履行的，应追究其监督过失责任；在矿难事故责任追究实务中，通常存在的不是扩大了打击面的问题，而是普遍存在遗漏追究部分行为人的管理、监督过失责任，甚至直接责任人刑事责任的问题。固然宽严相济刑事政策应当得到贯彻，但由于目前我国矿难事故还处于高发态势，为了有效打击矿难事故犯罪，保护我们矿工兄弟的生命，应当坚持全面追究与事故发生具有刑法因果关系的管理、监督过失责任人和直接责任人的刑事责任。

（二）建筑施工事故型

随着现代社会经济的迅速发展，城市化进程的加快，随之而来的因违章施工导致的重特大事故也接连见诸报端。然而，安居乐业是百姓的基本生活诉求，建筑安全关系到每一个百姓的切身利益，因此，坚决打击建筑施工安全事故犯罪，对维护社会稳定具有重要的现实意义。

［例一］ 在“李孟泽、费上利、段浩、夏福林、闫珂工程重大安全事故，刘泽均生产、销售不符合安全标准的产品，胡开明、重庆通用工业技术服务部生产不符合安全标准的产品，王远凯生产不符合安全标准的产品、职务侵占案”中，重庆第一中级人民法院审理查明，“1994 年 8 月，綦江县政府决定在綦河上架设一座人行桥，由县城建委负责组织实施。时任县城建委主任兼县城重点工程指挥部常务副指挥长及下设重点工程办公室主任的林世元（另案处理）邀请重庆市市政勘察设计研究院设计三室主任、被告人段浩设计方案。段浩找到本单位的退休工程师赵国勋（另案处理）等人，设计出两套方案。经县城建委林世元等研究选定方案为‘中承式钢管混凝土提篮式人行拱桥’（简称‘虹桥’）。……段浩找到本单位的刘××、赖××等人私人对虹桥工程进行勘察、测量，并将该工程交由赵国勋等人进行私人设计。同时，段浩经赵国勋推荐，邀请李孟泽联系到无施工资质的被告人费上利，承接虹桥工程的施工。李、费约定，由李孟泽担任虹桥工程技术负责人，费上利组织施工队伍，并垫付前期费用。费、李二人便挂靠于不具备桥梁施工资质且无法人资格的重庆市桥梁工程总公司川东南经理部（以下简称‘川东南经理部’），亦未向该总公司汇报。之后，费上利、李孟泽以川东南经

理部的名义与段浩违反国家有关规定达成承建虹桥工程施工的口头协议。1995 年 12 月底，段浩才以华庆公司名义与费上利挂靠的川东南经理部补签了虹桥工程施工分包合同，并将签订合同的时间提前到同年 3 月 27 日。段浩违反国家有关规定，违规找私人对虹桥进行设计、勘察、测量，致其设计粗糙、改动随意。吊杆由圆钢改为钢绞线群锚体系后，对采用无顶压张拉锚具未提出确保锁锚质量的相应措施；部分构造处理不当；对主拱钢管结构的材质、焊接工艺及质量标准以及接头位置等均无明确要求；成桥增设花台等附加荷载后，主拱承载力不能满足相应规范要求；在虹桥施工过程中，放弃对虹桥工程施工的技术服务和质量监督管理责任，从而降低了工程质量标准。1994 年 11 月中旬，费上利临时拼凑施工队伍进场施工。费先后聘请了无上岗证书的夏福林、闫珂等多人担任施工员，但均未审查其施工员的上岗资质，让不具备施工资格的人员担任虹桥施工中的重要岗位的工作。同时，聘用了多名没有上岗证的技术工人进行作业。……虹桥主拱钢管运往虹桥工地，被告人李孟泽、费上利对刘泽均生产、销售的主拱钢管加工构件在无合格证、探伤检测报告、质量检验等资料的情况下，亦不作检查、验收，即进入预拼装和安装焊接合拢。此间，费上利曾发现主拱钢管焊接质量不合格，不但不坚持质量标准，反而与刘泽均、胡开明共谋作假，以应付甲方检查，验收。……在虹桥桥面与钢管拱之间吊杆锚固安装施工过程中，李孟泽和负责吊杆锚固施工的被告人夏福林，不按照技术标准和要求施工，安装锚具时不采用千斤顶张拉，而是安排或指使工人用榔头直接敲打锚具夹片，使锚具夹片端面参差不平，未能确保锚具夹片与钢绞线的有效锁定及吊杆中的 3 根钢绞线的均匀受力，严重降低了锚具与钢管绞线的有效锁定及 3 根钢管绞线的均匀受力的质量安全标准。在钢管主拱的混凝土灌注施工中，被告人费上利、李孟泽未按规范的泵压技术方法施工，致使主拱钢管内出现多处漏灌及空洞，严重降低了钢拱强度。于 1995 年 12 月，虹桥主体工程完工后，费上利让不具备施工员资格的闫珂负责吊杆和锚具的灌浆工作。闫珂不按技术规范要求采用泵压方法对吊杆和锚头内灌注砂浆，而是采用从吊杆顶部倒灌砂浆，用铁敲打吊杆夯实的办法，致使吊杆内多处砂浆灌注不密实，使锚具及钢绞线锈蚀严重，降低了锚具对钢绞线夹持能力的质量安全标准，严重危及虹桥的安全使用。1996 年 2 月 15 日，虹桥在未经验收和等级评定的情况下违规交付使用。同年 6 月 19 日，綦江县组织龙舟赛时该桥发生异响后，李孟泽、费上利及赵国勋等人来到现场，在未经任何技术检测的情况下，李、赵即轻率地主观推断异响系“应力调整”，属正常现象。对虹桥继续违规、危险使用客观上起了重要的误导作用。1999 年 1 月 4 日 18 时 50 分许，綦江虹桥整体垮塌，造成40人死亡，14人受伤，直接经济损失达6 280 000余元。经专家组鉴定，结论为：'一是，吊杆锁锚方法错误，不能保证钢绞线有效锁定及均匀受力，钢绞线部分或全部滑出使吊杆锚固失效是导致桥面板垮塌的直接原因。二是，加工主拱钢管工厂对接焊缝普遍存在裂纹、未焊透、未熔合、气孔、夹渣及陈旧性裂纹等严重缺陷，质量达不到施工及验收规范二级焊缝检验标准要求，故钢管工厂对接焊缝质量低劣是导致主拱垮塌的直接原因。三是，主拱钢管内混凝土强度达不到设计要求，局部有漏灌现象，拱肋板处甚至出现1米多长的空洞。吊杆灌浆防护也存在严重问题。四是，设计粗糙，更改随意，构造也有不当之处。对主拱钢结构的焊接质量、接头位置及锁锚质量均无明确要求。在成桥增设花台等附加荷载后，主拱承载力不能满足相应的规范要求。'"重庆第一中级人民法院以工程重大安全事故罪分别判处被告人费上利、李孟泽、夏福林、闫珂有期徒刑10年、10年、7年、6年。[1]

评析：被告人费上利的过错在于，本无建桥资质，违规挂靠无建桥资质且无法人资格的川东南经理部，在未取得施工许可证的情况下临时拼凑施工队伍，违规聘用无上岗证的人员施工，存在管理过失；向无生产能力和技术条件的刘泽均订购虹桥主要构件——主拱钢管，并对主拱钢管未按规定进行检测、验收就安装使用，存在监督过失；在虹桥主钢管混凝土灌注施工中，不采用正确方法作业，存在严重的管理、监督过失。被告人李孟泽的过错在于，未向供货方提出质量要求，也未按规定进行质量检测、验收，在没有主拱钢管的合格证和质保书的情况下，便轻率地决定安装使用，存在严重的监督过失。被告人段浩的过错在于，放弃对虹桥工程的施工质量的管理监督，降低了虹桥工程的质量安全标准，存在严重的监督过失。被告人夏福林的过错在于，在虹桥工程的吊杆锚固定安装施工中，不按技术要求施工，指使工人用榔头直接敲打锚具夹片，违章施工，存在严重的管理过失。被告人闫珂的过错在于，违反国家有关建设法规，不具备施工员资质而参与虹桥工程关键部位的施工，违规操作，对事故的发生负有直接责任。

［例二］ 在"陈益校、王运福重大劳动安全事故案"中，浙江省温州市瓯海区法院审理查明，"1993年7月至1996年，被告人陈益校、王运福和张万民（另案处理）合伙，以泰顺县隧道工程公司名义向黑龙江省七台河矿务局矿建工程

---

〔1〕 重庆市第一中级人民法院（1999）渝一中刑初字第130号"李孟泽、费上利、段浩、夏福林、闫珂工程重大安全事故，刘泽均生产、销售不符合安全标准的产品，胡开明、重庆通用工业技术服务部生产不符合安全标准的产品，王远凯生产不符合安全标准的产品、职务侵占案"，http://www.lawyee.net/Case/Case Display.asp? ChannelID = 2010100&RID = 16581，2010年10月2日访问。

处、沈阳矿务局矿建工程处承包沈阳至本溪一级汽车专用公路小堡至南芬第七合同段吴家岭隧道 A、B 两级进口、出口隧道施工工程。黑龙江省七台河矿务局矿建工程处、沈阳矿务局矿建工程处均派刘子明、陈百新等人进行管理、监督。被告人陈益校、王运福先后招募数百名民工到该工地务工。被告人陈益校、王运福违反国家有关规定，未采取有效劳动安全保障措施和落实各种规章制度，让未经防尘知识教育、考核及健康检查的民工从事粉尘作业，在施工过程中，民工大都采用'干式掘进'进行作业，致使干式凿岩、出碴、放炮、喷射混凝土产生的大量粉尘无法排除。为此，对工程的劳动安全具有监督管理责任的主管部门黑龙江省七台河市矿务局工程处和沈阳矿务局工程处派驻吴家岭隧道工程进出口工地的工作人员及部分民工多次向被告人陈益校、王运福提出粉尘对工人身体健康的危害，要求改善作业环境（监督人员均未予制止），但被告人陈益校、王运福仍未采取有效保障措施，解决凿岩方式、通风、水源设备、除尘防护等问题，致使众多民工在恶劣的环境中从事粉尘作业，吸入大量粉尘。后经测定，该工地岩石以含 97.56% 游离 SO_2 的石英岩为主。1997 年至今，陆续发现在该工地工作过的工人身体不适先后患病，其中，民工张晓云、陈逢近、胡荣朝、陶思国（碧）、洪德奎、魏仕考、赖兆京、王长云先后因患矽肺病而死亡。经浙江省职业病鉴定委员会尘肺病诊断组鉴定，在该工地务工的泰顺籍民工胡昌猛等 60 余人矽肺检查呈'O'型。……至目前为止，经泰顺县劳动鉴定委员会鉴定，民工王运建等 11 人为二级伤残，陈方余等 27 人为三级伤残，傅仕盟等 56 人为四级伤残，张逢桥等 21 人为六级伤残，陈维美等 94 人为七级伤残。"该院认为，"被告人陈益校、王运福在承包施工过程中，未采取有效的防尘措施，确保工人在符合国家防尘标准的环境下作业，严重违反国家有关劳动安全保障的规定，致使造成多人死亡、患病的重大伤亡事故，情节特别恶劣，二被告人的行为均已构成重大劳动安全事故罪。起诉书指控上述二被告人的犯罪事实清楚，证据确实、充分，罪名成立。被告人陈益校系泰顺县隧道工程公司的法人代表，又是主要的承包人，被告人王运福是出口段隧道工程的合股人，均是劳动安全的直接责任人员，对隧道工程的施工安全应负主要责任，符合重大劳动安全事故罪的主体……判决如下：一是，被告人陈益校犯重大劳动安全事故罪，判处有期徒刑 7 年；二是，被告人王运福犯重大劳动安全事故罪，判处有期徒刑 5 年"。[1]

---

〔1〕 浙江省温州市瓯海区人民法院（2001）瓯刑初字第 973 号"陈益校、王运福重大劳动安全事故案"刑事判决书，http：//www. lawyee. net/Case/Case Display. asp？ChannelID = 2010100&RID = 47952，2010 年 10 月 2 日访问。

评析：被告人陈益校、王运福作为工程承包人、合股人，未采取有效劳动安全保障措施，未对民工进行防尘知识教育，存在管理过失；施工过程中未阻止民工采用“干式掘进”作业，对于事故的发生负有监督过失。刘子明、陈百新作为黑龙江省七台河矿务局矿建工程处、沈阳矿务局矿建工程处派往工地对施工进行管理、监督的工作人员，未能有效督促被告人陈益校、王运福及时改善作业环境，未能监督民工避免采用“干式掘进”作业，因而对事故的发生应负监督过失责任，法院未追究刘子明、陈百新二人刑事责任，恐有不当。

综上，建筑施工事故的发生原因通常在于违法将工程发包、转包给不具备相应资质的施工人员、单位施工，往往未建立必要的劳动安全措施，对从业人员未进行必要的安全教育、培训，未能选任负有一定资质和责任心的人员对施工现场和施工人员进行管理、监督、监理，而对事故的发生负有管理过失责任；另外，承包人、工程监理人等管理人员，往往未在施工现场进行有效的监督，对施工人员的违章作业未进行有效的监督、纠正、阻止，致使埋下事故隐患，因而对事故的发生负有监督过失责任；现场的施工人员往往由于安全意识淡薄而无视安全规则，违章施工，冒险作业，直接导致事故的发生，而对事故负有直接责任。

（三）服务经营事故型

商场、酒店、影剧院等服务经营场所，人口集中，流动量大，在安全防火等设施、措施不到位的情况下，往往容易发生重特大火灾等事故，成为影响社会安定的重要因素。

［例一］ 在“段程伟、向学信重大责任事故案”中，重庆市沙坪坝区法院审理查明，“重庆家乐福商业有限公司沙坪坝店（以下简称‘家乐福沙坪坝店’）筹划于2007年11月9日至11月18日举办10周年店庆粮油等商品打折促销活动。时任该店防损部经理的被告人向学信全面负责此次店庆活动的安全工作，向学信安排时任该店防损部经理助理的被告人段程伟负责活动期间外围入口的安全保障工作。2007年10月19日，被告人向学信会同重庆家乐福有限公司旗下的其他3家分公司的防损部负责人制定了10周年店庆活动安全防范预案（以下简称‘预案’），其中规定要尽量打开所有的入口，对不牢固的防护栏加固，要移开主入口有安全隐患的设施设备，确保主通道的通畅。2007年11月9日下午，被告人段程伟未按照预案要求，擅自决定在家乐福沙坪坝店三个店门（包括东门、中门和西门）的入口下行楼梯处摆放桌子，以控制人流。11月10日7时许，向学信在例行检查店内安全工作时，发现东门入口下行楼梯处有桌子堵住入口的情况却没有予以纠正。8时20分许，大量购物群众涌入家乐福沙坪坝店东门，将入口处摆

放的桌子挤倒，部分群众被桌子绊倒，导致大量群众相继跌倒，发生了严重踩踏事故。该事故造成被害人孙茁、杨素秀、蔡仪明被严重挤压致呼吸循环障碍，经抢救无效死亡，31名购物群众不同程度受伤，其中周勇涛、王果兵伤害程度为重伤，唐远秀、张映秋、张维平、谭友葵伤害程度为轻伤。案发后，被告人段程伟、向学信迅速组织人员积极抢救受伤群众。政府相关部门成立了事故调查组，对事故发生原因进行了调查，认定事故发生的直接原因是：东门入口下行楼梯处被桌子隔离，仅留一条狭窄通道，排在前排的顾客和桌子被一同挤倒，后面的人群踩踏倒地群众继续跌倒形成堆状。间接原因：一是家乐福沙坪坝店现场安保人员在顾客排队出现混乱时疏导不力，临危处置不当；二是商店10周年店庆活动安全防范措施不完善，未详细制定预防踩踏事故的应急预案。”该院认为，“被告人段程伟作为重庆家乐福商业有限公司沙坪坝店10周年庆活动期间外围入口的安全保障工作的负责人，明知活动安全防范预案规定要尽量打开所有的入口，确保主通道的通畅，却擅自采用摆放桌子以控制人流量的不当措施，对事故的发生负有主要责任。被告人向学信作为防损部经理，全面负责此次店庆活动的安全工作，在发现有桌子堵住入口的情况后没有按照活动安全防范预案履行监管职责及时纠正，对事故的发生负有管理责任。由于被告人段程伟、向学信不正确履行职责，造成了购物群众3人死亡、31人不同程度受伤，在社会上造成极为恶劣影响的严重踩踏事故，其行为已构成重大责任事故罪。……判决如下：一是，被告人段程伟犯重大责任事故罪，判处有期徒刑3年；二是，被告人向学信犯重大责任事故罪，判处有期徒刑2年。”〔1〕

评析：被告人向学信作为负责此次店庆活动安全工作的防损部经理，未制定处置紧急事故的科学合理预案，对防损部经理助理段程伟的选任不当，未对保安进行必要的处置突发事故能力训练，而对事故的发生负有管理过失责任；发现段程伟在下行楼梯处摆放桌子后没有及时监督、纠正，而对事故的发生负有监督过失责任。作为防损部经理助理的被告人段程伟，违背预案要求擅自决定在入口下行楼梯处摆放桌子，直接导致了踩踏事故的发生，对事故的发生负有直接责任；事前未对保安进行必要的处置紧急情况的能力演练，致使保安在事发时未能有效处置现场情况，而负有管理、监督过失责任。

［例二］　在“岳江、黄建平、张凤文、王福林重大责任事故，孟玉珍、张玉

〔1〕 重庆市沙坪坝区人民法院（2008）沙法刑初字第316号“段程伟、向学信重大责任事故案”刑事判决书，http：//www. lawyee. net/Case/Case Display. asp？ChannelID = 2010100&RID = 249810，2010年10月2日访问。

珩、王洪图玩忽职守案”中，河北省唐山市东矿区法院审理查明，“1992 年 9 月 21 日，唐山市东矿区林西百货大楼（甲方）与东矿区劳动服务建筑公司（乙方）签订了新建和扩大营业室、库房、办公室的工程合同。原任劳动服务建筑公司经理、被告人王洪图在对其所属岳江施工队缺乏了解的情况下，既没有审查其技术力量，又没有检查监督和制定施工方案，就将此工程交给岳江施工队施工。被告人岳江、张凤文、王福林明知本队不具备承包此项工程的条件，又未制定现场安全技术措施，便承接了此项工程。1993 年 2 月 8 日开工时，被告人岳江向林西百货大楼主管基建的副经理张玉珩提出施工时家具营业室应停止营业，清理出施工现场，方可施工。张玉珩没有同意，也未向经理孟玉珍汇报，便开工了。2 月 13 日被告人岳江指派被告人黄建平到营业室房顶焊接钢筋（无焊工操作证）。焊接时，电焊火花通过凿通的孔洞落入家具营业室，张玉珩发现后没有采取任何措施。第二天张也未到现场监督。2 月 14 日上午，被告人黄建平焊接柱筋时，因电焊火花通过孔洞喷溅在家具营业室内可燃物上，引燃了纸盒。被告人孟玉珍发现后即向张凤文提出交涉，让他们停工，交涉完后离去。张凤文找来木工补堵漏洞。当时黄建平停止了焊接。中午 12 点半，施工队开工后，黄建平继续在营业室房上东北角焊接。1 点 15 分由于补堵的漏洞堵得不严，电焊熔珠溅落在下层的家具营业室的泡沫塑料上，引起了特大火灾事故，造成极其严重的后果。有 80 人死亡，55 人受伤，林西百货大楼全部商品被烧毁，直接经济损失 400 余万元。”该院认定，“被告人岳江、黄建平、张凤文、王福林的行为构成重大责任事故罪，依法判处岳江、黄建平有期徒刑 7 年；判处张凤文、王福林有期徒刑 6 年；认定被告人孟玉珍、张玉珩、王洪图的行为构成玩忽职守罪，依法判处孟玉珍、张玉珩有期徒刑 5 年；判处王洪图有期徒刑 4 年。”〔1〕

评析：被告人王洪图在对其所属岳江施工队缺乏了解的情况下，既没有审查其技术力量，又没有检查监督和制定施工方案，就将此工程交给岳江施工队施工，存在管理过失。被告人岳江、张凤文、王福林明知本队不具备承包此项工程的条件，又未制定现场安全技术措施，便承接了此项工程，虽然向百货大楼副经理提出过应停止营业后施工的要求，但没有坚持，致使施工队在未确立安全措施的情况下冒险施工，以及雇请无焊工操作证的黄建平进行作业，而具有管理上的过失；在黄建平违章、冒险操作时，未进行现场监督，而负有监督过失责任。黄

〔1〕 唐山市东矿区人民法院“岳江、黄建平、张凤文、王福林重大责任事故，孟玉珍、张玉珩、王洪图玩忽职守案”刑事判决书，http：//www. lawyee. net/Case/Case Display. asp？ChannelID = 2010100 &RID = 25880，2010 年 10 月 2 日。

建平无焊工操作证违章冒险作业，直接导致了火灾事故的发生，对事故的发生负有直接责任。被告人张玉珩不顾安全，强行在营业状态下装修，而负有管理过失责任，未对施工现场进行有效的监督，而负有监督过失责任；被告人孟玉珍发现事故苗头后未能有效制止违章施工，而对事故的发生负有监督过失责任。

［例三］　在“阿不来提·卡德尔、陈惠君、努斯拉提·王素甫江、刘竹英重大责任事故，蔡兆锋、赵兰秀、方天录、岳霖、唐健等玩忽职守案”中，新疆维吾尔自治区克拉玛依市中级人民法院一审审理查明，“1994 年 11 月上旬，克拉玛依市人民政府为迎接新疆维吾尔自治区人民政府组织的‘两基’（基本普及九年义务教育、基本扫除青壮年文盲）评估验收团，成立了以被告人赵兰秀、方天录为组长，共 15 人组成的迎接‘两基’评估验收领导小组，由该小组成员、市教委副主任唐健主持拟定整个检查验收的工作方案，其中安排市教委普教科组织全市中、小学举办专场文艺汇报演出，12 月 5 日被告人唐健、况丽、朱明龙、赵征在市教委部署迎接验收筹备工作会议上以及 12 月 6 日被告人赵兰秀、方天录听取唐健、况丽等人的筹备工作汇报时，均未对组织中、小学生进行文艺演出提出安全防范要求。之后也未就有关安全工作作出部署。同日，经总工会办公室批准，岳霖签字，市教委借用友谊馆为文艺汇报演出场地。被告人蔡兆锋、阿不来提·卡德尔身为友谊馆主任、副主任，平时未组织工作人员学习有关影剧院的安全管理规定，疏于消防安全教育和管理，没有制定有关安全方面的规章制度，使馆内工作人员职责不明确，缺乏安全意识。友谊馆翻修交付使用后曾发生过光柱灯将幕布烤糊的火险，阿不来提·卡德尔认为幕布是经过防火处理的，不会着火，没有采取消除隐患的任何措施。1994 年 9 月 28 日消防部门对友谊馆进行检查，指出舞台灯光距幕布过近，要求整改，阿、蔡没有组织整改，也未向上级领导提出整改意见。同年 10 月 30 日该馆举办气功报告会时光柱灯又将一处幕布烤燃。当时，该馆电工邹元训将着火幕布的吊杆放下，火被群众当场扑灭，避免了火灾的发生。事后，蔡兆锋将此事告诉了阿不来提，阿仍认为幕布经过防火处理而未加整改。友谊馆正面和南北两侧共 7 个安全疏散门，仅开一个门，南侧通道堆放杂物（其中有阿不来提家的沙发），铁栅栏门关闭形成库房。对友谊馆存在的这些不安全隐患，被告人孙勇、赵忠铮都是明知的，但既未采取有效措施消除，也未专程向有关领导汇报，只是在给岳霖汇报其他工作时，顺便讲了友谊馆曾发生过幕布烤糊的事，而未引起岳霖的重视。被告人岳霖对安全通道不畅、南通道堆放杂物和友谊馆幕布曾烤糊的不安全隐患是明知的，未督促检查整改。1994 年 12 月 6 日签字同意使用友谊馆时又未对下属领导强调注意安全问题。1994 年 12 月 7

日被告人阿不来提将本馆唯一的电工邹元训派外出差。1994 年 12 月 8 日下午文艺汇报演出在友谊馆举行。被告人陈惠君、努斯拉提·玉素甫江、刘竹英在当班时，只打开一个正门。由市教委和新疆石油管理局教育培训中心组织的 7 所中学、8 所小学的部分学生、教师提前入场。被告人赵兰秀、方天录、唐健、况丽、朱明龙和市局有关领导陪同自治区‘两基’评估验收团成员观看演出，全场共 790 余人。18 时 5 分演出开始。被告人赵征在舞台上负责节目安排。当演到第二个节目时，舞台北侧上方倒数第二道光柱灯烤燃纱幕，由于没有电工在岗，在场人员无法采取有效措施灭火。被告人阿不来提·卡德尔得知起火后，从前庭楼的办公室下来，路经值班室未首先组织服务员打开太平门，疏散场内人员，而跑上舞台同他人一起灭火，烧伤后被救出。被告人蔡兆锋因出差不在现场。起火后，被告人唐健、况丽、朱明龙先后上舞台扑火。在火势增大难以扑灭时，唐、况见状喊‘快跑’，没有组织疏散场内学生，朱、唐先后跑出馆外。被告人况丽跑进女厕所。被告人赵兰秀见舞台起火后，轻信火能扑灭，没有发出疏散指令，当火着大时，赵指示他人报警，仍然没有指令组织疏散场内人员。被告人方天录见火势难以控制，不组织疏散场内人员，自己从北侧通道跑出馆外，其后也未指挥、组织抢救馆内人员。被告人赵兰秀被烧伤后，晕倒在南侧通道被他人救出。被告人赵征发现舞台着火后，组织引导舞台正在演出的学生和在北通道准备演出的学生跑出友谊馆，在正门处救助学生。被告人陈惠君、努斯拉提·玉素甫江得知着火后，既未报警，也未打开安全疏散门引导疏散场内人员，当即逃出馆外，在正门处救助学生。被告人刘竹英上岗后，未按规定请假，脱岗外出交工会费，至火灾发生后才返回友谊馆。由于火势迅速蔓延，馆内装饰材料燃烧产生大量有毒气体。剧厅内无人组织和指挥人员疏散，通向馆外的疏散门亦未开启，致使 323 人死亡、132 人受伤，直接经济损失 3800 余万元。”

该院认为，“被告人阿不来提·卡德尔对该馆安全工作疏于管理，对馆内存在的不安全隐患未进行有效整改，严重违反消防和安全管理规定。起火后，未疏散场内人员，是发生此次火灾和造成严重后果的主要直接责任者，其行为已构成重大责任事故罪，情节特别恶劣，后果特别严重，依法应予从重处罚。被告人陈惠君、努斯拉提·玉素甫江工作严重不负责任，演出期间，未在场内巡回检查。被告人陈惠君在火灾发生后，不履行应尽的职责，未组织服务人员打开安全门，却与努斯拉提逃出馆外。被告人刘竹英脱岗外出，未能履行自己的职责。以上 3 名被告人是事故惨重伤亡后果的直接责任者，情节特别恶劣，其行为均已构成重大责任事故罪，应予从重处罚。被告人蔡兆锋，不重视安全工作，未对职工进行安全教育和制定应急防范措施，对友谊馆存在的不安全隐患不加整改，工作严重不负责任，对火灾事故的发生负有直接责任，其行为已构成玩忽职守罪，应从重处罚。被告人孙勇、赵忠铮，未采取积极措施督促友谊馆消除不安全隐患，工作严重不负责任，不正确履行职责，对火灾事故的发生负有直接责任，其行为均已构成玩忽职守罪，应依法惩处。被告人岳霖，分管文化艺术中心的工作，明知友谊馆存在不安全隐患，未要求检查整改，对工作严重不负责任，未正确履行自己的职责义务，对火灾事故的发生负有责任，其行为已构成玩忽职守罪，应依法惩处。被告人赵兰秀、方天录系迎接'两基'评估验收工作及演出现场的主要领导人，对未成年人未正确履行法定的监护职责；在发生火情时，有责任、也有条件组织指挥场内学生疏散，但没有组织和指挥疏散，对扩大事故的伤亡后果负有直接责任，其行为均已构成玩忽职守罪，应分别予以惩处。被告人唐健、况丽、朱明龙、赵征是此次演出活动的具体组织者和实施者，对未成年人的人身安全疏忽大意。唐、况、朱在发生火灾时，未组织疏散学生，未正确履行法定的职责义务，而只顾自己逃生，对严重伤亡后果负有直接责任，其行为均已构成玩忽职守罪，应分别依法惩处。……判决：一是，阿不来提·卡德尔犯重大责任事故罪，判处有期徒刑7年；二是，陈惠君犯重大责任事故罪，判处有期徒刑7年；三是，努斯拉提·玉素甫江犯重大责任事故罪，判处有期徒刑6年；四是，刘竹英犯重大责任事故罪，判处有期徒刑6年；五是，蔡兆锋犯玩忽职守罪，判处有期徒刑5年；六是，孙勇犯玩忽职守罪，判处有期徒刑4年；七是，赵忠铮犯玩忽职守罪，判处有期徒刑4年；八是，岳霖犯玩忽职守罪，判处有期徒刑4年；九是，兰秀犯玩忽职守罪，判处有期徒刑4年零6个月；十是，方天录犯玩忽职守罪，判处有期徒刑5年；十一是，唐健犯玩忽职守罪，判处有期徒刑5年；十二是，况丽犯玩忽职守罪，判处有期徒刑4年；十三是，朱明龙犯玩忽职守罪，判处有期徒刑4年；十四是，赵征犯玩忽职守罪，免予刑事处分。"新疆维吾尔自治区高级人民法院二审维持原判。[1]

评析：上述被告人可以归为三类：一是友谊馆的工作人员，具体是友谊馆主任兼指导员蔡兆锋，友谊馆副主任阿不来提·卡德尔，友谊馆服务人员陈惠君、刘竹英、努斯拉提·玉素甫江；二是所谓对友谊馆安全工作负有职责的友谊馆的

---

[1] 新疆维吾尔自治区高级人民法院（1995）新刑一终字第251号"阿不来提·卡德尔、陈惠君、努斯拉提·王素甫江、刘竹英重大责任事故，蔡兆锋、赵兰秀、方天录、岳霖、唐健等玩忽职守案"，http：//www. lawyee. net/Case/Case Display. asp？ChannelID＝2010100&RID＝23814，2010年10月2日访问。

上级主管领导，具体是克拉玛依市新疆石油管理局总工会副主席（分管文化艺术中心工作）的岳霖、总工会文化艺术中心主任孙勇、总工会文化艺术中心教导员赵忠铮；三是属于教育系统的这次克拉玛依市迎接自治区“两基”评估验收团领导小组组长或其他领导成员，具体是克拉玛依市主管文教工作的副市长赵兰秀、新疆石油管理局副局长（主管局教育培训中心工作）方天录、克拉玛依市教委副主任（新疆石油管理局教育培训中心副主任）唐健、新疆石油管理局教育培训中心党委副书记兼纪委书记（检查团的陪同成员）况丽、“两基”评估验收工作的组织者之一的（又是演出活动的具体指挥者）朱明龙。对于第一类人员，作为领导的友谊馆主任蔡兆锋和副主任阿不来提·卡德尔，对于友谊馆存在事故隐患不进行整改，对友谊馆服务人员不进行安全管理培训，未按规定使其他安全门处于开启状态，演出时安排唯一的电工外出等，无疑应负管理过失责任；在火灾发生时，阿不来提·卡德尔没有督促指挥服务人员及时打开其他安全门，导致事故扩大，无疑负有监督过失责任。在场的两位服务人员陈惠君、努斯拉提·玉素甫江未能在场内及时巡查（若果真有来回巡查以保障安全义务的话），在事故发生时未能及时打开其他安全门，对事故的扩大负有直接责任，擅自外出的刘竹英若果真有外出必须请假且对友谊馆安全负有职责的话，也对事故的扩大负有责任。对于第二类人员，若如判决书所言，对友谊馆安全工作负有职责，则因疏于对友谊馆主任和副主任的监督，而应承担监督过失责任。对于第三类人员，由于演出现场的安全问题应属于友谊馆工作人员、友谊馆上级主管部门负责的领域，要求主管教育的人员对演出场所的安全负责则超出了规范的保护目的范围，以没有对未成年人正确履行法定的监护职责为由判处承担过失责任也不妥当，若坚持追究的话，则不仅上述人员，现场的老师也都可能被追究刑事责任，而且行为人明明是故意逃离，要定罪也应是遗弃罪罪名，而不是作为过失犯的玩忽职守罪。所以上述第三类人员原则上不应被追究刑事责任，至于赵兰秀作为现场的最高领导，其有审时度势及时发布疏散命令的义务，其因判断失误没有及时发布疏散命令，而是个人英雄主义地进行扑火，对于事故的扩大负有不可推卸的责任，以玩忽职守罪追究其刑事责任基本上是合理的。

综上，在酒店、商场、影剧院等服务经营场所，由于人口流动量大，国家对这些场所的消防安全制定严格的法规，规定了严格的安全防范措施，但是在实际经营过程中，服务经营场所的负责人往往在未确立安全管理体制，未对员工进行必要的安全防范训练，未配备必要的安全设施的情况下开业经营，从而为事故的发生埋下安全隐患。即便完全是因为他人的过失甚至故意行为引起灾害的，服务经营场所负责人也难逃管理、监督过失责任。实践中，既要追究直接责任人的刑事责任，又不能忽视追究未确立安全管理体制的管理过失责任，以及督促从业人员安全作业的监督过失责任。

（四）危险品事故型

爆炸性、毒害性、放射性等危险性物品因其特有的物理、化学特性，对于人的生命、财产安全以及生态环境具有潜在的威胁。故国家对爆炸性、毒害性、放射性等危险性物品的生产、储存、运输、使用制定了严格的规章制度和措施。然而实践中因为违反危险物品的管理规定而导致重特大事故的案件不时发生，严重威胁到人民群众的生命、财产安全，严重破坏环境生态功能，因此严厉打击危险物品肇事犯罪具有重要的现实意义。

［例一］　在“朱平书、刘超危险物品肇事案”中，江苏省淮安市清浦区检察院指控，“2005年3月29日，山东济宁远达石化有限公司安排驾驶员兼押运员康兆永和王刚（另案处理）驾驶鲁H00099号罐式半挂车到沂化公司购买液氯。该车行驶证核定载重为15吨，山东省质量技术监督局锅炉压力容器安全监察处核准该槽罐安全技术要求为最大充装量30吨。然而，二被告却未审查该车任何证件。被告人刘超制订销售液氯40吨计划单，报经被告人朱平书审批后对鲁H00099号车充装液氯，最终为该车严重超限充装液氯40.44吨。2005年3月29日18时40分许，当该车行驶至京沪高速公路沂淮江段103km+525m处时，汽车左前轮胎爆裂，车辆方向失控后撞毁道路中间护拦冲入对向车道，罐车侧翻在行车道内。马建军驾驶的鲁Q08477号解放牌半挂车因避让不及，与鲁H00099号罐车碰刮，导致鲁H00099号车槽罐顶部的阀门被撞脱落，发生液氯泄漏。事故发生后，周边29人因氯气中毒死亡，400余人中毒住院治疗，1800余人入门诊留观，10 000余名村民被迫疏散转移，数千头（只）家畜、家禽死亡，大面积农作物绝收或受损，同时还造成大量的树木、鱼塘、村民的食用粮、家用电器受污染、腐蚀等巨大经济损失。另查明：自2004年3月起至事故发生之日，鲁H00099号罐式半挂车从沂化公司共拖装液氯60余次，其中绝大部分都超过30吨。”

江苏省淮安市清浦区法院审理认为，“我国的《氯气安全规程》和《液化气体汽车罐车安全监察规程》明确规定充装单位要审核装运车辆的安全证件，严禁超装超载车辆驶离充装单位。被告人朱平书、刘超作为生产企业中分管和主管剧毒化学品液氯销售、审批工作的直接责任人员，违反国家有关液氯充装应审查危险品运输车辆的安全证件及不准超装超载的规定，为鲁H00099号车超装液氯，使该车超载行驶，引发交通事故后造成液氯泄漏，29人因氯气中毒死亡。根据交通事故认定书认定，鲁 H00099 号罐车发生特大交通事故的直接原因之一是该车严重超载，因此，二被告的行为均构成危险物品肇事罪，且属于后果特别严重。……判决如下：一是，被告人朱平书犯危险物品肇事罪，判处有期徒刑 3 年零 6 个月；二是，被告人刘超犯危险物品肇事罪，判处有期徒刑 3 年零 6 个月。”江苏省淮安市中级人民法院二审维持原判。〔1〕

在关联案“康兆永、王刚危险物品肇事案”中，江苏省淮安市中级人民法院审理查明，“被告人康兆永、王刚均是山东省济宁市远达石化有限公司（以下简称‘远达公司’）雇用的驾驶员，均领取了危险货物运输从业资格证和道路危险货物运输操作证，具有从事危险品运输的专业资格。远达公司经营化工产品和原料的批发、零售，由于不具备运输危险品资质，遂与济宁科迪化学危险货物运输中心（以下简称‘科迪中心’）签订委托管理合同，将远达公司的危险品运输车辆和驾驶人员挂靠入户到科迪中心名下，从而取得运输危险品资质，但车辆和人员仍由远达公司经理马建国（另案处理，因危险物品肇事罪被判处有期徒刑 6 年）实际管理。……事后经公安部道路交通管理科学研究所对鲁 H00099 号拖挂罐体车轮胎爆裂原因进行鉴定，结论为：一是，该车长期在超载情况下行驶，轮胎气压高于标准压力，使轮胎刚性增大，胎冠中间部位凸出，与地面接触面积减少，受力增大，引起胎冠中央过度磨损，胎冠及花纹底部开裂，形成众多裂纹。二是，由于超载引起轮胎过度变形和轮胎气压升高，在行驶中随着轮胎内部温度的升高，轮胎帘线过度伸张，橡胶复合材料的物理特性连续遭到破坏；加上轮胎胎冠原有裂纹处应力集中，在交变载荷的重复作用下，应力超过材料的强度极限，开裂处产生逐渐扩大的破坏，形成帘线与橡胶间的粘着失效，胎肩与胎冠处产生部分脱空现象，行驶中脱空部位温度过高，帘线负荷能力下降，导致帘布层折断，胎冠和胎肩爆裂。三是，左前轮紧贴爆裂胎冠及胎肩的帘布层断裂的端头较为整齐，属突然爆裂所致，而其余帘布层帘线的断裂端头均发粘、发毛且卷曲，呈明显碾压所致。四是，该车使用的左右前轮，第二、第三轴左后轮的轮胎花纹深度以及磨损程度，均不符合 GB7258 - 2004 国家标准，且未达到同一轴轮胎规格和花纹相同的要求。该车使用存在严重交通安全隐患的报废轮胎，行驶中发生爆胎是必然现象。”

该院认为，“被告人康兆永驾驶不符合安全标准的机动车超载运输剧毒危险

---

〔1〕 江苏省淮安市中级人民法院（2006）淮刑终字第 18 号“朱平书、刘超危险物品肇事案”刑事裁定书，http：//www. lawyee. net/Case/Case Display. asp? ChannelID = 2010100&RID = 131810，2010 年 10 月 2 日访问。

化学品液氯，被告人王刚不尽押运职责，纵容康兆永实施上述违法行为，二人共同违反毒害性物品的管理规定，以致在运输中发生液氯泄漏的重大事故，其行为已经触犯《刑法》第136条规定，构成危险物品肇事罪。……判决：被告人康兆永犯危险物品肇事罪，判处有期徒刑6年6个月。被告人王刚犯危险物品肇事罪，判处有期徒刑6年6个月。"〔1〕

评析： 刘超作为负责销售的工作人员，对于驾驶员要求超载装运未予拒绝，使得超载成为发生交通事故、液氯泄漏的直接原因，其对事故的发生负有直接责任；朱平书作为主管液氯销售审批的领导，未阻止刘超超载装运，对事故的发生负有监督过失责任；被告人王刚作为押运员，未能阻止康兆永超载驾驶，违反危险品管理规定和押运员职责，对于事故的发生应负监督过失责任，事故发生后未及时准确报警、协助营救，对于事故的扩大负有直接责任；被告人康兆永作为驾驶员，对于超载驾驶导致交通事故、液氯泄漏，负有直接责任，事故发生后未能及时准确报警、协助组织营救，对于事故的扩大负有直接责任；被告人马建国作为远达公司的领导，违反危险品管理规定，强行冒险下令被告人康兆永、王刚用核载30吨的车辆一次装用40吨，而且多次下令超载驾驶，致使轮胎磨损严重，最终导致该起事故，对于事故的发生负有严重的管理过失和监督过失责任。

［例二］　在"沈志明、曾小芳危险物品肇事，黄伟、何金义窝藏案"中，江西省萍乡市中级人民法院审理查明，"东源乡石岭鞭炮厂是1986年3月开办的，属石岭村村办企业。……1995年后，被告人沈志明与沈生林合股承包经营该厂。他们将该厂的和硝间、加工间、爆竹成品、半成品和原材料存放间都安排在同一栋房屋的不同房间内。……1998年9月22日，上栗县乡镇企业局、消防队、公安局、工商行政管理局4家对石岭鞭炮厂检查发现存在库存量大、人员集中、危险间太近等问题，要求该厂停产整改，但该厂并未停产进行有效整改。被告人黄伟与彭丽从事个体鞭炮销售业务，自1995年来，多次销售石岭鞭炮厂生产的鞭炮。2000年2月下旬，被告人黄伟和沈志明去福建省南安市土产公司收账、联系业务，该公司业务员黄小春向两被告人提到是否生产'五彩炮'，后经协商，两被告人与该公司经理黄春拔、业务员黄小春达成口头协议购销规格分别为20×4.4cm、15×3.9cm、12×3cm的'五彩炮'，在3月10日前先交一部分货，剩余部分在清明节前交清。两被告人回到萍乡后，被告人沈志明要沈生林试制。3月2

〔1〕　淮安市中级人民法院"康兆永、王刚危险物品肇事案"刑事判决书，http：//www.lawyee.net/Case/Case Display.asp？ChannelID＝2010100&RID＝82339，2010年10月2日访问。

日沈生林将6只‘五彩炮’样品交给被告人黄伟，要其带到福建联系其他买主。3月4日，被告人沈志明和沈生林去湖南省浏阳市大瑶镇购买做‘五彩炮’的纸张，被告人彭丽因有他事一同前往。被告人黄伟到福建后，与福建省晋江市土产公司的许坤口头协议，购销一批‘五彩炮’，其规格和数量为：20×4.4cm的40件，15×3.9cm的20件，12×3cm的10件，25×5cm的40件。达成协议的当天，被告人黄伟电话告知了沈生林。与此同时，沈生林在石岭鞭炮厂负责批量生产。后被告人黄伟电话告知被告人彭丽，要她转告沈生林加紧生产，被告人彭丽便电话告知了沈生林。被告人曾小芳系石岭鞭炮厂的收发员和安全生产领导小组成员。3月11日上午，在沈生林许诺以现金支付加工费的情况下，先后有86人来到石岭鞭炮厂做工，当时厂房内堆放有100多袋‘五彩炮’成品、‘大地红’鞭炮和其他一些爆竹半成品及一些原材料。因天下雨，沈生林同意前来做工的人在拥挤的厂房内加工，被告人曾小芳在场，未提出反对意见，并将爆竹半成品发给前来做工的人。上午9时30分许，因配药工李华违反国家安全标准配药，在和硝时违反操作规程，摩擦起火引发爆炸，继而引爆存放‘五彩炮’和‘大地红’鞭炮的大厅等4处发生爆炸，致使砖瓦结构的厂房倒塌，导致黄婷、沈红、张平、沈生林、李华等33人死亡，沈福强、罗清华、张根英3人重伤，胡桂芝、沈丹丹、曾小芳等8人轻伤，周兵、张三百2人轻微伤。经农业部烟花爆竹质量监督检验测试中心对现场勘查时提取型号为19.3×4.5cm的‘五彩炮’检验结论：单个含药量为12.64克，其中氯酸钾含量为42.9%，摩擦感度为100。单个装药量超过国家标准251.8倍。”

该院认为，“被告人沈志明、曾小芳的行为均构成危险物品肇事罪。被告人沈志明在有关部门发现石岭鞭炮厂存在安全隐患，通知其停产整改的情况下，仍不采取有效措施，导致了本案的发生，应酌情从重处罚。被告人曾小芳犯罪情节较轻，认罪态度较好且处于哺乳期，可酌情从轻处罚。……判决如下：一是，被告人沈志明犯危险物品肇事罪，判处有期徒刑7年；二是，被告人曾小芳犯危险物品肇事罪，判处有期徒刑3年，缓刑3年。”〔1〕

评析：被告人沈志明作为承包人之一，联系加工装药量严重超标的“五彩炮”，直接导致了事故的发生，而且作为管理人员，未确立安全管理体制，未对员工进行必要的安全知识培训，未配备必要的安全设施，致使工厂在不具备安全

〔1〕 江西省萍乡市中级人民法院（2000）萍刑一初字第14号“沈志明、曾小芳危险物品肇事，黄伟、何金义窝藏案”刑事判决书，http://www.lawyee.net/Case/Case Display.asp? ChannelID = 2010100&RID = 46389，2010年10月2日访问。

生产条件的情况下违章生产，因而对事故的发生负有管理过失责任。被告人曾小芳作为厂安全领导成员之一未协助其他领导确立安全管理体制，配备安全设施，而对于事故的发生负有管理过失责任；同时，在沈生林决定让工人在拥挤的厂房内加工时，明知这样做存在严重的安全隐患，而不坚持原则予以阻止，而且，对事故的直接肇事者李华未进行有效的监督，因而对事故的发生负有监督过失责任。沈生林作为承包人及厂领导之一，本来也负有严重的管理过失和监督过失责任，但鉴于其已经在事故中死亡，而不予追诉。李华作为肇事的直接责任人员，因为已经在事故中死亡，而不予追诉。黄伟、彭丽作为销售商，虽然参与了鞭炮厂的业务联系，但因为不是加工厂的承包人、领导成员，不对加工厂的安全负有责任，对于事故的发生不负有管理、监督过失，二人虽然也被检察院以危险物品肇事罪起诉，但法院坚持没有以危险物品肇事罪追究二人刑事责任，应该说是完全正确的。

综上，国家虽然为防止危险物品事故而制定相关的规章制度，但实践中违章生产、储存、运输、使用还很普遍，不时发生多人死伤的重特大事故，对于事故的发生，既存在直接导致事故发生的直接责任人员，也存在未确立安全管理体制，未对员工进行安全知识培训，未配备必要的安全措施，未对相关人员进行有效的安全监督，而对事故的发生负有一定的管理过失、监督过失的人员。

（五）其他事故型

除上述典型事故类型外，实践中还存在一些其他事故，这些事故中也存在管理过失和监督过失的问题。

［例一］ 在“石家庄三鹿集团股份有限公司、田文华、王玉良、杭志奇、吴聚生生产、销售伪劣产品案”中，河北省石家庄市中级人民法院审理查明，“2007年12月以来，被告单位石家庄三鹿集团股份有限公司（以下简称‘三鹿集团’）陆续收到消费者投诉，反映有部分婴幼儿食用该集团生产的婴幼儿系列奶粉后尿液中出现红色沉淀物等症状。2008年5月17日三鹿集团客户服务部书面向被告人田文华、王玉良等集团领导班子成员通报此类投诉的有关情况。为查明原因，三鹿集团于2008年5月20日成立了由王玉良负责的技术攻关小组。通过技术小组排查，确认该集团所生产的婴幼儿系列奶粉中的“非乳蛋白态氮”含量是国内外同类产品的1.5~6倍，怀疑其奶粉中含有三聚氰胺。2008年7月24日，三鹿集团将其生产的16批次婴幼儿系列奶粉，送河北出入境检验检疫局检验检疫技术中心检测是否含有三聚氰胺。2008年8月1日，河北出入境检验检疫局检验检疫技术中心出具检测报告：送检的16个批次奶粉样品中15个批次检出三聚氰胺。至2008年8月1日，全国已有众多婴幼儿因食用三鹿婴幼儿奶粉出现泌尿系

统结石等严重疾患，部分患儿住院手术治疗，多人死亡。2008 年 8 月 1 日下午 5 时许，被告人王玉良将河北出入境检验检疫局检验检疫技术中心的检测结果向被告人田文华进行了汇报。田文华随即召开集团经营班子扩大会进行商议，王玉良就婴幼儿奶粉中检测出三聚氰胺及三聚氰胺系化工原料、非食品添加剂，不允许在奶粉中添加的情况做了说明。会议决定：暂时封存仓库产品，暂时停止产品出库；王玉良负责对库存产品、留存样品及原奶、原辅料进行三聚氰胺含量的检测；被告人杭志奇加强日常生产工作的管理，特别是对原奶收购环节的管理；以返货形式换回市场上含有三聚氰胺的三鹿牌婴幼儿奶粉。三鹿集团在明知其婴幼儿系列奶粉中含有三聚氰胺的情况下，并没有停止奶粉的生产、销售。在对该集团成品库库存产品、样品库留样产品三聚氰胺含量进行检测后，2008 年 8 月 13 日，田文华、王玉良召开集团经营班子扩大会。会议决定：一是，库存产品三聚氰胺含量 10mg/g 以下的可以出厂销售，三聚氰胺含量 10mg/kg 以上的暂时封存，由王玉良具体负责实施；二是，调集三聚氰胺含量 20mg/g 左右的产品换回三聚氰胺含量更大的产品，并逐步将含三聚氰胺的产品通过调换撤出市场。会后，王玉良召集有关人员开会，宣布对经检测三聚氰胺含量在 10mg/kg 以下的产品准予检测部门出具放行通知单，即准许销售出厂。2008 年 9 月 12 日，三鹿集团被政府勒令停止生产和销售。经检测和审计，2008 年 8 月 2 日至 9 月 12 日，被告单位三鹿集团共生产含有三聚氰胺婴幼儿奶粉 72 余批次，总量 904. 243 2 吨；销售含有三聚氰胺婴幼儿奶粉 69 个批次，总量 813. 737 吨，销售金额 47 560 800 元。2008 年 8 月 3 日，被告人杭志奇经被告人田文华同意，根据 2008 年 8 月 1 日集团经营班子扩大会议决议，找到被告人吴聚生，通报了该集团奶粉中含“非乳蛋白态氮”的情况，要求吴聚生加强奶源管理，并指示对于加工三厂拒收的含“非乳蛋白态氮”超标的原奶，转送到其他加工厂以保证奶源。8 月 4 日在原奶经营部晨会上，吴聚生根据杭志奇的指示，向原奶经营部有关管理人员提出，各奶户送往加工三厂用于奶粉生产的原奶如被拒收，可以将这些原奶调剂到行唐配送中心、新乐闵镇配送中心，再由这两个配送中心向三鹿集团下属的其他企业配送。会后，因“非乳蛋白态氮”检测不合格而被加工三厂拒收的原奶共 7 车 29. 806 吨，先后被转往行唐配送中心、新乐闵镇配送中心。行唐配送中心、新乐闵镇配送中心先后向保定三鹿、加工二厂、三鹿乐时奶制品公司配送原奶共计 180. 89 吨。这些原奶与其他原奶混合后进入了加工程序，分别生产了原味酸奶、益生菌酸奶、草莓酸酸乳等含有三聚氰胺的液态奶。经对其中 12 个批次液态奶检测，均含有三聚氰胺（含量最高为 199mg/kg，最低为 24mg/kg），共 269. 440 62 吨，并已经全部销售，销售金额合计1 814 022.98元。被告单位三鹿集团生产的含有三聚氰胺的婴幼儿奶粉等奶制品流入全国市场后，对广大消费者特别是婴幼儿的身体健康、生命安全造成了严重损害。国家投入巨额资金用于患病婴幼儿的检查和医疗救治，众多奶制品企业和奶农的正常生产、经营受到重大影响，经济损失巨大。”

该院认为，“被告单位石家庄三鹿集团股份有限公司，被告人田文华、王玉良明知其生产的三鹿牌婴幼儿奶粉中含有三聚氰胺，且明知三聚氰胺是对人体有害的非食品原料，仍不停止含有三聚氰胺的婴幼儿奶粉的生产、销售，被告单位石家庄三鹿集团股份有限公司，被告人田文华、杭志奇、吴聚生明知其收购的原奶中含有三聚氰胺，且明知三聚氰胺是对人体有毒、有害的非食品原料，仍将原奶调配到本集团下属企业，生产、销售含三聚氰胺的液态奶。被告单位及各被告人的行为均已构成生产、销售有毒食品罪。同时，其行为又符合生产、销售伪劣产品罪的构成要件，依法应当依照处罚较重的规定定罪处罚。因现有证据不足以证实被告单位及各被告人在2008年8月1日得知其产品中含有三聚氰胺以后，继续生产、销售的奶制品流入市场造成了危害结果，故应以生产、销售伪劣产品罪对被告单位及各被告人定罪处罚。公诉机关指控的事实清楚，证据确实、充分，指控的罪名成立。被告人田文华作为三鹿集团董事长、法定代表人，在三鹿集团单位犯罪活动中起组织、指挥作用，系直接负责的主管人员，应按照其组织、指挥的全部犯罪处罚。被告人王玉良作为三鹿集团的副总裁，安排将含有三聚氰胺的婴幼儿奶粉出厂销售，系直接负责的主管人员，应按照其参与的犯罪处罚。被告人杭志奇作为三鹿集团副总裁，安排其他人员将含三聚氰胺的原奶调配到其他企业生产、销售液态奶，系直接负责的主管人员，应按照其参与的犯罪处罚。被告人吴聚生接受杭志奇的指令，积极协调将含三聚氰胺的原奶调配到三鹿集团下属企业生产液态奶，系直接责任人员。吴聚生在犯罪中起次要作用，系从犯，应减轻处罚。……判决：一是，被告单位石家庄三鹿集团股份有限公司犯生产、销售伪劣产品罪，判处罚金人民币49 374 822元；二是，被告人田文华犯生产、销售伪劣产品罪，判处无期徒刑，剥夺政治权利终身，并处罚金人民币24 687 411元；三是，被告人王玉良犯生产、销售伪劣产品罪，判处有期徒刑15年，并处罚金人民币23 780 400元；四是，被告人杭志奇犯生产、销售伪劣产品罪，判处有期徒刑8年，并处罚金人民币907 011元；五是，被告人吴聚生犯生产、销售伪劣产品罪，判处有期徒刑5年，并处罚金人民币604 674元。”

河北省高级人民法院二审认为，“原审被告单位石家庄三鹿集团股份有限公司、上诉人田文华、王玉良明知其生产的三鹿牌婴幼儿奶粉中含有三聚氰胺，且明知三聚氰胺是对人体有害的非食品原料，仍继续生产、销售含有三聚氰胺的婴幼儿奶粉；原审被告单位石家庄三鹿集团股份有限公司、上诉人田文华、杭志奇、吴聚生明知其收购的原奶中含有三聚氰胺，且明知三聚氰胺是对人体有毒、有害的非食品原料，仍将原奶调配到本集团下属企业，生产、销售含三聚氰胺的液态奶。其生产、销售的含有三聚氰胺的食品，既是有毒食品，又是伪劣产品。原审被告单位及各上诉人的行为均已构成生产、销售有毒食品罪。同时，其行为又符合生产、销售伪劣产品罪的构成要件，依法应当依照处罚较重的规定定罪处罚。因现有证据不足以证实被告单位及各被告人在2008年8月1日得知其产品中含有三聚氰胺以后，继续生产、销售的奶制品流入市场造成了危害结果，故应以生产、销售伪劣产品罪对原审被告单位及各上诉人定罪处罚。……全案维持原判。"〔1〕

评析：一是，虽然从法定最高刑上看，生产、销售有毒、有害食品罪高于生产、销售伪劣产品罪（前者是死刑，后者是无期徒刑），但生产、销售有毒、有害食品罪适用10年以上有期徒刑、无期徒刑或者死刑的条件是"致人死亡或者有其他特别严重情节"，而生产、销售伪劣产品罪适用15年以上有期徒刑或者无期徒刑的条件是销售金额200万元以上，"因现有证据不足以证实被告单位及各被告人在2008年8月1日得知其产品中含有三聚氰胺以后，继续生产、销售的奶制品流入市场造成了危害结果"，即不符合生产、销售有毒、有害食品罪适用10年以上有期徒刑、无期徒刑或者死刑的条件，但有毒、有害的食品无疑属于伪劣产品，而销售金额达到数千万元，远远超过以生产、销售伪劣产品罪判处无期徒刑的条件，故法院以生产、销售伪劣产品罪定罪处罚是正确的（当然，因果关系未必就是不能查明）。二是，在2008年8月1日之前，各被告人因为不明知所生产、销售的奶粉中掺有有毒、有害的非食品原料三聚氰胺，没有生产、销售有毒、有害食品罪的故意，属于过失的生产、销售有毒、有害食品行为，故对于2008年8月1日之前的生产、销售有毒、有害奶粉的行为不能以生产、销售有毒、有害食品罪论罪，但是，由于2008年8月1日以前生产、销售的有毒、有害奶粉事实上含有三聚氰胺，并且事实上已经导致多名婴幼儿死亡，而如果被告人事先确立了有效的产品质量安全管理体制，选任人员得当，加强员工的责任心教育，是完全可能避免所生产、销售的奶粉中含有三聚氰胺的，因而，2008年8月1日以前的有毒奶粉致人死亡的事实，绝非属于意外事件，而是一种重大责任事

〔1〕 河北省高级人民法院"石家庄三鹿集团股份有限公司、田文华、王玉良、杭志奇、吴聚生生产、销售伪劣产品案"刑事裁定书，http：//www. lawyee. net/Case/Case Display. asp? ChannelID = 2010100&RID = 262763，2010年10月3日访问。

故，而各被告人不仅存在未确立产品质量安全管理体制、选任不当的管理过失，而且存在对从业人员疏于监督的监督过失责任，应当以重大责任事故罪追究各被告人在2008年8月1日以前的重大责任事故罪的刑事责任，[1]即便对田文华最终还是执行无期徒刑，但也不应遗漏对其多个犯罪行为的评价。

[例二] 在“区同祥交通肇事，江桂柱、甘健奇重大责任事故案”中，广西壮族自治区藤县法院审理查明，“江桂柱、甘健奇为粤CJ0378号大客车的专职司机。2003年6月17日早上，江桂柱、甘健奇轮换驾驶粤CJ0378号大客车从广东省珠海市开往广西桂平市，行至肇庆停车吃饭后，区同祥则抢先坐上驾驶室要驾驶该大客车，江桂柱、甘健奇没有采取有效的措施加以制止，放任由区同祥驾驶该大客车。行驶中，区同祥一边驾驶一边与一女乘客聊天。至下午4时40分左右，当该客车驶至南梧二级公路346km＋800m处（藤县潭东镇松塘路口附近）时，区同祥占道超速行驶，与相向行驶的由刘金龙驾驶的车牌号码为桂D30116号的中巴客车（载客31人）发生侧面碰撞，致使两车上的梁启昌等15名乘客受伤（其中重伤1人、轻伤5人、轻微伤9人），戴福清等19名乘客死亡，尾随中巴客车行驶的由李观养驾驶的桂DT8647号两轮摩托车在后亦因此发生碰撞，致使李观养死亡，中巴客车严重损坏，另外两车有不同程度的损坏。经交通警察部门作出责任认定，在此事故中区同祥负主要责任，刘金龙负次要责任。……广西壮族自治区藤县人民法院根据现场勘查笔录、现场图及有关照片、证人证言、法医鉴定结论、书证及被告人的供述等证据，认为被告人区同祥违章驾车及行驶并造成特大交通事故的行为已构成了交通肇事罪，并属于‘有其他特别恶劣情节’；被告人江桂柱、甘健奇违反国家及本单位对交通运输管理有关规章制度，明知区同祥没有驾驶大客车资格，却没有采取有效的措施加以制止，放任区同祥驾驶大客车，从而造成特大交通事故，其行为均构成重大责任事故罪，属情节特别恶劣，依法应追究其三被告人的刑事责任。……判决如下：一是，被告人区同祥犯交通肇事罪，判处有期徒刑7年；二是，被告人江桂柱犯重大责任事故罪，判处有期徒刑6年6个月；三是，被告人甘健奇犯重大责任事故罪，判处有期徒刑6年6个月。”广西壮族自治区梧州市中级人民法院二审维持原判。[2]

---

[1] 参见卢有学：“‘三鹿奶粉’系列案定性探疑”，载《西南政法大学学报》2009年第5期，第57页。

[2] 广西壮族自治区梧州市中级人民法院（2003）梧刑终字第90号“区同祥交通肇事，江桂柱、甘健奇重大责任事故案”刑事裁定书，http：//www.lawyee.net/Case/Case Display.asp？ChannelID＝2010100&RID＝48604，2010年10月3日访问。

评析：被告人江桂柱和甘健奇对被告人区同样无驾驶客车资格强行驾车的行为应予制止而不予制止，此为一错；在区同样强行驾车时未进行有效监督，致使事故发生，此为二错。因此，被告人江桂柱、甘健奇应对特大交通事故的发生负监督过失责任。

三、简单总结

实践中，对于责任事故犯罪的处理通常不会遗漏对直接责任人员刑事责任的追究，但对于事故的发生负有未确立安全管理体制、未配备必要的安全措施、未对员工进行必要的安全知识培训、对负责人选任不当的管理过失责任，以及对直接责任者负有监督义务而疏于监督，致使事故发生的监督过失责任，却往往会遗漏追究。刑法理论界近年来虽然开始关注管理、监督过失问题，但局限于对国外判例的介绍，而极少总结研究我国实践中的判例，未能在总结判例经验的基础上，对司法实践提出指导性意见。

近年来，重特大责任事故频发，严重威胁人民群众，尤其是下层劳动人民的生命、健康安全，成为影响社会稳定，导致政府威信下降的重要因素。重特大责任事故的发生既有政府管理无能的原因，也有政府人员贪污受贿渎职的因素，还有司法部门未能正确司法的缘由。对众多责任事故犯罪判例，大致可以分为矿难事故型、建筑施工事故型、服务经营事故型、危险品事故型和其他事故型五种事故类型。矿难事故型的典型特征是：非法采矿，未确立安全管理体制，不具备必要的安全生产设施和安全生产条件，政府监督不到位。建筑施工事故型的特点是：往往违法多层承包、转包，承包方通常不具有相应资质，施工中安全管理监督不到位，安全生产设施不完备。服务经营事故型的特征是：经营场所管理混乱，不具备消防等安全设施，缺乏安全防范体制，尤其是缺乏防范、处置突发事件的措施，发生火灾事故时往往因此导致事故损失的无限扩大。危险品事故型的特点是：虽然国家针对危险品的生产、运输、储存、使用制定了严格的法律法规、规章制度，但相关领导和从业人员，无视安全管理规章，冒险蛮干，发生事故后不能及时组织有效抢险、救助，导致事故伤亡和财产损失的不当扩大。其他事故型也存在上述事故犯罪的特点。

第八章　事故犯罪的竞合

主要观点

1. 难以明确划清责任事故犯罪之间的界限，而应承认事故犯罪之间广泛存在竞合关系，从一重罪处罚即可。

2. 重大责任事故罪是责任事故犯罪的基本罪名、堵截罪名，凡符合其他事故犯罪构成要件的，也基本符合重大责任事故罪的构成要件。

3. 承认交通肇事罪与重大飞行事故罪、铁路运营安全事故罪、重大责任事故罪和危险物品肇事罪之间的竞合关系，有助于认定为“交通运输肇事后逃逸”及“因逃逸致人死亡”。

4. 责任事故犯罪与国有公司、企业、事业单位人员失职罪、玩忽职守罪之间也存在竞合关系。

5. 过失致人死亡罪、过失致人重伤罪中的“本法另有规定的，依照规定”属注意规定，同时符合责任事故犯罪和二罪构成要件时，可以从一重罪处罚。

主要法规链接

第131条　航空人员违反规章制度，致使发生重大飞行事故，造成严重后果的，处3年以下有期徒刑或者拘役；造成飞机坠毁或者人员死亡的，处3年以上7年以下有期徒刑。

第132条　铁路职工违反规章制度，致使发生铁路运营安全事故，造成严重后果的，处3年以下有期徒刑或者拘役；造成特别严重后果的，处3年以上7年以下有期徒刑。

第133条　违反交通运输管理法规，因而发生重大事故，致人重伤、死亡或者使公私财产遭受重大损失的，处3年以下有期徒刑或者拘役；交通运输肇事后逃逸或者有其他特别恶劣情节的，处3年以上7年以下有期徒刑；因逃逸致人死亡的，处7年以上有期徒刑。

第133条之一　在道路上驾驶机动车追逐竞驶，情节恶劣的，或者在道路上醉酒驾驶机动车的，处拘役，并处罚金。有前款行为，同时构成其他犯罪的，依照处罚较重的规定定罪处罚。

第 134 条第 1 款　在生产、作业中违反有关安全管理的规定，因而发生重大伤亡事故或者造成其他严重后果的，处 3 年以下有期徒刑或者拘役；情节特别恶劣的，处 3 年以上 7 年以下有期徒刑。

第 2 款　强令他人违章冒险作业，因而发生重大伤亡事故或者造成其他严重后果的，处 5 年以下有期徒刑或者拘役；情节特别恶劣的，处 5 年以上有期徒刑。

第 135 条　安全生产设施或者安全生产条件不符合国家规定，因而发生重大伤亡事故或者造成其他严重后果的，对直接负责的主管人员和其他直接责任人员，处 3 年以下有期徒刑或者拘役；情节特别恶劣的，处 3 年以上 7 年以下有期徒刑。

第 135 条之一　举办大型群众性活动违反安全管理规定，因而发生重大伤亡事故或者造成其他严重后果的，对直接负责的主管人员和其他直接责任人员，处 3 年以下有期徒刑或者拘役；情节特别恶劣的，处 3 年以上 7 年以下有期徒刑。

第 136 条　违反爆炸性、易燃性、放射性、毒害性、腐蚀性物品的管理规定，在生产、储存、运输、使用中发生重大事故，造成严重后果的，处 3 年以下有期徒刑或者拘役；后果特别严重的，处 3 年以上 7 年以下有期徒刑。

第 137 条　建设单位、设计单位、施工单位、工程监理单位违反国家规定，降低工程质量标准，造成重大安全事故的，对直接责任人员，处 5 年以下有期徒刑或者拘役，并处罚金；后果特别严重的，处 5 年以上 10 年以下有期徒刑，并处罚金。

第 138 条　明知校舍或者教育教学设施有危险，而不采取措施或者不及时报告，致使发生重大伤亡事故的，对直接责任人员，处 3 年以下有期徒刑或者拘役；后果特别严重的，处 3 年以上 7 年以下有期徒刑。

第 139 条　违反消防管理法规，经消防监督机构通知采取改正措施而拒绝执行，造成严重后果的，对直接责任人员，处 3 年以下有期徒刑或者拘役；后果特别严重的，处 3 年以上 7 年以下有期徒刑。

第 139 条之一　在安全事故发生后，负有报告职责的人员不报或者谎报事故情况，贻误事故抢救，情节严重的，处 3 年以下有期徒刑或者拘役；情节特别严重的，处 3 年以上 7 年以下有期徒刑。

德国刑法学者 Schünemann 在“过失犯与危险犯理论的新趋势”一文中，开门见山地宣告过失犯已从没娘的孩子变成宠儿，不但犯罪现象增加、学说关心，同时也是十分热门的立法话题。[1]随着我国近年来经济的高速增长，人们法律意识和道德意识相对滑坡，过失犯，尤其是责任事故犯罪致人死亡的人数与经济数字一样攀升。可以预见，现阶段及今后相当长一段时间内事故犯罪都是和平年代威胁百姓生命的最大杀手。因此，加强事故犯罪研究，对指导正确司法具有重要意义。

我国刑法理论界习惯于“准确”区分此罪与彼罪，“孜孜不倦”于分清法条竞合与想象竞合，“过于自信”地认为过失致人死亡罪、过失致人重伤罪、故意伤害罪、诈骗罪、滥用职权罪、玩忽职守罪条文中的“本法另有规定的，依照规定”表明的是特别法优于普通法的法条竞合适用原则。可是实践告诉我们，一般性案件不劳驾理论界也能很容易区分此罪与彼罪，但当碰到非典型的所谓疑难案件时，理论界费尽心血提出的区分此罪与彼罪的所谓标准却不管用；[2]不结合判例，仅就条文表述津津乐道地谈论如何区分，事实上毫无意义；由于司法解释对于责任事故犯罪规定的立案起点远高于过失致人死亡罪、过失致人重伤罪，若顽固坚持“本法另有规定的，依照规定”，则会明显导致罪刑不相适应、罪与罪之间的不协调，也会违背平等适用刑法原则。

笔者认为：一是，由于在重大责任事故罪之外还规定有重大劳动安全事故罪、大型群众性活动重大安全事故罪、危险物品肇事罪、工程重大安全事故罪、教育设施重大安全事故罪和消防责任事故罪，因此，重大责任事故犯罪与这些安全事故犯罪之间，以及这些安全事故犯罪之间的竞合问题值得研究；二是，由于在交通肇事罪之外还规定有重大飞行事故罪和铁路运营安全事故罪，另外，企事业单位的生产、作业过程可能发生交通事故，危险品的运输过程中也会发生交通事故，因此，交通肇事罪与这些犯罪之间的竞合问题值得探讨；三是，由于国家机关工作人员，国有公司、企业、事业单位人员可能被委托从事工程监理工作，国家机关、国有公司、企业的业务也可能被理解为从事的是“生产、作业”，国家机关、国有公司、企业、事业单位也可能发生消防责任事故，国家机关、国有公司、企业、事业单位也可能成为建设单位，因此，重大责任事故罪、消防责任事故罪、工程重大安全事故罪、重大劳动安全事故罪与国有公司、企业、事业单位人员失职罪及玩忽职守罪之间的竞合问题也不容忽视；四是，由于司法解释规

---

〔1〕 Vgl. Schünemann, Moderne Tendenzen in der Dogmatik der Fahrlässigkeits – und Gefährdungsdelikte, JA1975, StRS. 113ff., 131ff., 185ff., 194ff., 203ff.

〔2〕 参见张明楷：“犯罪之间的界限与竞合”，载《中国法学》2008 年第 4 期，第 97 页。

定责任事故犯罪的立案起点远高于普通过失犯罪，因此，事故犯罪与过失致人死亡罪和过失致人重伤罪之间的竞合问题，以及如何理解“本法另有规定的，依照规定”，值得认真对待。

一、重大责任事故罪与相关事故犯罪之间的竞合

为了减轻司法实践的负担，刑法理论界一如既往地试图区分各相关安全事故犯罪，尤其是划清重大责任事故罪与其他安全事故犯罪的界限。

例如，有刑法教科书指出，重大责任事故罪与危险物品肇事罪之间的区别主要有两点：“一是主体范围不同。本罪为从事生产、作业的人员；危险物品肇事罪则是从事生产、储存、运输、使用爆炸性、易燃性、放射性、毒害性、腐蚀性危险物品工作的人员或者一般人。二是行为发生的场合不同。本罪发生在生产、作业过程中，而危险物品肇事罪则只能发生在生产、储存、运输、使用危险物品的过程中。”〔1〕但是，既然重大责任事故罪中“生产、作业”的场所和对象没有限制，而危险物品肇事罪也能发生在“生产、运输、使用”中，也可谓“生产、作业”，当“生产、作业”中因为危险物品发生重大事故，则可能既构成重大责任事故罪，也符合危险物品肇事罪的构成要件。因而从理论上讲，重大责任事故罪与危险物品肇事罪之间存在竞合，是无法截然区分开的。从实践中看也是如此。

［例一］　在“沈志明、曾小芳危险物品肇事，黄伟、何金义窝藏案”中，江西省萍乡市中级人民法院审理查明，“东源乡石岭鞭炮厂是1986年3月开办的，属石岭村村办企业。……1995年后，被告人沈志明与沈生林合股承包经营该厂。他们将该厂的和硝间、加工间、爆竹成品、半成品和原材料存放间都安排在同一栋房屋的不同房间内。……1998年9月22日，上栗县乡镇企业局、消防队、公安局、工商行政管理局4家对石岭鞭炮厂检查发现存在库存量大、人员集中、危险间太近等问题，要求该厂停产整改，但该厂并未停产进行有效整改。……3月11日上午，在沈生林许诺以现金支付加工费的情况下，先后有86人来到石岭鞭炮厂做工，当时厂房内堆放有100多袋‘五彩炮’成品、‘大地红’鞭炮和其他一些爆竹半成品及一些原材料。因天下雨，沈生林同意前来做工的人在拥挤的厂房内加工，被告人曾小芳在场，未提出反对意见，并将爆竹半成品发给前来做工

〔1〕　高铭暄、马克昌主编：《刑法学》（第四版），北京大学出版社、高等教育出版社2010年版，第404页。另参见李洁主编：《刑法学》（下册），中国人民大学出版社2008年版，第52～61页。

的人。上午9时30分许，因配药工李华违反国家安全标准配药，在和硝时违反操作规程，摩擦起火引发爆炸，继而引爆存放‘五彩炮’和‘大地红’鞭炮的大厅等4处发生爆炸，致使砖瓦结构的厂房倒塌，导致黄婷、沈红、张平、沈生林、李华等33人死亡，沈福强、罗清华、张根英3人重伤，胡桂芝、沈丹丹、曾小芳等8人轻伤，周兵、张三百2人轻微伤。经农业部烟花爆竹质量监督检验测试中心对现场勘查时提取型号为19.3×4.5cm的‘五彩炮’检验结论：单个含药量为12.64克，其中氯酸钾含量为42.9%，摩擦感度为100。单个装药量超过国家标准251.8倍。”该院以危险物品肇事罪分别判处沈志明、曾小芳有期徒刑7年和3年（曾小芳也系厂安全领导小组成员，沈生林在事故中死亡）。[1]

笔者认为，被告人违章生产大爆竹，不仅符合危险物品肇事罪的构成要件，还因为安全生产设施、安全生产条件不符合国家规定，因而还符合重大劳动安全事故罪的构成要件；被告人的行为也可谓“在生产、作业中违反有关安全管理的规定，因而发生重大事故”，因而同时符合重大责任事故罪的构成要件；被告人拒不服从消防队停产整改的要求，由此还符合了消防责任事故罪的构成要件。因此，本案充分表明了危险物品肇事罪、重大责任事故罪、重大劳动安全事故罪、消防责任事故罪之间可能存在竞合关系，不可能完全“划清界限”。

又如，有刑法教科书言道，重大劳动安全事故罪与重大责任事故罪的主要区别是：“一是，两罪的主体不同。本罪的主体是工厂等企业、事业单位负责劳动安全设施的主管人员和直接责任人员。而后罪的主体包括了职工，其范围比本罪广。二是，两罪发生的场合不同。本罪发生在安全生产设施的管理过程中，后罪发生在生产、作业过程中。”[2]但是，重大责任事故罪中“违反有关安全管理的规定”并没有限定，当在不符合国家规定的安全生产设施或者安全生产条件下“生产、作业”时，无疑属于在违反有关安全管理的规定的条件下“生产、作业”，因而在不具备安全生产设施和安全生产条件，或者在不符合国家规定的安全生产设施和安全生产条件下生产、作业，因而发生重大伤亡事故或者造成其他严重后果的，则既构成重大劳动安全事故罪，也符合重大责任事故罪的构成要件。这说明，从理论上完全能够得出重大劳动安全事故罪与重大责任事故罪存在竞合的结论。从实践中看也是如此。

---

〔1〕江西省萍乡市中级人民法院（2000）萍刑一初字第14号“沈志明、曾小芳危险物品肇事，黄伟、何金义窝藏案”刑事判决书，http：//www.lawyee.net/Case/Case Display.asp？ChannelID = 2010100&RID = 46389，2010年10月2日访问。

〔2〕孙国祥主编：《刑法学》，科学出版社2008年版，第341页。

［例二］ 在“陈益校、王运福重大劳动安全事故案”中，浙江省温州市瓯海区法院审理查明，“1993年7月至1996年，被告人陈益校、王运福和张万民（另案处理）合伙，以泰顺县隧道工程公司名义向黑龙江省七台河矿务局矿建工程处、沈阳矿务局矿建工程处承包沈阳至本溪一级汽车专用公路小堡至南芬第七合同段吴家岭隧道A、B两级进口、出口隧道施工工程。……被告人陈益校、王运福先后招募数百名民工到该工地务工。被告人陈益校、王运福违反国家有关规定，未采取有效劳动安全保障措施和落实各种规章制度，让未经防尘知识教育、考核及健康检查的民工从事粉尘作业，在施工过程中，民工大都采用‘干式掘进’进行作业，致使干式凿岩、出碴、放炮、喷射混凝土产生的大量粉尘无法排除。为此，对工程的劳动安全具有监督管理责任的主管部门黑龙江省七台河市矿务局工程处和沈阳矿务局工程处派驻吴家岭隧道工程进出口工地的工作人员及部分民工多次向被告人陈益校、王运福提出粉尘对工人身体健康的危害，要求改善作业环境（监督人员均未予制止），但被告人陈益校、王运福仍未采取有效保障措施，解决凿岩方式、通风、水源设备、除尘防护等问题，致使众多民工在恶劣的环境中从事粉尘作业，吸入大量粉尘。后经测定，该工地岩石以含97.56%游离SO_2的石英岩为主。1997年至今，陆续发现在该工地工作过的工人身体不适先后患病，其中，民工张晓云、陈逢近、胡荣朝、陶思国（碧）、洪德奎、魏仕考、赖兆京、王长云先后因患矽肺病而死亡。经浙江省职业病鉴定委员会尘肺病诊断组鉴定，在该工地务工的泰顺籍民工胡昌猛等60余人矽肺检查呈‘O’型。……至目前为止，经泰顺县劳动鉴定委员会鉴定，民工王运建等11人为二级伤残，陈方余等27人为三级伤残，傅仕盟等56人为四级伤残，张逢桥等21人为六级伤残，陈维美等94人为七级伤残。”该院以重大劳动安全事故罪分别判处陈益校、王运福7年和5年有期徒刑。[1]

笔者认为，被告人的行为无疑也属于“在生产、作业中违反有关安全管理的规定，因而发生重大伤亡事故”的情形，因而，既构成重大劳动安全事故罪，同时也符合重大责任事故罪的构成要件。

［例三］ 在“尚知国、朱文友、李启新、吕学增等重大劳动安全事故案”中，唐山市开平区人民法院经公开审理查明，“2004年4月，唐山恒源实业有限公司法定代表人朱文友购买唐山市刘官屯煤矿后，任命被告人尚知国担任矿长助

---

〔1〕 浙江省温州市瓯海区人民法院（2001）瓯刑初字第973号“陈益校、王运福重大劳动安全事故案”刑事判决书，http：//www. lawyee. net/Case/Case Display. asp? ChannelID = 2010100&RID = 47952，2010年10月2日访问。

理，主持煤矿全面工作，行使矿长职责，被告人李守耕担任生产副矿长兼调度室主任，被告人李启新担任技术副矿长兼安全科科长，进行矿井基建。……该矿'一通三防'管理混乱，采掘及通风系统布置不合理，无综合防尘系统，电气设备失爆存在重大隐患，瓦斯检查等特种作业人员严重不足；在没有形成贯穿整个采区的通风系统情况下，在同一采区同一煤层中布置了7个掘进工作面和1个采煤工作面，造成重大安全生产隐患。劳动组织管理混乱，违法承包作业。无资质的承包队伍在井下施工，对各施工队伍没有进行统一监管。2005年12月7日8时，该矿负责人无视国家法律法规，拒不执行停工指令，继续安排井下9个工作面基建工作。176名工人下井作业后，担任调度员兼安全员的被告人周炳义没有按照国家有关矿井安全规章制度下井进行安全检查，只是在井上调度室值班。负责瓦斯检测的通风科科长刘文成违反安全生产规定，安排无瓦斯检测证的李金刚、郑建华在井下检测瓦斯浓度。当日15时10分许，该矿发生特别重大瓦斯煤尘爆炸事故，造成108人死亡，29人受伤，直接经济损失4870.67万元。"该院以重大劳动安全事故罪分别判处被告人尚知国、朱文友、李启新、吕学增有期徒刑6年、3年、5年和3年。[1]笔者认为，本案被告人的行为也同时符合重大劳动安全事故罪和重大责任事故罪的构成要件。

有教科书认为，重大责任事故罪与重大飞行事故罪的区别在于，"前罪是一般生产、作业活动中发生的业务过失犯罪；而重大飞行事故罪是特定的航空飞行方面的业务过失犯罪。"重大责任事故罪与铁路运营安全事故罪的区别在于，"前罪是一般生产、作业活动中发生的业务过失犯罪；而铁路运营安全事故罪是特定的铁路运营方面的业务过失犯罪。"重大责任事故罪与工程重大安全事故罪的区别在于，"一是，工程重大安全事故罪主体是单位，即建设单位、设计单位、施工单位、工程监理单位；而重大责任事故罪的主体是生产、作业人员。二是，行为方式不同，工程重大安全事故罪是违反国家规定，降低工程质量标准，造成工程质量事故；而重大责任事故罪是职工或者生产指挥人员违章作业造成安全事故。工程重大安全事故罪常见的是偷工减料或者降低质量标准，造成工程质量事故，如'豆腐渣工程'，因而造成财产损失或者人身伤亡的情况。如果建筑工人在施工时违章作业造成施工安全事故的，或者建筑用车辆在工地违章操作造成人

---

〔1〕 唐山市开平区人民法院"尚知国、朱文友、李启新、吕学增等重大劳动安全事故案"判决书，http://www.lawyee.net/Case/Case Display.asp?ChannelID=2010100&RID=294905，2010年10月1日访问。

身伤亡事故的，应当定重大责任事故罪。”[1]但是，航空人员（如地勤人员）违章作业导致重大飞行事故的，不可否认同时符合重大飞行事故罪与重大责任事故罪的构成要件；铁路职工（如铁路维修人员）违章作业导致铁路运营安全事故的，同样不可否认既符合铁路运营安全事故罪，又符合重大责任事故罪的构成要件；施工单位违章作业，降低工程质量标准，导致正在建造的房屋倒塌致人死伤的，无疑同时构成工程重大安全事故罪和重大责任事故罪，而且，重大责任事故罪中的所谓“在生产、作业中违反有关安全管理的规定，因而发生重大伤亡事故或者造成其他严重后果”，不能理解为事故仅限于发生在生产、作业过程中，而不包括生产、作业完成之后发生的事故，条文的表述仅仅表明事故隐患发生于违反安全管理规定的生产、作业过程中。因此，从构成要件看，工程重大安全事故罪、重大飞行事故罪、铁路运营安全事故罪与重大责任事故罪之间存在竞合关系。从实践中看，也是如此。

［例四］ 在“李孟泽、费上利、段浩、夏福林、闫珂工程重大安全事故，刘泽均生产、销售不符合安全标准的产品，胡开明、重庆通用工业技术服务部生产不符合安全标准的产品，王远凯生产不符合安全标准的产品、职务侵占案”中，重庆第一中级人民法院审理查明，“1994 年 8 月，綦江县政府决定在綦河上架设一座人行桥，由县城建委负责组织实施。……1994 年 11 月中旬，费上利临时拼凑施工队伍进场施工。费先后聘请了无上岗证书的夏福林、闫珂等多人担任施工员，但均未审查其施工员的上岗资质，让不具备施工资格的人员担任虹桥施工中的重要岗位的工作。同时，聘用了多名没有上岗证的技术工人进行作业。……虹桥主拱钢管运往虹桥工地，被告人李孟泽、费上利对刘泽均生产、销售的主拱钢管加工构件在无合格证、探伤检测报告、质量检验等资料的情况下，亦不作检查、验收，即进入预拼装和安装焊接合拢。此间，费上利曾发现主拱钢管焊接质量不合格，不但不坚持质量标准，反而与刘泽均、胡开明共谋作假，以应付甲方检查，验收。……在虹桥桥面与钢管拱之间吊杆锚固安装施工过程中，李孟泽和负责吊杆锚固施工的被告人夏福林，不按照技术标准和要求施工，安装锚具时不采用千斤顶张拉，而是安排或指使工人用榔头直接敲打锚具夹片，使锚具夹片端面参差不平，未能确保锚具夹片与钢绞线的有效锁定及吊杆中的 3 根钢绞线的均匀受力，严重降低了锚具与钢管绞线的有效锁定及 3 根钢管绞线的均匀受力的质量安全标准。在钢管主拱的混凝土灌注施工中，被告人费上利、李孟泽未按规范

[1] 阮齐林：《刑法学》，中国政法大学出版社 2008 年版，第 417 页。

的泵压技术方法施工，致使主拱钢管内出现多处漏灌及空洞，严重降低了钢拱强度。1995年12月，虹桥主体工程完工后，费上利让不具备施工员资格的闫珂负责吊杆和锚具的灌浆工作。闫珂不按技术规范要求采用泵压方法对吊杆和锚头内灌注砂浆，而是采用从吊杆顶部倒灌砂浆，用铁敲打吊杆夯实的办法，致使吊杆内多处砂浆灌注不密实，使锚具及钢绞线锈蚀严重，降低了锚具对钢绞线夹持能力的质量安全标准，严重危及虹桥的安全使用。1996年2月15日，虹桥在未经验收和等级评定的情况下违规交付使用。同年6月19日，綦江县组织龙舟赛时该桥发生异响后，李孟泽、费上利及赵国勋等人来到现场，在未经任何技术检测的情况下，李、赵即轻率地主观推断异响系'应力调整'，属正常现象。对虹桥继续违规、危险使用客观上起了重要的误导作用。1999年1月4日18时50分许，綦江虹桥整体垮塌，造成40人死亡，14人受伤，直接经济损失达6 280 000余元。经专家组鉴定，结论为：'一是，吊杆锁锚方法错误，不能保证钢绞线有效锁定及均匀受力，钢绞线部分或全部滑出使吊杆锚固失效是导致桥面板垮塌的直接原因。二是，加工主拱钢管工厂对接焊缝普遍存在裂纹、未焊透、未熔合、气孔、夹渣及陈旧性裂纹等严重缺陷，质量达不到施工及验收规范二级焊缝检验标准要求，故钢管工厂对接焊缝质量低劣是导致主拱垮塌的直接原因。三是，主拱钢管内混凝土强度达不到设计要求，局部有漏灌现象，拱肋板处甚至出现一米多长的空洞。吊杆灌浆防护也存在严重问题。四是，设计粗糙，更改随意，构造也有不当之处。对主拱钢结构的焊接质量、接头位置及锁锚质量均无明确要求。在成桥增设花台等附加荷载后，主拱承载力不能满足相应的规范要求。'"重庆第一中级人民法院以工程重大安全事故罪分别判处被告人费上利、李孟泽、夏福林、闫珂有期徒刑10年、10年、7年、6年。[1]笔者认为，本案被告人的行为同时符合工程重大安全事故罪与重大责任事故罪的构成要件。

［例五］　在"蒋新云、徐万艾、马转运铁路运营安全事故案"中，武威铁路运输法院审理查明，"2000年6月13日，被告人蒋新云、徐万艾、马转运负责兰新线k644+345m处新建1-4.0M框架桥工程的施工工作。在施工中被告人蒋新云与被告人徐万艾、马转运商议，擅自决定利用列车运行间隙，将原计划用两天时间完成的抽换枕木作业，改为一天完成。6月14日下午15时许，被告人蒋新

---

〔1〕　重庆市第一中级人民法院（1999）渝一中刑初字第130号"李孟泽、费上利、段浩、夏福林、闫珂工程重大安全事故，刘泽均生产、销售不符合安全标准的产品，胡开明、重庆通用工业技术服务部生产不符合安全标准的产品，王远凯生产不符合安全标准的产品、职务侵占案"，http://www.lawyee.net/Case/Case Display.asp? ChannelID=2010100&RID=16581，2010年10月2日访问。

云、徐万艾、马转运在既没有掌握兰新线 k644 +345m 处下行无缝线路轨温已超过锁定轨温值，又对施工没有精心组织防护、合理分工的情况下，盲目违章作业，致使施工现场管理混乱。出现了钢轨上 k644 +348. 24m 处连续两根轨枕两端无道钉固定、k644 +352m 处连续四根轨枕无垫板、道钉固定，轨枕与钢轨之间最大间隙达 70mm 的现象。当被告人蒋新云、徐万艾、马转运发现情况后，既没有组织民工采取补救措施，又没有采取有效的防护措施，而是盲目轻信列车能够通过，加之 X295 次行包专列 8 至 18 位 11 辆车存在严重超载和偏载现象（超载 174. 18 吨。其中机后第 8 位车辆货物装载重量 38. 26 吨，超载 8. 26 吨，且右侧装载建筑瓷砖 20. 537 吨），致使该次列车于 17 时 12 分行至兰新线 k644 +352m 处时，发生颠覆（其中机次第 8、9 位脱线，第 10 ~ 17 位颠覆，第 18 位 1 位台车脱线），颠覆车辆侵入上行线路，致使铁路上行线路中断行车 9 小时 29 分，下行线路中断行车 22 小时 15 分；车辆报废 6 辆，大破 2 辆，中破 3 辆；损坏钢轨 350 米，混凝土轨枕 568 根；影响旅客列车 8 列，货物列车 17 列；造成直接经济损失 214 万元。构成行车重大事故。”该院以铁路运营安全事故罪分别判处被告人蒋新云、徐万艾、马转运有期徒刑 1 年零 6 个月缓刑 2 年、1 年缓刑 1 年 6 个月和 6 个月缓刑 1 年。[1]笔者认为，被告人的行为也属于在生产、作业中违反有关安全管理的规定而发生重大事故的行为，因而同时符合了铁路运营安全事故罪和重大责任事故罪的构成要件。

综上，笔者认为，由于重大责任事故罪构成要件中的“在生产、作业中违反有关安全管理的规定，因而发生重大伤亡事故或者造成其他严重后果”，具有极大的包摄性，使得符合其他责任事故犯罪构成要件的行为，基本上都符合重大责任事故罪的构成要件，因而重大责任事故罪可谓一种兜底性的责任事故犯罪，企图划清重大责任事故罪与其他责任事故犯罪的界限，注定是徒劳的，还不如坦率承认重大责任事故罪与其他责任事故犯罪之间存在竞合关系（无须深究到底属于法条竞合，还是想象竞合），从一重罪处罚即可（虽然除工程重大安全事故罪外，法定刑均一样，应在具体个案中根据具体情节比较应适用的法定刑的轻重）。

不仅重大责任事故罪与其他责任事故犯罪存在竞合关系，其他责任事故犯罪之间也存在竞合关系。例如，重大劳动安全事故罪中“安全生产设施或者安全生产条件不符合国家规定”，也完全可能属于违反消防管理法规的情形，因而，重

---

〔1〕 武威铁路运输法院（2000）武铁刑初字第 39 号“蒋新云、徐万艾、马转运铁路运营安全事故案”刑事判决书，http://www.lawyee.net/Case/Case Display.asp? ChannelID = 2010100&RID = 10376，2010 年 10 月 4 日访问。

大劳动安全事故罪与消防责任事故罪之间存在竞合关系；工程重大安全事故罪中“违反国家规定，降低工程质量标准，造成重大安全事故”，也完全可能属于“安全生产设施或者安全生产条件不符合国家规定，因而发生重大伤亡事故或者造成其他严重后果”的情形，由此，工程重大安全事故罪与重大劳动安全事故罪之间也存在竞合关系；“违反爆炸性、易燃性、放射性、毒害性、腐蚀性物品的管理规定，在生产、储存、运输、使用中发生重大事故，造成严重后果”，也完全可能属于“安全生产设施或者安全生产条件不符合国家规定，因而发生重大伤亡事故或者造成其他严重后果”的情形，因此危险物品肇事罪与重大劳动安全事故罪之间同样存在竞合关系；教育设施重大安全事故罪中的所谓校舍或者教育教学设施有危险，也完全可能属于违反消防管理法规的情形，因而发生消防事故的，可能同时符合教育设施重大安全事故罪与消防责任事故罪的构成要件，由此表明二罪存在竞合关系；等等。既然责任事故犯罪之间也普遍存在竞合关系，试图“坚决划清界限”也注定是劳而无功的，竞合时从一重罪处罚即可，这样处理有助于节约司法资源，也符合如今建设低碳社会的要求。

二、交通肇事罪与相关事故犯罪之间的竞合

刑法在交通肇事罪之外，还规定了与交通运输有关的重大飞行事故罪和铁路运营安全事故罪，交通肇事罪与重大飞行事故罪和铁路运营安全事故罪之间是否存在竞合关系值得研究。不仅如此，由于重大责任事故罪中“生产、作业”完全可能包括运输作业，因而，交通肇事罪与重大责任事故罪之间也可能存在竞合关系。由于危险物品肇事罪中也包括运输行为，致使交通肇事罪与危险物品肇事罪之间同样可能存在竞合关系。

从条文上看，重大飞行事故罪发生的领域是空中，铁路运营安全事故罪发生的场所是铁路，而交通肇事罪的发生场所仅限于公路和水路，似乎分工明确、井水不犯河水。其实不尽然。一是非航空人员也可能违反规章制度而导致重大飞行事故（例如，在机场附近放飞鸽子），显然因为不符合重大飞行事故罪主体要件，而只能以交通肇事罪论处（能否以过失致人死亡罪、过失致人重伤罪定罪，则另当别论）；二是非铁路职工也可能违反规章制度而导致铁路运营事故（例如，行人在铁路上步行，列车为避免撞上而导致事故），显然不符合铁路运营安全事故罪的主体要件，只可能定交通肇事罪（可能同时构成过失致人死亡罪、过失致人重伤罪）；三是汽车在飞机场与飞机相撞，既属于重大飞行事故，也属于交通事

故，因而可能同时符合重大飞行事故罪与交通肇事罪的构成要件；四是汽车与火车相撞，既属于交通事故，也属于铁路运营事故，可能同时符合交通肇事罪与铁路运营安全事故罪的构成要件。因此，不能认为三个交通事故犯罪之间是绝对排斥的关系，而是可能存在竞合关系。

交通肇事罪不仅与重大飞行事故罪和铁路运营安全事故罪之间存在竞合，而且与责任事故犯罪之间也可能存在竞合关系。例如，一是，重大责任事故罪中“在生产、作业中违反有关安全管理的规定”可能包括运输车辆违反交通运输法规导致事故的情形，因此交通肇事罪与重大责任事故罪之间存在竞合关系；二是，强令违章冒险作业罪中“强令他人违章冒险作业”，可能包括2000年11月10日《最高人民法院关于审理交通肇事刑事案件具体应用法律若干问题的解释》（以下简称《解释》）第7条规定的“单位主管人员、机动车辆所有人或者机动车辆承包人指使、强令他人违章驾驶造成重大交通事故，具有本解释第2条规定情形之一的，以交通肇事罪定罪处罚”的情形，因而交通肇事罪与强令违章冒险作业罪之间也存在竞合关系；三是，重大劳动安全事故罪中“安全生产设施或者安全生产条件不符合国家规定”可能包括运输车辆、路况不符合交通运输安全要求的情形，因此，交通肇事罪与重大劳动安全事故罪之间也存在竞合关系；四是，危险物品肇事罪中包括违章运输危险品发生事故的情形，因此，危险物品肇事罪与交通肇事罪之间也存在竞合关系；五是，实践中有判例认为，接送幼儿园学生的车辆也属于教育设施重大安全事故罪中的教育教学设施，因此，明知车辆存在隐患还指使、强令他人驾驶最终导致事故的，可能既构成教育设施重大安全事故罪，也构成交通肇事罪（根据《解释》第7条规定），因而二罪之间存在竞合关系；六是，因车辆运输发生重特大事故后不报、谎报事故情况，而是逃逸，致使贻误事故抢救的，则可能既属于交通肇事罪中“交通运输肇事后逃逸”、“因逃逸致人死亡”，又属于不报、谎报安全事故罪的情形，因此，交通肇事罪与不报、谎报安全事故罪之间可能存在竞合关系（国外新近刑法理论认为，故意与过失之间不是排斥、对立关系，而是一种位阶、竞合关系）；等等。

不过，还是有学者试图在交通肇事罪与相关犯罪之间划清界限。例如，权威刑法教科书指出，重大责任事故罪与交通肇事罪的区别在于：“一是，交通肇事罪的主体是从事交通运输活动并受交通运输管理法调整的人员，而生产、作业重大安全事故罪（即重大责任事故罪——引者注）的主体是从事生产、作业的人员，以及对生产、作业负有组织、指挥、管理等职责的人员。二是，交通肇事行为必须是发生在交通运输管理的范围内，例如，驾车行驶在公路上、城镇街道上或胡同（里弄）里，而重大责任事故罪一般发生在企业、事业单位等内部或者其他生产作业的场所。三是，交通肇事罪是违反交通运输管理法规的结果，而重大责任事故罪则是违反与生产、作业有关的安全管理规定的结果。因此，在公路交通管理的范围之外，驾驶机动车辆从事某种作业，例如，货运汽车在货场卸货，在倒车时司机未注意观察车后的情况，将一工人挤死，该司机不应定交通肇事罪，而是应定生产、作业重大安全事故罪。”〔1〕但是，当车辆在运输作业中违反运输管理法规发生事故时，不可否认同时符合重大责任事故罪与交通肇事罪的构成要件，所以上述所谓的区分标准毫无意义。

另有学者认为，“在公共交通管理范围内，因违反交通运输管理法规，造成重大事故的，应认定为交通肇事罪；因违反安全生产规章制度，发生重大伤亡事故，造成严重后果的，应认定为生产、作业责任事故罪（即重大责任事故罪——引者注）；在公共交通管理范围外发生重大事故的，应认定为生产、作业责任事故罪。”〔2〕但是，当在公共交通管理范围内违反的既属于交通运输管理法规也属于生产规章制度时，则同时符合两罪的构成要件；另外，是属于公共交通管理范围内还是公共交通管理范围外，有时难以界定，例如，清华大学校园内的校园巴士撞人的，是否属于发生在公共交通管理范围外，恐怕难以作答，在难以认定时只能宣告无罪，这恐怕不合理。

笔者认为，承认交通肇事罪与其他犯罪之间存在竞合关系，有利于做到罪刑相适应，便于相关案件处理和相关罪名适用上的协调。例如，交通肇事罪规定，交通运输肇事后逃逸的，将适用 3 年以上 7 年以下法定刑；因逃逸致人死亡的，处 7 年以上有期徒刑。若不承认交通肇事罪与上述犯罪之间存在竞合，则不能认定为“交通运输肇事后逃逸”和“因逃逸致人死亡”，因而可能难以做到罪刑相适应，以及罪与罪适用上的平衡与协调，也不利于有效保护法益。诚然，不以交通肇事罪论处，也可能认定为不报、谎报安全事故罪，但是，在人们观念中该罪主要适用于重特大的矿难事故，对于交通事故能否适用该罪名可能抱有疑问，此其一。其二，不报、谎报安全事故罪法定最高刑也只有 7 年有期徒刑，若认为对事故发生负有责任的人不报、谎报安全事故，不应数罪并罚的话，即使以不报、谎报安全事故罪定罪，也难以做到罪刑相适应。或许，发生事故后不报告、不救助的，不以不报、谎报安全事故罪论处，也能认定为不作为的故意杀人罪、故意

〔1〕王作富主编：《刑法学》（第四版），中国人民大学出版社 2009 年版，第 297 页。

〔2〕张明楷：《刑法学》（第三版），法律出版社 2007 年版，第 545 页。

伤害罪（重伤）、遗弃罪，但因为涉及保证人地位和义务的问题，目前在理论上还存在分歧。

综上，不仅理论上能得出交通肇事罪与相关犯罪之间存在竞合关系的结论，从实践看，也是如此。

［例一］ 在“区同祥交通肇事，江桂柱、甘健奇重大责任事故案”中，广西壮族自治区藤县法院审理查明，“江桂柱、甘健奇为粤 CJ0378 号大客车的专职司机。2003 年 6 月 17 日早上，江桂柱、甘健奇轮换驾驶粤 CJ0378 号大客车从广东省珠海市开往广西桂平市，行至肇庆停车吃饭后，区同样则抢先坐上驾驶室要驾驶该大客车，江桂柱、甘健奇没有采取有效的措施加以制止，放任由区同祥驾驶该大客车。行驶中，区同祥一边驾驶一边与一女乘客聊天。至下午 4 时 40 分左右，当该客车驶至南梧二级公路 346km + 800m 处（藤县潭东镇松塘路口附近）时，区同祥占道超速行驶，与相向行驶的由刘金龙驾驶的车牌号码为桂 D30116 号的中巴客车（载客 31 人）发生侧面碰撞，致使两车上的梁启昌等 15 名乘客受伤（其中重伤 1 人、轻伤 5 人、轻微伤 9 人），戴福清等 19 名乘客死亡，尾随中巴客车行驶的由李观养驾驶的桂 DT8647 号两轮摩托车在后亦因此发生碰撞，致使李观养死亡，中巴客车严重损坏，另外两车有不同程度的损坏。经交通警察部门作出责任认定，在此事故中区同样负主要责任，刘金龙负次要责任。……广西壮族自治区藤县人民法院根据现场勘查笔录、现场图及有关照片、证人证言、法医鉴定结论、书证及被告人的供述等证据，认为被告人区同祥违章驾车及行驶并造成特大交通事故的行为已构成了交通肇事罪，并属于‘有其他特别恶劣情节’；被告人江桂柱、甘健奇违反国家及本单位对交通运输管理有关规章制度，明知区同祥没有驾驶大客车资格，却没有采取有效的措施加以制止，放任区同祥驾驶大客车，从而造成特大交通事故，其行为均构成重大责任事故罪，属情节特别恶劣。依法应追究其三被告人的刑事责任。……判决如下：一是，被告人区同样犯交通肇事罪，判处有期徒刑 7 年；二是，被告人江桂柱犯重大责任事故罪，判处有期徒刑 6 年 6 个月；三是，被告人甘健奇犯重大责任事故罪，判处有期徒刑 6 年 6 个月。”广西壮族自治区梧州市中级人民法院二审维持原判。〔1〕

笔者认为，被告人江桂柱、甘健奇作为客车的专职司机放任没有驾驶客车资格的区同祥驾驶客车，而且未尽监督责任，对事故的发生负有监督过失责任，完

〔1〕 广西壮族自治区梧州市中级人民法院（2003）梧刑终字第 90 号“区同祥交通肇事，江桂柱、甘健奇重大责任事故案”刑事裁定书，http：//www. lawyee. net/Case/Case Display. asp？ChannelID =2010100&RID =48604，2010 年 10 月 3 日访问。

全能够以监督过失追究二被告人交通肇事罪的刑事责任（对交通事故承担责任不仅包括直接责任人员，还应包括对事故发生负有监督过失责任的人员），因而二被告人的行为既构成重大责任事故罪，又构成交通肇事罪，应从一重罪处罚。

［例二］ 在“康兆永、王刚危险物品肇事案”中，江苏省淮安市中级人民法院审理查明，“被告人康兆永、王刚均是山东省济宁市远达石化有限公司（以下简称‘远达公司’）雇用的驾驶员，均领取了危险货物运输从业资格证和道路危险货物运输操作证，具有从事危险品运输的专业资格。远达公司经营化工产品和原料的批发、零售，由于不具备运输危险品资质，遂与济宁科迪化学危险货物运输中心（以下简称‘科迪中心’）签订委托管理合同，将远达公司的危险品运输车辆和驾驶人员挂靠入户到科迪中心名下，从而取得运输危险品资质，但车辆和人员仍由远达公司经理马建国（另案处理，因危险物品肇事罪被判处有期徒刑6年）实际管理。2005年3月28日上午，受马建国指令，远达公司驻南京车队队长张凤哲安排被告人康兆永、王刚驾驶鲁H00099号牵引车，牵引LJ－0065号拖挂罐体车，去山东省临沂市沂州化工有限公司（以下简称‘沂州化工公司’）拖运远达公司销售给江苏钟山石化有限公司的液氯。3月29日上午，王刚到沂州化工公司申请装货。该公司负责销售工作的销售二部经理刘超和公司副总经理朱平书（另案处理，因危险物品肇事罪各被判处有期徒刑3年零6个月）违反LJ－0065号拖挂罐体车的核定载重量，批准为该车充装40.44吨液氯。装车后，康兆永驾车、王刚押车，二人沿京沪高速公路由北向南行驶。当日约18时40分，该车行至沂淮江段103km＋525m处时，左前轮轮胎突然爆裂，致使车辆方向失控，撞毁中间隔离护栏，冲入对面上行车道。LJ－0065号拖挂罐体车与鲁H00099号牵引车脱离，向左侧翻在道路上。事发时，恰有山东临沂籍驾驶员马建军驾驶鲁Q08477号半挂车在上行车道由南向北驶来。马建军紧急避让未成功，鲁Q08477号车车体左侧与侧翻的LJ－0065号拖挂罐体车顶部碰刮后冲下护坡，马建军被夹在驾驶座位中间，同车副驾驶马宇被摔出车外，后马宇帮助马建军转移至公路中间的隔离带。碰刮中，LJ－0065号拖挂罐体车顶部的液相阀和气相阀脱落，罐内液氯大量泄漏。该起液氯泄漏事故，造成马建军、马宇及事故现场周边的淮阴区、涟水县大量群众中毒，其中马建军、张周氏等29人因氯气中毒死亡，王凯、严海浪等400余人住院治疗，陈兵等1800余人门诊留治，1万余名村民被迫疏散转移，并造成数千头（只）家畜、家禽死亡，大面积农作物绝收或受损，大量树木、鱼塘和村民的食用粮、家用电器受污染、腐蚀，财产损失巨大。……事后经公安部道路交通管理科学研究所对鲁H00099号拖挂罐体车轮胎爆裂原因进行鉴

定，结论为：一是，该车长期在超载情况下行驶，轮胎气压高于标准压力，使轮胎刚性增大，胎冠中间部位凸出，与地面接触面积减少，受力增大，引起胎冠中央过度磨损，胎冠及花纹底部开裂，形成众多裂纹。二是，由于超载引起轮胎过度变形和轮胎气压升高，在行驶中随着轮胎内部温度的升高，轮胎帘线过度伸张，橡胶复合材料的物理特性连续遭到破坏；加上轮胎胎冠原有裂纹处应力集中，在交变载荷的重复作用下，应力超过材料的强度极限，开裂处产生逐渐扩大的破坏，形成帘线与橡胶间的粘着失效，胎肩与胎冠处产生部分脱空现象，行驶中脱空部位温度过高，帘线负荷能力下降，导致帘布层折断，胎冠和胎肩爆裂。三是，左前轮紧贴爆裂胎冠及胎肩的帘布层断裂的端头较为整齐，属突然爆裂所致，而其余帘布层帘线的断裂端头均发粘、发毛且卷曲，呈明显碾压所致。四是，该车使用的左右前轮、第二、第三轴左后轮的轮胎花纹深度以及磨损程度，均不符合 GB7258 - 2004 国家标准，且未达到同一轴轮胎规格和花纹相同的要求。该车使用存在严重交通安全隐患的报废轮胎，行驶中发生爆胎是必然现象。”

该院认为，“被告人康兆永驾驶不符合安全标准的机动车超载运输剧毒危险化学品液氯，被告人王刚不尽押运职责，纵容康兆永实施上述违法行为，二人共同违反毒害性物品的管理规定，以致在运输中发生液氯泄漏的重大事故，其行为已经触犯《刑法》第 136 条规定，构成危险物品肇事罪。……判决：被告人康兆永犯危险物品肇事罪，判处有期徒刑 6 年 6 个月。被告人王刚犯危险物品肇事罪，判处有期徒刑 6 年 6 个月。”〔1〕

笔者认为，二被告人超载驾驶具有隐患的车辆导致交通事故，除符合危险物品肇事罪构成要件外，同时还符合交通肇事罪的构成要件，不及时报警导致事故扩大致人死亡的，除可能符合不报、谎报安全事故罪构成要件外，还属于交通肇事罪中“因逃逸致人死亡”，因而可能适用 7 年以上有期徒刑的法定刑。

［例三］ 在“高知先教育设施重大安全事故，乔永杰交通肇事案”中，一审法院郑州市中原区法院审理查明，“2002 年 6 月 2 日，被告人高知先接管郑州市中原区大岗刘乡石羊寺村月亮船幼儿园任园长，负责全面工作；被告人乔永杰是该幼儿园雇用的司机。高知先明知该园用于接送幼儿的豫 A55345 号松花江牌面包车车况差，油路不畅，急需检修，仍要求乔永杰驾驶该车接送幼儿。6 月 14 日 19 时许，乔永杰驾驶该车送第一批幼儿回家途中，车辆出现故障，打不着火，无

〔1〕 淮安市中级人民法院“康兆永、王刚危险物品肇事案”刑事判决书，http：//www. lawyee. net/Case/Case Display. asp? ChannelID = 2010100&RID = 82339，2010 年 10 月 2 日访问。

法将车上儿童送回家，遂打电话将此事通知给高知先。高知先与孟辉军骑摩托车赶到现场后，见车辆仍未修好，由于时间较晚，高知先就到附近租了一辆车，将留置在故障车内的儿童全部送走，要求乔永杰和孟辉军继续修车，修好后送园内其他幼儿。乔永杰和孟辉军对豫A55345号车进行简单维修后，又开车回到幼儿园接上第二批幼儿送回家。途中因油路不畅，乔永杰让孟辉军用手扶着一塑料油壶，采取用油壶直接向该车汽化器供油的违规操作方法继续行驶。豫A55345号车行至中原区须水镇宋庄五队时，由于汽化器回火，引起汽车着火，将车上的王奥迪、杨姗姗、赵龚杰等三名儿童当场烧死，孟辉军严重烧伤后经医治无效死亡，王杰、谷世兴等两名儿童被烧成重伤，面包车被烧毁。”该院以交通肇事罪判处被告人高知先有期徒刑5年。

二审郑州市中级人民法院认为，“……刑法规定的教育设施重大安全事故罪。该罪侵犯的客体，是公共安全和教学管理秩序，主体是对教育教学设施负有维护义务的直接责任人员，主观方面表现为过失，客观方面表现为不采取措施或者不及时报告致使发生重大伤亡事故的行为。‘不采取措施’，既包括没有采取任何措施，也包括没有采取任何有效措施。幼儿园是实施幼儿教育的机构；本案事故车辆，是月亮船幼儿园专用于接送幼儿的工具，是教育教学设施。上诉人高知先作为月亮船幼儿园园长，对该教育教学设施的安全负有直接责任。高知先明知该车油路堵塞急需检修，不履行职责将该车交给专业人员检修以便排除危险，却让原审被告人乔永杰使用这个已确定存在安全隐患的教育教学设施接送幼儿。本案车毁人伤亡的危害后果，固然是乔永杰违反交通运输法规的行为直接造成的，但其中3名幼儿被烧死、2名幼儿被烧伤，却与高知先明知教育教学设施有危险而将其继续投入使用的行为有因果关系。高知先的行为有严重的社会危害性，应当以教育设施重大安全事故罪追究其刑事责任。……判决：……三是，上诉人高知先犯教育设施重大安全事故罪，判处有期徒刑4年。”〔1〕

笔者认为，按照《解释》第7条的规定，被告人高知先的行为还符合交通肇事罪的构成要件，这说明教育设施重大安全事故罪与交通肇事罪之间可能存在竞合关系。

综上，不仅从理论上能得出交通肇事罪与其他交通运输事故犯罪、责任事故犯罪之间存在竞合关系的结论，从实践中看也是如此；肯定交通肇事罪与相关犯

〔1〕河南省郑州市中级人民法院“高知先教育设施重大安全事故，乔永杰交通肇事案”刑事判决书，http：//www.lawyee.net/Case/Case Display.asp？ChannelID＝2010103&KeyWord＝&RID＝46273，2010年8月24日访问。

罪之间存在竞合，有可能认定为交通肇事罪中的“交通运输肇事后逃逸”和“因逃逸致人死亡”，从而做到罪刑相适应及有效保护法益。

三、事故犯罪与国有公司、企业、事业单位人员失职罪及玩忽职守罪的竞合

《刑法》第168条规定，国有公司、企业、事业单位的工作人员由于严重不负责任，造成国有公司、企业、事业单位严重损失，致使国家利益遭受重大损失的，构成国有公司、企业、事业单位人员失职罪。当国有公司、企业、事业单位人员，因严重不负责任发生重大责任事故、重大劳动安全事故、重大危险品事故，重大教育设施事故、重大消防责任事故、重大交通事故时，则可能同时符合国有公司、企业、事业单位人员失职罪和相关责任事故犯罪、交通运输事故犯罪的构成要件，因而国有公司、企业、事业单位人员失职罪与这些犯罪之间存在竞合关系。

《刑法》第397条规定，国家机关工作人员玩忽职守，致使公共财产、国家和人民利益遭受重大损失的，构成玩忽职守罪。事故犯罪与玩忽职守罪是否可能存在竞合关系？

有刑法教科书指出，重大责任事故罪与玩忽职守罪的区别主要在于：“一是，侵犯的客体不同。前者侵犯的是生产、作业中的公共安全；后者侵犯的是国家机关的正常管理活动。二是，犯罪主观方面不同。前者发生在生产、作业过程中，行为人违反有关安全管理的规定；后者发生在国家机关工作人员执行行政管理职能的职务活动中，行为人严重不负责任，不履行或者不正确履行职责。三是，犯罪主体不同。前者的主体是从事生产、作业的一切人员；后者的主体是国家机关工作人员。”〔1〕

但是，上述区分标准没有意义。例如，国家机关可能成为建设单位、工程监理单位，因违反国家规定，降低工程质量标准，造成工程重大安全事故的，可能同时符合工程重大安全事故罪与玩忽职守罪的构成要件；教育局领导疏于监督校长采取有效措施消除校舍或者教育教学设施危险，因而发生重大伤亡事故的，应以教育设施重大安全事故罪追究其监督过失责任，当然同时也符合了玩忽职守罪的构成要件；国家机关工作人员拒不执行消防监督机构的整改要求导致重大消防

〔1〕 刘宪权主编：《刑法学（下）》（第二版），上海人民出版社2008年版，第452页。

事故的，无疑同时符合消防责任事故罪与玩忽职守罪的构成要件；国家机关工作人员对举办大型群众性活动疏于安全管理和监督，发生重大事故的，也同时构成大型群众性活动重大安全事故罪和玩忽职守罪。因此，从理论上可以得出事故犯罪与玩忽职守罪之间存在竞合的结论。从实践中看，也是如此。

[例一]　在“胡海、张德阔玩忽职守，霍中强工程重大安全事故案”中，河南省固始县法院审理查明，“2009 年 8 月，固始县财政局对固始县陈淋子镇九华山道路项目进行公开招标，被告人霍中强以固始县建筑有限责任公司的名义，借用他人项目经理资质，参与固始县九华山水泥路 8.5km 项目招投标，并中标。该工程造价为 250 万元。同月 27 日，固始县财政局与固始县建设工程监理公司签订委托监理合同，委托该公司对九华山道路进行工程监理。同年 9 月 1 日，该工程开工时，固始县建设工程监理公司委派被告人胡海为监理工程师进驻工地，负责工程总监理，被告人张德阔为该工程监理员，负责监理工作。该工程于 2009 年 10 月完工，同时进行竣工验收。被告人胡海、张德阔分别在竣工及验收报告上签名，使该工程认定为合格工程。固始县九华山水泥路开通后，该段路面出现大面积断板、坑槽、麻面等严重质量问题。经建设局、交通局、物价局和县纪委等部门检测发现，该路面长度、宽度、抗压强度、断面率均达不到工程设计标准，属不合格工程。经物价部门鉴定，损失价值 925 206 元。”

该院认为，“被告人胡海、张德阔不认真履行工作职责，致使国家财产遭受重大损失，其行为已构成玩忽职守罪；被告人霍中强在承包的筑路建设工程中违反国家规定，降低工程质量标准，造成重大安全事故，其行为已构成工程重大安全事故罪。……判决如下：被告人胡海犯玩忽职守罪，判处有期徒刑 1 年，缓刑 2 年。被告人张德阔犯玩忽职守罪，判处有期徒刑 1 年，缓刑 2 年。被告人霍中强犯工程重大安全事故罪，判处有期徒刑 2 年，缓刑 3 年，并处罚金 30 000 元。”[1]

笔者认为，被告人胡海和张德阔分别作为监理工程师和工程监理员，对于工程重大安全事故的发生负有监督过失责任，除构成玩忽职守罪外，也能以工程重大安全事故罪追究其监督过失责任。

综上，无论从构成要件上，还是从司法实践看，事故犯罪与国有公司、企业、事业单位人员失职罪及玩忽职守罪之间存在竞合关系，从一重罪处罚即可。

---

[1] 河南省固始县人民法院（2010）固刑初字第 131 号“胡海、张德阔玩忽职守，霍中强工程重大安全事故案”刑事判决书，http：//www.lawyee.net/Case/Case Display.asp？ChannelID = 2010100&RID = 507801，2010 年 10 月 5 日访问。

四、事故犯罪与过失致人死亡罪、过失致人重伤罪之间的竞合

《刑法》第233条过失致人死亡罪与第235条过失致人重伤罪条文中均有“本法另有规定的，依照规定”。通说对此的解读是，“刑法中规定了很多包含过失致人死亡情形的罪名，例如交通肇事罪、失火罪、医疗事故罪等，从而与本罪之间形成特别法和普通法的法条竞合，虽然可能出现业务过失致人死亡的法定刑较之普通过失致人死亡的法定刑为轻的不合理状况，但按照前引规定，仍应按照特别法的规定加以处罚。”〔1〕“所谓‘本法另有规定的，依照规定’，是指其他犯罪行为造成被害人重伤的，按刑法有关条文规定定罪处罚，不按《刑法》第235条的规定处罚。”〔2〕很显然，通说认为，“本法另有规定的，依照规定”表明了法条竞合时特别法优于普通法的法条竞合适用原则。过失致人死亡罪、过失致人重伤罪属于普通法，事故犯罪属于特别法，当同时构成事故犯罪和过失致人死亡罪、过失致人重伤罪时，只能以事故犯罪定罪处罚，绝对排斥后两罪的适用。〔3〕

可是通说的理解存在疑问。首先，刑法分则中仅在过失致人死亡罪、过失致人重伤罪、故意伤害罪、诈骗罪、滥用职权罪、玩忽职守罪条文中存在“本法另有规定的，依照规定”，但放火罪、爆炸罪中也可能存在故意杀人，盗伐林木罪、盗窃枪支罪也可谓盗窃罪，抢劫枪支罪也可谓抢劫罪等，刑法为什么不在盗窃罪、抢劫罪、故意杀人罪中做出这种规定？如此厚此薄彼、区别对待的理由何在？显然难以给出令人信服的理由。其次，国内外刑法理论公认业务过失犯罪的违法性和有责性重于普通过失犯罪，可是我国《刑法》第233条中过失致人死亡罪的起点刑是3年至7年有期徒刑，而事故犯罪的起点刑却是3年以下有期徒刑或者拘役，若认为上述规定表明绝对排斥普通过失犯罪的适用，则明显与国内外公认的刑法理论背道而驰，也明显违背罪刑相适应原则，我国立法不会拙劣到这种地步。最后，我国事故犯罪无论立案起点还是法定刑升格条件均明显高于普通过失犯罪，若绝对排斥普通过失犯罪的适用，则会出现明显违背公平正义的结

〔1〕 陈兴良主编：《刑法学》（第二版），复旦大学出版社2009年版，第314页。

〔2〕 杨春洗、杨敦先、郭自力主编：《中国刑法论》（第四版），北京大学出版社2008年版，第340页。

〔3〕 当然，在不符合事故犯罪的构成要件，或者说没有达到事故犯罪的定罪起点时，由于不符合事故犯罪的构成要件，不属于“本法另有规定”的情形，因而并不排斥过失致人死亡罪、过失致人重伤罪的适用，通常认为这与“本法另有规定的，依照规定”的规定不冲突。

论。例如，根据2007年2月28日《最高人民法院、最高人民检察院关于办理危害矿山生产安全刑事案件具体应用法律若干问题的解释》的规定，只有死亡1人以上或者重伤3人以上的，才构成重大责任事故罪，按通说立场会出现如下明显不合理的结论：重大责任事故犯罪致1人死亡最重处3年有期徒刑，普通过失致1人死亡，没有特别从轻情节，通常至少应判处3年有期徒刑；因责任事故致2人重伤的，不构成重大责任事故罪，要么无罪，要么以过失致人重伤罪论处，最重可能判处3年有期徒刑，而因责任事故致3人重伤的，构成重大责任事故罪，可能判处3年的刑罚；因责任事故致2人死亡的，不属于重大责任事故罪中的"情节特别恶劣"，因而以重大责任事故罪定罪顶多判处3年有期徒刑，而以过失致人死亡罪定罪，则完全可能判处3年以上有期徒刑；等等。笔者认为，刑法分则中的"本法另有规定的，依照规定"仅属于提醒司法人员注意的规定，是可以删除的规定，〔1〕即便有这种规定，从罪刑相适应和有效保护法益考虑，也不应排除过失致人死亡罪和过失致人重伤罪的适用。上述通说立场和事故犯罪定罪门槛过高的解释规定在实践中也普遍导致了不合理的处理结论。

［例一］　在"余××重大责任事故案"中，上海市浦东新区检察院指控，"2008年8月28日下午16时许，被告人余××在本区川沙新镇华夏二路、川银路'阳光四季'住宅小区工地4号楼东单元801室作业时，违反有关安全生产规章制度，将装有建筑废料的蛇皮袋从东侧阳台扔下，砸中在地面的被害人尤墩举头部。被害人尤墩举受伤后经送医院抢救无效死亡。经上海市浦东新区人民医院诊断，被害人尤墩举的死因系特重型颅脑损伤。"上海市浦东新区法院认为，"被告人余××在生产作业过程中，违反安全生产规章制度，因而发生重大伤亡事故，致1人死亡，其行为已构成重大责任事故罪。……判决如下：被告人余××犯重大责任事故罪，判处有期徒刑10个月。"〔2〕

笔者认为，被告人的行为完全符合过失致人死亡罪的构成要件，若绝对排斥过失致人死亡罪的适用，则市民不慎使花瓶从高楼落下致人死亡的，无疑构成过失致人死亡罪，若没有特别从轻的情节，通常会被判处3年以上有期徒刑，而本案被告人存在重大业务过失，以重大责任事故罪定罪反而仅判处10个月（实践

---

〔1〕参见陈洪兵："刑法分则中'本法另有规定的依照规定'的另一种理解"，载《法学论坛》2010年第5期，第146页。

〔2〕上海市浦东新区人民法院（2009）浦刑初字第96号"余××重大责任事故案"刑事判决书，http：//www.lawyee.net/Case/Case Display.asp？RID＝298446& KeyWord＝，2010年10月5日访问。

中这种情形以重大责任事故罪定罪通常判处缓刑)，处理结果明显有违罪刑相适应原则。

综上，为实现罪刑相适应，最大限度地避免司法解释的错误规定带来的负面影响，应当承认过失致人死亡罪和过失致人重伤罪中的“本法另有规定的，依照规定”属于注意规定。在行为同时符合事故犯罪与过失致人死亡罪、过失致人重伤罪构成要件时，并不绝对排斥后两罪的适用，应当按照从一重罪处罚原则定罪量刑。

五、简单总结

刑法分则第二章危害公共安全罪中规定了诸多责任事故犯罪。刑法理论界长期以来致力于区分此罪与彼罪、划清此罪与彼罪的界限，对于责任事故犯罪也不例外。其实，无论从构成要件上，还是从实践中看，各种责任事故犯罪之间并没有明确的界限，相反，普遍存在竞合关系。相对于其他责任事故犯罪，重大责任事故罪条文中规定的要素最少，因而外延最广，基本上可以将重大责任事故罪看做责任事故犯罪的基本罪名、堵截罪名，凡符合其他责任事故犯罪构成要件的，通常也符合重大责任事故罪的构成要件。交通肇事罪不仅与重大飞行事故罪和铁路运营安全事故罪之间存在竞合关系，而且与重大责任事故罪、危险物品肇事罪及不报、谎报安全事故罪之间存在竞合关系，承认这种关系，可以因此认定为“交通运输肇事后逃逸”及“因逃逸致人死亡”，从而做到罪刑相适应，有效保护法益。

各种责任事故犯罪与国有公司、企业、事业单位人员失职罪和玩忽职守罪之间也存在竞合关系。责任事故犯罪与过失致人死亡罪和过失致人重伤罪也存在竞合关系。过失致人死亡罪与过失致人重伤罪中的“本法另有规定的，依照规定”，并非表明特别法优于普通法的法条竞合适用的原则，而是属于提醒司法人员注意的注意规定。在同时符合责任事故犯罪和过失致人死亡罪、过失致人重伤罪构成要件时，应当从一重罪处罚，而不是绝对排斥过失致人死亡罪和过失致人重伤罪的适用。

第九章　交通肇事罪的解释

主要观点

1. “违反交通运输管理法规，因而发生重大事故”的含义是，只有具有类型性地导致重大事故发生危险性的行为，才是交通肇事罪的实行行为。

2. 《交通肇事解释》第2条关于交通肇事罪定罪条件的规定，导致与作为普通过失犯的过失致人死亡罪、过失致人重伤罪在处罚上严重失衡，故应认为只要肇事导致被害人重伤的，就构成交通肇事罪。

3. 加重处罚肇事逃逸的根据不在于督促行为人投案，而在于督促肇事者救护伤者及消除路障以避免后续事故的发生。

4. 逃逸致死既包括不救助伤者致其死亡，也包括未消除路障引起后续事故而致人死亡。

5. 单纯逃逸致人死亡以逃逸致死论处就能做到罪刑相适应；积极移置逃逸而升高死亡危险的，以故意杀人罪定罪处罚，没有升高危险甚至降低危险的，只能以逃逸致死论处。

6. 成立肇事逃逸和逃逸致死不以肇事行为构成交通肇事罪为前提。

7. 行人等交通参与者也能成为肇事逃逸、逃逸致死的主体。

8. 指使逃逸的，能成立肇事逃逸或逃逸致死的共犯。

主要法规链接

第133条　违反交通运输管理法规，因而发生重大事故，致人重伤、死亡或者使公私财产遭受重大损失的，处3年以下有期徒刑或者拘役；交通运输肇事后逃逸或者有其他特别恶劣情节的，处3年以上7年以下有期徒刑；因逃逸致人死亡的，处7年以上有期徒刑。

一、国内外现状

近年来，伴随着我国汽车保有量的爆发式增长，交通肇事带来的严重危害后果引起了广泛的关注，以公安部的统计为例，2008 年我国共发生道路交通事故 265 204 起，直接财产损失 10.1 亿元，因交通事故导致 73 484 人死亡、304 919 人受伤；2009 年上半年全国共发生道路交通事故 107 193 起，造成 29 866 人死亡、128 336 人受伤，直接财产损失 4.1 亿元，其中，发生一次死亡 10 人以上特大道路交通事故 12 起。[1]三门峡王卫斌醉驾致 6 死 7 伤案、杭州“5.7”胡斌飚车案、成都孙伟铭醉驾致 4 死 1 伤案、南京张明宝醉驾致 5 死 4 伤案等重特大触目惊心的交通肇事案经媒体曝光后，醉驾、飚车等危险驾驶行为更是引起国人的极大关注。面对重特大交通肇事案的接连发生，根据现行《刑法》第 133 条的规定，除“因逃逸致人死亡”情形可处 7 年至 15 年有期徒刑外，若以交通肇事罪论处最多只能判处 7 年有期徒刑。显然，当一个交通肇事案导致多条鲜活生命丧失时，7 年徒刑远远不能满足普通百姓的报应要求。可事实上，此前醉驾致多人死伤的案件，司法实践中通常仅判处极低的法定刑。例如，上海市崇明县法院对酒后驾驶致 2 人死亡且逃逸的“葛××交通肇事案”，判处有期徒刑 3 年，宣告缓刑 5 年。[2]特别需要指出的是，“以往，交通肇事罪作为过失犯罪，70% 以上被法院判处缓刑，有的法院达 90% 以上。因此，实践中，往往给民众产生一种错觉，出事赔了钱，就能了事。”[3]而域外国家，面对和平年代的最大杀手——交通肇事，为了平复事故被害人家属的报复感情，纷纷提高交通肇事相关犯罪的法定刑和宣告刑。例如，日本通过 2001、2004、2007 年对道路交通法和刑法的修改，将道路交通法上的救护义务违反罪的法定刑由 3 年以下的惩役或者 20 万日元以下的罚金提高到 5 年以下的惩役或者 50 万日元以下的罚金，又进一步提高到 10 年以下有期惩役或者 100 万日元以下罚金，将醉酒驾驶罪从 2 年以下的惩役或者 10 万日元以下的罚金提高到 3 年以下的惩役或者 50 万日元以下的罚金，将酒后驾驶罪从 3 个月以下的惩役或者 5 万日元以下的罚金提高到 1 年以下的惩役或者 30 万日元以下的罚金，将无证驾驶罪从 6 个月以下的惩役或者 10 万日元以下的罚金提高到 1 年以下的惩役或者 30 万日元以下的罚金，以及新设的危险驾驶致死伤罪规定，致人伤害的处 15 年以下惩役，致人死亡的处 1 年以上 20 年以下惩

〔1〕 孙国祥、黄星：“醉酒驾车之刑事法规之进路分析”，载《法学论坛》2009 年第 6 期，第 39 页。

〔2〕 上海市崇明县人民法院（2009）崇刑初字第 225 号“葛××交通肇事案”刑事判决书，http：//www.lawee.net/Case/Case Display.asp? RID =361739&KeyWord =，2010 年 4 月 16 日访问。

〔3〕 浙江省高级人民法院回应质疑：“控制缓刑，从严惩治交通肇事犯罪”，载人民网，http：//society.people.com.cn/GB/42735/9958662.html，2009 年 9 月 5 日访问。

役。为规制醉驾逃逸以逃避酒精检测以避免危险驾驶致死伤罪的处罚，日本2007年修法时除将救护义务违反罪的法定最高刑提高到10年外，还专门针对交通肇事增设法定最高刑为7年（业务过失致死伤罪的法定最高刑为5年）的汽车驾驶过失致死伤罪。〔1〕据日本学者介绍，司法实践中以危险驾驶致死伤定罪的，有判例对死亡1人的判处超过5年的徒刑、死亡4人的判处13年有期徒刑、死亡5人的判处15年有期徒刑。例如，被告人酒后驾驶大型卡车，以每小时60公里的速度行驶时，陷入假寐状态，将在人行道上等待的1人轧死，东京地方裁判所于2002年11月28日判处被告人9年惩役。再如，被告人闯红灯时，与正常行驶的车辆相撞，导致对方司机死亡。长野地方裁判所2003年6月18日判处被告人5年惩役。〔2〕

面对民众要求严惩交通肇事犯罪的呼声，我国司法机关在孙伟铭等个别醉驾案中以以危险方法危害公共安全罪判处了被告人无期徒刑，即便如此，一方面，民众还在谴责量刑过轻，似乎只有判处死刑才能“解恨”；另一方面，理论界有不少人士批评实务部门将醉酒的过错等同于刑事上的过错，醉驾行为人对结果通常只具有刑法上的过失，认定孙伟铭主观上系故意是缺乏根据的，本应以交通肇事罪定罪，却以以危险方法危害公共安全罪定罪是错误的。〔3〕

问题是，我国现有的交通肇事罪、遗弃罪、故意伤害罪、故意杀人罪、以危险方法危害公共安全罪等条文能否足以规制交通犯罪？除比较容易想到的修法之途外，我们是否已经穷尽了《刑法》第133条交通肇事罪等法律条文的解释空间？众所周知，我国刑法学者习惯于批判刑法，习惯于以“本问题的解决有待于完善立法和司法解释”作为论著的结尾。这种长于批判短于刑法解释能力的理论思维模式是导致我国刑法理论长期落后的根本原因。刑法分则所描述的犯罪类型是开放的，它虽然有一个固定的核心，但没有固定的界限。即使立法者当初根本没有想象到的事实，经过解释也可能完全涵摄在刑法规范中；或者相反。于是，经过解释后的刑法，不再是制定时的刑法；虽然刑法的文字仍然相同，但其内容已经改变。所以，成文刑法比立法者更聪明。〔4〕“解释者与其在得出非正义的解

〔1〕参见［日］冈野光雄：《交通事犯と刑事责任》，成文堂2007年版，第219页；［日］今井猛嘉：“饮酒運転对策立法の意义と课题”，载《ジユリスト》（N0.1342）2007.10.1，第129页以下。

〔2〕参见［日］原田国男：“危险運転致死伤罪の量刑动向”，载《现代刑事法》2004年第6卷第1号，第51、62、64页。

〔3〕参见刘宪权：“处理高危驾车肇事案件的应然标准”，载《法学》2009年第9期，第5页；孙国祥、黄星：“醉酒驾车之刑事法规之进路分析”，载《法学论坛》2009年第6期，第40页；等等。

〔4〕参见［德］亚图·考夫曼：《法律哲学》，刘幸义等译，台湾五南图书出版公司2000年版，第236、237页。

释结论后批判刑法，不如合理运用解释方法得出正义的解释结论；与其怀疑刑法规范本身，不如怀疑自己的解释能力与解释结论。”〔1〕

尽管最高人民法院于2000年11月10日发布了“著名”的《解释》，但该解释的诸多规定让人匪夷所思，从颁布之日起批评之声就不绝于耳。

本文旨在针对司法实践中的具体问题以及《解释》的缺陷，从理论上探讨《刑法》第133条交通肇事罪条文的解释论空间。

二、“违反交通运输管理法规，因而发生重大事故”的含义

如何理解“违反交通运输管理法规，因而发生重大事故”的含义？“现代刑法理论中，无论新过失论还是旧过失论，都承认过失犯也存在实行行为（危险行为）。”〔2〕“过失犯的实行行为与故意犯并无不同，如果该过失犯也处罚未遂，则实行行为是与成立未遂犯所必要的结果发生的具体性危险之间具有相当因果关系的行为。”〔3〕交通肇事罪的实行行为，是指违反交通运输管理法规且具有发生重大事故危险性的行为。换言之，虽然发生了重大交通事故，但行为人没有违反交通运输管理法规的，因为缺乏交通肇事罪的实行行为，而不可能构成交通肇事罪；行为人虽然有违反交通运输管理法规的行为，但不是具有发生重大交通事故的类型性危险的行为，也是因为缺乏实行行为而不成立交通肇事罪；行为人虽然具有可能导致重大交通事故的交通违规行为，但在具体个案中并非导致重大事故发生的原因行为，或者说，即使行为人不违规也不具有结果回避可能性的，例如，醉酒驾车者正在自己的车道上等红灯时被“冒失鬼”追尾的，醉酒驾车行为就不是该案的实行行为，由于缺少实行行为而不应认定为交通肇事罪。

司法实践中，交警习惯于将道路交通法上的系列违规行为叠加为交通肇事罪中的违规行为。例如，2009年1月30日晚，罗昌华在老乡家中喝得酩酊大醉，骑上了从废品收购站低价买来的无号牌、无检验合格证、无保险，连车灯也没开的摩托车逆向超速行驶，结果与正常行走的路人魏某相撞，致魏某抢救无效死亡。当交警赶到事故现场，发现罗昌华还是无证驾驶，一起交通案件中肇事者居然同时有7项违章，这也让交警大开眼界。罗昌华因在该起事故中负全责被浙江

〔1〕 张明楷：《刑法分则的解释原理》，中国人民大学出版社2004年版，序说第Ⅲ页。

〔2〕［日］曾根威彦：“交通犯罪に关する刑法改正の问题点”，载《ジユリスト》（N0.1216）2002.2.1，第48页。

〔3〕［日］西田典之：《刑法总论》，弘文堂2006年版，第244页。

省东阳市法院以交通肇事罪判处有期徒刑3年。[1]其实，所谓让交警大开眼界的7项违章行为，不过是道路交通法上的违章行为，可能导致事故发生的具有刑法意义的违章行为并不多。例如，无号牌、无保险根本不可能导致事故的发生，至于无检验合格证也未必就能成为事故的原因，只有事实上存在严重事故隐患，才可能导致事故的发生。至于无驾驶证，也不能直接得出就是事故原因的结论，实质还是在于行为人是否具备驾驶机动车的能力。未开车灯、逆向、超速行驶等行为虽然通常可导致事故的发生，但也应在个案中进行具体判断，若是他人的严重违章行为所导致，也就是说，即便行为人开了车灯、不逆向、不超速行驶，也没有结果回避可能性的，就不能将这些道路交通法上的违章行为直接认定为交通肇事罪中的实行行为。

虽然理论上没有争议地认为，只有肯定交通违规行为与重大交通事故（以下简称“事故”）具有刑法意义上的因果关系（或者说相当因果关系），才能以交通肇事罪论处，可司法实践中，判决书要么泛泛而谈行为人“违反交通运输管理法规，因而发生重大交通事故”，而不具体指明违规何在，或者虽然指明行为人存在具体违规行为，但根本就不分析这种所谓的交通违规行为通常能否导致事故发生，或者说，在该案中这种违规行为是否系导致事故发生的原因，就“霸道”地得出行为人构成交通肇事罪的结论。例如，在“韩志辉交通肇事案”中，河南省固始县人民检察院指控，“2009年6月20日13时许，被告人韩志辉驾驶皖N59738重型货车行驶至固始县城关镇王审知大道七一大桥西头，与杨吕龙驾驶的农用三轮车发生相撞事故，致使车辆受损，杨吕龙及乘坐人魏已勤当场死亡。固始县公安局交警大队认定韩志辉负该事故的全部责任。公诉机关认为，被告人韩志辉违反交通运输管理法规，发生重大事故，致2人死亡，其行为已触犯《中华人民共和国刑法》第133条之规定，构成交通肇事罪，诉请依法判处。”固始县法院审理后认为，“被告人韩志辉违反交通运输管理法规，发生重大事故，致2人死亡，其行为构成交通肇事罪，固始县人民检察院指控犯罪事实和罪名成立，本院予以支持。……判决如下：被告人韩志辉犯交通肇事罪，判处有期徒刑3年。”[2]又如，河南省镇平县人民检察院指控，“2007年4月21日11时许，被告人刘振龙驾驶无号牌多功能洒水车沿镇平县境内省道244线自北向南行至安子营

〔1〕参见朱姗姗、王雷：“一起肇事七类违章，判负全责获刑三年”，载《检察日报》2009年8月9日，第2版。

〔2〕河南省固始县人民法院（2009）固刑初字第232号“韩志辉交通肇事案”刑事判决书，http：//www.lawyee.net/Case/Case Display.asp？RID＝365797&KeyWord＝，2010年5月15日访问。

乡大柳庄路口北 19 米处时，与同方向向左转弯驾驶自行车的刘××相撞，造成刘××经送医院抢救无效死亡、车辆受损的交通事故。经事故责任认定：刘振龙应承担此事故的主要责任。”镇平县法院经审理查明，“2007 年 4 月 21 日 11 时许，被告人刘振龙无证驾驶无号牌多功能洒水车，沿镇平县境内省道 244 线自北向南行至安子营乡大柳庄路口北 19 米处时，与同方向向左转弯骑自行车的刘××相撞，致使发生刘××受伤经送医院抢救无效死亡、车辆受损的交通事故。经镇平县公安局交通警察大队事故责任认定，刘振龙应承担此事故的主要责任。本院认为，被告人刘振龙违反交通运输管理法规，发生重大交通事故，致 1 人死亡，其行为已构成交通肇事罪。公诉机关指控的罪名成立，本院予以支持。……判决如下：被告人刘振龙犯交通肇事罪，判处有期徒刑 2 年，缓刑 2 年。”〔1〕可是，虽然《中华人民共和国道路交通安全法》（以下简称‘道交法’）第 19 条规定“驾驶机动车，应当依法取得机动车驾驶证”，第 11 条规定“驾驶机动车上道路行驶，应当悬挂机动车号牌”，但是并非没有驾驶证的人就一定不具备驾驶机动车的能力，也就是说，“并非任何没有取得机动车驾驶证的人驾驶车辆发生交通事故的，都负刑事责任〔2〕”。至于驾驶无号牌机动车的事实，更是与事故的发生之间不可能具有因果关系。所以，上述判决存在疑问。

随手翻翻关于交通肇事罪的刑事判决书，关于责任认定部分，无论检察院起诉，还是人民法院判决，几乎就是照搬公安交通警察部门做出的所谓责任认定书。例如，江西省寻乌县人民检察院指控，“2009 年 4 月 1 日 10 时 45 分许，被告人邝石桑驾驶超过核定载质量且制动不符合国家安全技术标准的变型拖拉机从寻乌县城往寻乌县留车镇黄姜村方向行驶，途中，因超车时车速快，未确保安全行驶，将同方向由谢应浩驾驶载乘被害人谢应来的二轮摩托车撞倒，致被害人谢应来倒地当场死亡。随后，被告人邝石桑打‘120’、‘122’电话报警，并在现场等候处置。经法医鉴定，被害人谢应来系因巨大钝性暴力所致右胸部重度闭合性损伤并创伤性休克死亡。寻乌县公安局交通管理大队作出交通事故认定书，认定被告人邝石桑应负事故全部责任；被害人谢应浩、谢应来不负事故责任，后经寻乌县公安局交通管理大队主持调解达成协议，被告人邝石桑赔偿被害人谢应来亲属经济损失人民币 144 000 元。针对上述指控事实，公诉机关向法庭提交了相应证据，并认为被告人邝石桑的行为已构成交通肇事罪，提请本院依法判处。”寻乌

---

〔1〕 河南省镇平县人民法院（2010）镇刑初字第 035 号“刘振龙交通肇事案”刑事判决书，http：//www. lawyee. net/Case/Case Display. asp？ RID = 364544&KeyWord = ，2010 年 5 月 15 日访问。

〔2〕 张明楷：“交通肇事的刑事责任认定”，载《人民检察》2008 年第 2 期，第 6 页。

县法院经审理查明，“2009 年 4 月 1 日 10 时 45 分许，被告人邝石燊驾驶超过核定载质量且制动不符合国家安全技术标准的赣 0255554 变型拖拉机从寻乌县城往寻乌县留车镇黄姜村方向行驶，当行驶至 10206 线 2057km + 800m 寻乌县河岭村路段处时，因超车时车速快，未确保安全行驶，将同方向由谢应浩驾驶载乘被害人谢应来的赣 B KA172 二轮摩托车撞倒，致被害人谢应来倒地当场死亡。随后，被告人邝石燊打‘120’、‘122’电话报警，并在现场等候公安机关民警的处置。经法医鉴定，被害人谢应来系因巨大钝性暴力所致右胸重度闭合性损伤并创伤性休克死亡。2009 年 4 月 8 日，寻乌县公安局交通管理大队作出交通事故认定：被告人邝石燊驾驶载物超过核载质量且不符合国家安全技术标准的机动车，途经肇事地点，车速快，未与前车保持足以采取紧急制动措施的安全距离，应负事故全部责任；被害人谢应浩、谢应来不负事故责任。2009 年 4 月 8 日，寻乌县公安局交通管理大队主持调解达成协议，被告人邝石燊赔偿被害人谢应来亲属经济损失人民币 144 000 元。”“本院认为，被告人邝石燊违反交通运输管理法规，驾驶超过核定载质量且制动不符合国家标准的机动车，超车时车速快，未与前车保持安全距离，因而发生重大事故，致 1 人死亡的后果，其行为已构成交通肇事罪，公诉机关指控的罪名成立，依照法律规定应处 3 年以下有期徒刑或者拘役。……判决如下：被告人邝石燊犯交通肇事罪，判处有期徒刑 1 年，缓刑 1 年 6 个月。”〔1〕

难怪有学者毫无讳言地指出，“让谁负刑事责任，负多大刑事责任，要由行政官以责任认定书的形式来指导命令法官，法官只能执行，不能更改。果如此，法院没必要浪费人力、物力、财力，耗费有关当事人大量时间金钱，轰轰烈烈‘走过场’，进行所谓的‘审理’，本案也就没有必要进入审判程序，只须做简单技术处理：把公安局的‘责任认定书’改版成法院的‘刑事附带民事判决书’。其结果，一方面，导致行政权侵犯司法权；另一方面，不当剥夺公民要求和接受法庭审理的权利，以及在法庭上进行辩论的权利等基本人权。”〔2〕应该说，“道路交通管理法的目的与刑法的目的存在明显区别；道路交通管理法上的责任（以下简称‘道交法责任’），明显不同于刑事责任。也因为如此，确定道交法责任，并不完全是为了确定刑事责任。所以，刑事司法部门不应当直接根据道交法责任确定刑事责任。但是，在刑事司法实践中，普遍存在着以道交法责任认定取代交通

---

〔1〕 江西省寻乌县人民法院（2009）寻刑初字第 104 号“邝石燊交通肇事案”刑事判决书，http：//www. lawyee. net/Case/Case Display. asp？RID = 347951& KeyWord = ，2010 年 5 月 15 日访问。

〔2〕 陈界融、付翠英、艾尔肯：“陈某是否犯交通肇事罪——兼论道路交通事故责任认定书的法律性质”，载《人民检察》2001 年第 3 期，第 39 页。

肇事罪的刑事责任认定的现象。这是亟待解决的问题。”〔1〕下面结合道交法的规定和司法实践中常发的交通违规情形，进行类型性分析。

（一）无证驾驶及驾驶无号牌机动车

《道交法》第19条规定：“驾驶机动车，应当依法取得机动车驾驶证。……驾驶人应当按照驾驶证载明的准驾车型驾驶机动车；驾驶机动车时，应当随身携带机动车驾驶证。”应该说，不随身携带驾驶证，虽然属于交通违规行为，但不可能就此导致交通事故的发生，故不属于交通肇事罪的实行行为。《道交法》第8、11条规定，未向公安机关交通管理部门登记并取得机动车号牌的，不得上道路行驶。很显然，要求进行机动车登记并办理机动车号牌，是出于交通管理上的需要，是否取得机动车号牌，与事故的发生不可能具有因果关系，故驾驶无号牌机动车上路的行为，不可能被评价为交通肇事罪的实行行为，不可能与事故的发生存在因果关系。至于无证驾驶也应具体分析，实际上存在不同情形。一是，没有经过任何训练的人，驾驶机动车造成交通事故的，不仅可能构成交通肇事罪，还可能构成以危险方法危害公共安全罪、故意杀人罪等故意犯罪。二是，经过一定训练但缺乏足够技能的人，驾驶机动车造成交通事故的，一般也会构成交通肇事罪。三是，经过了长时间训练具备充分驾驶能力的人，驾驶机动车发生交通事故的，则需要分析造成交通事故的客观原因与主观罪过；倘若完全由于被害人或第三者的过错造成了交通事故，驾驶者就不能承担交通肇事罪的刑事责任，只能承担道交法责任。事实上，众所周知，在我国通过“开后门”取得驾驶证的，并非个别现象。所以，是否取得驾驶证与事故的发生之间并没有直接的因果联系。可是，在司法实践中，发生交通事故后，交警部门首先关心的是行为人有没有驾驶证，如果行为人是无证驾驶无号牌机动车，交警同志们马上就如释重负，感觉可以交差了。因为找出了“违反交通运输管理法规”的行为，就可以做出“违反交通运输管理法规，因而发生重大事故”的责任认定书。倘若不幸地发现，“肇事者”有证又有号牌，则麻烦得多。至少得在责任认定书中“编出”“不慎驾驶”、“行驶时观察不周”、“未确保安全驾驶”、“车速过快”等理由。

例如，河南省固始县法院在“朱安德交通肇事案”中审理查明，“2009年6月13日8时许，被告人朱安德无证驾驶无号牌二轮摩托车，沿固始县216省道由南向北行驶至马罡集乡柳沟村路段时，将步行横过公路的马罡集乡桥口村村民吴昌秀撞倒致伤。经固始县公安局法医鉴定：吴昌秀颅脑损伤属重伤。后经固始县

〔1〕张明楷：“交通肇事的刑事责任认定”，载《人民检察》2008年第2期，第5页。

公安局交警大队认定：朱安德承担事故主要责任，吴昌秀承担事故次要责任。"该院认为，"被告人朱安德违反道路交通安全法规，无证驾驶无号牌机动车辆，交通肇事致1人重伤，负事故主要责任，其行为已构成交通肇事罪。固始县人民检察院指控被告人朱安德的犯罪事实、罪名和情节成立，本院予以支持。……判决如下：被告人朱安德犯交通肇事罪，判处拘役4个月。"〔1〕应该说，本案中事故的原因主要在于被害人横穿马路，即便行为人有证驾驶有号牌机动车，事故也可能难以避免。所以，法院应当查明导致事故发生的直接原因，而不能仅因为行为人存在无证和驾驶无号牌机动车的道交法上违规行为，就直接得出构成交通肇事罪的结论。

（二）超载驾驶

《道交法》第48条规定："机动车载物应当符合核定的载质量，严禁超载；载物的长、宽、高不得违反装载要求，不得遗洒、飘散载运物。"实践中经常发生货车严重超载导致交通事故的案件。例如，陕西省汉中市公安局交通警察支队高速公路大队交通事故认定书认定：赵立厂驾驶机动车超载、超速行驶，负此事故的全部责任。可是，事故调查报告证实：被告车辆核载9950千克，实载10 425千克，仅仅超载475千克。仅此就断定严重超载，而且认为是事故发生的原因。法院当然对交警部门的责任认定书一如既往地"照抄照转"，认为上诉人超速、超载行驶，负事故的主要责任，判处上诉人有期徒刑2年，宣告缓刑3年。〔2〕对于核载9950千克的货车来说，超载475千克，通常难以导致货车难以控制，难以成为事故发生的原因。故上述法院将超载作为事故发生的重要原因之一是存在疑问的。

（三）驾驶性能不良的、应报废的或者未经年检的机动车辆

《道交法》第21条规定："驾驶人驾驶机动车上道路行驶前，应当对机动车的安全技术性能进行认真检查；不得驾驶安全设施不全或者机件不符合技术标准等具有安全隐患的机动车。"第14条规定："国家实行机动车强制报废制度，根据机动车的安全技术状况和不同用途，规定不同的报废标准。……达到报废标准的机动车不得上道路行驶。"第13条规定，对机动车应定期进行安全技术检验。司法实践中，往往机械地理解上述道交法上的规定，只要行为人存在上述道交法上的违规行为，就立即得出构成交通肇事罪的结论。殊不知，道交法上的规定往

〔1〕 河南省固始县人民法院（2009）固刑初字第194号"朱安德交通肇事案"刑事判决书，http：//www. lawyee. net/Case/Case Display. asp？RID =344892&KeyWord =，2010年5月15日访问。

〔2〕 参见陕西省汉中市人民法院（2009）汉刑一终字第57号"赵立厂交通肇事案"刑事判决书，http：//www. lawyee. net/Case/Case Display. asp？RID =293337& KeyWord =，2010年5月15日访问。

往首先出于行政管理上的需要，与刑法上的规范保护目的往往不一致；是否系交通肇事罪中违规行为，是否系导致事故发生的原因行为，应在个案中进行具体判断。

例如，江西省寻乌县公安局交通管理大队作出交通事故认定："被告人刘三儿持有与驾驶证载明的准驾车型不符的驾驶证驾驶报废机动车，途径肇事地点，未遵循右侧通行的原则，应负事故的主要责任；被害人梅自洪驾驶机动车，遇情况采取措施不当，未确保安全行驶，应负事故的次要责任；被害人何江英、张家友不负事故责任。"寻乌县法院经审理查明，"2009 年 3 月 25 日上午，被告人刘三儿持逾期未换证的 E 驾驶证驾驶套牌粤 MK0859 报废庆铃小货车，载乘何江英、陈思亮、薛晋微及货物从寻乌县城蛇子头往寻乌县留车镇方向行驶。当日 9 时 5 分许，当行驶至 206 线 2058km + 700m 寻乌县报废车拆解场路段处时，未确保安全行驶，与相对方向由被害人梅自洪驾驶载乘张家友的赣 B1728Z 二轮摩托车相撞，致被害人梅自洪当场死亡，被害人张家友、何江英受伤，车辆受损。2009 年 4 月 20 日，寻乌县公安局交通管理大队作出交通事故认定：被告人刘三儿持有与驾驶证载明的准驾车型不符的驾驶证驾驶报废机动车，途径肇事地点，未遵循右侧通行的原则，应负事故的主要责任；被害人梅自洪驾驶机动车，遇情况采取措施不当，未确保安全行驶，应负事故的次要责任；被害人何江英、张家友不负事故责任。"该院认为，"被告人刘三儿违反交通运输管理法规，未按照驾驶证载明的准驾车型驾驶报废套牌机动车，途经肇事地点，未确保安全行驶，因而发生重大事故，致 1 人死亡的后果，其行为已构成了交通肇事罪，公诉机关指控罪名成立，本院应予支持。……判决如下：被告人刘三儿犯交通肇事罪，判处有期徒刑 6 个月又 10 天。"〔1〕笔者认为，本案中，持逾期未换证的驾驶证驾驶，显然不能成为事故发生的原因，不是交通肇事罪的实行行为；持与准驾车型不符的驾驶证驾驶，虽然是道交法上的违规行为，但是否本次事故发生的原因，应进行行为人是否具备相应车型驾驶能力的实质判断，若具备相应的驾驶能力，同样应否定其系事故发生的原因；驾驶报废机动车虽然是道交法上的违规行为，但道交法上所界定的应报废的车辆，完全可能是性能良好的机动车，若本起事故并非是因为车辆性能不好所导致的，驾驶报废车的行为也不能谓之交通肇事罪的实行行为。从上述判决书可以看出，司法实践中完全将道交法上的责任混同于刑法上的责任，将道交法上的诸多违规行为简单地叠加为刑法意义上的实行行为。

---

〔1〕 江西省寻乌县人民法院（2009）寻刑初字第 57 号"刘三儿交通肇事案"刑事判决书，http：//www. lawyee. net/Case/Case Display. asp? RID = 347969&KeyWord = ，2010 年 5 月 16 日访问。

（四）酒后驾驶、醉酒驾驶

《道交法》第22条第2款规定："饮酒、服用国家管制的精神药品或者麻醉药品，或者患有妨碍安全驾驶机动车的疾病，或者过度疲劳影响安全驾驶的，不得驾驶机动车。"酒后驾驶、醉酒驾驶（统称"酒驾"）一直是交通肇事的重要原因之一，德国、日本和我国台湾地区都设置了单独的罪名或者单独的法定刑，将酒驾行为作为抽象危险犯进行规定，只要人体酒精含量达到一定数值，就推定存在肇事的危险性，不考虑个体酒精的承受度，不待实际发生事故，就予以重罚。事实证明，严惩酒驾能够有效减少交通事故的发生。[1]我国自去年以来，由于孙伟铭、张明宝等特大酒驾肇事事件被媒体曝光后，引起国人的极大愤怒：有车族不仅随意侵占人行道、小区的有限空间，而且还肆无忌惮地轧人！酒驾招致被害人家属及广大无车族的一片喊杀声也就不足为怪。

"汽车是车道上跑动的凶器",[2]酗酒驾车更是"车道上滚动的炸弹"[3]。酒驾的危害性毋庸置疑，严惩酒驾也是共识，从立法上单独设置作为抽象危险犯的酒后驾驶罪、醉酒驾驶罪或者作为实害犯的危险驾驶致死伤罪当然是最理想的解决之途。但在我国现有的立法框架下，需要务实解决的是以下问题：一是，酒驾者是否有权主张适用信赖原则；二是，酒驾和原因自由行为的关系；三是，酒驾者对于结果的发生是出于故意还是过失，对于醉酒驾驶行为是应以交通肇事罪定罪，还是可以以危险方法危害公共安全罪论处。

酒驾者是否也有权主张信赖原则的适用？信赖原则主要适用于交通领域。交通上的信赖原则，最普遍的意义是指：交通上合乎规定行车的人，可以信赖其他人也会同样的合乎规定；除非有特殊的情况，必须作相反的认定。或者这么说，一个小心谨慎的人，可以相信其他参与道路交通的人，也会同样小心谨慎；如果因为他人的粗心而发生事故，基本上，是这个粗心的人负完全责任。[4]虽然通常认为，一个自己违反交通法规的人，就不允许诉诸信赖原理。[5]但是，"在许多违反交通法规的人并没有对事故发生影响的案件中，这是不正确的。因此，一名酗酒的驾驶员，在别人不尊重他的先行权和这个事故对于清醒的驾驶员来说本来

---

〔1〕 参见张丽卿：《交通刑法》，台湾台北学林出版社2002年版，第98页。

〔2〕［日］今井猛嘉："饮酒運転対策としての罰则の整备"，载《ジユリスト》（N0.1330）2007.3.15，第29页。

〔3〕 林东茂：《刑法综览》（修订五版），中国人民大学出版社2009年版，第390页。

〔4〕 参见林东茂：《一个知识论上的刑法学思考》（增订三版），中国人民大学出版社2009年版，第43页。

〔5〕 Vgl. BGHSt 12, 81 (83).

也是不可避免的时候，尽管他处于无驾驶能力状态之中，也仍然必须以信赖原理为根据而宣告无罪。”〔1〕

第二个与第三个问题是联系在一起的。在一系列醉驾肇事案曝光之前，司法实践中对于醉驾案都是作为交通肇事罪定罪，通常仅判处7年以下有期徒刑，甚至适用缓刑。系列醉驾导致重特大事故案经媒体曝光后，对醉驾者仅判处7年以下有期徒刑显然难以平民愤，于是，以危险方法危害公共安全罪奉命于危难之中，唯有此罪才可能满足民众对醉驾者判处无期徒刑乃至死刑的报应要求。在日本，最高裁判所认为只要行为人认识到自己饮酒还驾驶的，就不能排除酒后驾驶罪的故意，而且判例一般不承认醉酒是一种心神丧失状态，也不承认是一种心神耗弱状态而应减轻处罚，而坚持认为醉酒者应承担完全的刑事责任；但理论上一般认为，责任主义要求行为人饮酒时必须有醉酒驾驶的意思，饮酒时没有驾驶意思的，应当作为心神耗弱的人对待而减轻处罚。〔2〕国内有学者认为，“对于醉驾行为人主观方面认定的观点争鸣，杂糅了刑罚目的、刑罚实施效果等刑事政策的考量因素。但由于缺少对醉酒状态下行为人刑事责任能力与实行行为应罚性之分析，故有将行为人对醉酒的态度与行为人对醉酒后的实行行为的态度相混淆之虞，重新陷入功利性认定酒后行为构成犯罪之穴臼，使得对醉驾的处罚更多地受到自然法感的牵扯，而出现了同类案不同罪，多种观点争论难息的状况。”〔3〕另有学者指出，对于醉驾等危险驾驶的行为人而言，只有在行为人想自杀时才可能放任自己死亡，即对于结果的发生通常不会出于故意（放任结果的发生）。〔4〕

笔者赞成酒驾者通常不会对事故的发生持希望或者放任态度的观点。但是，首先，有过饮酒甚至醉酒经历的人，通过自己的切身体验和媒体关于醉驾危害性的报道，明知酒后驾驶、醉酒驾驶的危害性，还执意饮酒并驾驶，行为人主观上应该具有英美法系中所谓轻率的主观心态。其次，我国《刑法》第18条第4款还明文规定了“醉酒的人犯罪，应当负刑事责任”，除非行为人非基于自己的意志饮用了含酒精的饮料或没有意识到所饮用的饮料中含有酒精，否则，都应承担完全的刑事责任。〔5〕再次，少量饮酒通常只是导致控制车辆的能力有所下降，对

---

〔1〕 Claus Ro×in, Strafrecht Allgemeiner Teil Band , 4. , Auflage, C. H. Beck München, 2006, S 1071.

〔2〕 参见［日］冈野光雄：《交通事犯と刑事责任》，成文堂2007年版，第42～47页。

〔3〕 孙国祥、黄星：“醉酒驾车之刑事法规之进路分析”，载《法学论坛》2009年第6期，第40页。

〔4〕 参见刘远：“危险驾驶的刑事责任问题探究”，载《法学论坛》2009年第6期，第29、30页。

〔5〕 参见王敏：“论醉酒与刑事责任”，载《现代法学》2000年第2期，第91页以下；单晓华：“醉酒人犯罪的刑事责任问题”，载《人民检察》2005年第15期，第37页以下。

于事故的发生仅具有抽象的危险，明知自己饮酒而驾驶正好符合道交法上的“故意”，但对于结果的发生只是出于过于自信的过失，而且这种“自信”是有根据的，所以作为过失犯罪交通肇事罪处理是合理的，但是，饮酒致醉酒状态还驾驶车辆，在神志清醒的旁人看来，简直就是一辆无人驾驶的机动车，除非是在荒郊野外或者罗布泊大沙漠驾驶，通常可以认为醉驾行为已经具有了致人死伤的具体危险。又次，域外刑法的相关规定也能给我们一些启示。例如，《日本刑法》第208条之二关于“受酒精或者药物的影响，在难以正常驾驶的状态下，驾驶四轮以上的汽车，因而致人伤害的，处15年以下惩役；致人死亡的，处1年以上有期惩役”的危险驾驶致死伤罪的规定，在理论上也存在该罪醉驾者是否具有刑法上的故意、该罪是否属于故意犯的争议，但现在刑法理论通常认为，该罪被增设在第208条暴行罪之后，说明行为人至少具有暴行的故意，最高裁判所甚至认为不要求行为人认识自己已经处于不能正常驾驶的状态也能以该罪定罪；虽然从理论上说，行为人只要具有类似暴行的故意，客观上也已具有致人死伤的具体危险，但为了限制处罚范围，条文要求只有客观上致人死伤时才以危险驾驶致死伤罪定罪处罚，否则，只能以酒后驾驶罪、醉酒驾驶罪论处。〔1〕这样，我们可以认为醉驾行为客观上已经具有致人死伤的具体危险，主观上存在对于具体危险的认识（即使醉驾时不能认识，至少饮酒时也能够认识）。最后，以危险方法危害公共安全罪，既包括对于致人死伤的结果具有希望或放任态度的故意的结果加重犯的情形，也包括对结果仅具有过失的态度的情形，但两者都需要行为人主观上认识到具体性公共危险的存在，客观上也存在具体性公共危险。〔2〕这样，醉驾者致人死伤的，完全符合《刑法》第115条以危险方法危害公共安全罪的构成要件，以该罪论处完全符合罪刑法定原则。或许有人认为，既然造成重大事故的能以第115条的以危险方法危害公共安全罪定罪，那么，醉驾尚未造成严重后果的，就应以第114条的以危险方法危害公共安全罪论处，可司法实践中无一例外地顶多以《道交法》第91条的规定处以扣证、罚款、拘留的行政处罚，这反过来说明，对醉驾以作为故意犯的以危险方法危害公共安全罪定罪是存在疑问的。的确，从理论上讲，若认为醉驾行为已经具有具体性公共危险的话，没有造成严重后果的，也应该以第114条的以危险方法危害公共安全罪定罪，而不是仅论以行政处罚。但是，这也并非不好解释。正如，虽然根据我国刑法总则未遂和预备的处罚规

---

〔1〕参见［日］冈野光雄：《交通事犯と刑事责任》，成文堂2007年版，第237页以下。

〔2〕参见张明楷：“危险驾驶的刑事责任”，载《吉林大学社会科学学报》2009年第6期，第24页以下。

定，原则上故意犯罪的未遂和预备都应处罚，但实际上我国关于未遂犯和预备犯的处罚范围比立法上以处罚未遂和预备为例外的日、德等国还要窄。这说明，虽然原则上应当处罚，与事实上是否作为犯罪处罚完全是两码事。笔者认为，日本、德国及我国台湾地区明确规定了酒后驾驶罪、醉酒驾驶罪或酗酒驾驶罪等抽象危险犯，即便没有造成实害也应作为犯罪加以处罚，为了有效地打击醉驾犯罪，对于被害人完全是因为及时躲闪醉驾车辆而幸免于难的情形，对于醉驾不仅可以而且应该以第114条的以危险方法危害公共安全罪定罪处罚，以防患于未然。

例如，河南省开封市金明区法院经审理查明，“2009年3月30日15时30分许，被告人杨含珠醉酒驾驶车牌为豫BZ9966骐达牌自动挡小轿车沿开封市黄河路由南向北行至晋安路口左转弯后在路北停车，而后将车倒至路口位置又向前行驶，该车在向前行驶时与由南向北驾驶电动自行车行驶的被害人侯××相撞，拖被害人50余米后停车，致被害人侯××当场昏迷，经抢救无效于当日18时死亡。经开封市公安局交通警察支队认定，被告人杨含珠负事故的全部责任。”该院认为，“被告人杨含珠违反交通法规，醉酒驾驶车辆在城市主要道路上违章行驶，在人行横道上肇事并致1人死亡，且负事故的全部责任，其行为已构成交通肇事罪。公诉机关指控罪名成立，本院予以支持。被告人杨含珠肇事后虽电话报警，如实供述自己的罪行，是自首，但根据其犯罪情节，本院对其不予从轻处罚。关于被害人的代理人认为被告人属于故意犯罪，应当以以危险方法危害公共安全罪定罪处罚的意见，本院认为，被告人杨含珠醉酒驾驶机动车辆停车后无故后退又前行，撞人后又将被害人拖行50余米，但从地面的断续刹车痕迹印证了其在对车辆失控的状态下采取了刹车措施的供述。在停车后，被告人即拨打110报警电话，让同车人对被害人进行救助，并留在现场等候处理，由此反映了被告人肇事时主观上既不希望也不放任事故的发生，即对被害人死亡的过失心态。故对被害人代理人的定性意见本院不予采纳。根据被告人的犯罪情节和悔罪表现，依照《中华人民共和国刑法》第133条、第67条第1款之规定，判决如下：被告人杨含珠犯交通肇事罪，判处有期徒刑2年零6个月。”〔1〕

笔者认为，即便行为人醉驾时没有认识到具体性公共危险，也不能否认其在饮酒时认识到了随后醉驾可能形成的具体性公共危险，至于醉驾导致的死伤结果完全可能是过失的。适用《刑法》第114、115条以危险方法危害公共安全罪的

〔1〕 河南省开封市金明区人民法院（2009）汴金刑初字第117号“杨含珠交通肇事案”刑事判决书，http：//www. lawyee. net/Case/Case Display. asp？RID =359187& KeyWord =，2010年5月21日访问。

条件是，只要求行为人主观上对行为具有的具体性公共危险存在认识，行为客观上具有具体性公共危险，无论对致人死伤的结果持希望、放任还是疏忽大意、过于自信的心态，均不影响该罪的成立。所以，上述判决否认成立以危险方法危害公共安全罪的判决意见是存在疑问的。

（五）超速驾驶、飙车

《道交法》第42条规定："机动车上道路行驶，不得超过限速标志标明的最高时速。在没有限速标志的路段，应当保持安全车速。夜间行驶或者在容易发生危险的路段行驶，以及遇有沙尘、冰雹、雨、雪、雾、结冰等气象条件时，应当降低行驶速度。"由于限速标志所标明的或者法定的最高速度通常是针对一般人的驾驶水平、一般路况而言的，事实上机动车驾驶者一般都会超速，所以，不能仅根据超速就得出其是事故发生的原因，而应根据具体驾驶人的驾驶水平、路面的状态、车辆的状况、天气情况等进行综合判断，得出超速是否导致机动车难以控制、是否系事故发生的原因。[1]禁止超速的规范保护目的是什么？如我国台湾地区学者林钰雄教授所言，"违规超速驾驶与对撞死亡结果之间，是否存在这种发生典型风险的义务关联，则有待讨论。当然，行车速率限制也是为了'安全'，但是到底是哪一种安全，包不包括保护对向突然侵入者的安全，就有待探究；超速会降低反应时间、加重撞击程度，这些都无可质疑，但是如果如此概括命题，违反超速规定将可能与所有的交通事故结果产生义务违反的关联（夸张点说，包括超速撞上突然在路面迫降的飞机），这将会使禁止超速规定变成扩张刑罚的超级义务。本文结论认为，在结果可否避免无法判别之风险升高案例，必须是所升高的风险，正是所违反的义务规范目的所正欲防范的典型风险，始能将发生的结果归责给行为人；超速规范的目的应予限缩解释，禁止超速规范不应泛泛扩张到提高对向突然侵入者的生存机会，至少在'若未超速无法判明结果可否避免'的情形，应予否定义务违反与结果发生之归责关系。"[2]

日本有个判例：被告人驾驶着普通轿车在限速60公里的国道上以70公里（超速10公里）时速通过交叉道口时与被害人车辆相撞。判决指出，当被告人发现被害人车辆时仅相距22.2米，即便被告人不超速即保持60公里的时速，冲撞事故也不可避免，因此，该案中速度违反不是事故发生的原因，应否定超速与结

---

〔1〕 参见［日］星周一郎："危険運転致死伤罪の实行行为性判断に关する一考察"，载《信州大学法学论集》2007年12月第9号，第96页以下。

〔2〕 林钰雄：《刑法与刑诉之交错适用》，中国人民大学出版社2009年版，第39、40页。

果之间因果关系的成立。[1]

我国台湾地区也有一个著名判例：被告甲系基隆客运驾驶员，于1995年5月1日驾驶基隆客运大客车沿滨海公路由基隆往宜兰方向行驶，于下午5时途经该路段连续弯道88公里500米处时，适中间画有双黄线之对向车道有乙驾驶自用小客车驶来，该车行至甲车前方，忽然偏斜跨越双黄线迎面驶入甲的车道。甲刹车不及以致二车相撞，乙因脑挫伤、颅内出血，经送医院急救后于同日19时52分不治死亡。车祸处行车限速是时速50公里，肇事车当时时速是62公里。台北地方法院和我国台湾地区"高等法院"均以肇事车超速为由判决被告构成业务过失致人于死罪。该案经过来回更审4次，历时6年余。我国台湾地区"最高法院"发回更审的理由为："限速之50公里与超速之62公里均属行车之中等速度，驾驶人于正常驾驶中似难分辨，此为一般驾驶之经验法则"，并采信证人丙证词而认定被告甲发现乙车逆向突然闯入时两车距离为10米或五六部小客车之距离（约为17.5~21米），而被告纵依正常时速50公里行驶……至少要21.9~24.5米始能停住车辆，故认为"两车相对行驶，约一秒钟瞬间即遭撞上，即使以正常之时速50公里行驶，亦无法防免，其虽超速12公里，但与本件车祸之发生，应无因果关系"。本案最终被宣告无罪。[2]

我国的关于超速的判例中有罪的结论似乎显得要"霸道"得多。例如，河南省濮阳县法院经审理查明，"2008年3月2日13时许，被告人蔡先猛驾驶苏C－Z8432号东风货车在濮阳县境内沿307省道由东向西行驶，行至濮阳县庆祖镇孙环城村路口时，因超速行驶，避让不当，将由北向南步行横穿公路的该村村民赵××撞倒，致其颅脑严重损伤合并胸腔脏器损伤而当场死亡。蔡先猛拔打110报警电话，后到濮阳县公安局交警大队投案，经道路交通事故责任认定，被告人蔡先猛负事故的主要责任，赵素贤负事故的次要责任。"该院认为，"被告人蔡先猛违反交通安全法，驾驶车辆发生重大交通事故，致1人死亡，负事故主要责任，符合交通肇事罪特征，濮阳县人民检察院指控被告人蔡先猛犯交通肇事罪成立。……判决如下：被告人蔡先猛犯交通肇事罪，判处有期徒刑1年缓刑2年。"[3]本案中，法院在未查明被告人超速多少，以及若被告人不超速是否就能避免撞上横穿马路的行人等重要事实，就得出超速是事故发生的原因的结论，有罪的判决难免

---

〔1〕 参见［日］高刑集第23卷第2号，第374页。

〔2〕 参见林钰雄：《刑法与刑诉之交错适用》，中国人民大学出版社2009年版，第63~66页。

〔3〕 河南省濮阳县人民法院（2009）濮刑初字第250号"蔡先猛交通肇事案"刑事判决书，http：//www.lawyee.net/Case/Case Display.asp？RID＝290290&KeyWord＝，2010年5月16日访问。

显得草率!

关于飙车问题，自从杭州胡斌飙车案发生后，曾引起热议。对于飙车行为的定性，存在以交通肇事罪与以以危险方法危害公共安全罪定罪两种对立的主张。笔者认为，飙车也应与醉驾同样处理，若飙车行为已经形成致人死伤的具体性危险，飙车人也认识到了这种危险，应当以以危险方法危害公共安全罪定罪处罚，否则，只能论以交通肇事罪。

（六）肇事后逃逸

《道交法》第70条规定："在道路上发生交通事故，车辆驾驶人应当立即停车，保护现场；造成人身伤亡的，车辆驾驶人应当立即抢救受伤人员，并迅速报告执勤的交通警察或者公安机关交通管理部门。"《道路交通安全法实施条例》第92条规定："发生交通事故后当事人逃逸的，逃逸的当事人承担全部责任。但是，有证据证明对方当事人也有过错的，可以减轻责任。"基于上述规定，司法实践中交警部门直接根据当事人肇事后逃逸的事实认定逃逸者承担全部责任。这就是广被学界诟病的所谓推定的事故责任。

例如，某日凌晨4点半左右，钟某驾驶一辆拖拉机替人送货。途中，钟某停下拖拉机到路旁方便。当他正准备上拖拉机时，一辆小客车飞速驶来，撞到拖拉机的尾部，小客车司机当场死亡，车上6名乘客均不同程度受伤。钟某用手机拨打110，谎称自己在路上看到车祸，然后驾驶拖拉机逃离现场。办案检察官说："《道路交通安全法实施条例》第92条规定：'发生交通事故后当事人逃逸的，逃逸的当事人承担全部责任……'在此次交通事故中，钟某本来没有很大的责任，但他作为'交通事故当事人'逃逸了，因此他要面对有罪指控。""检察院以涉嫌交通肇事罪对钟某依法提起公诉。"〔1〕

又如，河南省舞阳县法院经审理查明："2009年5月31日8时许，被告人华某某驾驶某某号轿车，由西向东行至皇十路25km+800m处路段，将前方由南向北横穿马路的行人舞阳县某某乡某某村村民徐某某当场撞死，发生重大交通事故。被告人华某某交通肇事后逃逸，负事故的全部责任。"该院认为，"被告人华某某违反交通运输管理法规，因而发生重大事故，致1人死亡，且肇事后逃逸，其行为已构成交通肇事罪，舞阳县人民检察院指控的罪名成立，本院予以支持。……

〔1〕参见汤玉婷、范福华："意外被撞逃跑，'跑'来有罪指控"，载《检察日报》2000年2月5日，第1版。

判决如下：被告人华某某犯交通肇事罪，判处有期徒刑3年，缓刑4年。"〔1〕

但是，将这种道交法上的推定责任认定方式应用在刑事责任的认定上存在重大疑问。对于前述钟某肇事逃逸案，正如有学者所指出的，"这一指控殊有不当。首先，交通肇事罪虽然是过失犯罪，但过失犯罪也有实行行为；然而，死亡结果发生后的逃逸行为，绝对不可能成为交通肇事罪的实行行为。其次，根据《刑法》第133条的规定，违反交通运输管理法规的行为，只有发生'致人重伤、死亡或者使公私财产遭受重大损失'的结果，才成立交通肇事罪。而在本案的钟某逃逸之前，伤亡结果已经发生，逃逸行为不可能成为伤亡结果的原因。既然如此，就不能认定钟某的逃逸行为造成了伤亡结果。最后，钟某对伤亡结果也没有刑法上的过失。检察院之所以以涉嫌交通肇事罪对钟某依法提起公诉，显然是混淆了道交法责任与刑事责任的关系，直接将道交法责任等同于刑事责任。"〔2〕或许，"基于行政管理效率的要求和及时确定交通事故当事人之间权利义务、稳定社会关系的需要，推定交通事故中逃逸的驾驶人员行政责任的承担是合适的。然而，刑事责任的认定却不能如此想当然地加以推定。"〔3〕笔者注意到，虽然德国刑法规定有逃离事故现场罪，日本道交法中规定有救护义务违反罪、报告义务违反罪，我国台湾地区"刑法"规定有肇事逃逸罪。逃逸的，固然可能成立上述相关犯罪，但没有哪一个国家和地区会直接根据当事人逃逸的事实而推定对于事故的发生负全部责任。而且，杀人、伤害等所有故意犯罪以及其他责任事故犯罪，都不会因为行为人作案后逃逸而直接推定逃逸者负全部责任，唯独交通肇事罪这样处理，难免显得太"出格"了。肇事后逃逸的，在符合一定条件的情况下，可以认定为适用交通肇事罪第二档次法定刑的"交通运输肇事后逃逸"和第三档次法定刑的"因逃逸致人死亡"。决不能因为逃逸后导致事故责任难以认定，而简单化地推定逃逸者负全部责任。事实上，所有犯罪后逃逸的，都会导致刑事责任难以认定。说白了，除非罪犯作案后均第一时间到警察局排队自首或者电话报警后将警察招至现场勘查，否则，责任的认定都会让警察、检察官、法官头疼。但果真如此的话，这些同志中大部分也就该卷铺盖回家——失业了。另外，若认为有必要规制逃逸行为的话，可以仿效其他国家和地区的做法，单独设立逃离事故

---

〔1〕 河南省舞阳县人民法院（2010）舞刑初字第13号"华某某交通肇事案"刑事判决书，http：//www.lawyee.net/Case/Case Display.asp？RID=366650&KeyWord=，2010年5月16日访问。

〔2〕 张明楷："交通肇事的刑事责任认定"，载《人民检察》2008年第2期，第6页。

〔3〕 张书琴："价值的差异：交通肇事罪中交通事故责任的判断问题"，载郎胜、刘宪权、李希慧主编：《刑法实践热点问题探索》，中国人民公安大学出版社2008年版，第701页。

现场罪、救护义务违反罪、报告义务违反罪、肇事逃逸罪等。从立法论上讲，也的确有必要规制逃逸行为。在日本，醉驾肇事后选择逃逸，由于逃脱了醉驾当时的酒精保有量的检测，即便规定有危险驾驶致死伤罪，由于酒精已经消失，而难以证明是否符合“受酒精或者药物的影响，在难以正常驾驶的状态下驾驶四轮以上的汽车”的危险驾驶致死伤罪的适用条件，顶多对醉驾逃逸者以业务上过失致死伤罪和救护义务违反罪数罪并罚，结局是顶多判处7年半的惩役，只相当于危险驾驶致死伤罪一半的刑罚。因此，为了消除这种量刑上的不均衡，学界提出了大幅提升过失犯的法定刑的主张。[1]为有效规制醉驾逃逸行为，日本2007年修法时，特意增设了法定最高刑为7年的汽车驾驶过失致死伤罪（业务过失致死伤罪的法定最高刑为5年），并且将救助义务违反罪的法定刑最高刑由5年提高到10年。因此，从立法论上讲，可以直接将事故后逃逸的行为直接规定为犯罪，既能有效打击肇事逃逸的行为，又能避免因适用道交法上的推定责任而受到的责难，岂不两全其美！

总之，即便肇事后逃逸应承担道交法上的责任，也不能直接推定在刑事责任认定上也承担全部责任，从而得出构成交通肇事罪的结论。

总结：道交法上规定了为数不少的违章行为，但因为道交法的目的不同于刑法规范的目的，道交法上的违章是否是事故发生的原因，必须考虑规范的保护目的，这种违章行为通常能否导致事故的发生，在个案中这种违章行为是否与事故的发生之间存在相当的因果关系，或者说，若行为人不违章，是否能够避免事故结果的发生，若不能得出肯定的结论，则应否定因果关系的成立，否定存在交通肇事罪的实行行为，否定成立交通肇事罪。

三、“致人重伤、死亡或者使公私财产遭受重大损失”的认定

《解释》第2条规定：“交通肇事具有下列情形之一的，处3年以下有期徒刑或者拘役：一是，死亡1人或者重伤3人以上，负事故全部或者主要责任的；二是，死亡3人以上，负事故同等责任的；三是，造成公共财产或者他人财产直接损失，负事故全部或者主要责任，无能力赔偿数额在30万元以上的。交通肇事致1人以上重伤，负事故全部或者主要责任，并具有下列情形之一的，以交通肇事

[1] 参见［日］今井猛嘉：“饮酒運転対策としての罰則の整备”，载《ジユリスト》（N0. 1330）2007. 3. 15，第25页。

罪定罪处罚：一是，酒后、吸食毒品后驾驶机动车辆的；二是，无驾驶资格驾驶机动车辆的；三是，明知是安全装置不全或者安全机件失灵的机动车辆而驾驶的；四是，明知是无牌证或者已报废的机动车辆而驾驶的；五是，严重超载驾驶的；六是，为逃避法律追究逃离事故现场的。”该司法解释存在若干重大疑问。

第一，应以结果回避可能性的判断取代主次责任的认定。严格根据事故责任中的所谓主次责任的区分论定构成犯罪与否及量刑轻重的司法解释的立场，还得到了刑法理论通说的支持：“像这样把定罪的量化标准与行为人在事故中责任的大小相结合的解释，在我国司法解释中尚属首次，其最突出的特点就是鲜明体现了罪责刑相适应的基本原则，促使司法机关在解决交通事故中的罪与非罪界限时，更加注重对案情的全面、细致的分析。”〔1〕但司法解释的规定存在疑问。首先，除交通肇事罪外，其他的责任事故犯罪乃至普通过失犯罪的被害人也可能存在一定的过错，甚至其过错对于死伤结果的发生起主要作用，也不会因此而否认对方行为构成责任事故犯罪或过失致人死亡罪、过失致人重伤罪。其次，会导致处罚的不协调。若事故发生在非公共交通领域，致一人死亡并且双方“负同等责任”，行为人无疑构成过失致人死亡罪，而发生在公共交通领域时无罪，这违背了世界各国加重处罚业务过失犯罪的通例，故区分主次责任后得出不构成交通肇事罪的结论难言合理。再次，因为刑法的目的是保护法益，无论故意犯罪还是过失犯罪，无论作为犯还是不作为犯，若没有结果回避的可能，就没有违反法的期待。〔2〕国外刑法理论没有争议地认为，“若行为人实施合义务的行为，死伤结果还是不具有回避可能性的话，就应否定业务过失致死伤罪的成立。”〔3〕就交通事故而言，若行为人遵守交通规则，也不具有结果回避可能性时，就不能将结果归责于行为人。双方责任的轻重或者说对于事故的发生所起作用的大小，是构成犯罪以后量刑轻重所考虑的问题。最后，司法实践中所谓交通事故主次责任的区分基本上就是交警部门出具的责任认定书所认定的（有的责任认定书还是所谓经集体研究决定的），我们检察官和法官对交警部门出具的责任认定书中关于所谓主次责任的认定基本上是照单全收、只字不改，导致起诉和审判完全是走过场、流于形式，当事人和律师没有任何的主体性地位，检察官和法官也成了交警部门的附庸。质言之，在交通肇事案的处理上，不再是公检法各司其职，而演变成了交警部门的“独任审判”。若我们坚持认为，交通肇事罪与一般的过失犯罪没有两

〔1〕 高铭暄主编：《刑法专论》（第二版），高等教育出版社2006年版，第624页。

〔2〕 参见［日］山口厚：《刑法总论》（第二版），有斐阁2007年版，第54页。

〔3〕 ［日］冈野光雄：《交通事犯と刑事责任》，成文堂2007年版，第194页。

样，都应以结果的回避可能性作为认定构成犯罪与否的标准，就可以避免目前交通肇事案起诉、审判走过场的现象。从根本上改变交通肇事案中对当事人和律师权益极端漠视的局面。诚如学者所言，“交通过失犯以结果回避义务为其本质，但只有在具有结果回避可能性的情况下才能说明行为人具有结果回避义务；如果结果的发生不是由于违反了注意规范保护目的的行为所引起，就意味着行为人没有结果回避可能性。”〔1〕

第二，司法解释将交通肇事罪定罪门槛确定得太高，导致与其他责任事故犯罪尤其是普通过失犯罪的处罚极不协调。虽然交通肇事罪最高刑是15年（即因逃逸致人死亡的处7年以上有期徒刑），但基本法定刑是3年以下有期徒刑或者拘役，而《刑法》第233条过失致人死亡罪的基本法定刑是3年以上7年以下有期徒刑（情节较轻的处3年以下有期徒刑），第235条过失致人重伤罪的法定刑是3年以下有期徒刑或者拘役（只有一个量刑幅度）。因此，从法定刑设置上看，我国交通肇事罪的法定刑轻于普通过失致死伤犯罪的法定刑。而纵观其他国家和地区，都是业务过失犯罪的法定刑远高于普通过失犯罪的法定刑。例如，《日本刑法》第209条过失伤害罪的法定刑是30万元以下罚金或者科料，第210条过失致死罪的法定刑是50万元以下罚金，而第211条业务过失致死伤罪的法定刑是5年以下惩役、监禁或者50万元以下罚金，2007年增设的汽车驾驶过失致死伤罪的法定最高刑达到7年；我国台湾地区“刑法”第284条规定过失伤害的处6个月以下有期徒刑、拘役或500元以下罚金，致重伤的处1年以下有期徒刑，但业务过失致伤的处1年以下有期徒刑、拘役或1000元以下罚金，致重伤的处3年以下有期徒刑、拘役或者2000元以下罚金，第276条规定过失致死的处2年以下有期徒刑、拘役或2000元以下罚金，但业务过失致死的处5年以下有期徒刑。不仅立法上如此，国外刑法理论通说也认为，从事一定业务行为的人比通常人有更重的注意义务，所以应对从事业务的人科予更重的刑罚。〔2〕

我国现行刑法对交通肇事罪的法定刑设置实际轻于过失致人死亡罪及过失致人重伤罪，〔3〕本身就不合理，而司法解释更是加剧了这种不合理。按照上述解释

---

〔1〕 刘艳红：“注意规范保护目的与交通过失犯的成立”，载《法学研究》2010年第4期，第146页。

〔2〕 参见［日］西田典之：《刑法各论》（第四版补正版），弘文堂2009年版，第59、60页。

〔3〕 看似因为在交通肇事因逃逸致人死亡的情形可能判处7年以上有期徒刑而使得交通肇事罪重于过失致人死亡罪、过失致人重伤罪，但在过失致人重伤后“逃逸致人死亡”的，也不排除以不作为的故意杀人（日本可能以遗弃致死罪判处最重20年的徒刑）而被判处7年以上有期徒刑。

的规定，交通肇事致1人死亡的只有负事故全部或者主要责任的，才能处3年以下有期徒刑，若是负事故的同等责任或者次要责任还构不成交通肇事罪，若是仅致2人重伤，即便负事故全部或者主要责任，通常也还是不构成交通肇事罪；致1人重伤的，只有负事故全部或者主要责任且具有第2条第2款规定6项情形之一的，才构成交通肇事罪，反过来说，交通肇事致1人重伤的，若在事故中负同等责任或者次要责任的，或者即便负事故的全部或者主要责任，但不具有第2条第2款规定的6项情形之一的，都不构成交通肇事罪。然而，仅从第233条过失致人死亡罪条文分析，若没有较轻的情节，致1人死亡的，无论是主要责任还是同等责任甚至次要责任，都应判处3年以上7年以下有期徒刑。同样，从第235条过失致人重伤罪条文分析，只要致1人重伤的，甭管是主要责任还是同等责任甚至次要责任，都应判处3年以下有期徒刑。这是理论上的分析，我们看几个过失致人死亡罪和过失致人重伤罪的实际判例。

例如，河南省安阳市文峰区法院经审理查明，“2009年5月10日凌晨4时10分左右，被告人张德庆驾驶车牌号为豫E36368的东风大货车，在安阳市豫北蔬菜批发市场院内东北角拐弯处将骑人力三轮车的李某某撞伤，后李某某经抢救无效死亡。经鉴定，李某某系颅脑损伤死亡。案发后，被告人张德庆由其亲属代为赔偿被害人一方经济损失28万余元，被告人张德庆于2009年9月18日向公安机关投案。”“本院认为，被告人张德庆在市场内驾驶车辆时，疏忽大意，致1人死亡，核其行为，已构成过失致人死亡罪。公诉机关指控罪名成立。被告人张德庆投案后，如实供述自己的犯罪事实，有自首情节，且其家属已赔偿被害人经济损失，予以从轻处罚。依照《中华人民共和国刑法》第233条、第72条、第73条之规定，判决如下：被告人张德庆犯过失致人死亡罪，判处有期徒刑3年，缓刑5年。”〔1〕本案因为发生在非公共交通范围内，所以定过失致人死亡罪，若是发生在公共交通道路范围内，刚好达到了《解释》所规定的交通肇事罪的定罪条件，即便没有从轻减轻处罚的情节，通常也会判处3年以下有期徒刑。这就造成一个悖论：本来发生在公共交通道路范围内的驾驶行为因为危害到公共安全而使其法益侵害性重于发生在非公共交通范围内的驾驶行为，处刑反而比后者轻，这显然是司法解释惹的祸。

又如，河南省焦作市解放区法院认为，“被告人张小猫主观方面过于自信，

---

〔1〕 河南省安阳市文峰区人民法院（2009）文刑初字第247号“张德庆过失致人死亡案”刑事判决书，http：//www. lawyee. net/Case/Case Display. asp？RID＝368258&KeyWord＝，2010年5月17日访问。

明知道驾驶铲车倒车时可能会撞到铲车后方的本公司澡堂，但仍轻信自己的驾驶技术能够避免，客观方面驾驶铲车将澡堂北墙撞倒，致使正在澡堂内洗澡的被害人毋某某等人受伤，造成毋某重伤的法律后果，其行为已构成过失致人重伤罪，公诉机关指控其犯过失致人重伤罪罪名成立。被告人张小猫归案后认罪态度较好，且其犯罪行为也得到了被害人谅解，在量刑时可以酌情从轻处罚。综合全案情节，对被告人张小猫依照《中华人民共和国刑法》235条，第72条第1款，第73条第2、3款之规定，判决如下：被告人张小猫犯过失致人重伤罪，判处有期徒刑3年，缓刑4年。”本案也是因为没有发生在所谓公共交通道路范围内而认定构成过失致人重伤罪。若是发生在公共交通道路范围内，虽然是致1人重伤，虽然可能被认定负事故的全部责任或者主要责任，但若不具备《解释》第2条第2款规定的6项情形之一，结论只能是不构成交通肇事罪。这同样形成了悖论：本来发生在公共交通道路范围内的驾驶行为因为危害公共安全而比发生在非公共交通道路范围内的驾驶行为法益侵害性更重，后者构成犯罪，前者倒是无罪。出现不均衡的结论还是源于上述不合理的司法解释。

由此可见，我国刑法将交通肇事罪法定刑设置得比过失致人死亡罪及过失致人重伤罪低，从立法论上本身就值得检讨，而司法解释对构成交通肇事罪的条件还进行了不合理的限制，更是加剧了定罪处刑的不均衡，严重背离了罪刑相适应原则。正确的做法是，取消解释中关于构成交通肇事罪条件的限制性规定，只要致1人以上重伤，且具有结果回避可能性的，就构成交通肇事罪。

第三，《解释》中关于无能力赔偿财产损失达到一定数额才构成交通肇事罪及适用较高档次法定刑的规定，不具有合理性，应立即予以废止。有学者赞成解释无能力赔偿财产损失就入罪和判处较重法定刑的规定，认为，“《解释》的这一规定大有积极意义，至少有以下几点好处：一是，符合现代刑法的谦抑原则。二是，让赔偿了他人损失的肇事者不承担刑事责任，不存在不平等问题。三是，让赔不起的肇事者承担刑事责任，也不存在不平等问题。四是，符合刑法的基本原则。五是，对赔偿了他人损失的交通肇事者不以犯罪论处，对被害人、肇事者以及对国家、对社会都有益而无害，故应大力提倡。”[1]但是，上述解释规定还是遭到了绝大多数学者的质疑。如有学者指出，“司法解释将财产损失数额限定为‘无能力赔偿数额’，据此，在没有造成人员伤亡的情况下，不管交通肇事行为造成何种财产损失，只要行为人能够赔偿，便不成立犯罪。但这会导致定罪的不均

---

〔1〕 侯国云：“交通肇事罪司法解释缺陷分析”，载《法学》2002年第7期，第44页。

衡。例如，甲的交通肇事行为造成财产损失 31 万元，但他最多只能赔偿几千元，因而成立交通肇事罪；乙的交通肇事行为造成财产损失 310 万元，但由于他具有赔偿能力，只要他已经赔偿的数额超过了 280 万元，便不成立交通肇事罪。这种使国民形成不公平感觉的解释，难免受到非议。"〔1〕

笔者认为，这种根据肇事者赔偿能力大小确定罪与非罪、罪轻罪重的规定会进一步加剧社会的不公平。2010 年 3 月 14 日十一届全国人大三次会议闭幕后，国务院总理温家宝在回答最后由新加坡《联合早报》记者的提问时说："我认为，公平正义比太阳还要有光辉!"这正好说明，社会的种种不公平现象已经到了令人无法容忍的程度。也正是因为我国现阶段还没有做到法律面前人人平等，我国 1997 年修订刑法时才将宪法确立的"法律面前人人平等"原则在刑法中进一步强调，在第 4 条中规定："对任何人犯罪，在适用法律上一律平等。不允许任何人有超越法律的特权。"此其一。其二，刑法理论通说认为，盗窃犯盗窃既遂后悄悄放回赃物的，不影响盗窃罪既遂的认定，其他人身犯罪、财产犯罪，也未见根据犯罪人赔偿能力的大小确定罪与非罪、罪轻罪重的例子，唯独在交通肇事罪上作此规定，会导致罪与罪之间适用的不协调。其三，根据赔偿能力大小确定罪与非罪、罪轻罪重，会导致无穷多"官二代"、"富二代"等纨绔子弟驾着能安全保护自己的高级轿车在大街上横冲直撞导致更多的人间惨剧，进一步加剧贫富阶层的对抗，加剧民众与政府的对抗。

此外，笔者认为，对于未造成人身伤亡而仅造成财产损失的交通肇事的入罪，应进行限制。理由是，我国除危害公共安全犯罪外，并不处罚过失毁坏他人财产的行为。虽然国外刑法理论通说认为，所谓公共安全或者公共危险，是指侵害不特定的或者多数人的生命、身体或者财产的安全或者危险，〔2〕但是，包括日本在内的其他国家和地区，仅处罚业务过失致死伤（其他国家和地区通常没有设置交通肇事罪罪名，对交通肇事行为以业务过失致死伤罪定罪处罚）的行为，而不处罚业务过失毁损财产的行为。我国《刑法》第 133 条的确规定了"致人重伤、死亡或者使公私财产遭受重大损失"，将仅造成重大财产损失的行为解释为构成要件是很困难的，但是，考虑到仅造成财产损失的与致人重伤、死亡适用同样的法定刑的规定，可以认为，即便仅造成财产损失，也是有导致不特定或者多数人的生命、健康危险的交通肇事行为，若不可能导致不特定或者多数人的死

〔1〕 张明楷：《刑法学》（第三版），法律出版社 2007 年版，第 542 页。

〔2〕 参见［日］前田雅英：《刑法各论讲义》（第四版），东京大学出版会 2007 年版，第 368 页。

伤，不管财产损失多么严重，也不应以交通肇事罪论处，此其一。其二，由于通常认为生命、健康法益重于财产法益，所以，仅造成财产损失的交通肇事行为应在3年有期徒刑或者拘役量刑幅度内从轻量刑。其三，不应将仅造成重大财产损失的行为解释为适用交通肇事罪第二档次法定刑的情节，换言之，不管造成多大财产损失，若没有造成人员伤亡，或者造成的仅是肇事者自己受伤的，都不属于"其他特别恶劣情节"，不能适用3~7年的量刑幅度。

总之，根据过失犯的一般原理，应以结果回避可能性的判断取代主次责任的区分；为了与普通过失犯罪量刑上保持均衡，应降低交通肇事罪的定罪门槛，只要肇事致人重伤的，不管肇事者是承担主要责任还是次要责任，如果遵守交通法规就能避免结果的发生，就应以交通肇事罪定罪处罚；由于我国刑法一般不处罚过失毁坏他人财产的行为，对于交通肇事仅致他人财产损失的，无论数额多么巨大，都只宜适用交通肇事罪第一档次法定刑，不属于作为第二档次法定刑适用条件的"其他特别恶劣情节"，而且，由于生命、健康法益重于财产法益，除非造成特别重大损失，仅造成财产损失的，应在第一档次法定刑幅度内从轻量刑。

四、"交通运输肇事后逃逸"的理解与认定

(一)"肇事逃逸"的保护法益及其认定

根据《刑法》第133条规定，"交通运输肇事后逃逸"（以下简称"肇事逃逸"）是适用第二档次法定刑即3年以上7年以下有期徒刑的条件。学界通说及《解释》基本上都是从字面上把握其含义，认为，"所谓'交通肇事后逃逸'，是指行为人在交通肇事后，为逃避法律追究而逃跑的行为（见《解释》第3条的规定）。"[1]可是，犯罪之后逃跑不是犯罪人作为人之本能么？任何国家的刑法都将藏匿犯人罪和毁灭、隐匿、伪造证据罪的主体限于本犯以外的人，正是因为不能期待犯罪人作案后不逃跑、不毁灭、隐匿、伪造自己刑事案件的证据。我国刑法将自首规定为法定的从宽处罚情节，也说明了作案后逃跑或者说逃避法律追究不会加重处罚，不逃跑的正是对其进行奖赏的理由。故意杀人罪、放火罪、爆炸罪、危害国家安全罪等众多犯罪的法益侵害性远重于作为过失犯的交通肇事罪，实施这些犯罪后逃跑或者说"逃避法律追究"不会成为加重处罚的理由，唯独对

〔1〕高铭暄、马克昌主编：《刑法学》（第三版），北京大学出版社、高等教育出版社2007年版，第405页；陈兴良主编：《刑法学》（第二版），复旦大学出版社2009年版，第455页；等等。

交通肇事罪“优待”，显然难以服人。

在理论和实践中，对于肇事逃逸如何认定，肇事不逃逸的，应否作为自首情节认定，逃逸后又投案的应否认定为自首而从宽处罚等问题上存在分歧，[1]究其原因，均在于没有认真思考加重处罚肇事逃逸行为的立法目的，也就是所保护的法益是什么的问题。《德国刑法典》第142条规定有擅自逃离肇事现场罪，日本道交法规定有救护义务违反罪、报告义务违反罪，我国台湾地区“刑法”规定有肇事致人死伤逃逸罪，关于这些犯罪的保护法益在理论上也存在争论，这些争论或许有助于我们厘清我国“肇事逃逸”所保护的法益。

《德国刑法典》第142条规定了擅自逃离肇事现场罪。[2]关于该条的立法意旨，德国理论和判例的主流见解认为，行为人确认事故的目的在于有利于其他事故参与者以及受损害者，倘若没有他人的民事损害赔偿利益存在，即没有确认事故的必要，因而该条性质上属抽象的财产危险犯类型。[3]对通说的立场有学者提出了质疑，认为单纯基于保护民法上之请求权，并不足以为刑罚处罚的合法性或正当性的基础，尚需正视事故参与者的具有社会侵害性及无民事责任的行为，来进一步加以思考，否则，将无从解释何以放弃旧法所规定之告诉乃论的追诉要件；也就是，不必负民事责任者之未经许可可脱离现场，之所以可成立本罪，必须是该行为具有社会侵害性（侵害到公法益或抽象法益），否则没有理由用刑罚加以处罚。[4]

日本道交法第72条第1项前段规定，因车辆等交通运输致人死伤或者物的损坏的，驾驶者应当立即停止驾驶，救护伤者，采取防止道路危险的必要措施。由此，课予了交通事故中的驾驶者的救护义务，不履行救护义务的，处5年以下的惩役或者50万元以下的罚金。日本道交法第72条后段规定，发生交通事故时，车辆的驾驶者负有向警察官的“事故报告义务”，违反此义务的，处3个月以下的惩役或者5万元以下的罚金。救护义务违反罪和报告义务违反罪的设立是否违反宪法关于沉默权和公民不被强迫自证其罪的规定，在日本刑法理论和判例上一直存在争论。自从1959年日本神户地方裁判所尼崎支部判决[5]认为课予行为人

---

〔1〕 参见张明楷：“论交通肇事罪的自首”，载《清华法学》2010年第3期，第27页。

〔2〕 参见《德国刑法典》，徐久生、庄敬华译，中国方正出版社2004年版，第80、81页。

〔3〕 Vgl. Cramer, in: Schönke/Schröder, Strafgesetzbuch Kommentar, 26. Aufl., 2001, § 142 Rn. 1.; BGHSt 27, 133.

〔4〕 Vgl. Dreher/ Tröndle: Strafgesetzbuch und Nebengesetze, 45. Aufl., 1991, § 142 Rn. 5.

〔5〕 参见［日］神户地尼崎支判昭和34·5·28下刑集1·5·1320

报告义务有违宪法对犯罪嫌疑人沉默权的保障以来，下级裁判所一直存在是否违宪的对立性观点。但是，之后日本最高裁判所确认现行法规定的报告义务并不违宪。[1]至于课予救护义务更是没有违宪性问题。1971年日本最高裁判所判决[2]还引用1972年大法庭判决意见："道路交通法第72条第1项前段规定，发生交通事故时，车辆的驾驶者应当立即停车，救护负伤者，必须采取防止道路危险的必要的措施，要求履行上述义务并没有强迫驾驶者供述预期刑事责任有关的事项，因此上述规定并没有违反宪法第38条第1项的规定。"如果认为报告义务合宪的话，救护义务合宪是当然的结论。报告义务合宪与否直接与应当报告什么内容即"事故内容"的范围之争有关。关于"事故的内容"通常认为限定于：一是，事故发生的时间、场所；二是，死伤者的数量以及负伤者负伤的程度；三是，损害何物以及损害的程度；四是，车辆所载运的货物种类；五是，所采取的措施等五项内容。不包括驾驶者的姓名、住所、车辆号码等信息。应该说，这些事项向警察署报告后，便于警察迅速知悉交通事故的发生，有利于迅速救护被害者，采取恢复交通秩序的适当的措施，消除道路中的危险以防止损害的扩大，采取这些措施从维护交通安全的角度而言是必要的、合理的，而且并不包括直接与追究报告者刑事责任相关的事故发生的原因等事项。这正是所谓合宪判决的理由。也就是说，报告义务是为达成行政的目的而设立，与刑事责任的追究没有关系。与此相对，关于救护义务的内容虽然并没有列举，但通常认为应当理解为，应采取叫救护车、送医等救护伤者的措施。救护义务不同于报告义务的地方在于，不是向警察履行义务，与刑事责任的追究没有直接的关系，因此一般不产生违宪的问题。[3]但是，也有日本学者提出了质疑：在叫救护车的场合，由于救护系统与报警系统具有连动机能，履行救护义务时，也会为犯罪的发现提供线索，间接导致犯罪的追究，这是无法否认的。还有，引起肇事的驾驶者不履行救护义务而逃走，一般也是出于避免自己的犯行被发觉的目的，在这个意义上，还坚持认为不违背宪法所保障的沉默权和不被强迫自证其罪的特权，也并非没有问题。[4]

我国台湾地区"刑法"第185条之肇事致人死伤罪（亦称肇事逃逸罪）规定："驾驶动力交通工具肇事，致人死伤而逃逸者，处6个月以上5年以下有期徒

---

〔1〕参见［日］最判昭和45·7·28刑集24·7·569

〔2〕参见［日］最判昭和46·92·8判时644·100

〔3〕参见［日］冈野光雄：《交通事犯と刑事责任》，成文堂2007年版，第87~89页。

〔4〕参见［日］佐藤文哉、中川武隆："救护义务"，载《判例タイム》1973年第284号，第250页。

刑。”关于该罪的保护法益，我国台湾地区刑法理论界存在分歧：一是，“生命身体安全之保障说”认为，肇事逃逸的规范目的在于让被害人能够获得即时的救助，因此，本罪保护法益和遗弃罪相同。二是，“公共安全保障说”认为，从本条的立法章节而言，应该是保护公共安全，因为大部分的车祸都会留下残破混乱的现场让人惊惧，也会引发后续的公共危险（如被后车追撞、汽油外漏引燃或爆炸等），任何肇事者都有义务监控这种公共危险状态不让实际的侵害发生。[1]三是，“民事请求权的保障说”认为，本条是参考《德国刑法典》第142条之规定，立法目的乃在于排除交通事故证据消失之危险，而使交通事故原因之调查不致限于困难重重之境，其利益兼及交通事故之双方参与者，系用以确保民事损害赔偿之请求权，性质上属抽象之财产危险犯类型。[2]

我国刑法处罚肇事逃逸所要保护的法益是什么？对于我国刑法惩罚肇事逃逸行为的根据，有学者归纳后指出，在解释论上存在的观点主要有量刑情节说、责任认定说和救助义务说。量刑情节说认为，交通肇事后的逃逸行为是交通肇事罪从重处罚的情节，反映了行为人较为恶劣的主观恶性。司法解释将逃逸作为致1人重伤时构成交通肇事罪的情节，应当说也是采用了这一观点。责任认定说认为，之所以惩罚交通肇事后的逃逸行为，是因为依照法律规定，交通肇事后行为人应当保护现场，报告公安机关或者执勤交通警察。如果行为人交通肇事后逃逸，就使得肇事责任往往无法准确认定，因而产生一系列责任认定问题。救助义务说认为，交通肇事致人重伤的情形下，被害人的身体和生命处于危险之中，造成这一状况的行为人当然负有义务救助被害人，防止损害后果进一步扩大。[3]最近有学者撰文指出，“交通肇事行为在造成被害人重伤的同时，已经蕴含了一个致人死亡的危险，所以，对于被害人的生命法益而言，肇事者因肇事行为而处于保证人地位，这说明‘逃逸’的规范目的包括了救助义务。”[4]

关于肇事逃逸的处罚根据与肇事逃逸所保护的法益实质是一个问题，这一问题直接关系到肇事逃逸的理解与认定。如何理解肇事逃逸，理论和实务主要有三种代表性观点：第一种观点认为，是指在发生交通事故后，为逃避法律追究而逃

---

〔1〕 参见林东茂：“肇事逃逸——高等法院八十九年度交上诉字第九号判决评释”，载《台湾本土法学杂志》2000年第16期，第86~93页。

〔2〕 参见林山田：《刑法各罪论（下）》，自版发行2000年版，第284页。

〔3〕 参见王泽群：“论我国刑法中的具体—抽象危险犯——从交通肇事逃逸行为的处罚根据入手”，载《海南大学学报（人文社会科学版）》2009年第6期，第631页。

〔4〕 姚诗：“交通肇事‘逃逸’的规范目的与内涵”，载《中国法学》2010年第3期，第99页。

跑的行为。这是《解释》第3条的规定，也是刑法理论界的通说立场。这可称之为“逃避法律追究说”。第二种观点对“逃避法律追究说”提出了批评，认为“犯罪后为逃避法律追究而逃跑，对于犯罪人而言可谓‘人之常情’。换言之，犯罪后为逃避法律追究而逃跑，是不具有期待可能性的行为。正因为如此，自首成为法定的从宽处罚情节。如果将‘逃逸’解释为为逃避法律追究而逃跑，那么，刑法为什么不将逃逸规定为其他犯罪的法定刑升格的情节？其实，刑法之所以仅在交通肇事罪中将逃逸规定为法定刑升格的情节，是因为在交通肇事的场合，往往有需要救助的被害人。换言之，刑法将逃逸规定为交通肇事罪的法定刑升格的情节，是为了促使行为人救助被害人。所以，应当以不救助被害人为核心理解逃逸。一般来说，只要行为人在交通肇事后不救助被害人的，就可以认定为逃逸。”〔1〕这种观点可以称之为“不履行救助义务说”。第三种观点也对“逃避法律追究说”提出了质疑，“《解释》把‘交通肇事后逃逸’的目的限定在逃避法律追究上，是不准确的。这样一来，将会形成如下两个极不合理的现象：一是交通肇事后行为人既不逃逸也不救助被害人，致使被害人因得不到及时救助而死亡的，因其没有逃逸，就不能加重处罚；二是交通肇事后行为人将伤者送往医院抢救之后再行逃逸，或者拿出经费委托他人佯装过路人救助伤者，自己逃逸。此种情况下，行为人虽然逃逸，但他救助了伤者，其交通肇事的社会危害性已明显降低，但因其逃避了法律追究，仍然要加重处罚。显而易见，这两种情形都是不合理的。因此，笔者认为对‘交通肇事后逃逸的含义，应定为：在发生交通肇事后，放弃救助伤者和保护现场之义务的行为。不论是否逃离现场，只要放弃这种义务，就应当以‘交通肇事后逃逸’论处。”〔2〕这种观点可以称之为“放弃救助伤者和保护现场义务说”。

笔者认为，正确理解“肇事逃逸”必须要考虑和顾及以下几个问题或事实：一是加重处罚“肇事逃逸”要保护什么法益；二是“肇事逃逸”与“因逃逸致人死亡”的关系；三是成立肇事逃逸是否以构成交通肇事罪为前提，即逃逸前已经构成交通肇事罪；四是虽然有观点认为，肇事者主动投案是应尽的义务，但司法实践中通常不仅对于肇事后立即投案的行为认定为自首，而且对于逃逸之后又投案的也认定为自首，而从轻甚至减轻处罚；五是作案后逃跑乃人之本能，也是被告人自我防御权的体现，杀人、放火后为逃避法律追究而逃跑不会加重处罚，为

---

〔1〕张明楷：《刑法学》（第三版），法律出版社2007年版，第543页。

〔2〕侯国云：“交通肇事罪司法解释缺陷分析”，载《法学》2002年第7期，第46页；侯国云：“论交通肇事后逃逸”，载《法制与社会发展》2003年第2期，第146页。

何交通肇事后逃逸成为加重处罚的理由；六是司法解释将《刑法》第133条确定为典型的过失犯交通肇事罪一个罪名，而没有确定为可能涵摄故意与过失两种罪过形式的交通运输罪，或者将之规定为交通肇事罪、肇事逃逸罪与逃逸致人死亡罪三个罪名，解释时如何处理罪名及罪过形式的问题？

首先，应否定“逃避法律追究说”的合理性。理由正如持“救助义务说”所指出的，逃跑乃人之常情，我国刑法规定窝藏罪的主体不包括本犯，杀人、放火等法益侵害性严重得多的犯罪都不会因为犯罪嫌疑人逃跑而加重处罚，唯独对交通肇事逃逸加重处罚，这没有理由；而且，如果肇事者撇开负伤的被害者不救、置影响交通安全的现场不管，而直奔数百公里之外（在青海、西藏等地广人稀的省份完全可能）的交警部门而去，导致被害人因得不到救助而死亡，或者导致后来的车辆发生事故致人死伤，都没有理由不认定为肇事逃逸（至于属于“肇事逃逸”还是“因逃逸致人死亡”则是需要另外讨论的问题）；即便行为人立即打电话报警后坐等警察的到来，不积极抢救负伤的被害人，不清除肇事形成的路障，导致被害人因得不到及时救助而死亡，或者后来车辆轧死被害人或者致使其他被害人死伤，虽然行为人没有“逃避法律追究”，但也应认定为逃逸而加重处罚；行为人肇事后及时清除路障并立即将被害人送医，而后逃跑的，没有致使被害人因得不到及时救治而死亡，也没有使后来车辆发生事故致使其他人死伤，虽然行为人最终为逃避法律追究而逃跑了，也没有必要认定为肇事逃逸而加重处罚。

其次，肇事逃逸是抽象危险犯，所保护的法益是事故中负伤者的生命与健康以及后来交通参与者的生命与健康（可称之为“救助伤者及清除路障说”）。

在肇事致被害人轻伤的情况下，不予救助或者不将其从道路中移开，轻伤者在特定的环境中可能死亡，[1]虽然肇事（系过失）致人轻伤不构成犯罪，但是，过失致人轻伤的先行行为产生了救助伤者的义务，不救助导致轻伤转化为重伤甚至死亡，应当分别认定为肇事逃逸和“因逃逸致人死亡”。但有学者指出，“行为人在冬日深夜驾驶汽车行驶在山区公路上，因喝了大量白酒，酒性发作，精神恍惚，将一同向行人撞倒致轻伤，行为人驾车逃跑，待被害人爬起身往家走时，突遇暴风雪，被冻死在途中。行为人的违章肇事行为只造成轻伤，不具有引起死亡

〔1〕例如，司机甲某日晚上10时许违规驾驶，撞倒路边行人乙致其腿部骨折（属轻伤），乙当即躺倒在地呻吟不止。甲看见乙既未出血，也没有昏迷过去，自认乙的伤势并无大碍。为了逃避责任，甲慌忙驾车逃走。乙因小腿骨折不能行走，适逢当夜大风降温，天气异常寒冷，第二天人们发现乙时，乙已冻僵身亡。参见刘艳红：“论交通肇事罪中‘因逃逸致人死亡’的法律性质”，载《当代法学》2000年第3期，第26页。

的必然性，被害人的死因是偶然发生的暴风雪，而这偶然原因的出现与行为人的违章肇事行为没有任何内在的、必然的联系。因此，行为人对死亡不能负直接责任。但是，如果行为人使被害人受了致命的重伤，并且不予抢救，即使没有暴风雪也不可避免死亡，那就不能允许其以被害人是被冻死为借口，而逃避对被害人死亡的刑事责任。"〔1〕笔者认为该观点值得商榷。按照该学者的观点似乎只能得出属于意外事件而无罪的结论。但是，尽管是所谓突遇暴风雪，也不可否认肇事行为以及不救助行为与死亡结果之间的因果关系。暴风雪固然来得突然，但也不是"空穴来风"，因而绝对不同于地震、火灾等异常原因，故相当因果关系不可否认。而且，即便没有突遇暴风雪，被害人一瘸一拐地往家走时，可能摔死在深沟里，或者刚爬起来就被后来车辆撞死，这种结果正是逃逸行为所蕴含的抽象危险的实现。再则，若是普通过失致人轻伤，不救助导致死亡的，在日本可能被评价为遗弃致死罪而被判处20年徒刑，在我国可能评价为不作为的故意杀人，至少是不作为的过失致人死亡，而通常不会作为意外事件而宣告无罪。肇事致使被害人轻伤，因为逃逸致使被害人转化成重伤的，也应评价为肇事逃逸。因为即便普通过失致人轻伤，由于故意不救助而转化成重伤的，可能被评价为遗弃罪或者故意伤害罪（重伤）而判处5年以下有期徒刑或者3年以上10年以下有期徒刑。业务过失致人轻伤的，更有救助义务，不救助而导致重伤应比普通过失更重。若是误以为轻伤不会转化为重伤，而事实上转化为重伤，若是普通过失引起的，通常也会评价为过失致人重伤罪而被判处3年以下有期徒刑或者拘役。交通肇事作为业务过失犯罪的法益侵害性重于普通过失犯罪，肇事致人轻伤后无论是放任轻伤向重伤转化，还是误以为不会向重伤转化，由于都是可以避免的结果，所以，都有必要认定为肇事逃逸而判处3~7年的有期徒刑。总之，致使被害人受伤而逃逸的，就存在由轻伤转化为重伤、由重伤转化为死亡的抽象危险，处罚肇事逃逸就是要求肇事者积极救助伤者以避免重伤和死亡结果的发生。〔2〕

此外，交通肇事往往导致道路破坏、交通设施损坏或者肇事车辆横亘在道路上而形成交通障碍，道交法要求肇事者采取必要的措施防止道路上的危险，行为

---

〔1〕 高铭暄主编：《刑法专论》（第二版），高等教育出版社2006年版，第625页（此部分由王作富教授执笔）。

〔2〕 当然，还存在被害人没有受伤但丧失了自救能力，肇事者不予救助而致被害人死伤的情形。例如，高速行驶的车辆将行人撞入下水道、撞飞到树上或者半山腰，被害人虽然尚未受伤但已丧失自救能力，肇事者扬长而去，致使被害人死伤是完全可能的。在这种情形下，也应认为肇事者具有救助义务，否则承担肇事逃逸乃至逃逸致死的刑事责任。

人逃逸的会对道路交通安全形成抽象性危险，这也是加重处罚肇事逃逸的理由。或许可以这样认为，过失导致路障后不清除的，构成不作为的破坏交通设施罪，肇事逃逸（设置为独立的罪名也无妨）既是交通肇事（过失）与遗弃罪（针对事故受害人）的结合，也是交通肇事（过失）与不作为的破坏交通设施罪的结合，甚至可以认为，我国的肇事逃逸一并评价了交通肇事行为、救助义务违反行为、报告义务违反行为、不作为的破坏交通设施行为。因此，即便肇事时并没有造成重伤、死亡或者公私财产重大损失的结果，但因为逃逸导致后来车辆发生事故致人重伤、死亡或者公私财产重大损失（不再是过失毁坏他人财产，而是不作为的故意毁坏他人财产），也应被评价为肇事逃逸，致人死亡时，还应评价为逃逸致死，因为这些结果正是逃逸所导致的抽象性公共危险的实现。

再次，肇事逃逸与逃逸致死的区别在于，后者是能证明逃逸行为与死亡结果之间因果关系成立的情形，而前者则包括以下情形：一是，不能证明逃逸行为与死亡结果之间存在因果关系的；二是，肇事导致被害人当场死亡的；[1]三是，肇事导致被害人轻伤因逃逸导致重伤的；四是，不能证明重伤是肇事导致的还是逃逸所导致的；五是，无论是肇事导致公私财产重大损失还是因逃逸导致后来车辆发生事故使公私财产遭受重大损失，以及逃逸前后行为使公私财产合计遭受重大损失的；六是，因逃逸导致后来车辆发生事故造成他人重伤的。简言之，肇事逃逸是指逃逸加重伤或者公私财产重大损失，成立肇事逃逸不以肇事行为构成交通肇事罪为前提。或许有人认为，按照条文的逻辑顺序，应该是首先构成交通肇事罪，然后加上逃逸情节，即形成所谓的情节加重犯（少数学者认为肇事逃逸是结果加重犯）。其实，这种观点过于绝对。虽然刑法中大多数罪名中的情节加重犯以构成基本犯为前提，例如盗窃罪，成立加重盗窃罪，以盗窃数额较大或者多次盗窃为前提。但是对于少数罪名而言，情况并非如此。例如，抢劫罪中的入户抢劫就与抢劫罪的基本犯没有关系，是否构成抢劫罪的加重情节与是否成立抢劫罪的基本犯没有关系。肇事逃逸和逃逸致死就相当于抢劫罪的加重情节，与交通肇事罪的基本犯是否成立没有关系，换言之，即便肇事行为仅导致轻伤或者未使公私财产遭受重大损失，只要逃逸后形成的结局是致人重伤或者使公私财产遭受重大损失，都可适用肇事逃逸的法定刑。

最后，肇事逃逸以及逃逸致死中的逃逸行为本身均属于故意而为，但对于逃

---

[1] 肇事导致所有被害人当场死亡的，只有存在影响交通安全而需要及时清理的路障时，才能认定为肇事逃逸。否则，与故意杀人中当场杀死被害人而逃逸的处罚不协调。

逸所导致的重伤、死亡或者公私财产遭受重大损失的后果则既可能是希望、放任，也可能是疏忽大意或者过于自信的过失，所以，从理论上讲，完全应该将肇事逃逸和逃逸致死命名为单独的罪名，不仅指使他人逃逸而致人死亡的能成立共犯，指使他人肇事逃逸的也能成立共犯，从而避免受到过失犯不能成立共犯的指责。其实，“两高”在罪名确定上“乱点鸳鸯谱”的例子不胜枚举。例如，《刑法》第 360 条“明知自己患有梅毒、淋病等严重性病卖淫、嫖娼”规定的是抽象危险犯，但“两高”给其取的“学名”却是实害犯罪名——传播性病罪，由此可能导致司法实务部门将该罪错误地作为实害犯认定处罚。又如，《刑法》第 270 条第 1 款本来规定的是国外刑法中的委托物侵占罪，第 2 款规定的是脱离占有物侵占罪，两者的对象属性明显不同，可“两高”因为不了解侵占罪的内涵而将两款统一命名为侵占罪，导致侵占罪内涵混杂，不利于认清两种情形构成要件上的差异。再如，《刑法》第 128 条第 2 款规定的是依法配备公务用枪的人员非法出租、出借枪支的情形，第 3 款规定的是依法配置枪支的人员非法出租、出借枪支造成严重后果的情形，前者属于抽象危险犯（也可能被认为是行为犯），后者属于实害犯，两者的构成要件完全不同，但“两高”依然“糊里又糊涂”地统一命名为非法出租、出借枪支罪。还如，《刑法》第 118 条规定的是破坏电力、燃气或者其他易燃易爆设备，其他相似条款均规定为选择性罪名，但“两高”将该条命名为破坏电力设备罪、破坏易燃易爆设备罪，这会导致罪数认定上的困难。事实上，罪名确定也并非一定“终身”。例如，早些时候“两高”将《刑法》第 236 条第 2 款奸淫幼女的确定为奸淫幼女罪独立的罪名，后来又取消了这一独立罪名而并入强奸罪。这些例子充分说明，“两高”在罪名的确定上具有相当的随意性。而且，从日本等国的刑法规定看，刑法条文中并没有罪名的规定，罪名是理论上概括的，这也说明，罪名只是形式，理解上应看其构成要件的实质。显然，适用第 133 条第一档次法定刑的构成要件是典型的过失犯，但对于肇事逃逸以及逃逸致死的“构成要件”，就不能固守过失犯的结论，而是应该认为，虽然逃逸行为是故意的，但对于死伤或者使公私财产遭受重大公私财产损失的结果完全可能包括故意和过失两种情形。

综上，笔者认为，所谓交通运输肇事后逃逸，是指除能证明因逃逸致人死亡情形之外的，逃逸行为加上肇事以及逃逸导致重伤或者公私财产重大损失的一切情形，既包括肇事或者逃逸导致原被害人重伤、死亡或公私财产重大损失的情形，也包括逃逸导致后来车辆发生事故造成他人重伤、死亡或者使公私财产遭受重大损失的情形，还包括肇事和逃逸行为合计造成的财产损失达到重大程度的情形。

（二）“肇事逃逸”相关判例评析

［例一］ 2005年8月25日晨4时许，被告人张某某无证驾驶牌号沪C08378长安小客车沿上海浦东新区周祝公路由西向东行驶至前进桥东100米处时，撞到同向在公路旁行走的孙某某，致孙倒地受伤，经抢救无效于当日死亡，被告人张某某肇事后驾车逃逸。经原上海市公安局南汇分局交警支队认定，被告人张某某负事故全部责任。上海市浦东新区法院认为，“被告人张某某违反道路交通运输管理法规，发生重大交通事故，致1人死亡，负事故全部责任，且交通肇事后逃逸，依照《中华人民共和国刑法》第133条的规定，已构成交通肇事罪，应处3年以上7年以下有期徒刑。公诉机关指控被告人张某某犯交通肇事罪事实清楚，证据确实、充分，罪名成立。被告人张某某能自动投案，并如实供述了自己的罪行，依照《中华人民共和国刑法》第67条第1款的规定，是自首，可以减轻处罚。被告人张某某能自愿认罪，对被害人家属做出了经济赔偿，可以酌情从轻处罚。辩护人建议对被告人张某某减轻处罚的意见本院予以采纳。本院为保障交通运输的正常秩序，维护社会公共安全，判决如下：被告人张某某犯交通肇事罪，判处有期徒刑2年6个月。”〔1〕该判决的一个特点在于：一方面，因为肇事逃逸应处3年以上7年以下有期徒刑；另一方面，逃亡近4年后投案被认定为自首而被减轻处罚。问题是，事故发生在凌晨4时许，被害人后来因抢救无效而死亡，判决没有认定是否因逃逸致人死亡的问题。如果法院注意到了逃逸致死的可能性，但不能查明是否因逃逸致死还是肇事致死，则只能认定为肇事逃逸而适用肇事逃逸的法定刑。从判决书的陈述来看，似乎仅根据被告人逃逸的事实而推定被告人对事故负全部责任，如前所述，逃逸行为虽然是认定肇事逃逸的根据，但不能成为判定事故发生原因及责任大小的根据。所以，该判决书尚存疑问。

［例二］ 河南省商丘市中级人民法院终审认为，“上诉人（原审被告人）曹居齐违反交通管理法规，以致发生交通事故，致1人死亡，1人十级伤残，负事故的全部责任，其行为已构成交通肇事罪。……上诉人（原审被告人）曹居齐上诉称不是肇事逃逸，经查，曹居齐虽然在肇事后拨打了110报警电话，并在交警到达后交出驾驶证，但在交警勘查现场时又离开现场，外逃他乡。判断是否属于

〔1〕 上海市浦东新区人民法院（2009）浦刑初字第2294号“张某某交通肇事案”刑事判决书，http://www.lawyee.net/Case/Case Display.asp? RID=352694& KeyWord=，2010年5月20日访问。

肇事逃逸，并非看其肇事后有无报警行为，而是要求肇事者在发生交通事故后，主动报警，积极救助被害人，并自觉接受有关机关对事故的处理，没有逃避法律追究的行为。曹居齐作为肇事者，在肇事后没有接受有关机关对此次事故的处理，车主接受对肇事的处理并不能免除肇事者本人应承担的责任，其关于不是逃逸的上诉理由不能成立，不予支持。上诉人（原审被告人）曹居齐在肇事后的主观恶性与肇事后不报警、不救助，对被害人不管不问而驾车逃逸有所区别。……判决如下：……三是，上诉人（原审被告人）曹居齐犯交通肇事罪，判处有期徒刑3年，缓刑5年。"〔1〕该判决书中"判断是否属于肇事逃逸，并非看其肇事后有无报警行为，而是要求肇事者在发生交通事故后，主动报警，积极救助被害人，并自觉接受有关机关对事故的处理，没有逃避法律追究的行为"的判决意见存在疑问。上述意见是司法解释所持的"逃避法律追究说"立场的顽固坚持。本案中，既然已经报警而且交警也已来到现场，应该说危险已完全由交警接管，完全避免了抽象危险的发生，不具有作为肇事逃逸认定而加重处罚的理由，不应认定为肇事逃逸。

［例三］　重庆市黔江区法院经审理查明，"被告人邱刚的供述与辩解证实，2008年12月5日下午3点过，其驾驶渝H04695号川路牌205型货车带着媳妇从麻田向沙子场方向的公路行驶。当日下午4点20分左右，其行至会声坝时，看到前方有一台摩托车从沙子场往麻田方向行驶过来，摩托车是斜靠其行驶的方向开来，其看到摩托车来得太快，就紧急刹车，摩托车当时就撞在其车子的右边前保险杠右角上，摩托车当时就被撞弹回去一米多远的公路上，其看到摩托车上的3个人从摩托车的左边、大车的右边倒下去，坐在公路上。其准备停车下去看，媳妇说：'走哟'，其就将车向后倒了三四米后，开着车往现场的左边跑了。"〔2〕本案中，即便不能认定逃逸致死，肇事逃逸对于被害人生命、健康产生了抽象危险应是肯定的，被告人构成肇事逃逸应没有疑问。而且肇事逃逸显然属于故意而为。虽然《解释》第5条第2款仅规定了逃逸致死的共犯（该规定被认为违反了共犯只能由故意构成的刑法规定及原理而广受非议），而没有规定指使肇事逃逸的共犯。其实，无论逃逸致死还是肇事逃逸都属于故意犯罪行为，不能因为司法解释仅将第133条确定为交通肇事罪一个罪名，而否认其故意犯罪的性质。因此，

---

〔1〕　河南省商丘市中级人民法院（2009）商刑终字第142号"曹居齐交通肇事案"刑事判决书，http：//www. lawyee. net/Case/Case Display. asp？RID＝276138& KeyWord＝，2010年5月20日访问。

〔2〕　重庆市黔江区人民法院（2009）黔法刑初字第105号"邱刚交通肇事案"刑事判决书，http：//www. lawyee. net/Case/Case Display. asp？RID＝359539&KeyWord＝，2010年5月20日访问。

指使肇事逃逸的行为人，主观上认识到了肇事逃逸行为致人死伤的抽象危险性而希望或者放任抽象危险的发生，客观上实施了指使逃逸的行为，完全符合适用肇事逃逸共犯的条件，理当认定为肇事逃逸的共犯。

［例四］ 2009 年 4 月 8 日 13 时许，被告人武某驾驶牌号为豫 PD3607 面包车沿本区沪松公路由东向西行驶至九谊路西侧约 400 米处时，与横穿马路的一无名女性发生碰撞，致该女行人因颅脑损伤并致中枢神经系统功能衰竭而当场死亡。案发后，武某弃车逃逸，后于 2009 年 4 月 15 日至公安机关投案自首。经事故责任认定，被告人武某应负事故主要责任。上海市松江区法院认为，“被告人武某违反交通运输管理法规，造成 1 人死亡的交通事故，并负事故的主要责任，其行为已构成交通肇事罪，公诉机关指控的罪名成立。被告人武某有自首情节，并能自愿认罪，对其从轻处罚。……判决如下：被告人武某犯交通肇事罪，判处有期徒刑 1 年 8 个月。”〔1〕该案被告人过了 7 天才投案，显然属于逃逸（没有报警、清除路障以及救助被害人等事实），上述判决仅认定自首，而忽视了对肇事逃逸情节的认定，因而是错误的。

［例五］ 2008 年 10 月 28 日 20 时 48 分，被告人张新军驾驶晋 DH8899 号五菱面包车，沿 310 国道由西向东行驶至偃师市首阳山镇后张村路段，与横穿公路的行人鲍××、鲍×相撞，造成二人倒地受伤，肇事后张新军驾车逃离现场，鲍××经医院抢救无效于当日死亡。经偃师市公安局交通警察大队事故认定，张新军负该事故全部责任。河南省偃师市法院认为，“被告人张新军违反道路交通安全法规，驾驶机动车辆发生重大交通事故，造成 1 人死亡，负事故全部责任，其行为已构成交通肇事罪，系肇事后逃逸。公诉机关指控罪名成立，适用法律正确，本院予以确认。……判决如下：被告人张新军犯交通肇事罪，判处有期徒刑 2 年，缓刑 3 年。”〔2〕该案因被告人投案而认定为自首是正确的，但认定肇事逃逸存在疑问。认定肇事逃逸以行为人对于交通事故存在过错为前提，该案中若无法查明被告人对于横穿公路的被害人受伤存在过错，则不能因逃逸而推定存在道交法上的全部责任并以此代替刑事责任的认定。“皮之不存，毛将焉附”，既然不能认定交通肇事的责任，也就不可能认定肇事逃逸。若能够认定被告人对于事故的发生存在过错而成立交通肇事罪，应进一步认定逃逸行为与被害人死亡之间是否

---

〔1〕 上海市松江区人民法院（2009）松刑初字第 441 号“武某交通肇事案”刑事判决书，http：//www. lawyee. net/Case/Case Display. asp？RID = 324538&KeyWord = ，2010 年 5 月 20 日访问。

〔2〕 河南省偃师市人民法院（2009）偃刑初字第 277 号“张新军交通肇事案”刑事判决书，http：//www. lawyee. net/Case/Case Display. asp？RID = 294855&KeyWord = ，2010 年 5 月 20 日访问。

存在因果关系，从而判定应否承担逃逸致死的刑事责任。

从上述判例可以看出，司法实践中没有准确把握加重处罚肇事逃逸的理由或根据。加重处罚肇事逃逸的根据只能是因为逃逸行为产生了致人死伤的抽象危险，法律要求对于交通事故有过错的行为人积极消除对于事故被害人的生命、重大健康的抽象危险以及对后来车辆可能致人死伤的抽象危险；若行为人对于事故本身没有过错的，不能认定为肇事逃逸，即不能根据逃逸情节推定存在道交法上的全部责任后进而认定肇事逃逸。

五、“因逃逸致人死亡”的理解与认定

（一）“因逃逸致人死亡”的含义

《刑法》第133条规定，因逃逸致人死亡的，处7年以上有期徒刑（本文简称“逃逸致死”）。如何理解逃逸致死，在理论上主要存在以下几种观点：第一种观点是《解释》的立场，《解释》第5条规定，“因逃逸致人死亡”，是指行为人在交通肇事后为逃避法律追究而逃逸，致使被害人因得不到救助而死亡的情形。这种观点可概括为“逃跑致死说”。通说对“逃跑致死说”表示赞成。[1]第二种观点认为，“‘因逃逸致人死亡’，应限于过失致人死亡，除了司法解释所规定的情形之外，还应包括连续造成两次交通事故的情形，即已经发生交通事故后，行为人在逃逸过程中又因为过失发生交通事故，导致他人死亡。换言之，‘因逃逸致人死亡’中的‘人’既包括先前肇事中的被害者，也包括肇事后逃逸过程中致死的其他人。因为这种情形完全符合刑法规定的‘因逃逸致人死亡’的条件：发生了交通事故，行为人逃逸，发生了死亡结果；将这种情形适用‘因逃逸致人死亡’的法定刑比采取其他方式处理更符合罪刑相适应原则。”[2]这种观点可概括为“二次肇事说”。有学者对此说提出了质疑：“上述第二种观点所说的在第一次交通肇事后，在逃逸过程中第二次交通肇事，过失致人死亡，实际是行为人两次独立的行为，构成两个独立的同种罪，在司法实践中，一般只是作为一罪，按照《刑法》第133条规定的相关量刑幅度判处刑罚，而不是按照‘因逃逸致人死亡’的规定处罚。”[3]第三种观点对《解释》的立场进行了批评，《解释》认为逃逸

[1] 参见王作富主编：《刑法》（第四版），中国人民大学出版社2009年版，第295页。

[2] 张明楷：《刑法学》（第三版），法律出版社2007年版，第543页。

[3] 高铭暄主编：《刑法专论》（第二版），高等教育出版社2006年版，第628、629页（此部分由王作富教授执笔）。

致死的整个因果链表现为：逃避法律追究——逃跑——得不到救助——死亡。分析一下这个因果链条可以发现，逃跑是得不到救助的原因，得不到救助是逃跑造成的结果，似乎这二者之间有着必然的密不可分的联系：如果不逃跑，就一定能得到救助；如果逃跑了，就一定得不到救助。然而司法实践能够证明，这二者之间并不存在这种必然的联系。因为，有时候肇事者会在现场坐等交通警察的到来或者直接向交警、司法部门自首，既不逃跑，也不救助伤者，致使伤者因得不到救助而死亡。此种情况下，肇事者虽然没有逃跑，但伤者却并非就能得到救助。也有的时候，肇事者先将伤者送往医院或者拿出经费委托他人将伤者送往医院，然后自己再逃跑。在这种情况下，肇事者虽然逃跑了，但伤者却并非得不到救助。可见，《解释》把逃跑界定为得不到救助的原因是不准确的。不过，需要说明的是，《刑法》第133条关于“因逃逸致人死亡”的规定，把逃逸界定为死亡原因，也是不正确的。因为逃逸本身不可能致人死亡，致人死亡的原因只能是肇事行为和不救助行为（不作为）。很有可能，《解释》对“因逃逸致人死亡”的错误界定，是受了《刑法》第133条错误规定的影响所致。基于此，关于“因逃逸致人死亡”的解释，应着重强调导致死亡原因是不救助就够了，而不必再强调逃跑的原因是什么。具体可作如下表述：因逃逸致人死亡，是指行为人在交通肇事致人死亡后，不履行救助义务致使伤者得不到治疗而死亡的情形。[1]这种观点可概括为“不救助致死说”。

笔者认为，解释法律应符合一般人的经验。“法律的价值判断必须维系在生活经验的基础上，法律不是供人仰望的云天，法律的制定与解释，都不能背离生活经验……法的解释如果背离生活经验与基本的价值信念，就会引起错愕，就会遭到唾弃。”[2]一般百姓看到“因逃逸致人死亡”的条文，通常想到的是，既然撞人了，就应该立即停车救助，不救助导致被害人死亡的，就是“因逃逸致人死亡”，因此，“不救助致死说”原则上是正确的。该说稍显不足的是，没有考虑因为逃逸而没有消除事故现场的危险导致后来车辆肇事致人死亡的情形（还包括这种情形：没有车辆，行人走路撞在倒在路上的电线杆致死）。因为如前所述，处罚肇事逃逸的根据在于肇事者没有消除对于事故受伤者的生命、重大健康的危险以及事故形成的路障对于后续车辆形成的危险。既然逃逸致死包括不救助事故中负伤者导致死亡，就没有理由排除因为不清除路障致使后来车辆发生事故致人死

〔1〕 参见侯国云：“交通肇事罪司法解释缺陷分析”，载《法学》2002年第7期，第46页。

〔2〕 林东茂：《刑法综览》（修订五版），中国人民大学出版社2009年版，第55页。

亡。至于“逃跑致死说”，其将致死的原因限定为“为逃避法律追究而逃跑”，会导致行为人肇事后不救助被害人、不清除路障，而是跑到百里之外的交警部门自首，或者电话报警后坐等警察到来，致使负伤者因得不到及时救助而死亡或者路障导致事故致人死亡，都不能认定为逃逸致死，导致处罚的不均衡；而且，是否致人死亡，与是否逃跑没有关系，致人死亡的原因只能是不及时救助伤者、不及时清除路障的不作为。至于“二次事故说”，既然前后事故是两次独立的行为，两次符合交通肇事罪的构成要件，没有理由仅作为一罪处罚，而应以同种数罪并罚。“二次肇事说”以为认定为逃逸致死而适用7年以上有期徒刑更能做到罪刑相适应，其实不尽然。例如，行为人第一次肇事后不及时救助伤者导致其死亡，又因逃逸过程中二次肇事致人负伤后继续逃逸，第二次事故中的负伤者也因得不到及时救助而死亡，两次符合逃逸致死的适用条件，并罚的结果最重能判处20年有期徒刑，相反，若仅认定一次逃逸致死，最重只能判处15年有期徒刑。即便第二次事故导致被害人当场死亡，将第一次逃逸致死与第二次典型的交通肇事罪并罚，也有可能最重判处20年徒刑，而不是“二次肇事说”所称的两次并一次更能做到罪刑相适应。

还有三个问题值得研究：一是构成肇事逃逸是否以逃逸前的行为构成交通肇事罪为前提？二是逃逸致死的主体是否仅限于机动车驾驶人，即其他对事故发生负有责任的行人、乘车人、司售人员与电动自行车、自行车、牛车、马车等非机动车驾驶人可否构成逃逸致死？三是逃逸致死的主观罪过是什么？

通说认为，“行为人违反交通规则致1人重伤后逃逸，进而导致其死亡的，不能适用‘因逃逸致人死亡’的规定，只能认定为一般的交通肇事罪（处3年以下有期徒刑或者拘役）。”[1]也有学者反对通说的观点，认为“只要存在着对被害人的救助义务而行为人没有救助的，无论交通肇事罪本身成立与否，都不影响犯罪的成立”[2]。笔者认为，如前所述，《解释》规定肇事致被害人重伤的只有负事故的全部或者主要责任而且还要符合第2条第2款规定的六项情形之一才构成交通肇事罪，本身已经导致与作为普通过失犯的过失致人重伤罪处罚的不协调。若按照《解释》的规定，肇事导致重伤还不构成交通肇事罪时即便逃跑的，也不属于逃逸致死，这不仅导致处罚的不均衡，而且不符合一般人对“因逃逸致人死

---

〔1〕张明楷：《刑法学》（第三版），法律出版社2007年版，第543页；参见高铭暄主编：《刑法专论》（第二版），高等教育出版社2006年版，第629、630页（此部分由王作富教授执笔）。

〔2〕王泽群：“论我国刑法中的具体—抽象危险犯——从交通肇事逃逸行为的处罚根据入手”，载《海南大学学报（人文社会科学版）》2009年第6期，第634页。

亡”的理解。滥伐林木罪导致被害人被伐倒的大树所压形成重伤，行为人发现后不施救导致被害人死亡，从理论上讲，行为人除构成过失致人重伤罪外，还构成不作为的故意杀人罪，或者数罪并罚，或者仅以故意杀人罪处罚。然而，交通肇事罪作为法益侵害性更为严重的业务过失犯罪，肇事导致被害人重伤后，静观被害人死亡却仅构成交通肇事罪，若没有醉酒驾驶等情节，按照《解释》第2条第2款第6项将重伤后逃逸作为定罪条件的规定（该规定是否合理，也广存争议），仅能判处3年以下有期徒刑或者拘役，不均衡性至为明显。再说，一般人读到“因逃逸致人死亡”的条文表述，通常想到的就是，撞伤人后不救助被害人导致被害人死亡。再则，按照通说的观点，成立逃逸致死，大概只存在这种情形：一次肇事导致多人死伤，因为有人死了，才具备了认定逃逸致死的前提，又因为还有人“没有断气”，因肇事者不予救助致使伤者也“断气”的，才进而认定为逃逸致死。反过来说，如果一次只撞上了一个人，即便这个被害人因得不到救助而死亡，通常也不能认定为逃逸致死。这无论如何不符合一般人的观念。事实上，这种通说的立场已经对司法实践产生了极为恶劣的影响，致使司法实践几乎没有认定为逃逸致死的判例！一方面逃逸率几乎高达50%，另一方面，却没有逃逸致死的判例，难道所有的交通肇事都是导致被害人当场死亡？显然不是！而且，理论和实践的错误认识和做法导致几乎没有逃逸致死成立的余地，致使1997年修订刑法时特别增设“因逃逸致人死亡的，处7年以上有期徒刑”规定的立法目的完全落空！

所以笔者认为，构成逃逸致死不以肇事行为已经构成交通肇事罪为前提，即便肇事只是导致被害人轻伤，只要死亡结果与肇事者的不救助行为之间存在相当的因果关系，都应成立逃逸致死。

关于逃逸致死的主体问题，理论上似乎将其限定于机动车驾驶人。其实，既然通说认为，交通肇事罪的主体是一般主体，包括行人在内的参与公共交通的任何人都可能构成交通肇事罪。那么，至少从理论上讲，任何对事故发生负有过错的人都负有救助伤者和清除道路危险的义务。实践中也发生过这样的案例：2009年10月9日晚6点多，刘宝学在自家地里收完花生后准备回家，为图方便，刘宝学赶着牛车沿着公路由南向北逆行，没走多远，他就看见被害人韦某驾驶载物超宽的摩托车迎面驶来。由于天黑看不清，韦某车上的货物与牛车发生刮擦，造成韦某当场受伤倒地。刘宝学见状，害怕承担法律责任，迅速赶着牛车逃离现场。后来，韦某经医院抢救无效死亡。次日，当地警方通过现场遗失的耙犁找到刘宝学，警方认定，刘宝学赶牛车逆向行驶是造成事故的主要原因，且事发后逃逸，应负事故的主要责任。[1]笔者认为，牛车驾驶人的行为属于肇事逃逸，若因逃逸致人死亡，应认定为逃逸致死。其实不难想象，假定行人不遵守交通规则突然横穿马路，机动车驾驶者为避让行人，而撞上电线杆致驾驶员自己受重伤，行人仓皇逃走，导致机动车驾驶人因得不到救助而死亡的，当然应认定为逃逸致死。所以，既然任何人都可以构成交通肇事罪，那么，任何人肇事后逃逸，都可能构成肇事逃逸和逃逸致死。

关于逃逸致死的主观罪过问题，在理论上存在争议。有学者明确指出，“由于‘因逃逸致人死亡’仅限于过失，故行为人在交通肇事后，将被害人带离事故现场后隐藏或者遗弃，致使被害人无法得到救助而死亡或者严重残疾的，应当分别以故意杀人罪或者故意伤害罪定罪处罚。行为人在交通肇事后，以为被害人已经死亡，为了隐匿罪迹，将被害人沉入河流中，导致被害人溺死的，应将后行为认定为过失致人死亡罪；如果前行为已构成交通肇事罪，则应实行数罪并罚。”[2]该观点没有明确交代，行为人肇事后明确认识到不及时救助被害人而单纯逃逸的（相对于积极移置被害人的移置逃逸而言）如何处理。另外，若行为人因为没有认识到交通事故的发生而没有及时救助导致被害人死亡的，是否认定逃逸致死，该观点对此也是“语焉不详”。还有学者指出，“行为人在逃逸之际，对于被害人可能死亡的结果，可以是有认识，也可以是没有认识。无论有无认识，都只能构成‘因逃逸致人死亡’的交通肇事罪，而不能认定为故意杀人罪。”[3]笔者认为，从文理及法定刑设置来看，首先应将没有认识到事故的发生而过失“逃逸”致人死亡的情形排除在外。其次，认为逃逸致死不包括明确认识到被害人会因得不到及时救助而死亡的情形，不符合一般人对于条文的理解。最后，逃逸致死的主观罪过问题直接关系到逃逸致死与遗弃罪、故意杀人罪的关系问题，下一部分将详细论述。

（二）“逃逸致死”与遗弃罪、故意杀人罪之间的界限与竞合

其他国家和地区的相关讨论值得我们借鉴。逃逸可以分为单纯逃逸和移置逃逸，考虑逃逸致死与遗弃罪和故意杀人罪关系时通常都是分这两种情况讨论。在日本，因为道交法上的救护义务违反罪的法定最高刑是5年惩役（2007年修法时

---

〔1〕 桑杨杨、徐广山：“图方便牛车逆行，酿事故理应担责”，载《检察日报》2009年12月22日，第2版。

〔2〕 张明楷：《刑法学》（第三版），法律出版社2007年版，第543页。

〔3〕 黎宏：“论交通肇事罪的若干问题——以最高人民法院有关司法解释为中心”，载《法律科学》2003年第4期，第126页。

提高到10年），所以一方面认为将单纯逃逸认定为法定最高刑仅为1年以下惩役的《刑法》第217条的单纯遗弃罪没有意义；但是另一方面又认为，只有肯定成立救护义务违反罪与单纯遗弃罪之间的想象竞合关系，在不救护致人死伤时，才能以《刑法》第219条的遗弃致死伤罪最重判处20年有期惩役（致伤时最重可判处15年有期惩役，致死时最重可判处20年有期惩役）。在单纯逃逸的场合，主要存在是成立第217条法定最高刑仅为1年的单纯遗弃罪还是成立第218条规定的法定最高刑为7年惩役的保护责任者遗弃罪之间的争论。在移置逃逸的场合，既存在是成立单纯遗弃罪还是保护责任者遗弃罪之间的争论，还存在是成立遗弃罪（包括单纯遗弃罪和保护责任者遗弃罪）和故意杀人罪之间的争论（是作为的杀人还是不作为的杀人，在理论上也存在争论）。[1]日本理论和判例不仅否定单纯逃逸成立杀人罪，而且一般也否定移置逃逸成立故意杀人罪。笔者认为，究其原因可能在于，逃逸致人死伤的场合，按照遗弃致死伤罪论处，最重也可能判处20年惩役，所以即便认定为故意杀人罪通常也未必能判处这样重的刑罚。而且，若认定为杀人罪，则必须论证其与作为形式的杀人行为的等价性，而这在理论上进行论证显然并非易事。

在我国台湾地区，关于肇事逃逸罪（即肇事致死伤逃逸罪）与有义务遗弃罪及杀人罪之间的关系，有学者认为，“若行为人对受伤者（不含死亡者）至少应负过失责任时，即可能发生竞合关系。即行为人因有行为之违失，致生伤害，则基于救援义务、防果义务或危险之前行为，其逃逸行为可另成立有义务之遗弃罪或者杀人罪之不纯正不作为犯，而形成想象竞合之问题。……由于法益保护方向之同一性，有义务遗弃罪应是杀人罪不纯正不作为犯之补充性处罚规定；亦即，具体危险犯是实害犯之补充性的处罚规定；因而，若逃逸行为已足以成立杀人罪之不纯正不作为犯，则有义务遗弃罪之补充性条款不被适用，而应论以杀人罪与肇事逃逸罪之想象竞合。”[2]另有学者指出，车祸如果造成被害人重伤，无自救能力，行为人逃逸，会成立特别遗弃罪。理论上通常认为，两者之间属于想象竞合，依照特别遗弃罪处断，实务则认为属于法规竞合关系，依肇事逃逸罪处断。[3]

---

〔1〕参见［日］冈野光雄：《交通事犯と刑事责任》，成文堂2007年版，第221页以下。

〔2〕高金桂：“有义务遗弃罪与肇事逃逸罪之犯罪竞合问题——以台湾高等法院八十九年度交上诉字第八号刑事判决为基础兼论刑法第二条之适用问题”，载《月旦法学杂志》2005年第6期，第255页。

〔3〕参见林东茂：《刑法综览》（修订五版），中国人民大学出版社2009年版，第394页。

我国有学者认为，行为人交通肇事后“因逃逸致人死亡”构成间接故意杀人罪须具备三个条件：一是，行为人交通肇事致他人重伤后又实施了另一行为（如移置、隐藏等）；二是，该另一行为（非其单纯的逃逸行为）使行为人与被害人之间产生事实上依赖关系和绝对的排他性支配关系，及受害者的生命安全完全仰仗于肇事者的保护；三是，行为人对被害人之死亡结果持放任态度。如果这种排他性的支配关系（或者被害人之死亡结果）并非行为人之“另一”行为（如移置）所引起，而仅由行为人之单纯逃逸行为所导致，不管其逃逸行为是多么恶劣（即使此刻行为人与被害人之间具有排他性的支配关系），则行为人也仅构成交通肇事罪，无论如何不能再构成一个间接故意杀人罪，否则就有“过分扩张处罚范围之虞”〔1〕。另有学者指出，“在行为人肇事后将被害人移置人迹罕至之处而逃逸，任其死亡而被害人最终因为得不到有效、及时的救助而死亡的场合，如果仅评价为过失犯罪，并在1年以上15年以下有期徒刑的刑罚幅度内进行处罚，显然背离了罪刑均衡原则。”〔2〕

笔者认为，对于单纯逃逸行为，虽然理论上可以认为构成肇事逃逸与遗弃罪的想象竞合犯，但由于遗弃罪的法定最高刑只有5年，而且我国刑法没有规定遗弃致死伤罪，所以即便承认在成立逃逸致死（交通肇事罪）的同时，还成立遗弃罪也没有实际意义。另外，在移置逃逸的场合，若是升高了死亡的风险，如将伤者移至他人难以发现和救助的地方，就相当于拿走了溺水者唯一求生的木板，评价为作为的故意杀人罪通常没有疑问。但是，若移置行为没有升高危险，甚至是降低危险时，如从道路中央移至道路边上，则不宜评价为故意杀人罪。如前所述，之所以日本理论及判例通常否认移置逃逸成立故意杀人罪，是因为日本刑法理论通常认为，无论第217条的单纯遗弃罪还是第218条的保护责任者遗弃罪，均包括作为形式的遗弃，因此，认为移置逃逸行为属于遗弃行为通常没有疑问，而且日本刑法规定遗弃致死伤罪的法定最高刑能达到20年有期惩役，所以即便不将移置逃逸行为评价为故意杀人罪，也不会造成罪刑不均衡。但我国刑法没有规定遗弃致死伤罪，因而在现阶段民众和司法者还普遍“嗜好”重刑的背景下，将移置逃逸行为仅论以逃逸致死最重判处15年有期徒刑，很难为民众所接受。而且，在普通过失致人重伤后积极移置导致伤者死亡的，通常不会仅评价为过失致人重伤罪和过失致人死亡罪，还会被评价为故意杀人罪。再则，司法解释没有将

---

〔1〕 于改之：“不作为犯罪中‘先行行为’的本质及其产生作为义务的条件——兼论刑法第133条‘因逃逸致人死亡’的立法意蕴”，载《中国刑事法杂志》2000年第5期，第23页。

〔2〕 许成磊：“先行行为可以为犯罪行为”，载《法商研究》2005年第4期，第28页。

逃逸致死命名为单独的罪名，而是作为典型过失犯的交通肇事罪的加重情节对待，若将故意的移置逃逸致死行为评价为交通肇事罪，也难以为民众所接受。又则，不是肇事者，而是第三人将因交通事故受重伤的人移置到他人难以救助和发现的地方导致伤者死亡的，无疑会被评价为故意杀人罪。若是他人移置能被评价为故意杀人罪，而肇事者移置反而不成立故意杀人罪，也不符合一般人的法感情。

综上，笔者认为肇事后单纯逃逸致死的，只能认定为逃逸致死而以交通肇事罪定罪，若是积极移置导致被害人死亡的风险升高，应评价为故意杀人罪，〔1〕如果移置行为并没有升高风险甚至是降低了风险时应仅认定为肇事逃逸，而不构成故意杀人罪。

(三)“逃逸致死”相关判例评析

［例一］ 2009 年 7 月 4 日 23 时许，在长葛市金山路部队门口西 50 米处，被告人刘冰无证驾驶豫 KF5186 号二轮摩托车由西向东行驶时，与同向骑自行车的被害人尚菊妮发生相撞，造成尚菊妮受伤经抢救无效死亡，两车损坏的交通事故。肇事后刘冰驾车逃逸。长葛市公安局交警大队第 090737 号交通事故认定书认定，刘冰负事故全部责任。河南省长葛市法院经审理认为，“被告人刘冰违反交通运输管理法规，因而发生致 1 人死亡的重大交通事故，且肇事后逃逸，其行为已构成交通肇事罪，依法应予惩处，公诉机关指控的罪名成立。……判决如下：被告人刘冰犯交通肇事罪，判处有期徒刑 2 年，宣告缓刑 3 年。”〔2〕

［例二］ 2009 年 5 月 6 日 23 时 50 分，被告人杨清波驾驶他人的豫 M80891 号奥迪轿车从北向南行驶到渑礼公路仰韶遗址路口北 200 米处与相向行驶的渑池县仰韶乡刘果村王军保驾驶的豫 MF3906 号两轮摩托车相撞，造成王军保死亡的交通事故。渑池县交警大队认定，被告人杨清波承担事故的主要责任。事故发生后被告人杨清波没有及时抢救伤者，逃离现场，5 月 10 日到渑池县公安局交警大队投案自首。河南省渑池县法院认为，“被告人杨清波驾驶汽车违反交通运输管理法规，发生重大事故致人死亡，后逃离现场，其行为构成交通肇事罪。……判决如下：被告人杨清波犯交通肇事罪，判处有期徒刑 2 年，缓刑 3 年。”〔3〕

---

〔1〕 至于是作为的故意杀人还是不作为的故意杀人，在理论上有争议。笔者认为，既然是升高了风险，应属于作为犯对待。

〔2〕 河南省长葛市人民法院（2009）长刑初字第 409 号“刘冰交通肇事案”刑事判决书，http://www.lawyee.net/Case/Case Display.asp? RID = 366252&KeyWord = ，2010 年 5 月 21 日访问。

〔3〕 河南省渑池县人民法院（2009）渑刑初字第 187 号“杨清波交通肇事案”刑事判决书，http://www.lawyee.net/Case/Case Display.asp? RID = 358072&KeyWord = ，2010 年 5 月 21 日访问。

上述两个判例均是肇事导致1人负伤后逃逸，均没有认定为“因逃逸致人死亡”。其原因可能正是因为学界通说认为构成逃逸致死的前提是肇事行为已经构成交通肇事罪，而按照《解释》第2条第2款的规定肇事仅致1人重伤的，通常还构不成交通肇事罪，所以即便因逃逸致人死亡，通常也只能判处3年以下有期徒刑。其不合理性十分明显：若普通过失致人重伤后故意不救助致被害人死亡的，即便不认定为不作为的故意杀人罪，至少也会认定过失致人死亡罪，从而判处3年以上7年以下有期徒刑；业务过失致人重伤后逃逸致人死亡的，反而只能判处3年以下有期徒刑，不管怎么说结论都有失均衡。可见，通说的观点已经对实务产生了极其恶劣的影响，严重损害了事故被害人的合法权益。

［例三］　2009年9月23日5时许，被告人胡功地驾驶三轮摩托车由商城县汪岗乡官畈往城关方向行驶，当行至省道S216线187km+470m官畈岭头路段时，将前方同向骑自行车行驶的汪岗乡官畈村村民李××撞伤，后驾车逃逸。李××经抢救无效死亡。经商城县公安局交警大队认定：胡功地应负该事故的全部责任。上述事实，有下列经庭审举证、质证、认证的证据予以证实：被告人胡功地的供述：“2009年9月23日早上5点多，我驾驶三轮（摩托）车从家到（城关）新世纪花园捡水泥袋子。行驶到汪岗官畈医疗室岔路那位置，我的三轮车把自行车挂倒了，我车停不住，跑（行驶）到官畈岭头又把余第红挂了，车停住了。在岭上耽误了有一二十分钟，我从岭上下来时，要把李××（被撞人）带到汪岗医院，朱××不叫带。后李××弄一辆车（送李××）到汪岗医院。”河南省商城县法院认为，“商城县人民检察院指控被告人胡功地犯交通肇事罪，事实清楚，证据充分，所指控罪名成立。被告人胡功地违反道路交通安全的规定，驾驶机动车辆，未能确保安全，导致发生1人死亡的重大交通事故，且肇事后逃逸，其行为已构成交通肇事罪。……判决如下：被告人胡功地犯交通肇事罪，判处有期徒刑3年，缓刑3年。”〔1〕该案因为没有审理是否因逃逸致人死亡的问题，自然也就不会顾及指使逃逸的问题。应该说，若查明系逃逸致死，指使者应成立逃逸致死的共犯，若无法查明逃逸与死亡结果之间的因果关系，则应认定为系肇事逃逸的共犯。

综上，逃逸致死系指单纯逃逸导致事故受伤者（包括轻伤）因得不到及时救助而死亡（即便停留在现场，只要不实施救助行为，仍属逃逸致死），以及因没

---

〔1〕　河南省商城县人民法院（2009）商刑初字第138号“胡功地交通肇事案”刑事判决书，http：//www.lawyee.net/Case/Case Display.asp？RID=365668&KeyWord=，2010年5月21日访问。

有及时通过自己或者通过他人的协助清除肇事形成的路障导致后来车辆肇事而致他人死亡的，均属于“因逃逸致人死亡”；认定逃逸致死，不以逃逸前肇事行为构成交通肇事罪为前提，不管是造成被害人轻伤、还是重伤，甚至没有导致任何人死伤及重大公私财产损失，但因未及时清理路障，导致后来车辆发生事故致人死亡的，也属于因逃逸致人死亡。

六、归纳总结

通过以上讨论，关于《刑法》第133条的解释可得出如下结论：

1. “违反交通运输管理法规，因而发生重大事故”的含义是，成立交通肇事罪的前提是存在交通肇事罪的实行行为，即不仅只有具有类型性的导致重大事故发生的道交法上的违章行为才能谓之交通肇事罪的实行行为，而且，即便该种违章行为通常具有导致重大事故发生的危险性，在具体个案中若即便行为人遵守交通规则也不能避免重大事故发生的，则应否定存在实行行为，否定交通肇事罪的成立。交通肇事后逃逸虽然应承担道交法上的责任，但不能以道交法上推定负全部责任为由而得出应承担刑事责任的结论，是否应承担刑事责任，还是应具体判断是否存在其他违章行为，违章行为是否系事故发生的原因，若不能得出肯定结论，应否定交通肇事罪的成立。

2. 饮酒、超速驾驶通常只具有发生重大交通事故的抽象性危险，所以一般性饮酒、超速驾驶行为人主观上认识到的只是抽象性危险，对于重大事故的发生通常出于疏忽大意的过失或过于自信的过失，客观上也只有发生事故的抽象性危险，因而发生重大事故的，认定为作为过失犯的交通肇事罪是合适的。但是，醉酒和飙车行为本身就有发生事故的具体性危险，行为人本身也认识到了这种具体性公共危险，由于以危险方法危害公共安全罪既包括对严重后果出于故意的结果加重犯情形，也包括对严重后果出于过失的情形，所以，即便醉驾、飙车者不希望、不放任重大死伤结果的发生，也能以以危险方法危害公共安全罪论处。

3. 由于作为普通过失犯的过失致人死亡罪的起点刑就是3年以上有期徒刑，过失致人重伤罪的成立也不以行为人承担全部责任或主要责任为前提，而《解释》将交通肇事罪的定罪起点规定得比普通过失致人死亡罪、过失致人重伤罪高得多，导致作为业务过失犯的交通肇事罪与作为普通过失犯的过失致人死亡罪和过失致人重伤罪之间在处罚上严重失衡，故应当废除《解释》第2条关于交通肇事罪成立条件的规定。只要交通肇事致人重伤的，无论行为人承担主要责任还是次要责任，都应肯定交通肇事罪的成立。由于我国刑法不处罚过失毁坏他人财产的行为，所以应该认为，无论造成多大的财产损失，只要没有致人死伤，均不属于“其他特别恶劣情节”，而不能判处3年以上的有期徒刑；若仅造成财产损失而没有致人死伤的，应在3年以下有期徒刑或者拘役法定刑幅度内从轻量刑。

4. 立法者加重处罚肇事逃逸的目的不在于督促行为人投案、避免行为人为逃避法律追究而逃跑，而是在于要求肇事者及时救助伤者以避免转化成重伤甚至死亡，以及清除肇事形成的交通障碍以避免后续事故的发生；即便行为人停留在现场而不施救和清除路障，即便行为人抛下负伤者或者现场混乱的局面而第一时间奔向交警部门投案，仍应认定为肇事逃逸。成立肇事逃逸和逃逸致死，均不以肇事行为构成交通肇事罪为前提，即便肇事仅造成轻伤，但因为逃逸致使轻伤转化成重伤、死亡，或者肇事没有造成死伤，但因为逃逸导致后续事故致人死伤的，也均可能认定为肇事逃逸或逃逸致死。

5. 逃逸致死是指肇事后不救助事故负伤者导致死亡，以及因为不清除路障导致后续事故致他人死亡的情形，不包括二次肇事的情形。在不能认定逃逸行为与死亡结果之间的因果关系时，只能认定为肇事逃逸。由于通说和《解释》均认为构成逃逸致死以构成交通肇事罪为前提，加之《解释》规定肇事仅致1人重伤的通常还不能构成交通肇事罪，导致司法实践中几乎见不到认定逃逸致死的判例。一方面实践中肇事逃逸率高达50%以上，另一方面，却见不到逃逸致死的判例，这显然是通说和《解释》惹的祸，导致1997年修改刑法时特意增设“因逃逸致人死亡的，处7年以上有期徒刑”的立法目的完全落空。

6. 既然交通肇事罪的主体系一般主体，则只要对于事故的发生负有过错的人，包括行人、骑自行车者、牛马车驾驶者等，均可能成立肇事逃逸和逃逸致死。

7. “两高”将《刑法》第133条确定为一个统一的罪名是错误的，无论从理论还是从客观事实上看，逃逸行为人主观上对于逃逸行为都是故意，对于死伤结果既可能是故意、也可能是过失。如果维持交通肇事罪罪名，就应认为肇事逃逸和逃逸致死型交通肇事罪包括了故意犯罪，所以指使肇事者逃逸的应该而且能够成立肇事逃逸或逃逸致死的共犯。

8. 肇事后单纯逃逸导致被害人死亡的，仅评价为逃逸致死就能做到罪刑相适应；积极移置被害人导致被害人死亡危险升高的，通常能肯定移置行为与死亡结果之间的因果关系，成立故意杀人罪；积极移置没有导致被害人死亡危险升高甚至降低危险的，通常应否定移置行为与死亡结果之间的因果关系，否定故意杀人罪既遂的成立，通常应以逃逸致人死亡论处。

下 篇

其他公共危险犯

第十章 生产、销售伪劣商品罪的法益

主要观点

1. 生产、销售伪劣商品罪诸多问题的处理，应以法益为指导。

2. 生产、销售伪劣商品罪所保护的主要法益是消费者的生命、健康、财产权，产品质量管理制度和社会主义市场经济秩序只是反射利益。

3. 为有效保护消费者权益，不应以加工费和中间商的协议价计算销售金额，应一概以最终按正品出售给消费者的市场零售价计算。

4. 生产、销售伪劣商品罪不全都是选择性罪名，只有生产假药、不符合安全标准的食品、有毒、有害食品、不符合标准的医用器材而未销售的，才单独成立生产假药罪等罪的既遂。

5. 在生产、销售伪劣商品过程中假冒商标、非法经营的，由于侵犯了数个法益，存在规范性意义上的数个行为，故应数罪并罚。

主要法规链接

第 140 条　生产者、销售者在产品中掺杂、掺假，以假充真，以次充好或者以不合格产品冒充合格产品，销售金额 5 万元以上不满 20 万元的，处……

第 141 条　生产、销售假药的，处……

第 142 条　生产、销售劣药，对人体健康造成严重危害的，处……

第 143 条　生产、销售不符合食品安全标准的食品，足以造成严重食物中毒事故或者其他严重食源性疾病的，处……

第 144 条　在生产、销售的食品中掺入有毒、有害的非食品原料的，或者销售明知掺有有毒、有害的非食品原料的食品的，处……

第 145 条　生产不符合保障人体健康的国家标准、行业标准的医疗器械、医用卫生材料，或者销售明知是不符合保障人体健康的国家标准、行业标准的医疗器械、医用卫生材料，足以严重危害人体健康的，处……

第 146 条　生产不符合保障人身、财产安全的国家标准、行业标准的电器、压力容器、易燃易爆产品或者其他不符合保障人身、财产安全的国家标准、行业标准的产品，或者销售明知是以上不符合保障人身、财产安全的国家标准、行业标准的产品，造成严重后果的，处……

第147条 生产假农药、假兽药、假化肥，销售明知是假的或者失去使用效能的农药、兽药、化肥、种子，或者生产者、销售者以不合格的农药、兽药、化肥、种子冒充合格的农药、兽药、化肥、种子，使生产遭受较大损失的，处……

第148条 生产不符合卫生标准的化妆品，或者销售明知是不符合卫生标准的化妆品，造成严重后果的，处……

一、生产、销售伪劣商品罪保护什么

众所周知，我国一方面假冒伪劣商品泛滥，另一方面从查处的案件来看，最终被以刑罚处罚的制售伪劣商品案件并不多。笔者查阅了大量的判例后惊讶地发现：在数量有限的伪劣商品犯罪判例中，居然有一半以上是关于假冒伪劣烟草的判例。

我们当然应该指责工商部门、司法机关"玩忽职守"，也可以批评我国规制伪劣商品犯罪行为刑事立法的不完善，但我们刑法理论界或许也难辞其咎。正如学者所言，我们"对生产、销售商品罪领域的研究一般比较宏观，缺乏细致的研究。主要体现在两点上：一是对个罪的研究较少；二是对个罪中的具体问题研究较少"[1]。

"'有利益的地方就有犯人'（Ubi commodum, ibi auctor）格言的字面含义相当明确，但我们至少可以从两个侧面进行理解：一方面，犯罪人都是为了取得利益而犯罪；另一方面，犯罪行为都侵犯了他人利益。"[2]刑法的目的是保护法益，犯罪的本质是侵犯法益。法益对于构成要件的解释具有指导作用。[3]立法者针对伪劣商品犯罪的严重态势，在刑法典第三章专门辟出一节，用11个条文规制这类犯罪。法律资源很有限，刑法资源更是有限。立法者规定系列生产、销售伪劣商品罪，必然出于保护某种法益的目的。刑法论著中虽然也不乏讨论生产、销售伪劣商品罪的法益（通说称为犯罪客体），但通常限于泛泛而论，而且在伪劣商品

〔1〕 涂龙科编著：《生产、销售伪劣商品罪专题整理》，中国人民公安大学出版社2010年版，第10页。

〔2〕 张明楷：《刑法格言的展开》，法律出版社2003年版，第86页。

〔3〕 参见张明楷：《法益初论》，中国政法大学出版社2000年版，第216页。

犯罪构成要件的解释以及具体问题的认定处理上，都自觉不自觉地将法益抛之脑后。例如，理论上关于《刑法》第 140 条生产、销售伪劣产品罪中的“销售金额”是犯罪成立的条件还是犯罪既遂的条件争论不休，“销售金额”如何认定在理论上众说纷纭，实践中各行其是。又如，生产、销售伪劣商品罪是否是选择性罪名，即单纯的生产伪劣商品的行为是否独立成罪，学界也没有认真思考。再如，“足以严重危害人体健康”、“足以造成严重食物中毒事故或者其他严重食源性疾病”是对假药药效、食品性质的要求，还是如通说所言，生产、销售假药罪，生产、销售不符合卫生标准的食品罪，生产、销售不符合标准的医用器材罪跟放火罪、爆炸罪、决水罪、投放危险物质罪一样属于具体危险犯，因而“足以……”是指对人体健康造成了具体的危险。这其实存在认识误区：为炸掉大桥而在自家精心研制爆炸装置，即便爆炸装置已研制成功，只要没有将爆炸装置安装在爆炸现场，没有人会认为已经形成具体危险，可是，只是生产了假药、不符合卫生标准的食品或不符合标准的医疗器械、医用卫生材料，尚未出厂销售，怎么就认为对公众健康形成了具体的危险了呢？又如，通说和司法解释均认为，在生产、销售伪劣商品过程中涉嫌假冒注册商标、非法经营的，依照处罚较重的规定定罪处罚，这是有关罪数的问题。另外，生产、销售伪劣商品罪与诈骗罪、危害公共安全罪之间，以及生产、销售伪劣商品罪各罪之间的界限与竞合问题，极少有学者将生产、销售伪劣商品罪的罪数及界限问题与法益问题联系起来，等等。其实，不仅上述问题，而且几乎与生产、销售伪劣商品罪认定有关的所有问题，都与法益有关。

关于生产、销售伪劣商品罪〔1〕所保护的法益，有几种代表性的观点：第一种观点是分开论述生产、销售伪劣商品犯罪的客体，认为生产、销售伪劣产品罪的客体是国家对产品质量的监督管理制度、市场管理制度和广大用户、消费者的合法权益，生产、销售假药罪的客体是国家对药品管理制度和不特定多数人的身体健康、生命安全，生产、销售有毒、有害食品罪的客体是国家对食品卫生的管理制度和不特定多数人的身体健康、生命安全。〔2〕第二种观点认为，刑法规定生产、销售伪劣产品罪的目的首先在于保护社会主义市场经济秩序，其次刑法规定

〔1〕 本文中“生产、销售伪劣商品罪”指节罪名，“生产、销售伪劣产品罪”指第 140 条的罪名，特此说明。

〔2〕 参见高铭暄、马克昌主编：《刑法学》（第四版），北京大学出版社、高等教育出版社 2010 年版，第 412 ~ 419 页。

本罪也是为了保护消费者的合法权益。[1]第三种观点也是分开论述个罪的保护法益，认为生产、销售伪劣产品罪的犯罪客体是国家对产品质量的管理秩序以及广大用户和消费者的合法权益；生产、销售假药罪的犯罪客体是国家对药品的管理制度，以及消费者的生命、健康的安全；生产、销售有毒、有害食品罪的犯罪客体是国家对食品的管理制度和不特定多数人的身体健康权利。[2]

被法律所保护的利益、价值称为“法益”（保护法益）。[3]上述第一种和第三种观点均将“管理制度”视为法益，这也是我国通说在论述犯罪客体时的一贯主张，如通说认为毒品犯罪的客体是国家毒品管理制度。[4]若“制度说”成立的话，行为人捡拾毒品后立即从马桶中冲走的，也可谓违反了捡拾毒品应当上缴的的毒品管理制度。但是，国外刑法理论普遍认为，打击毒品犯罪在于保护公众健康，既然行为人捡拾毒品后立即予以销毁，就不可能对公众健康构成威胁，既然连侵害法益的危险性都不存在，当然不应作为犯罪处理，可按照“制度说”还是可能构成犯罪。又如，我国通说认为，枪支犯罪的犯罪客体是所谓的枪支管理制度，这样行为人捡到枪支后立即销毁，对公共安全连抽象的危险性都不存在，按照“制度说”，照样可能构成犯罪。制度本身并没有意义，制度必然是为保护某种利益而存在的，应将制度还原为某种具体的利益。因此，“制度说”存在疑问。

另外，第二种观点认为，生产、销售伪劣产品罪的首要目的在于保护社会主义市场经济秩序。诚然，生产、销售伪劣商品罪位于第三章破坏社会主义市场经济秩序罪一章中，但是，所谓“秩序”也跟“制度”一样，本身并没有意义，也是为保护某种具体的个人利益而存在的。虽然国内外刑法理论关于刑法所保护的法益均有个人法益、社会法益和国家法益（社会法益和国家法益也称为“超个人法益”）的划分，但国外刑法理论认为，所谓的社会法益和国家法益都可以还原为个人法益。“所谓社会法益，是保护国民各个个人的具体法益所必要的社会法益。在此意义上，社会法益就是个人法益的抽象化或一般化。”[5]“市场秩序说”至少存在两点疑问：一是没有将市场经济秩序这种社会法益还原为个人法益，抽

---

〔1〕 参见张明楷：“刑法第140条‘销售金额’的展开”，载马俊驹主编：《清华法律评论》1999年第2辑，转引自涂龙科编著：《生产、销售伪劣商品罪专题整理》，中国人民公安大学出版社2010年版，第277、279页。

〔2〕 参见王作富主编：《刑法》（第四版），中国人民大学出版社2009年版，第310~315页。

〔3〕 参见［日］西田典之：《刑法总论》，弘文堂2006年版，第29页。

〔4〕 参见高铭暄、马克昌主编：《刑法学》（第四版），北京大学出版社、高等教育出版社2010年版，第661页。

〔5〕 ［日］大谷实：《刑法讲义各论》（新版第二版），成文堂2007年版，第348页。

象地谈论市场经济秩序没有意义；二是市场经济秩序是刑法第三章的章法益，第三章的每一节还有自己的节法益，每个罪名还有自己具体所保护的法益，按照“市场秩序说”，销售者告知消费者金银首饰系假冒产品，消费者考虑价格比较“适中”，乐于购买该产品，虽然因为假冒了他人的注册商标，也可谓侵犯了社会主义市场经济秩序法益，但却没有侵犯消费者的合法权益，因此作为销售伪劣产品罪予以治罪就显得没有必要。

笔者认为，无论社会法益还是国家法益，最终都应还原为人身、财产等个人具体的法益。正如，危害公共安全罪是公认的侵害社会法益的犯罪，但国内外刑法理论均认为，所谓公共安全或者公共危险，是指对不特定或者多数人的生命、身体、财产的危险。[1]从刑法第三章的章罪名破坏社会主义市场经济秩序罪来看，生产、销售伪劣商品罪所保护的法益无疑也属于社会法益，但社会主义市场经济秩序也不过是对人身、财产等个人法益的抽象化，保护社会主义市场经济秩序最终必然是为了保护个人的具体法益。生产、销售伪劣商品罪的对象是商品，所谓商品，就是用来交换的产品。出于自用的目的生产出的物品不能称之为商品。生产、销售伪劣商品所最终面对的对象都是消费者（包括生产资料的消费者）。而消费者显然只关心两个问题：一是花钱买到自己所需要的东西，即物有所值；二是所购买的商品不会给自己带来人身、财产的损害，即商品必须具有保障自己人身、财产安全的性能。因此，伪劣商品侵害的只能是消费者的人身权和财产权。由于人身权包括生命、健康、自由、人格、名誉等各种权益，伪劣商品通常可能侵害的是消费者的生命、健康权。财产权比较单一，给消费者造成财产损失的，都可谓财产权受到侵害。

虽然可以认为生产、销售伪劣商品罪一节的法益是消费者的生命、健康、财产权，但由于立法者根据伪劣商品性能的不同，设置了构成要件各异的 9 种伪劣商品犯罪。伪劣商品性质的不同决定了所侵害的法益的差异。例如，生产、销售伪劣产品罪以销售金额，生产、销售伪劣农药、兽药、化肥、种子罪以使生产遭受损失的程度作为构成犯罪的条件，说明这两种犯罪通常只会侵害到消费者的财产权，而不至于侵害到生命、健康权。固然，根据《刑法》第 149 条的规定，生产、销售假药、不符合卫生标准的食品等以特殊伪劣商品为对象的犯罪，销售金额在 5 万元以上时，也有可能以生产、销售伪劣产品罪定罪处罚。但是应该认为，虽然生产、销售假药既侵害了生命、健康权，又侵害了财产权，当以生产、销售

〔1〕 参见张明楷：《外国刑法纲要》（第二版），清华大学出版社 2007 年版，第 637 页。

伪劣产品罪进行评价时，仅评价了侵害消费者财产权益的部分，理由就是，“销售金额”通常评价的是财产损失的大小，却无法评价生命、健康遭受侵害的严重程度。正如，15岁的人绑架杀人，以杀人罪进行评价，评价的仅是侵害人质的生命权的部分，而没有评价绑架罪所要保护的人质的人身自由权。又如，生产、销售假药罪，生产、销售劣药罪，生产、销售不符合卫生标准的食品罪，生产、销售有毒有害、食品罪，生产、销售不符合标准的医用器材罪，生产、销售不符合安全标准的产品罪，生产、销售不符合卫生标准的化妆品罪，这些罪基本上都是以“足以危害人体健康”、“造成严重后果”或者“对人体健康造成严重危害”作为构成犯罪的条件，很显然，立法者认为生产、销售这些伪劣商品主要侵害的是消费者的生命、健康权，虽然也会造成消费者的财产损失，但相对于生命、健康权而言，财产权是次要法益。

综上，我们得出如下结论：生产、销售伪劣商品罪的法益是消费者的生命、健康、财产权；生产、销售伪劣产品罪和生产、销售伪劣农药、兽药、化肥、种子罪主要侵害的是消费者的财产权；生产、销售假药罪，生产、销售劣药罪，生产、销售不符合卫生标准的食品罪，生产、销售有毒、有害食品罪，生产、销售不符合标准的医用器材罪，生产、销售不符合安全标准的产品罪，生产、销售不符合卫生标准的化妆品罪主要侵害的是消费者的生命、健康权，次要侵害的是消费者的财产权；生产、销售伪劣商品罪对社会主义市场经济秩序的侵害是通过侵害消费者的生命、健康、财产权所体现的，社会主义市场经济秩序不过是保护消费者的生命、健康、财产权的反射利益，其本身不是生产、销售伪劣商品罪所直接保护的法益。

二、法益对于“销售金额”认定的指导

《刑法》第140条生产、销售伪劣产品罪将“销售金额”的大小作为定罪和法定刑升格的唯一条件。在司法实践中，大量发生的案情是，从行为人生产、销售的现场查获扣押数量惊人的伪劣产品，但由于账簿不全，行为人若像刘胡兰般的“坚强”，将导致实际销售的金额难以查清，客观上就产生了将“销售金额”解释为“货值金额”或者将货值金额达到一定数量作为生产、销售伪劣产品罪未遂处罚的要求和冲动。

例如，上海市第二中级人民法院审理查明，“被告人朱某某于2009年7月17日下午，至本市闵行区华宝路某号苏通物流上海分公司，看管该公司工作人员卸

载箱装的伪劣卷烟。朱某某在对上述箱装伪劣卷烟清点时，被公安人员当场抓获。公安机关在案发现场共计查获“中南海”、“中华”、“利群”等20个品牌的卷烟28 110条，经鉴定，上述被查获的卷烟均为假冒注册商标且系伪劣卷烟，货值金额共计人民币2 581 779元。”该院认为：“被告人朱某某明知系用于销售的伪劣卷烟，仍至相关物流公司持配送单清点伪劣卷烟，其行为已构成销售伪劣产品罪，依法应予惩处。公诉机关指控朱某某犯销售伪劣产品罪的罪名成立。朱某某否认犯罪及辩护人认为指控朱某某犯罪的事实不清、证据不足的意见，缺乏依据，本院不予采纳。本案所查获的伪劣卷烟尚未销售即被公安人员查获，系犯罪未遂……判决如下：被告人朱某某犯销售伪劣产品罪，判处有期徒刑2年，并处罚金人民币1万元。”〔1〕

又如，河南省郑州市高新技术产业开发区人民法院经审理查明，“2008年8月至今，被告人周国付（在逃）伙同宋奎、周宏鑫、吴影敏、王中祥、吴圆圆（在逃）、吴亚平（在逃）先后在郑州经济技术开发区东杨村东一民房内生产假药。在上述犯罪活动中，周国付系老板，负责原料及包装的购买、销售成品药品；宋奎系生产窝点负责人，负责运输；周宏鑫、吴影敏、王中祥、吴圆圆（在逃）、吴亚平（在逃）负责生产，王中祥生产及负责看门。2009年6月6日，郑州食品药品监督管理局对该窝点进行查扣，现场扣押云南白药22 500袋（每袋5贴）、麝香壮骨膏21 050袋（每袋3贴）、消痛贴膏17 500袋（每袋1贴）、齐氏风湿痛消贴3560袋（每袋2贴）、一正痛消24 600袋（每袋5贴）、腹泻帖（让宝宝更健康）15 400袋（每袋1贴）、痛络去痛贴（加强型）14 500袋（每袋2贴）、消炎镇痛贴12 500袋（每袋3贴）、晕车贴32 500袋（每袋2贴）、咳喘贴（宝宝一贴灵）26 320袋（每袋1贴）、小儿腹泻帖（宝宝一贴灵）28 500袋（每袋1贴）、中华耳目贴6450袋（每袋1贴）、丁桂儿脐贴（宝宝一贴灵）6540袋（每袋2贴）、小儿退热贴（宝宝一贴灵）1500盒（每盒3袋，每袋3贴）、坐骨神经痛贴15 200袋（每袋2贴）、新金盖娃120盒、咳特灵胶囊400盒、999皮炎平1200盒、琥乙红霉素片300盒、宫炎康胶囊350盒、吗丁啉900盒、阿莫西林胶囊800盒、斯达舒450盒、消炎止咳片900盒、复方甘草片600盒。其中扣押的四被告人生产的腹泻贴（让宝宝更健康）、咳喘贴（宝宝一贴灵）、小儿腹泻帖（宝宝一贴灵）、丁桂儿脐贴（宝宝一贴灵）、小儿退热贴（宝宝一贴灵）五种膏

〔1〕 上海市第二中级人民法院（2009）沪二中刑初字第178号“朱某某销售伪劣产品案”刑事判决书，http://www.lawyee.net/Case/Case Display.asp? RID = 490024&KeyWord = ，2010年7月5日访问。

药，足以危害人体健康，经统计，总价值为39.596 8万元。其中扣押的四被告人生产的中华耳目贴6450袋（每袋1贴）、云南白药22 500袋（每袋5贴）、麝香壮骨膏21 050袋（每袋3贴）、消痛贴膏17 500袋（每袋1贴）、齐氏风湿痛消贴3560袋（每袋2贴）、一正痛消24 600袋（每袋5贴）、痛络去痛贴（加强型）14 500袋（每袋2贴）、消炎镇痛贴12 500袋（每袋3片）、晕车贴32 500袋（每袋2贴）等九种贴剂，经统计，总价值为83.230 55万元。"

该院认为："被告人宋奎、周宏鑫、王中祥、吴影敏伙同他人生产、销售假冒伪劣产品，货值金额达83.230 55万元，同时生产、销售的假药，足以严重危害人体健康，其行为均已分别构成生产、销售伪劣产品罪和生产、销售假药罪。公诉机关指控的事实和罪名成立，本院予以支持。本案扣押的四被告人生产的伪劣产品尚未销售，应以生产、销售伪劣产品罪（未遂）定罪处罚。……判决如下：一是被告人宋奎犯生产、销售伪劣产品罪，判处有期徒刑2年零6个月，并处罚金人民币2万元；犯生产、销售假药罪，判处有期徒刑1年，并处罚金1万元。决定执行有期徒刑3年，并处罚金3万元。二是被告人周宏鑫犯生产、销售伪劣产品罪，判处有期徒刑2年，并处罚金人民币2万元；犯生产、销售假药罪，判处有期徒刑1年，并处罚金1万元。决定执行有期徒刑2年零6个月，并处罚金3万元。三是被告人王中祥犯生产、销售伪劣产品罪，判处有期徒刑2年，并处罚金人民币2万元；犯生产、销售假药罪，判处有期徒刑1年，并处罚金1万元。决定执行有期徒刑2年零6个月，并处罚金3万元。四是被告人吴影敏犯生产、销售伪劣产品罪，判处有期徒刑1年，并处罚金人民币2万元；犯生产、销售假药罪，判处有期徒刑1年，并处罚金1万元。决定执行有期徒刑1年零6个月，并处罚金3万元。"〔1〕〔2〕

关于销售金额，有学者指出，"尽管立法上将销售金额作为本罪犯罪数额的认定标准，有可能导致对生产伪劣产品行为的定罪带来困难，但我们应当在法律没有修订完善之前，或在司法实践还未对此作出统一的司法解释之前，在理论上完善立法之欠缺，以利于司法实践的操作，而不是僵化地将销售金额作狭义理

---

〔1〕河南省郑州市高新技术产业开发区人民法院（2009）开刑初字第647号"宋奎、周宏鑫、王中祥、吴影敏生产、销售假药、生产、销售伪劣产品案"，http：//www. lawyee. net/Case/Case Display. asp? RID = 284187&KeyWord =，2010年7月5日访问。

〔2〕由于生产、销售假药罪属于选择性罪名，即仅生产而未销售的，可以生产假药罪定罪处罚。本案以生产假药罪（既遂）最高也能判处3年有期徒刑，而没有必要以生产、销售伪劣产品罪未遂论处。

解，放纵生产伪劣产品的犯罪行为。既然每一个生产、销售伪劣产品行为都可以定罪处罚，那么纯粹的生产伪劣商品犯罪的行为也应当有‘销售金额’的存在。因此，这里的销售金额应当理解为经营金额，即既包括已经销售出去的伪劣产品的违法收入，也包括可能销售的伪劣产品的总金额。”[1]该观点显然存在疑问。修改刑法之前，在关于惩治生产、销售伪劣商品犯罪的单行刑法中规定的是“违法所得数额”，实践证明，以“违法所得数额”作为构成犯罪的条件既不利于犯罪的查处，也不能反映法益侵害性和非难可能性的严重程度。1997 年修订刑法时，也有学者提出以经营数额、货值金额取代“违法所得数额”。立法者既没有规定“违法所得数额”，也没有规定“经营数额”或“货值金额”，而是规定销售金额，这说明，立法者明确采用“销售金额”概念，是为了增强可操作性，刑法修改后还将“销售金额”理解为“经营数额”或者“货值金额”是存在明显疑问的。

面对司法实践中“销售金额”往往难以查明而现场扣押物品的“货值金额”易于证明的事实，学界存在生产、销售伪劣产品罪是否存在未遂的争论，即生产了伪劣产品尚未销售，以及为销售伪劣商品而购进但尚未销售即被查获，在能够查明的销售金额不足 5 万元但货值金额远超过 5 万元时，应否及能否作为生产、销售伪劣产品罪未遂加以处罚？本来在司法解释出台之前，学界否定说是主流观点，之后，肯定说占据了学界多数。2001 年 4 月 9 日《最高人民法院、最高人民检察院关于办理生产、销售伪劣商品刑事案件具体应用法律若干问题的解释》（以下简称《解释》）第 2 条第 2 款规定：“伪劣产品尚未销售，货值金额达到刑法第 140 条规定的销售金额 3 倍以上的，以生产、销售伪劣产品罪（未遂）定罪处罚。”这一规定明确肯定生产、销售伪劣产品罪存在犯罪未遂。此后，关于生产、销售伪劣产品罪存在未遂的观点占据了学界多数。有学者就此指出，“该例证可以很形象地说明，我国学界在研究的独立性上，还是存在一定的不足。”[2]肯定说显然着眼于有效查处和打击伪劣商品犯罪的考虑。

否定生产、销售伪劣产品罪存在未遂，即“销售金额”5 万元以上是犯罪成立条件的主要理由在于：“第一，仅生产或者仅购入伪劣产品的行为，还没有将

---

〔1〕 郭立新：“论生产、销售伪劣产品罪的几个争议问题”，载《法学评论》2001 年第 1 期，转引自涂龙科编著：《生产、销售伪劣商品罪专题整理》，中国人民公安大学出版社 2010 年版，第 241、242 页。

〔2〕 涂龙科编著：《生产、销售伪劣商品罪专题整理》，中国人民公安大学出版社 2010 年版，第 12 页。

伪劣产品推向市场，既没有破坏市场竞争秩序，也没有损害消费者的合法权益。第二，刑法规定销售金额5万元以上的才以犯罪论处，既是为了明确处罚条件，也是为了限制处罚范围。换言之，根据刑法的规定，销售金额不满5万元的行为，其行为的法益侵犯性没有达到值得科处刑罚的程度；否则，立法机关会降低销售金额标准。第三，《刑法》第140条所规定的销售金额并不是对本罪结果的要求，而是对本罪行为程度的要求；没有达到规定数额时，其行为程度不符合本罪的构成要件，故不能认为没有达到规定数额时就是犯罪结果没有发生。第四，对销售金额没有达到5万元以上的行为，根据产品质量法予以处罚即可。第五，虽然本罪名称为'生产、销售伪劣产品罪'，似乎单纯生产伪劣产品的行为也构成犯罪，但是，《刑法》第140条对客观构成要件的描述，并不包括单纯生产行为；虽然行为主体包括生产者，但生产者必然都是销售者，也不能说明本罪包括单纯生产行为。易言之，只有销售了伪劣产品的生产者，才可能成立本罪。"〔1〕

笔者赞成生产、销售伪劣产品罪不存在未遂、销售金额未达5万元的不成立犯罪的观点。除上述否定说的理由外，还有几点补充：一是生产、销售伪劣产品罪所保护的主要法益是消费者的财产权，销售金额直接反映了消费者财产损失的程度。二是虽然从刑法条文及司法解释确定的生产、销售伪劣产品罪罪名来看，似乎生产、销售伪劣产品罪是一种选择性罪名，即仅生产了伪劣产品的行为也已构成生产伪劣产品罪，但《解释》规定生产了伪劣产品尚未销售的只是构成生产、销售伪劣产品罪的未遂，而不是生产伪劣产品罪的既遂，司法实践中也未见单独以生产伪劣产品罪定罪的判例，这充分说明，生产、销售伪劣产品罪并非独立的罪名，条文关于"生产"伪劣产品罪状的描述以及"两高"关于"生产"、销售伪劣产品罪罪名的确定，只是表明立法者对于"生产"伪劣产品行为的禁止态度，只具有宣誓、威慑的意义。三是由于生产、销售伪劣产品罪侵害的主要法益是消费者的财产权，换句话说，若没有规定生产、销售伪劣产品罪，对于销售伪劣产品的行为，完全符合诈骗罪的构成要件，可以诈骗罪定罪处罚，而生产了伪劣产品尚未销售的，对于消费者财产权法益的侵害还不具有具体的紧迫性危险，因而，仅仅生产了伪劣产品尚未销售的，不值得作为财产犯罪进行处罚。四是购进伪劣产品尚未销售，属于销售伪劣产品罪的预备（而不是肯定说和《解释》所主张的未遂），也顶多相当于诈骗罪的预备。众所周知，虽然我国刑法总则关于预备、未遂的规定表明，我国原则上处罚所有故意犯罪的未遂和预备，但

〔1〕张明楷：《刑法学》（第三版），法律出版社2007年版，第551、552页。

事实上通说和司法解释均主张，盗窃、诈骗未遂的，只有情节严重的，才值得以未遂犯进行处罚，实践中几乎见不到处罚诈骗罪预备的判例，既然如此，相当于销售伪劣产品罪和诈骗罪预备的购进伪劣商品的行为，就不应作为未遂犯进行处罚。

司法实践中，关于销售金额的认定，还有两个问题值得研究：一是所谓的生产者其实只是收取少量的加工费的加工者，可谓来料加工，加工材料完全由委托方提供，销售金额是否就是加工费，还是委托方最终销售给消费者的金额？二是伪劣商品从生产到销售给最终的消费者，往往需要经过多种环节，中间商往往知悉伪劣商品的性质，因而中间商购买、销售的价格通常远低于最终销售给消费者的价格，销售金额是按中间商的价额确定，还是按最终销售给消费者的价额？

笔者认为，生产、销售伪劣产品罪侵害的主要法益是消费者的财产权，销售伪劣产品罪还具有诈骗罪的性质，只有最终销售给消费者的价额才能反映消费者受损失的数额。因此，为有效保护消费者的合法权益，应以最终消费者所承受的价额认定销售金额。例如，假中华烟、茅台酒，中间商约定的价格可能远低于真中华烟、茅台酒的价格，但最终消费者都是按照真中华烟、茅台酒掏腰包、买单的。所以，生产、销售假中华烟、茅台酒的销售金额，应按照真中华烟、茅台酒的价格计算。

三、生产、销售伪劣商品罪是否选择性罪名

司法解释均将刑法典第三章第一节的九个罪名概括为生产、销售××罪，刑法理论通说也认为这些罪名属于选择性罪名。例如，通说教科书指出，生产、销售伪劣产品罪“属于选择性罪名，在司法实践中应根据行为的情况分别定为生产伪劣产品罪、销售伪劣产品罪或者生产、销售伪劣产品罪。本章以下各罪名，均属这种情况，应按这里所说的办法处理，后面不再说明”[1]。

若认为生产、销售伪劣商品罪属于选择性罪名，则只要实施了生产伪劣产品的行为即便没有销售，也应以生产伪劣商品犯罪的既遂论处，而不应是生产、销售伪劣商品犯罪的未遂，但有力说和《解释》均认为，只是生产了伪劣产品尚未销售的，货值金额达到15万元以上的，成立生产、销售伪劣产品罪的未遂，而不

〔1〕 高铭暄、马克昌主编：《刑法学》（第四版），北京大学出版社、高等教育出版社2010年版，第412页；另参见陈兴良主编：《刑法学》（第二版），复旦大学出版社2009年版，第468页；等等。

是成立生产伪劣产品罪的既遂，此其一。其二，刑法理论界普遍认为，生产、销售假药罪（修改前），生产、销售不符合安全标准的食品罪，生产、销售不符合标准的医用器材罪，因为均以“足以严重危害人体健康”或者“足以造成严重食物中毒事故或者其他严重食源性疾病”为成立犯罪的条件，因而属于具体危险犯（也有称为危险犯），[1]可是，仅仅生产了假药、不符合卫生标准的食品以及不符合标准的医用器材，还难以认为已经对消费者的生命、健康形成了具体性危险。其三，通说认为，因为生产、销售劣药罪，生产、销售不符合安全标准的产品罪，生产、销售伪劣农药、兽药、化肥、种子罪，生产、销售不符合卫生标准的化妆品罪以“对人体健康造成严重危害”、“造成严重后果”、“使生产遭受较大损失”为成立犯罪的条件，因而属于实害犯（也有称为结果犯）。[2]可是，刑法理论通常认为，实害犯是以实害的发生作为成立犯罪的条件，只是生产了劣药、不符合安全标准的产品、伪劣农药、兽药、化肥、种子、不符合卫生标准的化妆品尚未销售的，怎么可能已经“对人体健康造成严重危害”、“造成严重后果”、“使生产遭受较大损失”呢？

可见，不仔细解读各个生产、销售伪劣商品罪的构成要件，不认真思考具体生产、销售伪劣商品罪的法益，贸然得出生产、销售伪劣商品罪属于选择性罪名的结论是存在疑问的。在回答生产、销售伪劣商品罪是否选择性罪名之前，有几个问题必须澄清：一是生产、销售假药罪，生产、销售不符合安全标准的食品罪，生产、销售不符合标准的医用器材罪是具体危险犯、抽象危险犯抑或准抽象危险犯？二是生产、销售劣药罪，生产、销售不符合安全标准的产品罪，生产、销售伪劣农药、兽药、化肥、种子罪，生产、销售不符合卫生标准的化妆品罪是实害犯还是结果犯？三是生产、销售有毒、有害食品罪是行为犯还是抽象危险犯？

关于第一个问题，刑法理论认为，具体危险犯是指以发生侵害法益的具体危险作为构成要件要素的犯罪，抽象危险犯是指在社会一般观念上认为具有侵害法益的危险的行为类型化之后所规定的犯罪。抽象危险犯，可以分为不以发生抽象危险为要件的犯罪和从一般经验来看，尽管可能性极低，但也以有发生某种侵害

---

〔1〕 参见张明楷：《刑法学》（第三版），法律出版社 2007 年版，第 354、358 页；周光权：《刑法各论》，中国人民大学出版社 2008 年版，第 221、223、226 页；高铭暄、马克昌主编：《刑法学》（第四版），北京大学出版社、高等教育出版社 2010 年版，第 416、418、420 页；等等。

〔2〕 参见高铭暄、马克昌主编：《刑法学》（第四版），北京大学出版社、高等教育出版社 2010 年版，第 417 页；阮齐林：《刑法学》，中国政法大学出版社 2008 年版，第 432、436、438 页；周光权：《刑法各论》，中国人民大学出版社 2008 年版，第 227～229 页；等等。

法益的危险为必要的犯罪，前者是本来抽象危险犯，后者是准抽象危险犯。[1]我国刑法学界通常认为，典型的抽象危险犯是盗窃、抢夺、抢劫、制造、买卖、持有枪支的犯罪，典型的具体危险犯是放火、爆炸、决水、投放危险物质罪。假药、不符合卫生标准的食品、不符合标准的医用器材对于公众生命、健康的危险在一般人观念上不可能与枪支同日而语，而且相关条文中存在“足以危害人体健康”的表述，也说明是否存在危险需要进行具体判断，因而，难以认为生产、销售假药、不符合标准的医用器材、不符合卫生标准的食品罪属于典型的抽象危险犯。但这些犯罪与作为具体危险犯典型的放火罪、爆炸罪也存在差异。没有人会认为，为放火在家准备汽油、火把或者提着汽油桶、拿着火把前往放火现场的行为就已经形成了具体性公共危险，顶多是放火罪的预备，同样也不会有人认为，为炸掉大桥而苦心孤诣在家研制爆炸装置，或者扛着爆炸装置前往现场的行为，就已经形成了具体性公共危险，顶多属于爆炸罪的预备。因而，若认为这三种犯罪属于具体危险犯，则必须是消费者已经购买了假药并准备服用时才能肯定已经形成了对于生命、健康的具体性危险，但事实上，主张具体危险犯说的学者也不会认为只有此时才成立犯罪，才具有处罚的必要性。而且，虽然理论上存在“足以严重危害人体健康”是关于药效的规定还是关于行为具体危险性要求的规定的争论，但司法解释关于假药的最新解释肯定的还是前者。2009 年 5 月 13 日最高人民法院、最高人民检察院《关于办理生产、销售假药、劣药刑事案件具体应用法律若干问题的解释》第 1 条规定：“生产、销售的假药具有下列情形之一的，应当认定为刑法第 141 条规定的‘足以严重危害人体健康’：一是，依照国家药品标准不应含有有毒有害物质而含有，或者含有的有毒有害物质超过国家药品标准规定的；二是，属于麻醉药品、精神药品、医疗用毒性药品、放射性药品、避孕药品、血液制品或者疫苗的；三是，以孕产妇、婴幼儿、儿童或者危重病人为主要使用对象的；四是，属于注射剂药品、急救药品的；五是，没有或者伪造药品生产许可证或者批准文号，且属于处方药的；六是，其他足以严重危害人体健康的情形。对前款第一项、第六项规定的情形难以确定的，可以委托省级以上药品监督管理部门设置或者确定的药品检验机构检验。司法机关根据检验结论，结合假药标明的适应病症、对人体健康可能造成的危害程度等情况认定。”该规定完全是关于药效判断的规定，而且是由依法确定的药品检验机构鉴定。而刑法理论一致认为，具体危险犯的具体危险必须交由司法人员在个案中进行具体判断。这

---

〔1〕 参见［日］大谷实：《刑法讲义总论》（新版第 3 版），成文堂 2009 年版，第 127、128 页。

说明，所谓足以严重危害人体健康，根本不是就是否存在具体性危险判断的规定，而是通过对特殊伪劣商品对象的性质的规定，进而对行为的危险性提出要求。所以，这三种犯罪既不同于典型的枪支类犯罪的抽象危险犯，也不同于典型的放火、爆炸罪之类的具体危险犯，而是介于抽象危险犯和具体危险犯之间可谓准抽象危险犯。生产了足以危害人体健康的假药、足以造成严重食物中毒事故或者其他严重食源性疾病的食品、足以严重危害人体健康的医用器材的，就具有对于消费者的生命、健康的抽象性危险，为有效保护消费者的生命、健康权，减轻控方证明具体危险是否存在的责任，有必要将生产这三类伪劣产品的行为直接作为犯罪加以认定，因而，生产假药罪、生产不符合标准的医用器材罪、生产不符合卫生标准的食品罪属于独立性罪名。司法实践中也存在单独认定生产假药罪的判例。

例如，河南省范县人民法院经审理查明："2007 年农历 10 月份，被告人牛恩海通过台前县一叫'三'的人进了一些胶囊皮和空瓶及西药片等造哮喘药的原料，在范县高码头乡宋楼村，利用小磨、粉碎机等工具加工、制造无国家批号的速效哮喘灵胶囊、复方咳特灵胶囊 310 000 粒及骨筋丸胶囊 305 000 粒。该'药'经《河南省食品药品检验所豫食药评［2008］4 号文件，关于对假药'速效咳特灵'胶囊等是否足以严重危害人体健康的鉴定》结论是，该'药'含有茶碱成分和醋酸波尼松色谱行为与质谱行为一致的化合物，在服用本'药'的同时，服用同类或相似的药物，会造成剂量叠加，足以严重危害患者健康。2007 年 11 月 12 日，其生产的'药品'已被全部扣押并销毁。"该院认为："被告人牛恩海生产的'药品'无国家明文批号，且足以严重危害人体健康，其行为已构成生产假药罪。……判决如下：被告人牛恩海犯生产假药罪判处有期徒刑 1 年缓刑 2 年，并处罚金 15 000 元。"〔1〕

关于第二个问题，我国刑法理论上关于行为犯与结果犯、危险犯与实害犯这两组概念的界定十分混乱。〔2〕本文无意加入这种争论。笔者认为，实害犯是以发生法益侵害的结果为犯罪构成要件的犯罪，实害犯只有成立犯罪与否的问题；没有既未遂的问题；而结果犯是以发生法益侵害的结果为犯罪既遂条件的犯罪，因而结果犯有既未遂之分。通过生产、销售假药罪与生产、销售劣药罪，生产、销

〔1〕 河南省范县人民法院（2009）范刑初字第 00095 号"牛恩海生产假药案"，http://www.lawyee.net/Case/Case Display.asp? RID = 367264&KeyWord = ，2010 年 7 月 5 日访问。

〔2〕 参见刘之雄："刑罚根据完整化上的犯罪分类——侵害犯、危险犯、结果犯、行为犯的关系论纲"，载《中国法学》2005 年第 5 期，第 148 ~ 151 页。

售不符合标准的医用器材罪与生产、销售不符合安全标准的产品罪的构成要件的对照可知，“对人体健康造成严重危害”是生产、销售劣药罪的成立条件，“造成严重后果”也是生产、销售不符合安全标准的产品罪的成立条件，同样，“使生产遭受较大损失”是生产、销售伪劣农药、兽药、化肥、种子罪的成立条件，“造成严重后果”也是生产、销售不符合卫生标准的化妆品罪的成立条件。因此，笔者认为，这四种犯罪均属于实害犯，没有既未遂之分。显然，仅仅生产这类伪劣商品，或者购进了而尚未销售的，都不可能已经“对人体健康造成严重危害”、“造成严重后果”、“使生产遭受较大损失”，故生产劣药罪，生产不符合安全标准的产品罪，生产伪劣农药、兽药、化肥、种子罪，生产不符合卫生标准的化妆品罪不是独立的罪名，生产了上述伪劣产品尚未销售的既不构成生产劣药罪等罪，也不构成生产、销售劣药等罪的未遂。司法实践中也未见以生产劣药罪等罪既遂以及生产、销售劣药罪等罪未遂论处的判例。

关于第三个问题，其实，行为犯与抽象危险犯并不是排斥对立的概念，而是可能交叉。例如，制造枪支罪属于抽象危险犯，也可谓行为犯。所以生产、销售有毒、有害食品罪是行为犯还是抽象危险犯的争论意义不大。由于在食品中掺入有毒、有害的非食品原料，就存在对于消费者生命、健康的抽象性危险，这不同于生产、销售一般的不符合卫生标准的食品。立法者规定成立生产、销售有毒、有害食品罪不以“足以造成严重食物中毒事故或者其他严重食源性疾病”为条件，不是立法的疏忽，而是有意为之。司法机关只要能够证明生产、销售的食品中掺入了有毒、有害的非食品原料，或者整个就是将有毒、有害的非食品当做食品出售，就能肯定抽象性危险的存在，为有效保护消费者的生命和健康，有必要作为犯罪处罚。因而，单纯生产有毒、有害食品的行为，可以而且应该作为犯罪处罚。从这个意义上讲，生产、销售有毒、有害食品罪属于典型的选择性罪名，正如非法制造、买卖枪支、弹药、爆炸物罪一样属于选择性罪名。

综上，生产、销售假药罪，生产、销售不符合卫生标准的食品罪，生产、销售不符合标准的医用器材罪，生产、销售有毒、有害食品罪属于选择性罪名，生产而未销售的，成立生产假药罪等罪的既遂；生产、销售伪劣产品罪，生产、销售劣药罪，生产、销售不符合安全标准的产品罪，生产、销售伪劣农药、兽药、化肥、种子罪，生产、销售不符合卫生标准的化妆品罪不属于选择性罪名，生产而未销售的，不成立犯罪，也不成立生产、销售伪劣产品罪等罪的未遂。

四、法益对于罪数及竞合处理的指导

《解释》第10条规定，实施生产、销售伪劣商品犯罪，同时构成侵犯知识产权、非法经营等其他犯罪的，依照处罚较重的规定定罪处罚。该规定得到了刑法理论界的普遍赞同。但是，该规定把生产、销售伪劣商品罪与侵犯知识产权罪、非法经营罪之间的界限竞合问题简单地作为想象竞合犯进行处理，不无疑问。

是想象竞合犯从一重罪处罚，还是成立数罪进而数罪并罚，关键看两点：一是看是否侵犯两个以上的法益；二是看是否存在规范意义上的两个以上的行为。若是仅侵犯了一个法益，或者虽然侵犯了两个以上的法益，但可用一个复法益罪名进行评价的，不存在数罪并罚的问题（这里没有考虑同种数罪的问题），没有进一步讨论行为个数的必要；若是侵犯了两个以上的法益，就要进一步讨论是否存在规范意义上的两个以上的行为，若存在两个以上的行为，除非法律的明文规定，根据构成要件原理和《刑法》第3条“法律明文规定为犯罪行为的，依照法律定罪处罚”的规定，应当数罪并罚。

生产、销售伪劣商品罪侵犯的法益是消费者的生命、健康、财产权，而侵犯知识产权罪侵犯的是注册商标所有权人、著作权人、专利权人的知识产权，非法经营罪侵犯的法益是烟草专卖等市场经济秩序，均不同于生产、销售伪劣商品罪所直接保护的消费者的生命、健康、财产权法益。另外，生产、销售伪劣商品罪与诈骗罪、危害公共安全罪之间也存在竞合。由于生产、销售伪劣商品罪所保护的消费者的生命、健康、财产权与后者存在重合。所以，从一定意义上说，生产、销售伪劣商品罪是诈骗罪、危害公共安全罪的特别法，当行为同时符合上述罪的构成要件时，以生产、销售伪劣商品罪定罪即可。

生产、销售伪劣商品同时侵犯知识产权、烟草专卖等市场经济秩序时，由于侵犯了不同的法益，若能在规范性意义上认为存在两个以上的行为，则应数罪并罚。这里应分两种情况进行讨论，一种情况是仅实施了销售行为，但销售的商品既是伪劣商品、又是侵犯知识产权的商品，还属于非法经营，能否在规范性意义上认为行为人具有两个以上的行为。笔者认为可以。正如，行为人租用一艘万吨巨轮，一次走私武器、文物、贵重金属、淫秽物品、普通货物、物品，在规范性意义上可以认为行为人实施了多个走私行为，因而应以走私武器罪、走私文物罪、走私贵重金属罪、走私淫秽物品罪、走私普通货物、物品罪数罪并罚。同样，行为人明知警察的手提包里可能既有枪支也有钱财，而一并提走，事实上包里既有枪支，也有钱财，在规范性意义上可以认为行为人实施了盗窃枪支与盗窃普通财物两个行为，因而应以盗窃枪支罪与盗窃罪数罪并罚。因而，销售的伪劣商品侵犯知识产权，又属于非法经营的，应以销售伪劣商品罪与侵犯知识产权犯罪、非法经营罪数罪并罚。

另一种情况是，行为人既生产、销售伪劣商品，又假冒他人注册商标，还属于非法经营，笔者认为，在前述属于选择性罪名的场合，完全可以生产伪劣商品罪与侵犯知识产权罪、非法经营罪数罪并罚；但不属于选择性罪名的场合，只能以生产、销售伪劣商品罪与侵犯知识产权罪、非法经营罪数罪并罚。

五、归纳总结

生产、销售伪劣商品罪认定中的诸多争论都与生产、销售伪劣商品罪所保护的法益有关。通说将产品质量的管理制度或者社会主义市场经济秩序认定为生产、销售伪劣商品罪的法益。其实，无论社会法益还是国家法益，无论制度还是秩序，都应该而且可以还原为个人法益。生产、销售的伪劣商品最终面对的是消费者。因此，生产、销售伪劣商品罪所保护的主要法益是消费者的生命、健康、财产权，产品质量管理制度或者社会主义市场经济秩序只是保护消费者生命、健康、财产权法益的反射利益。具体而言，生产、销售伪劣产品罪和生产、销售伪劣农药、兽药、化肥、种子罪由于是以“销售金额5万元以上”、“使生产遭受较大损失”为成立犯罪的条件，因此，二罪侵犯的主要法益是消费者的财产权。生产、销售假药罪，生产、销售劣药罪，生产、销售不符合卫生标准的食品罪，生产、销售有毒、有害食品罪，生产、销售不符合标准的医用器材罪，生产、销售不符合安全标准的产品罪，生产、销售不符合卫生标准的化妆品罪均以足以严重危害人体健康或者对人体健康造成严重危害为成立条件，因此，这七个罪名所保护的主要法益是消费者的生命、健康权。

对于“销售金额”地位的认识及“销售金额”的计算，也与生产、销售伪劣产品罪的法益有关。生产、销售伪劣产品罪所保护的主要法益是消费者的财产权，只是生产而未销售，或者购进了伪劣产品尚未销售的，由于对消费者的财产权没有形成具体的紧迫性危险，没有作为犯罪处罚的必要，因而，上述行为不是未遂的问题，而是不成立犯罪的问题，即生产、销售伪劣产品罪的法益决定了“销售金额5万元以上”是犯罪成立的条件，而不是犯罪既遂的条件，销售金额未达5万元以上的，不成立犯罪。实践中，出现两种情况：一是接受委托进行加工（原材料由委托方提供）而仅收取少许加工费的；二是中间商往往明知是伪劣商品，而有意以远低于最终按正品出售给消费者的市场零售价成交的，销售金额如何计算？笔者认为，无论中间经过多少环节，最终消费者都是按照正品的零售价购买的，为有效保护消费者的财产权，应当一概以最终按正品出售给消费者的市场零售价计算销售金额，而不是以所收取的加工费及中间商的协议价计算销售金额。

学界受条文和司法解释确定的罪名的误导，习惯性地认为生产、销售伪劣商品罪均属于选择性罪名。其实，仅仅生产了伪劣产品的，不可能符合“销售金额5万元以上”的生产、销售伪劣产品罪的成立条件；仅仅生产了劣药尚未出售的，不可能符合“对人体健康造成严重危害”的生产、销售劣药罪的成立条件；仅仅生产了不符合安全标准的产品和不符合卫生标准的化妆品尚未销售的，不可能符合“造成严重后果”的犯罪成立条件；仅仅生产了伪劣农药、兽药、化肥、种子尚未销售的，不可能符合“使生产遭受较大损失”的成立犯罪的条件，因此，生产、销售伪劣产品罪，生产、销售劣药罪，生产、销售不符合安全标准的产品罪，生产、销售伪劣农药、兽药、化肥、种子罪，生产、销售不符合卫生标准的化妆品罪，不属于选择性罪名，生产而未销售的，既不成立犯罪，也不成立未遂。由于假药、不符合卫生标准的食品、有毒、有害食品、不符合标准的医用器材的特殊危险性，立法没有将这些犯罪规定为实害犯，而是规定为危险犯。因此，为有效保护消费者的生命、健康权，生产了而未销售上述产品的，也有必要作为相应犯罪的既遂进行处罚。由此可以认为，生产、销售假药罪，生产、销售不符合卫生标准的食品罪，生产、销售有毒、有害食品罪，生产、销售不符合标准的医用器材罪属于选择性罪名。

生产、销售伪劣商品罪与相关犯罪的罪数及界限问题的处理，也应从法益上考虑。生产、销售伪劣商品罪保护的主要法益是消费者的生命、健康、财产权，假冒商标等知识产权犯罪保护的法益是他人的知识产权，非法经营罪保护的法益是烟草等专营专卖的市场经济秩序。销售假冒商标的伪劣商品，又属于非法经营的，在规范性意义上属于多个行为。既然在生产、销售伪劣商品过程中假冒商标、非法经营的，侵犯了多个法益，规范性意义上具有多个行为，因此原则上应数罪并罚。生产、销售伪劣商品罪与诈骗罪、危害公共安全罪、杀人、伤害犯罪之间在法益上存在重合，因此，这些罪名之间存在竞合关系，应从一重罪处罚，在能够做到罪刑相适应时，原则上应以生产、销售伪劣商品罪定罪处罚。

第十一章　危害公共卫生罪的法益

主要观点

1. 刑法理论通说将危害公共卫生罪的法益泛泛地确定为所谓管理制度或者管理秩序，由于过于抽象，而不能发挥对构成要件解释的指导作用，对既未遂、罪数等具体问题的处理也无所作为。

2. 公共卫生的实质是公众健康。

3. 非法组织卖血罪的法益是供血者与用血者的健康。

4. 强迫卖血罪的法益是供血者的自由与健康以及用血者的健康。

5. 非法采集、供应血液、制作、供应血液制品罪，采集、供应血液、制作、供应血液制品事故罪的法益是供血者和用血者的健康。

6. 非法行医罪的法益是就诊人的健康。

7. 非法进行节育手术罪的法益是国家的计划生育政策或者就诊人的健康。

主要法规链接

第333条第1款　非法组织他人出卖血液的，处5年以下有期徒刑，并处罚金；以暴力、威胁方法强迫他人出卖血液的，处5年以上10年以下有期徒刑，并处罚金。

第2款　有前款行为，对他人造成伤害的，依照本法第234条的规定定罪处罚。

第334条第1款　非法采集、供应血液或者制作、供应血液制品，不符合国家规定的标准，足以危害人体健康的，处……

第2款　经国家主管部门批准采集、供应血液或者制作、供应血液制品的部门，不依照规定进行检测或者违背其他操作规定，造成危害他人身体健康后果的，对单位判处罚金，并对其直接负责的主管人员和其他直接责任人员，处5年以下有期徒刑或者拘役。

第336条第1款　未取得医生执业资格的人非法行医，情节严重的，处……

第2款 未取得医生执业资格的人擅自为他人进行节育复通手术、假节育手术、终止妊娠手术或者摘取宫内节育器，情节严重的，处……

众所周知，人类社会虽然在医疗技术上取得了长足的进步，但对于非典、甲型H1N1流感等不断"推陈出新"的危害人类健康的传染病的流行，总是让地球人深感恐慌。AIDS（艾滋病）等疾病，更是让人毛骨悚然，因为人类至今还没有找到有效的治疗方法。加强对危害公众健康的传染病的预防，防止HIV（艾滋病毒）等疾病病毒的扩散，无疑是现在全人类面临的共同任务。为加强公共卫生的管理，有效打击危害公共卫生的犯罪，我国1997年全面修订刑法时，专门在妨害社会管理秩序罪一章中设立了危害公共卫生罪一节。危害公共卫生罪包括8个条文、11个罪名，具体罪名是：妨害传染病防治罪，传染病菌种、毒种扩散罪，妨害国境卫生检疫罪，非法组织卖血罪，强迫卖血罪，非法采集、供应血液、制作、供应血液制品罪，采集、供应血液、制作、供应血液制品事故罪，医疗事故罪，非法行医罪，非法进行节育手术罪，妨害动植物防疫、检疫罪。

刑法的目的是保护法益，犯罪的本质是侵犯法益，立法者设立某个罪名必然追求保护某种具体法益的目的，因此，法益对于构成要件的解释具有指导作用。所谓法益的解释论机能，"是指法益具有作为犯罪构成要件解释目标的机能。即对犯罪构成要件的解释结论，必须使符合这种犯罪构成要件的行为确实侵犯了刑法规定该犯罪所要保护的法益，从而使刑法规定该犯罪、设立该条文的目的得以实现。"[1]我国理论通说将法益称为犯罪客体。通说教科书虽然也会谈到危害公共卫生罪的法益，但通常限于泛泛而论，起不到对于构成要件解释的指导作用，不能有效发挥法益在罪名具体认定处理中的指引功能。

一、通说的缺陷

[例一] 通说教科书认为，妨害传染病防治罪的客体，是"国家关于传染病防治的管理制度"。[2]人们不禁要问，这种制度又是为保护什么法益而存在的呢？难道设立该罪的目的就是处罚行为人单纯的行政不服从吗？其实大家都知道，之所以中国的刑法教科书很好写，是因为无须认真研究具体问题，比如法益问题，

[1] 张明楷：《法益初论》，中国政法大学出版社2000年版，第216页。

[2] 高铭暄、马克昌主编：《刑法学》（第四版），北京大学出版社、高等教育出版社2010年版，第642页。

只需认为是侵犯某种管理制度或者管理秩序即可。要说错，似乎也没错，要说对，似乎也对不了，要说这种说法有什么用，对具体构成要件有什么指导作用，则可谓百无一用！国家为什么制定传染病防治法并要求人们遵守？为什么实施了《刑法》第330条规定的四项行为之一并引起了甲类传染病传播或者有引起传播严重危险的行为，能构成妨害传染病防治罪？显然，保护公众健康是立法的目的，侵害了公众健康（包括侵害的危险）是入罪的原因。

［例二］　通说教科书指出，传染病菌种、毒种扩散罪侵犯的客体，是“国家关于传染病菌种、毒种实验、保藏、携带、运输的管理制度”。[1]人们同样要问：国家关于传染病菌种、毒种实验、保藏、携带、运输的管理制度为何而设？单纯行政不服从是否构成犯罪？为什么传染病菌种、毒种扩散罪构成要件规定只有实际造成传染病菌种、毒种扩散而且后果严重的，才构成犯罪？很显然，相关制度也好，相关规定也罢，最终都是为了防治传染病菌种、毒种扩散而危害公众健康。因此，认定是否“后果严重”，落脚点也只能放在是否危害公众健康上。若是行为人针对某个特定的人投放菌种、毒种，如果没有危及公众健康，则仅构成故意杀人罪、故意伤害罪。若针对不特定的或者多数人投放菌种、毒种，则在构成传染病菌种、毒种扩散罪的同时，还可能构成投放危险物质罪，从一重罪处罚。

［例三］　通说教科书以为，妨害国境卫生检疫罪“侵犯的客体是国境卫生检疫管理秩序”。[2]人们也不禁要问：国境卫生检疫管理秩序是何物？建立所谓国境卫生检疫管理秩序的目的是什么？其实，国境卫生检疫管理秩序也好，国境卫生相关管理规定也罢，均是为了保护国（境）内的公众健康。泛泛而谈本罪的法益是国境卫生检疫管理秩序，则不仅可能将违反了所谓国境卫生检疫管理秩序而不可能引起检疫传染病传播或者有传播严重危险的，即单纯的行政违法行为作为犯罪处理，而且可能将出境时违反了所谓国境卫生检疫管理秩序，但只可能侵害国（境）外的公众健康的行为，也作为犯罪处理。因此，本罪保护的法益只能是境内的公众健康。

［例四］　通说教科书言道，非法组织卖血罪的客体为“国家血液采集、供应的管理制度和公民的身体健康和生命安全”。[3]将管理制度作为法益存在上述同样的疑问，此处不赘。另外，虽然主张本罪的法益包括公民的身体健康和生命安全，是正确的，但问题是，这里的“公民”是指卖血者还是用血者，还是两者均

---

〔1〕　王作富主编：《刑法》（第四版），中国人民大学出版社2009年版，第508页。

〔2〕　刘宪权主编：《刑法学（下）》（第二版），上海人民出版社2008年版，第732页。

〔3〕　李洁主编：《刑法学》（下册），中国人民大学出版社2008年版，第357页。

包括？若认为仅指用血者，则因为组织卖血者过频抽血，导致卖血者伤害或者死亡的，则不是本罪所欲阻止的结果，或者说卖血者的健康不是本罪所要保护的法益；若认为仅指卖血者，则所组织出卖的血液导致用血者染上艾滋病的，则不是本罪所欲阻止的结果，换言之，本罪不保护用血者的健康。可见，对本罪的保护对象、保护法益确定的不同，直接影响到本罪的成立范围。

［例五］ 通说教科书主张，强迫卖血罪的客体，"是复杂客体，一是侵犯了国家的采供血管理秩序；二是侵犯了被强迫人的人身自由和健康"。[1]将管理秩序作为法益存在前述同样的疑问，此处不赘。虽然因为对卖血者使用了暴力、胁迫手段而无疑侵犯了被强迫人的人身自由和健康，但本罪是危害公共卫生的犯罪，不可能仅侵害卖血者的权益，还应包括用血者健康在内的公众健康。

［例六］ 通说教科书提到，非法采集、供应血液、制作、供应血液制品罪和采集、供应血液、制作、供应血液制品事故罪的客体，均是"国家对血液的采集、供应或血液制作、供应的管理制度和受血者的生命安全和身体健康"[2]。将管理制度视为法益，存在前述同样的疑问，此处不赘。认为两罪侵犯的只是受血者的生命安全和身体健康，就意味着采集血液过程中损害供血者的生命安全和身体健康的，不能以二罪处理，这恐怕存在疑问。因为采供血液的相关操作规定不仅保护受血者的健康，还保护供血者的健康。例如，不使用一次性针头，导致供血者交叉感染的，不构成此罪，恐怕不合理。

［例七］ 通说教科书声称，医疗事故罪的客体，是"就诊人的身体健康和医疗单位的正常工作秩序"[3]。"就诊人的身体健康"的确是本罪的法益，但将医疗单位的所谓正常工作秩序也作为本罪的法益，则存在明显疑问。一是所谓正常工作秩序太抽象，会导致将本来属于聚众扰乱社会秩序罪所阻止的法益侵害结果，也评价为作为危害公共卫生罪之一的本罪的结果，而明显不合适；二是即便发生医疗事故后事实上可能导致医疗单位的正常工作秩序陷入混乱，但那也属于侵害了就诊人身体健康所形成的反射效果，或者说，医疗单位的所谓正常工作秩序至多属于所保护的"就诊人的身体健康"的反射利益。

［例八］ 通说教科书提出，非法行医罪"侵犯的直接客体是国家对医疗工作

---

〔1〕 孙国祥主编：《刑法学》，科学出版社2008年版，第597页。

〔2〕 高铭暄、马克昌主编：《刑法学》（第四版），北京大学出版社、高等教育出版社2010年版，第644页。

〔3〕 杨春洗、杨敦先、郭自力主编：《中国刑法论》（第四版），北京大学出版社2008年版，第418页。另参见吴大华主编：《刑法各论》，中国人民大学出版社2008年版，第246页。

管理制度和就诊人的生命安全和健康权利”。[1]建立医疗工作管理制度是要保护什么？很显然，最终都是为了保护就诊人的生命安全和健康权利。如后所述，若抽象地将所谓国家对医疗工作管理制度作为法益，则可能导致将纯粹只是行政违法的行为，即对就诊人的生命安全和健康权利连抽象的危险都不存在时，也可能被作为犯罪处理，从而不当扩大本罪的处罚范围。

［例九］　通说教科书指出，非法进行节育手术罪，“侵犯的客体是国家对计划生育的管理秩序”。[2]将所谓管理秩序确定为法益存在前述同样的疑问，此处不赘。而且，若认为本罪的法益仅仅是国家计划生育的管理秩序，则为领取了第二胎生育证（也就是生育符合国家计划生育政策）的妇女实施节育复通手术或者摘取宫内节育器，以及为妇女实施终止妊娠手术，而导致妇女伤害、死亡的，因为行为并没有侵犯所谓的国家对计划生育的管理秩序，则应不构成非法进行节育手术罪。可是，本罪同样属于危害公共卫生罪罪名，而且与保护就诊人健康的非法行医罪同属一个条文，主张本罪保护的仅仅是所谓国家计划生育的管理秩序，而与公众健康（具体是指就诊人的健康）的保护无关，则显然存在疑问。事实上，如后所述，司法实务中对于上述行为均是以非法进行节育手术罪定罪处罚的。

［例十］　通说教科书强调，妨害动植物防疫、检疫罪的客体“是国家进出境动植物检疫制度”[3]。将所谓制度确定为法益不仅存在前述同样的疑问，而且事实上，本罪并没有将单纯违反制度而没有引起重大动植物疫情的行为作为犯罪处理，只有违反了相关规定且引起了重大动植物疫情的行为才构成妨害动植物防疫、检疫罪。另外，动植物防疫、检疫的相关规定，意图阻止的是重大动植物疫情的发生，似乎与公众健康无关。其实不然。重大动植物疫情的发生，直接威胁到公众健康。所以，该罪作为危害公共卫生罪，其保护的法益仍应是公众健康。

综上，通说教科书要么将极为抽象的管理制度或者管理秩序确定为危害公共卫生罪的法益，导致对构成要件的解释不能发挥指导作用，要么所确定的法益有失偏颇，形成处罚漏洞或不当扩大处罚范围。因此，在危害公共卫生罪法益的确定上，应将抽象的管理制度、管理秩序乃至公共卫生等抽象的社会法益还原为个人法益（因为国家和社会都是为个人而存在的），而个人的法益无非是生命、健康、自由、人格尊严、财产等权益；公共卫生的核心是公众健康（公民的生命、健康权益）；此外，个别罪名如强迫卖血罪还可能侵犯公民的自由（行为自由、

---

[1] 苏惠渔主编：《刑法学》（修订二版），中国政法大学出版社2007年版，第553页。

[2] 李希慧主编：《刑法各论》，中国人民大学出版社2007年版，第418页。

[3] 齐文远主编：《刑法学》，北京大学出版社2007年版，第615页。

意志自由）；有的罪名侵害的法益可能涉及双方，如供血者与用血者，此时还应考量到底保护哪一方，还是双方的生命、健康均受到保护；还有，个别罪名如非法进行节育手术罪，从非法行医罪中独立出来，可能不仅保护就诊人的健康，还保护我国特有的计划生育政策，这时还应考量两种法益谁主谁次，抑或是并列或者选择关系。

总之，我们确定法益的目的，是为了对构成要件进行合理的解释，是为了正确认定和处理相关具体问题。

二、法益对构成要件解释及适用的指导

（一）非法组织卖血罪、强迫卖血罪的法益

与法益有关的争议问题是：一是，非法组织卖血罪、强迫卖血罪是否仅限于保护供血者的健康，若导致用血者染上艾滋病病毒等，是否属于两罪所欲阻止的法益侵害结果？二是，第333条第2款规定，非法组织卖血、强迫卖血对他人造成伤害的，依照故意伤害罪定罪处罚，这里的“他人”是指卖血者还是用血者？三是，非法组织、强迫多人卖血，造成部分卖血者，或者造成用血者健康受损害的，是仅构成非法组织卖血罪、强迫卖血罪、故意伤害罪，还是同时构成上述犯罪而应数罪并罚？四是，非法组织卖血，血液尚未出售的，强迫他人卖血，以暴力、威胁手段造成他人伤害，但血液尚未采出，或者采出尚未出售的，是构成非法组织卖血罪、强迫卖血罪的既遂还是未遂？五是，强迫卖血罪是否还侵犯了卖血者的财产权，强迫卖血罪与抢劫罪之间是否形成竞合？以及强迫卖血是否具有强迫交易的性质，即强迫卖血罪与强迫交易罪之间是否也存在竞合？等等。

如前所述，通过教科书通常认为非法组织卖血罪、强迫卖血罪侵犯的法益是所谓国家采供血液的管理制度以及公民的身体健康与生命安全，或者说侵犯的是被强迫人的人身自由与健康。若认为两罪仅保护供血者（卖血者）的生命与健康（由于生命也是一种健康，下面仅提“健康”），则导致用血者健康受损的，不构成两罪。这恐怕存在疑问。因为非法组织卖血罪与强迫卖血罪属于危害公共卫生罪中的罪名，该节罪名的共同法益是公共卫生（笔者认为实质就是公众健康），所以不可能仅保护供血者的健康而不保护用血者的健康。换言之，非法组织卖血罪和强迫卖血罪既保护供血者也保护用血者的健康，仅导致用血者健康受损的，同样可能构成二罪。

关于“对他人造成伤害的”中的“他人”是否包括用血者，一种观点认为，

"'造成他人伤害'中的'他人'仅限于卖血者，不包括输入血液者。"[1]另一种观点指出，"组织卖血过程中可能对他人造成伤害，例如，组织者中分工负责抽血的人野蛮操作，使卖血者的身体健康权受到严重侵害的，或者使输血者因输入不合格血液而遭受伤害的，根据《刑法》第333条第2款的规定，应依照《刑法》第234条故意伤害罪的规定定罪处罚。"[2]笔者赞成后一种观点。如前所述，公众健康是二罪所保护的法益，而公众健康无疑包括用血者的健康。所以非法组织卖血、强迫卖血造成用血者伤害的，应以故意伤害罪定罪处罚。

关于第三个问题，由于非法组织卖血罪、强迫卖血罪可能同时侵犯多个人的法益，从理论上讲，行为人实施了多个行为，同时侵犯了多个法益的，同时符合了数罪构成要件的，应当数罪并罚。例如，行为人非法组织多人卖血，即便不考虑给个别人（卖血者或用血者）造成伤害的情节，也能构成非法组织卖血罪，应当以非法组织卖血罪与故意伤害罪数罪并罚。又如，强迫他人卖血造成卖血者轻伤，同时，所出卖的血液造成用血者伤害的，既符合强迫卖血罪的构成要件［理论上通常认为，造成卖血者轻伤的结果，应当评价为强迫卖血罪的情节，而不应以故意伤害罪（轻伤）定罪处罚］，又符合故意伤害罪的构成要件，应当以强迫卖血罪与故意伤害罪数罪并罚。

关于第四个问题，即二罪的既未遂判断问题，直接与法益的理解有关。从非法组织卖血罪、强迫卖血罪保护供血者的健康法益考虑，即便所组织的卖血者因为体检不合格（通常采血之前要进行体检，体检合格方采血）而未被抽血，但由于组织卖血者以牟利为目的，通常会组织一批"职业"卖血者集中食宿，不仅住宿饮食条件差，而且为了总能抽出血（有时甚至达到每天抽两次），有意让卖血者食用便于"生血"的食物或饮料，因而即便不抽血，也可能严重影响被组织卖血者的健康，从这个角度讲，只要实施了非法组织卖血的行为，即便尚未实际抽血或者抽血后尚未出售，也具有对于供血者与用血者健康的抽象性危险，综合评价达到了值得科处刑罚程度的，完全可能被评价为非法组织卖血罪的既遂。换个角度看，因为《刑法》第333条仅仅规定"非法组织他人出卖血液的，处5年以下有期徒刑"，而没有要求发生实际的损害结果，将该罪理解为行为犯或抽象危险犯，是完全可能的，因而只要非法组织卖血的行为实施到一定程度，就可以评价为既遂。另外，由于强迫卖血罪的行为人是以暴力、威胁的方法强迫他人出卖

---

〔1〕张明楷：《刑法学》（第三版），法律出版社2007年版，第809页。

〔2〕周光权：《刑法各论》，中国人民大学出版社2008年版，第430、431页。

血液的，所以手段行为本身导致他人轻伤的，即便尚未实际采血，或者所采血液尚未出售，由于已经侵害了被强迫者的健康法益，评价为强迫卖血罪的既遂是合理的。其实，因为构成强迫卖血罪对结果没有要求，将该罪理解为行为犯或抽象危险犯同样是可能的，只要行为实施到一定程度，即构成强迫卖血罪的既遂。

关于第五个问题，涉及人身上的血液、器官、毛发是否属于财产罪所保护的对象的问题，这在理论上存在争议。血液可以卖钱，的确具有财产的属性。抢劫人身上的几十元钱可以构成抢劫罪，而“抢劫”人身上的血液（200毫升血液通常能卖数百元钱）反而不构成抢劫罪，恐怕有失均衡。若强迫者向被强迫者公平地支付了对价，虽然也能构成抢劫罪（因为抢劫罪是针对个别财产的犯罪），但是否属于强迫交易呢？在《献血法》出台后，血液或许不再是交易的对象，因此以强迫交易罪定罪恐怕存在疑问。由此可以认为，强迫卖血罪与强迫交易罪之间不存在竞合关系。下面分析几个判例：

［例一］　福建省永定县人民法院经公开审理查明，“1997年10月16日，路福金未经国家有关机关的批准，非法组织龙岩、永定、三明等地的人员20人，租车到广东省饶平县医院出卖血液，路福金从15位卖血者中每人抽取‘管理费’20元，非法得款300元。次日晚上，他再次从龙岩、永定、三明、漳平等地非法组织32人，准备到广东省潮州市出卖血液，当他在租两部中巴车准备出发时，被公安人员当场抓获而未遂。另外，路福金还于1997年8月至9月份间，曾非法组织70余人次到广东省饶平县医院出卖血液，从中抽取‘管理费’1500余元。”辩护人认为，“起诉书指控被告人路福金于1997年10月组织20人卖血者，因有5人不合格，只收取管理费300元，而其于次日（10月17日）的行为属未遂。”该院以非法组织卖血罪判处路福金有期徒刑1年6个月，缓刑2年，并处罚金1000元。〔1〕

评析：因为有5人所抽血液不合格而未能收取“管理费”，即便全部不合格致使全部血液都未被输入用血者体内，也由于本罪可以理解为行为犯或抽象危险犯，只要非法组织卖血的行为实施到一定程度，就具有对于卖血者或者用血者健康的抽象危险性，故不影响非法组织卖血罪既遂的认定。由于10月17日被告人组织卖血者准备租车出发时即被抓获，连对被组织者及用血者的健康的抽象性危险都没有形成，故认定为未遂，不作为犯罪处理是可以的。需要说明的是，由于

〔1〕　福建省永定县人民法院（1997）永刑初字第146号“路福金非法组织他人买血案”刑事判决书，http：//www.lawyee.net/Case/Case Display.asp？ChannelID＝2010103&KeyWord＝&RID＝13480，2010年7月26日访问。

非法组织卖血罪是行为犯，既然已经开始着手实施组织行为，不宜认为还处于犯罪预备阶段而认定为犯罪预备。

［例二］　上海市浦东新区人民法院经审理查明，“2008年5月始，被告人杜某为牟取非法利益，先后招募被告人轩辕某某、耿某某、刘某等人共同实施非法组织他人卖血，由被告人杜某出资租赁房屋提供给卖血者集中居住，联系、落实献血指标和提供卖血者的虚假身份信息；由被告人耿某某负责至江苏省南京市、浙江省杭州市等地的救助站招募及诱骗卖血者；由被告人刘某等人负责采购食品、日用品等对卖血者的日常管理；由被告人轩辕某某负责维持卖血者居住地的秩序。2008年11月，被告人杜某等人安排卖血者居住在本区六灶镇汤店村。后由被告人杜某安排刘某等人至本市奉贤区四团镇某村村委会联系并落实献血指标。2009年1月12日，被告人杜某、刘某、耿某某、轩辕某某等人组织汪某某、王某某、刘某某等十余人至四团镇某卫生院进行献血前的体检。同月19日，四名被告人等又组织体检合格的人员汪某某以‘吴建’之名、王某某以‘姜琪’之名、刘某某以‘蒋承歌’之名、耿某某以‘盛子龙’之名、轩辕某某以‘程虎’之名及付某某六人以奉贤区某爱卫办名义，组织凌某某、翟某、王某某及郭某四人以四团镇某村名义，在四团镇某卫生院进行非法献血。后卖血者将各自领取的补贴全部上交给被告人杜某，由被告人杜某从中抽取非法利益后再分发给卖血者。2009年2月下旬，被告人杜某至本市松江区九亭镇某村村委会联系并落实献血指标，并于同月27日组织体检合格人员以袁某某、汝某、沈某某、杨某之名至松江区高科技园区进行非法献血，被告人杜某从献血补贴中抽取非法利益。”该院以非法组织卖血罪分别判处被告人杜某、刘某、耿某某、轩辕某某有期徒刑1年9个月、有期徒刑1年、有期徒刑1年、有期徒刑1年。[1]

评析：在具备检测是否系艾滋病毒携带者的能力的上海等大城市的正规体检单位体检，的确不会最终对用血者的健康造成损害，但是，目前国内还有相当多的地方验血机构还不具备检测艾滋病毒的能力，而且有些地方验血机构的管理还存在严重问题，即便最终抽血的是所谓体检合格的人员，非法组织卖血对于用血者的健康也具有抽象性危险。而且，本案中非法组织卖血者是一个“专业”性的组织，利欲熏心，必然不会顾及被组织者的健康，故这种非法组织卖血的行为，对于被组织者的健康的抽象性危险是不可否认的。所以，不能因为部分人因体检

---

〔1〕　上海市浦东新区人民法院（2009）汇刑初字第473号“杜某、刘某、耿某某、轩辕某某非法组织卖血案”刑事判决书，http：//www. lawyee. net/Case/Case Display. asp？RID = 323422&KeyWord =，2010年7月26日访问。

不合格而对这部分的非法组织行为认定为非法组织卖血罪的未遂，而是仍然成立既遂。

［例三］　河北省沧州市中级人民法院经公开审理查明，“被告人王晓光，在1994年4月至12月期间，指使被告人潘国正等人，以招工为名，在天津、保定、沧州等地，先后将郑俊海、王合方、王金永、皇甫新学等人骗至河间，王晓光以欺骗、殴打、语言威胁等手段强迫郑俊海等人卖血950余人次，从河间血站支取劳务费、血奖款5万余元。除用于血员部分生活费用外，全部挥霍。”河北省沧州市中院认为：“被告人王晓光目无国法，指使被告人潘国正等人以招工为名骗人来河间，以暴力、胁迫等手段强迫他人卖血，从中渔利。二被告人之行为均已构成抢劫罪，王晓光犯罪情节严重，系本案主犯，潘国正系从犯。……作出如下判决：一是，王晓光犯抢劫罪，判处死刑，剥夺政治权利终身；二是，潘国正犯抢劫罪，判处有期徒刑6年。”河北省高级人民法院维持原判。〔1〕

评析：该案发生在未规定强迫卖血罪的1994年（强迫卖血罪是1997年刑法新增的罪名），法院认为，血液不具有交易的性质（当时刑法也没有规定强迫交易罪），但血液既然可以出售，就不可否认具有财产的属性，能够成为抢劫罪等财产罪所保护的对象，由此，判决强迫卖血的行为构成抢劫罪。笔者认为，人身上未分离的血液、器官等物质，具有人格的属性，不应视为财产（与人身分离之后的血浆当然是财产），尤其是在《献血法》出台后，血液更是不能成为交易的对象了，因此，强迫卖血的，不应评价为抢劫罪，因为强迫卖血而损害了被强迫者健康的，在1997年刑法修订以前，可以故意伤害罪论处，刑法修订之后，可以强迫卖血罪、故意伤害罪论处。

［例四］　河南省太康县人民检察院指控，“1997年11月份，被告人孙振行伙同其妻王静未取得《医疗机构执业许可证》而在本住宅非法开办烧伤科诊所至今。1999年3月3日，被害人于连杰和王在廷因烧伤住进该所。在此期间，被告人孙振行、王静以需要输血为由，通过被告人曹继功多次给二人分别输入不合格血液，致使二人被确认为HIV病毒携带者。被告人曹继功自1995年以来靠卖血为生，而后分别在太康县公疗医院、血栓病医院以及孙振行烧伤科诊所等单位多次组织他人卖血，造成多人染上HIV病毒。……据此，认定被告人孙振行之行为构成非法采集、供应血液罪，又构成非法行医罪，系共同犯罪中的主犯，应予数

---

〔1〕　河北省高级人民法院（1995）刑初字第47号“王晓光、潘国正抢劫案”刑事裁定书，http://www.lawyee.net/Case/Case Display.asp? ChannelID = 2010103& KeyWord = &RID = 23888，2010年7月26日访问。

罪并罚；被告人王静之行为构成非法采集、供应血液罪，系共同犯罪中的从犯；被告人曹继功之行为构成非法组织卖血罪。要求对其依法分别惩处。”太康县法院认为，“……被告人曹继功未经卫生行政主管部门批准，私自组织他人多次出卖血液，又把自己的血液私自出卖、输给他人，对使用血液者造成了严重伤害，其行为分别构成了非法组织卖血罪和故意伤害罪，应予数罪并罚。……判决如下：……三是，被告人曹继功犯非法组织卖血罪，判处有期徒刑5年，并处罚金1万元；犯故意伤害罪（重伤）判处有期徒刑10年。合并决定执行有期徒刑14年，并处罚金1万元。”〔1〕

评析：由于非法组织卖血罪属于集合犯，可以认为行为人实施了多个行为、侵害了多个法益，本案中被告人曹继功既多次组织他人出卖血液，而且所组织出卖的血液致使用血者被感染上HIV病毒，造成伤害的结果，而且即便不考虑造成用血者伤害的情节，其非法组织卖血的行为也已构成非法组织卖血罪，所以法院以非法组织卖血罪与故意伤害罪数罪并罚是正确的。

（二）非法采集、供应血液、制作、供应血液制品罪和采集、供应血液、制作、供应血液制品事故罪的法益

两罪之所以在犯罪的成立条件和法定刑上存在差异，是因为前者是未经批准采集、供应血液、制作、供应血液制品的个人或单位非法采集、供应血液、制作、供应血液制品，不符合国家规定的标准、足以危害人体健康的行为，后者是经国家主管部门批准采集、供应血液、制作、供应血液制品的部门，不依照规定进行检测或者违背操作规定采集、供应血液、制作、供应血液制品而造成危害他人身体健康后果的行为。由于相关资质规定和操作规定的目的均在于保证所采集、供应、制作的血液、血液制品合格，不危及用血者的健康，以及确保采供血液过程中不损害供血者的健康，因此，两罪的法益均是保护包括供血者、用血者在内的公众健康。非法采集、供应血液、制作、供应血液制品罪以“足以危害人体健康”为条件，有不少学者认为这是具体危险犯的标志，〔2〕但笔者认为这并非具体危险犯的标志，而是对所采集、供应的血液、制作、供应的血液制品构成犯罪的

---

〔1〕 河南省太康县人民法院（2000）太刑初字第6号“孙振行、王静、曹继功非法采集、供应血液、非法行医、非法组织卖血案”刑事判决书，http://www.lawyee.net/Case/Case Display.asp?ChannelID=2010103&KeyWord=&RID=4841，2010年7月26日访问。

〔2〕 参见张明楷：《刑法学》（第三版），法律出版社2007年版，第810页；周光权：《刑法总论》，中国人民大学出版社2008年版，第432页；曲新久：《刑法学》，中国政法大学出版社2009年版，第490页；等等。

要求，也可以说是对行为性质、程度的要求，只要所采集、供应的血液、制作、供应的血液制品，足以危害人体健康，即便还没有对用血者的健康形成具体性危险就已构成犯罪；相反，所采供血液不足以危害人体健康，不是构成未遂的问题，而是根本就不成立该罪。另外，本罪可以认为是对公众健康的抽象危险犯，只要所采集的血液、制作的血液制品足以危害人体健康，即便所采集的血液、制作的血液制品尚未供应（出售），也已构成该罪的既遂。由于采集、供应血液、制作、供应血液制品事故罪以“造成危害他人身体健康后果”为成立犯罪的条件，故对于用血者而言，仅仅是采集、制作了血液、血液制品尚未供应的，由于不可能已经造成危害用血者身体健康的后果，所以不是成立该罪的未遂的问题，而是根本就不成立该罪。但是，对于供血者而言，由于采集血液过程本身可能造成危害供血者身体健康的后果，所以，即便尚未供应血液，只要在采集血液过程中造成了危害供血者身体健康后果的，也已构成采集血液事故罪的既遂。下面分析具体判例：

［例一］　河南省镇平县人民法院经审理查明，“被告李志武私购采血用离心机一台及其他采血工具，伙同其妻刘丰阁于1998年2月14日至2月28日止，先后在本县城郊乡肖营村李道瑞（外逃）家和本县城关镇东门村徐丰平家非法采集30余人的血液，加工后卖给李坤生（外逃）转售。2月28日经群众举报，被告人李志武、刘丰阁被公安机关抓获，并缴获已加工的血浆23袋。经南阳市卫生防疫站抽取其中7袋化验，均含有艾滋病病毒。对上述犯罪事实，被告人李志武供述：1998年正月18日在李道瑞家采血3天，是与李道瑞、刘玉变、我爱人刘丰阁一起采毛血一百三十几袋，弄成血清七十几袋，队员18人，采后卖给李坤生了。在徐丰平家，我和刘丰阁采了2天半，采60来袋，搞成血清23袋，南阳拿走了，队员16人，每人每天抽2袋。被告人刘丰阁供述：开血站没有手续，我负责扎针，志武负责离浆及记账，队员是我丈夫联系的等情节相一致，且与证人刘玉变证实的：志武、阁娃、李道瑞是今年正月十八开始在我家抽血的，志武爱人扎针抽血，志武把血浆分离，我爱人记账，卖血队员是志武联系的，有17～18个，3天分离后血浆有180袋。证人张保成、徐丰平、岳建国、杨青山、魏全、牛宗梅、梁海等人证实：李志武与他人一起开血站，李志武全面负责，刘丰阁是扎针的，徐家二楼西头一间半房住一二十人专门卖血，每天都抽血，有些一天两次，他们也不管你有没有病。被告人供述情节均能相互印证，并有扣押作案工具血液离心器、还输器、加工后的23袋血浆及南阳市卫生防疫站血样监测结果所证实。本案事实清楚，证据充分，足以认定。”该院认为，“被告人李志武、刘丰阁

未经国家主管部门批准而非法采集、供应血液，足以危害人体健康，其行为已构成非法采集、供应血液、制作、供应血液制品罪；……判决如下：被告人李志武犯非法采集、供应血液、制作、供应血液制品罪，判处有期徒刑 2 年，并处罚金 3000 元。被告人刘丰阁犯非法采集、供应血液、制作、供应血液制品罪，判处有期徒刑 1 年，缓刑 1 年，并处罚金 2000 元。"[1]

评析：由于所采血液含有艾滋病病毒，即便制作的部分血浆尚未出售，对于用血者的健康也存在抽象危险，而且，非法组织、采集血液，由于不具备相应的资质条件，对于被组织者的健康安全也难以保证，故只要实施了组织、采集行为，即便血液尚未出售，也已构成非法组织卖血罪、非法采集血液罪的既遂。

［例二］　河南省确山县人民法院经审理查明，"1998 年约 3 月份，被告高某某在南阳购买一台血浆离心机，并通过杨勇找到在驻马店市老街乡付庄居住的杨某，让杨某联系采血地点。然后，杨某就找到确山县胡庙乡臧集村舒庄的舒某某商量，并租赁舒的房子两间。1998 年 4 月 6 日，高某某在南阳租一辆'面的'同王某某、黄某某一起拉着购买的血浆离心机到驻马店。到驻马店后，高某某又找到杨某，在杨某的带领下将人和机器运到舒某某家。于当天晚上即开始组织人员采血，并将采集的血液制作成血浆。在采集血液和制作血浆过程中，被告高某某负责全面工作，王某某（在逃）负责采血，黄某某负责血液分离，制作成血浆，杨某、孙某某负责组织卖血人员。从 4 月 6 日至 4 月 12 日被告高某某、杨某、黄某某、孙某某组织 20 余人卖血，采集血液并制作成血浆 52 袋（每袋 500 毫升），1998 年 4 月 10 日由高某某将 28 袋血液制品卖出（尚未获得赃款）。"检察院以非法采集血液制品罪指控，法院以非法制作血液制品罪分别判处被告人高某某、杨某、黄某某、孙某某有期徒刑 3 年、2 年、2 年和 1 年 4 个月。[2]

评析：由于非法采集、供应血液、制作、供应血液制品罪是抽象危险犯，因此，不管制作的血液制品（血浆）是否已经售出，是否已经实际输入用血者身体，是否已经实际危害用血者健康，均已构成该罪的既遂。另外，该罪属于选择性罪名，该案中由于被告人已经完成采集血液、制作、供应血液制品的过程，因

---

〔1〕河南省镇平县人民法院（1998）镇刑初字第 85 号"李志武、刘丰阁非法组织他人卖血案"刑事判决书，http：//www. lawyee. net/Case/Case Display. asp？ChannelID = 2010103&KeyWord = &RID = 16117，2010 年 7 月 26 日访问。

〔2〕河南省确山县人民法院"高某某、杨某、黄某某非法制作血液制品案"刑事判决书，http：//www. lawyee. net/Case/Case Display. asp？ChannelID = 2010103& KeyWord = &RID = 23718，2010 年 7 月 26 日访问。

此，罪名应是非法采集血液、制作、供应血液制品罪，而不是指控的罪名非法采集血液制品罪，也不是宣判的罪名非法制作血液制品罪。因为血液制品不是采集而是采集血液之后进而制作的，所以指控的罪名有误。另外，只以非法制作血液制品罪进行评价，就遗漏了行为人非法采集血液以及非法供应血液制品的行为。很显然，司法实务部门并没有真正理解该罪名的含义及该罪名所保护的法益，在罪名的确定上随心所欲。

［例三］　河南省唐河县人民法院经公开审理查明，“1998 年 4 月，被告人常明印与其父常付林（在逃）预谋非法采集血液出售，牟取暴利。常付林通过本县城郊乡谢庄村委韩坟组村民郭前平，购得分离血浆用的离心沉淀机一台及其他用品。1998 年 4 月 16 日，常付林租用本县城关镇常花园村委史庄村民乔肖芳的房子后，即开始非法采血活动。由常付林之女常明静（在逃）负责从售血人员身上抽血，由被告人常明印负责分离血清，先后采集血液 5 天，分离血清 50 袋，均由常付林拿去销售（销往何处不清楚）。在此期间，被告人常明印想换个地方采血，要其母亲周书均联系房屋采血用，被告人周书均表示同意。同年 4 月 20 日，被告人周书均见到城郊乡常岗头村委的村民王玉玲，提出以每天 20 元价格租赁王玉玲家的房子，王表示同意。4 月 21 日，被告人常明印伙同其父常付林将采血所用的设备转移到王玉玲家的地下室内。从 4 月 23 日开始，被告人常明印、邓晓会即在王玉玲家地下室里进行采血，由邓晓会负责抽血，常明印负责分离血清。4 月 25 日，当常、邓两被告人正在非法采血时，被公安机关当场抓获。至此，两被告人在王玉玲家地下室共非法采血 3 天，采集血清及血浆 54 袋，除由常付林已售出 4 袋外，其余 50 袋在案发时均被扣押。”该院以非法采集血液罪分别判处被告人常明印、邓晓会、周书均有期徒刑 1 年、1 年（缓刑 2 年）和免于刑事处分。[1]

评析：虽然案中有部分血液制品尚未售出，如前所述，不影响该罪既遂的认定。检察院指控以及法院宣判的罪名均为非法采集血液罪，在罪名确定上存在明显错误。该案中共同犯罪行为人已经完成非法采集血液、制作、供应血液制品的行为，唯有以非法采集血液、制作、供应血液制品罪定罪，才不会遗漏对犯罪行为及所侵害的法益的全面评价。

（三）非法行医罪、非法进行节育手术罪

由于未取得医生执业资格而行医，通常就具有危害就诊人健康的抽象危险。

---

〔1〕　河南省唐河县人民法院“常明印、邓晓会、周书均非法采集血液案”刑事判决书，http：//www. lawyee. net/Case/Case Display. asp？ChannelID = 2010103& KeyWord = &RID = 14552，2010 年 7 月 26 日访问。

这种抽象危险是推定的，不需要也不应该进行实质的判断，也就是说，未取得医生执业资格的人，即便其医术比具有医生执业资格的人还高超，也还是应认定为非法行医罪。按照医师法相关规定，所谓医生执业资格是医师资格与执业资格的统一，具有医师资格未依法取得开业许可证而行医，同样属于非法行医。但是，由于该罪的保护法益是就诊人的身体健康，若行为人虽存在一定的行政违法行为，但实质上不属于未取得医生执业资格的人，就不应评价为非法行医罪的主体。

从与非法行医罪的主体、成立犯罪及法定刑升格条件完全一样，又同处于一个条文可以看出，非法进行节育手术也是一种非法行医，可谓非法行医罪的特别法条，即两者基本上是特别法与普通法的关系（因为不能说凡符合非法进行节育手术罪构成要件的，就一定符合非法行医罪的构成要件）。非法进行节育手术罪不同于非法行医罪的地方在于，该罪所保护的法益除就诊人的健康外，还包括所谓国家计划生育制度（或许以计划生育政策表述更为合适）。笔者认为国家的计划生育政策与就诊人的身体健康是选择性法益，侵害其中之一法益的，就构成了该罪，没有侵害任何一项法益，则不构成该罪。从理论上讲，行为人为取得了生育证的妇女进行节育复通手术或者摘取宫内节育器的，由于没有侵害国家的计划生育政策，若非法行医行为未达到情节严重的，则不构成犯罪；行为人虽然擅自为他人进行终止妊娠手术，但由于在我国堕胎是合法的，是公民的自由，没有侵害国家的计划生育政策，只要难以评价为非法行医情节严重，也不应作为犯罪处理。如下面判例所示，实务中因为没有准确把握该罪的法益而在犯罪认定上存在一些偏颇。

［例一］　福建省永定县检察院指控，“2000 年 10 月被告人卢聚淦未取得开业许可证即在坎市镇福三北路 131 号开设诊所。2001 年 9 月 16 日，被告人卢聚淦违反卫生部《预防用生物制品生产供应管理办法》的规定，擅自从他人处购得国家已明令停止生产并限期使用的人用浓缩狂犬病疫苗 5 盒。2001 年 9 月 17 日上午，被害人陈志明被狗咬伤后，当日中午由其父送至被告人诊所治疗，被告人即用所购得的人用浓缩狂犬病疫苗为被害人陈志明注射治疗，至 2001 年 10 月 16 日共注射一个疗程 5 针。2001 年 10 月 29 日被害人陈志明狂犬病发作，经龙岩市第二医院医治无效，于 10 月 31 日死亡。”被告人卢聚淦答辩称：“对公安机关指控的犯罪事实经过没有意见，但其是乡村医生，本身具有行医资格，且每年都参加培训学习，由于当时坎市镇实行‘一体化’管理，许可证才被收回的，故对公诉机关指控其犯非法行医罪持有异议。”永定县法院认为，“首先，被告人卢聚淦是乡村医生，该事实有永定县卫生局出具的证明和乡村医生证证实，因此被告人卢聚淦

具有在乡村范围内行医的资格。被告人卢聚淦虽然从坎市镇浮山村擅自搬迁到坎市镇坎市街庵排行医，但被告人在坎市街庵排行医并未超出乡村行医的地域范围，故被告人具有资格在坎市镇庵排行医。公诉机关以被告人未取得开业许可证为由指控被告人非法行医，但未取得开业许可证并不等于就不具备乡村医生行医资格，且被告人未再办理开业许可证系由于坎市医院实行乡村一体化后将乡村医生个体户12人（其中包括被告人卢聚淦）纳入坎市医院管理，期间永定县卫生局等部门已向被告人收取了卫生调节基金，故应认为永定县卫生局已认可被告人在坎市镇庵排开设诊所，因此认定被告人无证开业是不妥的。……综上所述，被告人卢聚淦不符合犯非法行医罪的犯罪主体，客观上亦未实施造成情节严重的行为。公诉机关指控被告人犯非法行医罪，证据不足，指控犯罪不成立，辩护人对被告人进行无罪辩护的辩护意见，本院予以采纳。……作出如下判决：卢聚淦无罪。”二审维持了无罪的结论。[1]

评析：本案发生在农村，不能依城市的执法情况推断农村的执法情况。正如，虽然我国1994年民政部条例明文规定，未经民政登记的婚姻为无效婚姻，即不承认事实婚姻，但现实情况是，在我国广大的农村地区，即便将婚姻登记费一减再减，甚至取消了婚前检查，广大农民朋友还是嫌登记“费钱费事”，而请亲戚朋友吃一顿，就宣布婚姻成立。若因此认为这些婚姻都是无效婚姻，不必再认定事实重婚，则明显脱离中国国情。法院考虑到农村医疗的特殊背景，认为被告人不属于非法行医，从而宣告被告人无罪，是正确的。

［例二］　福建省永春县人民法院经公开审理查明，“一是，1998年12月21日经永春县计生局批准，蓬壶镇苏路49号的林玉桂领取第二胎生育证，于1999年3月的一天下午，在丈夫的陪同下来到蓬壶镇中兴街找被告人潘霜菊，要潘为其取出节育环，潘将林玉桂带到自己店内的地下室诊床，擅自为林玉桂摘取宫内节育器，并向林玉桂收取人民币20元。……四是，2001年6月2日，蓬壶镇军兜村9组村民林宝贵经B超检查，发现已怀孕1个月，蓬壶镇计生办通知其进行人流。于2001年6月份的一天，林宝贵在其丈夫陪同下来到蓬壶镇中兴街找被告人潘霜菊，要潘为其流产，潘霜菊将林宝贵带到自己店内的地下室诊床，擅自为林宝贵做终止妊娠手术，并向林的丈夫收取人民币100元。……九是，1998年1月，达埔镇新琼村二组村民尤素清办理第一胎生育证，怀孕3个月时于2002年2月10

〔1〕福建省龙岩市中级人民法院（2003）岩刑终字第22号“卢聚淦非法行医宣告无罪案”刑事裁定书，http://www.lawyee.net/Case/Case Display.asp? ChannelID = 2010103&KeyWord = &RID = 48654，2010年7月26日访问。

日未经计生部门批准，在潘淑利的陪同下到中兴街找被告人潘霜菊，要潘为其做流产手术，潘霜菊将尤素清带到地下室诊床，擅自为尤素清做终止妊娠手术，并向潘淑利收取人民币200元。……综上所述，1999年3月至2002年3月，被告人潘霜菊未取得医生执业资格，在永春县蓬壶镇中兴街自家店铺的地下室里，擅自为10名妇女进行终止妊娠手术或摘取宫内节育器，违法所得人民币1440元。”该院认为，“被告人潘霜菊未取得医生执业资格，多次擅自为他人进行终止妊娠手术及摘取宫内节育器，情节严重，其行为已构成非法进行节育手术罪，公诉机关指控的罪名成立，依法应予惩处。……作出如下判决：被告人潘霜菊犯非法进行节育手术罪，判处有期徒刑2年，并处罚金人民币5000元。”〔1〕

评析：所谓10次擅自为他人进行终止妊娠手术及摘取宫内节育器，其实，大多数对象是已取得生育证的妇女，还有为他人进行终止妊娠手续，也未必违反了国家计划生育政策，为何要求上述手术非得到医院去做不可？百姓都知道，医院门难进、脸难看、无钱莫进来，老百姓选择无执照的私人诊所，自然是经济所迫。笔者认为，只要没有违反计划生育政策，又没有严重损害就诊人身体健康，不宜以非法进行节育手术罪定罪处罚。

［例三］ 湖南省洞口县人民法院经审理查明，“2008年9月19日下午，被害人李彩云为生育小孩来到本县洞口镇蔡锷路295号‘海滨大药房’（龙海斌住宅）找到被告人龙海斌，要其帮忙做输卵管连接手术，并商量好交9000元的手术费，于次日下午前来做手术。同年9月20日下午5点多钟，李彩云按约来到‘海滨大药房’做输卵管连接手术，付给被告人龙海斌9000元手术费，后龙海斌打电话给被告人付录云，要她来给李彩云打麻醉药。当日下午5时25分，龙海斌给李彩云注射了0.5毫克阿托品。过了30分钟，被告人付录云给李彩云注射了盐酸利多卡因麻醉药品。过了约5分钟，李彩云呼吸困难，龙海斌立即给李彩云注射急救药品。约两分钟后，李彩云死亡。经法医鉴定，李彩云系连续硬膜外麻醉造成硬脊膜穿孔导致全脊髓麻醉死亡。”该院认为，“被告人龙海斌、付录云未取得医生执业资格擅自为他人进行节育复通手术，造成就诊人死亡的行为已构成非法进行节育手术罪。公诉机关指控罪名成立。……被告人龙海斌的辩护人提出被告人龙海斌并未实施节育复通手术，之前被害人已因注射麻醉药品死亡，是犯罪未遂。由于注射麻醉药品是节育复通手术的组成部分，就诊人因手术死亡，是犯罪既遂。

---

〔1〕 福建省永春县人民法院（2002）永刑初字第152号“潘霜菊非法进行节育手术案”刑事判决书，http://www.lawyee.net/Case/Case Display.asp? ChannelID = 2010103&KeyWord = &RID = 46854，2010年7月26日访问。

被告人龙海斌犯罪未遂的辩护主张，本院不予采纳。……判决如下：一是，被告人龙海斌犯非法进行节育手术罪，判处有期徒刑3年，缓刑3年，并处罚金2万元。二是，被告人付录云犯非法进行节育手术罪，判处有期徒刑3年，缓刑3年，并处罚金2万元。"〔1〕

评析：辩护人提出，被害人是在进行节育复通手术前因麻醉而死亡，属于犯罪未遂。而法院认为"由于注射麻醉药品是节育复通手术的组成部分，就诊人因手术死亡，是犯罪既遂"，笔者认为均不妥当。由于非法进行节育手术罪的保护法益除国家的计划生育政策外，还包括就诊人的健康，虽然节育复通手术前的麻醉行为对于国家计划生育政策的法益而言尚属于预备或者着手实行阶段，但对于就诊人的健康法益而言，则无疑属于已经着手实行，实际造成了就诊人健康的损害，当然属于非法进行节育手术罪的既遂。法院以注射麻醉药品是节育复通手术的组成部分为由而肯定犯罪既遂也不妥当。正确的说法应是从该罪所保护的法益着手，只要认为国家的计划生育政策与就诊人的健康是该罪的选择性法益，就不难得出该案仍属于既遂的结论。

［例四］ 湖北省兴山县检察院指控，"被告人赵良玉原来学过一些医疗常识，当过赤脚医生，但未取得医生执业资格。1995年1月至1999年5月，被告人赵良玉在明知自己未取得医生执业资格的情况下，分别在兴山县古夫镇居委会、古夫镇丰邑坪村一组、古夫镇北斗小区等地点，擅自为育龄妇女进行终止妊娠手术197例、摘取宫内节育器5例。其中，1998年3月28日，被告人赵良玉为古夫镇朝阳村三组的育龄妇女陈某非法摘取宫内节育器后，导致陈某于1999年4月20日生育计划外婴儿一名。在此期间，县卫生局及其他有关部门曾经对赵良玉的非法行为进行多次查处，但赵良玉仍未停止其非法进行节育手术的活动，直至案发。"兴山县法院认为，"被告人赵良玉明知自己未取得医生执业资格，却多次擅自为育龄妇女施行终止妊娠手术和摘取宫内节育器，并因摘取宫内节育器而导致一名妇女计划外生育，情节严重，其行为已构成非法进行节育手术罪，应予惩处。……判决如下：被告人赵良玉犯非法进行节育手术罪，单处罚金人民币8000元。"〔2〕

---

〔1〕 湖南省洞口县人民法院（2009）洞刑初字第55号"龙海斌、付录云非法进行节育手术案"刑事判决书，http：//www. lawyee. net/Case/Case Display. asp？RID = 340200&KeyWord = ，2010年7月26日访问。

〔2〕 湖北省兴山县人民法院"赵良玉非法进行节育手术案"刑事判决书，http：//www. lawyee. net/Case/Case Display. asp？RID = 25658&KeyWord = ，2010年7月26日访问。

评析：笔者看不出所谓为育龄妇女进行终止妊娠手术 197 例会侵害国家计划生育政策。固然，很多情况下，要求终止妊娠的是被 B 超检测出怀的是女孩的妇女。即便如此，笔者认为处罚非法为他人进行性别鉴定的人就可以了，不应将导致性别比例失调的责任推给为妇女进行终止妊娠手术的人。所以，本案认定是否构成非法进行节育手术罪时，不应考虑为妇女进行终止妊娠手术的情节。

三、简单总结

通说在论述危害公共卫生罪的法益时，通常都泛泛论述犯罪客体是所谓的管理制度或者管理秩序，由于过于抽象，而对构成要件的解释起不到指导作用，对具体问题的认定与处理也难以发挥作用。所谓公共卫生，其核心就是保护公众健康。因此，解释危害公共卫生罪的构成要件及对于具体问题的认定与处理时，应该始终围绕公众健康（具体指生命、健康法益）。

非法组织卖血罪所保护的法益是供血者与用血者的生命与健康，强迫卖血罪的法益是被强迫人的自由与健康以及用血者的健康。非法采集、供应血液、制作、供应血液制品罪所保护的法益是供血者及用血者的生命与健康，是抽象危险犯，即便所采集的血液、所制作的血液制品尚未出售，也构成非法采集血液罪、非法制作血液制品罪的既遂。采集、供应血液、制作、供应血液制品事故罪的法益也是供血者与用血者的生命与健康，即便所采集的血液、制作的血液制品尚未出售，在采集血液的过程中导致供血者身体健康严重损害的，也构成采集血液罪的既遂。非法行医罪保护的法益是就诊人的生命与健康。非法进行节育手术罪的法益是国家的计划生育政策或者就诊人的生命与健康，为他人进行节育复通手术、摘取宫内节育器、中止妊娠手术未违反计划生育政策，又没有损害就诊人健康的，由于没有侵害法益，通常不应认定为犯罪。

第十二章　破坏环境资源保护罪的解释

主要观点

1. 司法解释确定的非法处置“进口”的固体废物罪，混淆了“进境”与“进口”。

2. 擅自进口固体废物中的“未经国务院有关主管部门许可”，系指未经国务院有关环保主管部门许可。

3. 将捕捉水生动物解释为“猎捕”没有超出一般人的预测可能性。

4. 非法采矿、破坏性采矿，虽然侵害了他人矿产资源所有权，但无需以盗窃罪、故意毁坏财物罪定罪处罚。

5. 收购、出售古旧家具，不构成非法收购、出售国家重点保护植物制品罪。

6. 采伐枯死珍贵树木，不构成非法采伐国家重点保护植物罪。

7. 砍伐自己承包经营管理的林木，构成滥伐林木罪，不应构成盗伐林木罪。

8. 超出采伐许可证数量采伐他人林木的，应构成盗伐林木罪，而不是滥伐林木罪。

主要法规链接

第339条第1款　违反国家规定，将境外的固体废物进境倾倒、堆放、处置的，处……

第2款　未经国务院有关主管部门许可，擅自进口固体废物用作原料，造成重大环境污染事故，致使公私财产遭受重大损失或者严重危害人体健康的，处……

第340条　违反保护水产资源法规，在禁渔区、禁渔期或者使用禁用的工具、方法捕捞水产品，情节严重的，处……

第341条第1款　非法猎捕、杀害国家重点保护的珍贵、濒危野生动物的，或者非法收购、运输、出售国家重点保护的珍贵、濒危野生动物及其制品的，处……

第2款　违反狩猎法规，在禁猎区、禁猎期或者使用禁用的工具、方法进行狩猎，破坏野生动物资源，情节严重的，处……

经《刑法修正案（八）》修改后的第 343 条第 1 款　违反矿产资源法的规定，未取得采矿许可证擅自采矿，擅自进入国家规划矿区、对国民经济具有重要价值的矿区和他人矿区范围采矿，或者擅自开采国家规定实行保护性开采的特定矿种，情节严重的，处……

第 2 款　违反矿产资源法的规定，采取破坏性的开采方法开采矿产资源，造成矿产资源严重破坏的，处……

第 344 条　违反国家规定，非法采伐、毁坏珍贵树木或者国家重点保护的其他植物的，或者非法收购、运输、加工、出售珍贵树木或者国家重点保护的其他植物及其制品的，处……

第 345 条第 1 款　盗伐森林或者其他林木，数量较大的，处……

第 2 款　违反森林法的规定，滥伐森林或者其他林木，数量较大的，处……

第 3 款　非法收购、运输明知是盗伐、滥伐的林木，情节严重的，处……

一、理论现状：长于批评，拙于解释

刑法第六章妨害社会管理秩序罪第六节破坏环境资源保护罪共有 9 个条文，设置了 15 个罪名，具体是：污染环境罪，非法处置进口的固体废物罪，擅自进口固体废物罪，非法捕捞水产品罪，非法猎捕、杀害珍贵、濒危野生动物罪，非法收购、运输、出售珍贵、濒危野生动物、珍贵、濒危野生动物制品罪，非法狩猎罪，非法占用农用地罪，非法采矿罪，破坏性采矿罪，非法采伐、毁坏国家重点保护植物罪，非法收购、运输、加工、出售国家重点保护植物、国家重点保护植物制品罪，盗伐林木罪，滥伐林木罪，非法收购、运输盗伐、滥伐的林木罪。

国内关于环境刑法的论著，几乎千篇一律地都是着眼于批评现行刑法，提出应增设危险犯、规定严格责任等所谓完善立法的建议，或者争论我们到底应树立“人类中心主义”还是“生态中心主义”的环境刑法观。[1]我国环境刑法条文肯

〔1〕 例如，徐平：《环境刑法研究》，中国法制出版社 2007 年版，第 51 页以下；孟伟：“环境刑法的伦理基础”，载《法商研究》2004 年第 6 期，第 11 页以下；陶卫东：“论环境犯罪严格责任原则之有限适用”，载《法学论坛》2009 年第 1 期，第 99 页以下；肖剑鸣、翁京才、翁连金：“环境犯罪论”，载《山东社会科学》2005 年第 8 期，第 24 页以下；时延安、阴剑锋：“过失破坏环境资源犯罪之比较研究”，载《浙江社会科学》2003 年第 1 期，第 103 页以下；宾亭：“试论重大环境污染事故罪认定中的三个问题”，载《华东理工大学学报（社会科学版）》2003 年第 1 期，第 100 页以下；唐士梅：“我国环境犯罪危险犯之立法思考”，载《西北大学学报（哲学社会科学版）》2005 年第 6 期，第 90 页以下；等等。

定存在缺陷，环境刑法理念无疑也需要更新，而且加强环境刑事立法，有效打击环境犯罪更是现实的要求（今年自然灾害率甚至高于往年的10倍，则更是给我们敲响了警钟！）。但是，尽管我国立法的效率常常让外国人惊讶不已，但完善立法的建议被采纳通常尚需时日，更何况是否如学者所言存在所谓的缺陷尚需斟酌，因此，笔者认为，与其批评环境刑法，还不如认真地解释现行环境刑法。正如有学者所言："解释者与其在得出非正义的解释结论后批判刑法，不如合理地运用解释方法得出正义的解释结论；与其怀疑刑法规范本身，不如怀疑自己的解释能力与解释结论。""即使立法者当初根本没有想象到的事实，经过解释也可能完全涵摄在刑法规范中；或者相反。于是，经过解释后的刑法，不再是制定时的刑法；虽然刑法的文字仍然相同，但其内容已经改变。所以，成文刑法比立法者更聪明。"〔1〕

国内相关论著基本不关注实践中的"鲜活"判例，即基本上是纯理论演绎。笔者认为，不关注实践中的真实判例，不评析总结判决妥当与否，正是我国刑法理论研究始终落后于别人的原因，也是实务部门抛弃我们理论界的根源。本文试图结合诸多典型判例，对破坏环境资源保护罪从解释论上进行一些探讨，以期对理论的深化与司法实践的指导有所助益。

二、个罪构成要件解读

（一）非法处置进口的固体废物罪

"两高"将本罪概括为非法处置"进口"的固体废物罪。应该说存在缺陷，会导致不当缩小处罚范围。因为"进境"与"进口"毕竟不是等同概念。例如，某外国公司将一船固体废物倾倒于中国领海内的，属于"进境"倾倒固体废物，理当成立本罪，但不能说其行为属于"非法处置进口的固体废物"。将本罪概括为"非法处置进口的固体废物罪"，就意味着本罪的成立必须先有进口固体废物的行为，其次必须有非法倾倒、堆放、处置的行为，但这种要求没有法律依据，也不利于处理本罪与走私废物罪的关系。所以，有学者认为，宜将本罪概括为"非法进境倾倒、堆放、处置固体废物罪"。〔2〕

（二）擅自进口固体废物罪

有学者认为，本罪与走私固体废物罪的区别主要表现为："一是，侵害的客

---

〔1〕 张明楷：《刑法分则的解释原理》，中国人民大学出版社2004年版，序说部分。

〔2〕 参见张明楷：《刑法分则的解释原理》，中国人民大学出版社2004年版，第72、73页。

体不同。前者侵害的是简单客体，即对外贸易的管制；后者侵害的是复杂客体，在侵害国家对外贸易管制的同时，更主要地侵犯了国家关于环境保护和污染防治的管理秩序。二是，犯罪对象存在着宽窄之别，后罪的范围较宽，包括所有的固体废物；而本罪的对象只能是境外用作原料的固体废物。”〔1〕该观点存在疑问。擅自进口固体废物罪条文仅规定“未经国务院有关主管部门许可，擅自进口固体废物用作原料”，并没有表明是违反海关许可而侵害了对外贸易管制。相反，第339条第3款还明文规定，以原料利用为名，进口不能用作原料的固体废物、液态废物和气态废物的，依照走私废物罪定罪处罚。说明擅自进口固体废物罪中“未经国务院有关主管部门许可”仅指未经国务院有关环保主管部门许可，若是既未经国务院环保主管部门许可，又未经海关部门许可而逃避对外贸易管制的，则既构成擅自进口固体废物罪（以造成重大环境污染事故为前提），又构成走私废物罪；若虽然经过了国务院有关环保主管部门许可，但未经海关部门许可而逃避了对外贸易管制的，则仅构成走私废物罪。此其一。其二，也不能认为擅自进口固体废物罪与走私废物罪在对象上的区别是，前者可以用作原料，后者不能用作原料。因为不管能否用作原料，只要事实上未经国务院有关环保部门许可进口，造成了重大环境污染事故的，就有必要作为擅自进口固体废物罪加以处罚。否则，行为人只要辩解其以为是可以用作原料的固体废物而进口，就可以逃避该罪的处罚。而且，在固体废物是否可以用作原料难以形成定论时，按照上述学者的主张，既不能定擅自进口固体废物罪，也不能以走私废物罪论处，而形成了不能容忍的处罚漏洞。

因此，擅自进口固体废物罪中的“未经国务院有关主管部门许可”，是指未经国务院有关环保主管部门许可，所谓“进口固体废物用作原料，造成重大环境污染事故”，指只要是以原料利用为名进口固体废物并造成了重大环境污染事故，即构成本罪，不管事实上所进口的固体废物能否用作原料。当然需要行为人认识到进口的物质系固体废物。

（三）非法捕捞水产品罪、非法狩猎罪

非法捕捞水产品罪的法益是国家的水产资源，非法狩猎罪的法益是国家的野生动物资源。需要研究的是，捕而不捞的，是否构成犯罪？实践中有这样的判例：在“奚光华、奚中凯、王永保非法捕捞水产品案”中，重庆市城口县法院审理查明，“2006年2月27日，被告人奚光华和修齐镇东河村村民王启权与城口县

〔1〕 孙国祥主编：《刑法学》，科学出版社2008年版，第606、607页。

渔政管理站达成任河修齐河段九公里至石河口含岚溪河支流的管护权由二人行使的口头协议。王启权和被告人奚光华于2006年3月12日正式对该河段渔业资源行使管护权，并先后雇请了18人，每人每月工资平均850元左右，至案发共计支付了工资、设备费、宣传费、交通工具费等共计14万余元。在被告人奚光华等人行使管护权利期间，该河段附近村民及其他人员经常采用非法方式在该河段捕鱼，管护人员多次遭到非法捕捞人员的侮辱、威胁和殴打。被告人奚光华多次向政府及有关部门反映，要求加大渔政管理力度，包括渔政管理站的执法人员出面干涉均遭到了非法捕捞人员殴打。于是，被告人奚光华便产生了毒鱼的念头。2006年7月被告人奚光华让修齐场镇的侄子奚中兵帮忙购买甲氰菊脂乳油（灭扫利）农药，并于2006年8月2日凌晨2时许，到奚中兵处拿走了3件（60ml×50瓶件）甲氰菊脂乳油农药，然后骑摩托车前往修齐镇东河村二组找被告人奚中凯、王永保一道去毒鱼。三被告人带上鱼网、塑料桶、矿灯和笆篓骑摩托车到修齐镇白果村互帮桥上，被告人奚中凯和王永保将三件共150瓶甲氰菊脂乳油农药倒在塑料桶里，提到白果村村民余中佩屋下面的河边倒入任河里，致使修齐河段近十公里的野生鱼类大量死亡，后经有权部门评估鉴定，直接经济损失七万余元。”该院以非法捕捞水产品罪分别判处被告人奚光华、奚中凯、王永保有期徒刑2年、缓刑3年，有期徒刑1年、缓刑2年和有期徒刑1年、缓刑2年。[1]该案中，虽然被告人非法捕捞的水产品属于自己承包的区域，但因为使用禁用的方法捕捞水产品，破坏了水产资源，即便行为人“捕而不捞”，也构成非法捕捞水产品罪。

另外，2000年11月27日《最高人民法院关于审理破坏野生动物资源刑事案件具体应用法律若干问题的解释》（以下简称《野生动物资源解释》）第6条规定：“违反狩猎法规，在禁猎区、禁猎期或者使用禁用的工具、方法狩猎，具有下列情形之一的，属于非法狩猎‘情节严重’：……二是，违反狩猎法规，在禁猎区或者禁猎期使用禁用的工具、方法狩猎的。”该规定存在疑问。《刑法》第341条第2款非法狩猎罪规定：“违反狩猎法规，在禁猎区、禁猎期或者使用禁用的工具、方法进行狩猎，破坏野生动物资源，情节严重的，处3年以下有期徒刑、拘役、管制或者罚金。”不难看出，构成非法狩猎罪，需要具备两个条件：一是在禁猎区、禁猎期或者使用禁用的工具、方法进行狩猎；二是破坏野生动物资

〔1〕重庆市城口县人民法院（2007）城刑初字第8号“奚光华、奚中凯、王永保非法捕捞水产品案”刑事判决书，http：//www.lawyee.net/Case/Case Display.asp？RID＝107091&KeyWord＝，2010年8月17日访问。

源，情节严重。换言之，构成非法狩猎罪，不仅要违反狩猎法规，在禁猎区、禁猎期或者使用禁用的工具、方法进行狩猎，而且达到“破坏野生动物资源、情节严重”程度的，才构成犯罪。而解释的规定将“违反狩猎法规，在禁猎区或者禁猎期使用禁用的工具、方法狩猎”本身评价为情节严重，显然是舍弃了条文明文规定必须具备的“情节严重”要件，放宽了入罪的条件，属于不利于被告人的不当解释，违背了罪刑法定原则，应予废止。

（四）非法猎捕、杀害珍贵、濒危野生动物罪，非法收购、运输、出售珍贵、濒危野生动物、珍贵、濒危野生动物制品罪

非法猎捕、杀害珍贵、濒危野生动物罪的法益是国家的珍贵、濒危野生动物资源。需要研究的是，猎捕是否仅限于捕捉陆生动物，也就是说，非法捕捉、杀害水生动物的是否也构成此罪？上述非法捕捞水产品罪与非法狩猎罪是分别规定的，似乎表明“猎”仅限于捕捉陆生动物；而且，按照一般人的观念，上山捕捉陆生动物叫“打猎”，下水捕捉水生动物叫“捕捞”、“渔”，这似乎也证明，“猎”的对象只能是陆生动物。但是，刑法用语具有相对性，在立法仅规定了非法猎捕、杀害珍贵、濒危野生动物，而没有规定非法捕捞、杀害珍贵、濒危水生动物的情况下，将“猎捕”解释为包括捕捞水生动物，有利于保护珍稀、濒危水生动物，而且也没有超出一般人的预测可能性。实践中也发生了捕杀珍稀水生动物以非法捕杀国家重点保护的珍贵、濒危野生动物罪定罪的判例。例如，在“胡运乐非法捕杀国家重点保护的珍贵、濒危野生动物案”中，湖北省武汉市江汉区法院审理查明，“1990 年 10 月 13 日上午 10 时许，被告人胡运乐和其子胡正祥（经鉴定系重度精神发育迟滞，无责任能力），驾驶三马力机帆船，在新洲县阳逻镇水泥厂附近的长江江段，使用长 150 米、深 2 米的三层渔网，捕到一尾体长约 3 米、体重约 250 公斤的雌性中华鲟（俗称鳇鱼）。胡运乐当即用铁钩将中华鲟的背部勾住，并用胶绳套住中华鲟的嘴，随船拖至横堤江边，抬上岸运走。当晚，胡运乐持菜刀、斧头将中华鲟腹部剖开，肢解成四截，除去鱼籽等内脏，将 239 公斤的中华鲟肉卖给鱼贩高某和袁某，获人民币 900 元。”该院认为，“被告人胡运乐明知中华鲟属于国家禁止捕捞的珍稀水生动物，误捕后，既不放生，也不向渔政管理部门报告，而是宰杀谋利，其行为已构成非法捕杀国家重点保护的珍贵、濒危野生动物罪。胡运乐归案后，认罪态度较好，有悔罪表现，可以从轻处罚。1991 年 6 月 1 日，该院依照全国人民代表大会常务委员会《关于惩治捕杀国家重点保护的珍贵、濒危野生动物犯罪的补充规定》及《中华人民共和国刑法》第 67 条、第 60 条的规定，判决如下：一是，判处被告人胡运乐有期徒刑 3 年，

缓刑3年，并处罚金1000元。"[1]该案发生在1997年刑法修订之前，当时是以单行刑法中"非法捕杀国家重点保护的珍贵、濒危野生动物罪"判处的。另外，新刑法通过后发生过捕杀两栖野生动物虎纹蛙以非法猎捕珍贵、濒危野生动物罪判处的案例。[2]

非法收购、运输、出售珍贵、濒危野生动物、珍贵、濒危野生动物制品罪既侵害了国家珍贵、濒危野生动物资源，也侵害了国家的司法作用（即具有助长本犯的性质，系赃物罪的一种）。由此可以得出如下结论：一是未办理相关许可证而收购、运输、出售祖传或年代久远的野生动物制品（如象牙制品），虽然也可谓侵犯了所谓国家珍贵、濒危野生动物的保护制度，但因为并没有破坏野生动物资源，所以不得认定构成非法收购、运输、出售珍贵、濒危野生动物制品罪。[3]二是因自然死亡或因灾死亡，或受伤而难以存活的珍贵、濒危野生动物，对其予以猎捕、杀害、收购、运输、出售的，因为并没有侵害国家的珍贵、濒危野生动物资源，所以，不得认定为非法猎捕、杀害珍贵、濒危野生动物罪和非法收购、运输、出售珍贵、濒危野生动物、珍贵、濒危野生动物制品罪。三是刑法理论认为，赃物犯罪成立的前提是本犯行为已经达到既遂状态，既遂之前参与的，一般成立本犯的共犯。[4]因此，事先与非法猎捕、杀害珍贵、濒危野生动物者存在通谋，事后予以收购、运输、出售的，不应构成非法收购、运输、出售珍贵、濒危野生动物、珍贵、濒危野生动物制品罪，而是构成非法猎捕、杀害珍贵、濒危野生动物罪的共犯。

［例一］　在"严叶成、周建伟、周建强、史建强非法收购、运输、出售珍贵、濒危野生动物、珍贵、濒危野生动物制品案"中，浙江省慈溪市法院经公开审理查明，"2000年4月，被告人周建伟在浙江省温州市将其非法驯养的一只东北虎以8.5万元的价格出售给被告人严叶成。严叶成使用被告人周建强以黑龙江北方大型驯兽马戏团的东北虎驯养证骗取的野生动物保护主管部门出具的《陆生野生动物及其产品出省运输证明》，将该东北虎从浙江省温州市运抵福建省泉州

---

〔1〕湖北省武汉市江汉区人民法院"胡运乐非法捕杀国家重点保护的珍贵、濒危野生动物案"刑事判决书，http：//www. lawyee. net/Case/Case Display. asp？RID = 4630&KeyWord = ，2010年8月21日访问。

〔2〕湖南省浏阳市人民法院（2007）浏刑初字第445号"刘建昆非法猎捕珍贵、濒危野生动物案"刑事判决书，http：//www. lawyee. net/Case/Case Display. asp？RID = 175154&KeyWord = ，2010年8月21日访问。

〔3〕张明楷：《刑法学》（第三版），法律出版社2007年版，第820、821页。

〔4〕参见［日］大谷实：《刑法各论讲义》（新版第二版），成文堂2007年版，第326页。

市。此后，严叶成利用该东北虎从事营业性表演活动。2000 年 11 月，该东北虎因病死亡，严叶成将虎皮、虎爪用酒精等物进行处理后，将虎骨和虎肉放入冰箱，存放于其在江苏省淮安市的家中。2001 年 11 月，严叶成与被告人史建强通过电话联系，欲将虎肉以 2.1 万元的价格出售给浙江省宁波某饭店。因公安机关事前得到举报，该虎肉交易未实现。”该院作出如下判决：“一是，被告人严叶成犯非法收购、运输、出售珍贵、濒危野生动物、珍贵、濒危野生动物制品罪，判处有期徒刑 9 年，并处罚金人民币 1 万元；二是，被告人周建伟犯非法出售珍贵、濒危野生动物罪，判处有期徒刑 10 年，并处罚金人民币 8000 元；三是，被告人周建强犯非法运输珍贵、濒危野生动物罪，判处有期徒刑 6 年，并处罚金人民币 6000 元；四是，被告人史建强犯非法出售珍贵、濒危野生动物制品罪（未遂），判处有期徒刑 5 年，并处罚金人民币 5000 元。”宁波市中级人民法院二审予以维持。[1]

评析：本案中的对象东北虎虽然属于珍贵、濒危野生动物，但由于是被告人周建伟非法驯养，而不是非法猎捕的，而且，东北虎系因病死亡，而不是被人非法杀害，因而，本案中缺乏非法收购、运输、出售的珍贵、濒危野生动物、珍贵、濒危野生动物制品罪的对象——他人非法猎捕、杀害的珍贵、濒危野生动物。即便违反了相关行政法规，但因为没有侵害国家的珍贵、濒危野生动物资源，故不能认为被告人的行为构成非法收购、运输、出售珍贵、濒危野生动物、珍贵、濒危野生动物制品罪。该判决的错误在于，没有认识到非法收购、运输、出售珍贵、濒危野生动物、珍贵、濒危野生动物制品罪的对象限于他人非法猎捕、杀害的珍贵、濒危野生动物，所侵害的法益是国家的珍贵、濒危野生动物资源和国家的司法作用。

［例二］ 在“宋勇、刘远贵非法运输、出售珍贵、濒危野生动物制品，钟立模非法出售珍贵、濒危野生动物制品案”中，一审上海市虹口区法院认定，“被告人宋勇欲出售持有的虎皮、豹皮各 1 张而事先在贵州省遵义市与暂住本市的被告人钟立模电话联系，让其寻找买主，后钟联系了中间介绍人杭春，宋勇与杭春多次电话联系后，纠集被告人刘远贵于 2002 年 11 月 15 日携带虎皮、豹皮各 1 张从贵州省遵义市乘火车抵沪。经钟立模与杭春约定后，宋勇、刘远贵于同年 11 月 19 日下午 2 时许至本市中山北一路 9 号泉山大酒店 727 房间内，在将虎皮、豹皮

---

〔1〕 宁波市中级人民法院“严叶成、周建伟、周建强、史建强非法收购、运输、出售珍贵、濒危野生动物、珍贵、濒危野生动物制品案”刑事裁定书，http：//www.lawyee.net/Case/Case Display.asp？RID = 21472&KeyWord = ，2010 年 8 月 17 日访问。

分别以人民币15万元和1万元的价格出售给杭春介绍的买主王明远（另处）后，被公安人员当场抓获。之后，等候在附近的钟立模亦被抓获。案发后，经上海科技馆研究设计院鉴定：上述动物皮张均为狗皮。据此认为，被告人宋勇、刘远贵非法运输、出售珍贵、濒危野生动物制品，情节特别严重，其行为已构成非法运输、出售珍贵、濒危野生动物制品罪（未遂）；被告人钟立模非法出售珍贵、濒危野生动物制品，情节特别严重，其行为已构成非法出售珍贵、濒危野生动物制品罪（未遂）。被告人宋勇、刘远贵、钟立模共同出售的2张皮张经鉴定系狗皮，各被告人因意志以外的原因致犯罪未遂，依法可减轻处罚。……对被告人宋勇犯非法运输、出售珍贵、濒危野生动物制品罪（未遂），判处有期徒刑6年，并处罚金人民币2万元；对被告人刘远贵犯非法运输、出售珍贵、濒危野生动物制品罪（未遂），判处有期徒刑3年，并处罚金人民币1万元；对被告人钟立模犯非法出售珍贵、濒危野生动物制品罪（未遂），判处有期徒刑2年，并处罚金人民币1万元；对缴获的赃物狗皮2张予以没收。"上海市第二中级法院二审维持原判。〔1〕

评析：既然事实上是狗皮，以狗皮冒充虎皮、豹皮出售的，就不可能侵害国家的珍贵、濒危野生动物资源，这在刑法理论上属于不能犯。该判例正好是我国刑法理论在未遂犯处罚根据上坚持抽象危险说甚至主观主义的最好注脚。该案由于运输、出售的是狗皮，不具有侵害国家珍贵、濒危野生动物资源的可能性，只可能侵害到被害人的财产权（涉及不法原因给付是否构成诈骗罪的问题），故不构成非法运输、出售珍贵、濒危野生动物罪（未遂）。

［例三］　在"莫子使、吉克纠哈、俄底赤阿木、阿力友合、阿力此呷猎捕、杀害珍贵、濒危野生动物案"中，四川省普格县法院审理查明，"2000年10月下旬，被告人莫子使到吉克纠哈家主动向吉克纠哈联系购买锦鸡和猪獾一事，吉克纠哈同意后于2000年11月下旬至12月25日间，吉克纠哈邀约俄底赤阿木、吉克日和（在逃）在金解洛达、黑家黑乃伍林区由俄底赤阿木用火药枪捕杀锦鸡6只，猪獾1头。锦鸡以每只10元、猪獾40元的价格卖给莫子使，获赃款100元。"该院认为，"被告人莫子使以牟利为目的，非法收购、运输、出售国家重点保护的珍贵、濒危野生动物白腹锦鸡39只，情节特别严重，其行为已构成非法收购、运输、出售珍贵、濒危野生动物制品罪。……判决如下：被告人莫子使犯收

---

〔1〕 上海市第二中级人民法院（2003）沪二中刑终字第255号"宋勇、刘远贵非法运输、出售珍贵、濒危野生动物制品，钟立模非法出售珍贵、濒危野生动物制品案"，http：//www. lawyee. net/Case/Case Display. asp? RID =223057&KeyWord =，2010年8月14日访问。

购、运输、出售珍贵、濒危野生动物制品罪，判处有期徒刑10年，并处罚金人民币1000元。"〔1〕

评析：由于是被告人莫子使主动联系他人捕杀珍贵、濒危野生动物，而不是他人捕杀珍贵、濒危野生动物后的单纯收购、运输、出售行为，因此，被告人构成非法猎捕、杀害珍贵、濒危野生动物罪的共犯，而不是单独构成非法收购、运输、出售珍贵、濒危野生动物制品罪。

另外，《野生动物资源解释》第2条规定："刑法第341条第1款规定的'收购'，包括以营利、自用等为目的的购买行为；'运输'，包括采用携带、邮寄、利用他人、使用交通工具等方法进行运送的行为；'出售'，包括出卖和以营利为目的的加工利用行为。"将"加工"行为解释为出售行为，有类推解释之嫌。〔2〕按照一般人的理解，出售是指将物品有偿地转让给对方，以达到商品交换的目的。"加工"顶多是为出售做准备的行为，而不是交换行为本身。或许解释制作者是想将对珍贵、濒危野生动物进行后期生产、制作成动物制品及其利用的行为纳入犯罪行为加以处罚。其实，不将加工利用行为解释为"出售"也能规制这类行为。例如，餐馆的厨师明知是他人非法猎捕的珍贵、濒危野生动物而将其制作成"美味佳肴"的，可以评价为非法"杀害"珍贵、濒危野生动物罪。又如，食客明知是他人非法猎捕的珍贵、濒危野生动物而"点菜"，"点活菜"的构成非法杀害珍贵、濒危野生动物罪的共犯，"点死菜"即点菜时已经死亡的，可能构成非法收购珍贵、濒危野生动物制品罪。所以，即便不将加工利用行为评价为"出售"，也能予以刑法规制。

（五）非法采矿罪、破坏性采矿罪

通说教科书认为，两罪侵犯的法益均为国家对矿产资源的保护制度。〔3〕笔者认为，将本罪的法益界定为国家的矿产资源为妥。由于在我国矿产资源原则上属于国家所有，因此，未取得采矿许可证擅自采矿的，在破坏矿产资源的同时，还侵害了国家矿产资源的所有权，问题是，是否在构成非法采矿罪的同时，还构成盗窃罪？同样，破坏性采矿的，既侵害了矿产资源，也侵害了国家的矿产资源所有权，是否在构成破坏性采矿罪的同时，还构成故意毁坏财物罪？从法定刑上比

---

〔1〕 四川省普格县人民法院（2001）普刑初字第30号"莫子使、吉克纠哈、俄底赤阿木、阿力友合、阿力此呷猎捕、杀害珍贵、濒危野生动物案"刑事判决书，http://www.lawyee.net/Case/CaseDisplay.asp?RID=130162&KeyWord=，2010年8月14日访问。

〔2〕 参见张明楷：《刑法学》（第三版），法律出版社2007年版，第820页。

〔3〕 刘宪权主编：《刑法学（下）》（第二版），上海人民出版社2008年版，第744页。

较，非法采矿罪的法定最高刑只有7年有期徒刑，而盗窃罪的法定最高刑可达到死刑；破坏性采矿罪的法定最高刑只有5年有期徒刑，而故意毁坏财物罪的法定最高刑为7年有期徒刑，因而，作为竞合犯适用的结果等于取消了非法采矿罪与破坏性采矿罪的规定。从实践中看，即便非法采矿总值巨大、破坏性采矿造成矿产资源损失极为严重，也只是以非法采矿罪、破坏性采矿罪判处极低的刑罚。

［例一］　在“李联玉、李连歧、苏长凯、宋保海、宋保文非法采矿案”中，河北省宽城满族自治县法院审理查明，“1999年8月13日河北矿产资产评估事务所对被告人李联玉、李连歧等人1998年12月7日至1999年9月8日金矿采出量价值评估，评估价值为299.71万元。1999年9月2日，河北省地矿厅矿业权和矿产资产价值评估结果确认委员会对该评估结果予以确认。”该院认为，“矿产资源属国家所有，开采矿产资源必须依法申请，经主管部门批准后才能进行。……被告人李联玉、李连歧组织多人集资入股，用三道岭村集体办矿名义，在申办采矿手续的同时，擅自组织工人进行开采，经责令停止开采后仍继续开采，在此期间，一直未取得《采矿许可证》，被告人苏长凯、宋保海、宋保文在矿山上具体负责实施采矿，造成矿产资源破坏，其行为均构成非法采矿罪。……据此宽城满族自治县人民法院判决：一是，被告人李联玉犯非法采矿罪，判处罚金30万元；二是，被告人李连歧犯非法采矿罪，判处有期徒刑11个月，并处罚金20万元；三是，被告人苏长凯犯非法采矿罪，判处拘役5个月，并处罚金10万元；四是，被告人宋保海犯非法采矿罪，判处拘役5个月，并处罚金5万元；五是，被告人宋保文犯非法采矿罪，判处拘役5个月，并处罚金3万元；六是，作案工具空压机等予以没收；七是，被告人李联玉、李连歧、苏长凯、宋保海、宋保文赔偿经济损失299.71万元。”〔1〕

［例二］　在“胡体友非法采矿案”中，重庆市巫山县检察院指控，“2002年10月至2004年7月期间，被告人胡体友与曹建华、陈振文、卢成庚、谢井平等人，共同出资在巫山县福田镇三坪村一组黑湾和石锣湾两处开办小煤窑，在未取得采矿许可证的情况下，擅自开采国家煤炭资源，虽经巫山县福田镇人民政府、县国土局多次责令胡体友等人停止非法采矿行为，但胡体友等人为谋私利，继续私挖滥采、屡禁不止。经重庆市一三六地质队鉴定：胡体友小窑的非法采矿行为已动用国家煤炭资源储量956吨。经巫山县福田镇煤炭市场经济指标计算，其经

〔1〕　河北省宽城满族自治县人民法院“李联玉、李连歧、苏长凯、宋保海、宋保文非法采矿案”刑事判决书，http：//www.lawyee.net/Case/Case Display.asp？ChannelID＝2010103&KeyWord＝&RID＝5186，2010年8月18日访问。

济价值为138 620元。按巫山县价格认证中心鉴定：胡体友等人非法开采煤炭资源的价值为149 136元。”重庆市巫山县法院认为，“被告人胡体友违反矿产资源法的规定，未取得采矿许可证擅自采矿，造成矿产资源的破坏，其行为已构成非法采矿罪，控方的指控成立。……判决如下：被告人胡体友犯非法采矿罪，判处有期徒刑1年，缓刑2年，并处罚金8000元。”[1]

不难看出，虽然无证采矿也可谓一种盗窃国家矿产资源的行为，若论以盗窃罪，则在大部分案件中行为人将被判处10年以上有期徒刑甚至无期徒刑，而以非法采矿罪定罪，则通常仅被判处1年左右有期徒刑，而且通常还被适用缓刑。该如何解释呢？笔者认为，矿产资源虽然属于国家所有，但毕竟不同于经过人类加工的可直接利用其交换价值和使用价值的其他商品（如国有粮库的储备粮），矿产资源属于大自然的造化，并没有凝聚所谓无差别的人类劳动，相反，采矿行为还费时费力，采出矿产后提炼也还需要费心劳神，因而，无证采矿虽属盗窃矿产资源，但不同于盗窃其他国有财产，立法者正是考虑到了这一点，才规定了远低于盗窃罪的法定刑。换句话说，既然立法者已经考虑到了无证采矿具有盗窃罪的性质、破坏性采矿具有破坏国有财产的性质，（未取得采矿许可证）非法采矿、破坏性采矿的，只需论以非法采矿罪、破坏性采矿罪，而无需以盗窃罪、故意毁坏财物罪定罪处罚。不过，盗窃、毁坏他人已经开采出来的矿产资源（包括非法开采的）的，则与一般的盗窃、毁坏财产的行为没有差异，故还是应论以盗窃罪、故意毁坏财物罪。

或许有人提出这样的疑问：盗伐国有林木，按照盗伐林木罪最重能判处15年有期徒刑，而盗窃国家矿产资源却最重只能判处7年有期徒刑，如何解释？笔者认为，盗伐和利用盗伐的林木通常比采矿和提炼矿产要“省事”得多，而且，森林或者其他林木还具有重要的生态功能，因而，可以认为盗伐国有林木的一般预防的必要性高于非法采矿，法益侵害性也重于非法采矿，因而，盗窃林木罪的法定刑高于非法采矿罪，是符合罪刑相适应原则的。

2003年5月29日《最高人民法院关于审理非法采矿、破坏性采矿刑事案件具体应用法律若干问题的解释》第1条规定：“违反矿产资源法的规定非法采矿，具有下列情形之一，经责令停止开采后拒不停止开采，造成矿产资源破坏的，依照刑法第343条第1款的规定，以非法采矿罪定罪处罚：一是，未取得采矿许可

---

〔1〕 重庆市巫山县人民法院（2005）山刑初字第17号“胡体友非法采矿案”刑事判决书，http：//www. lawyee. net/Case/Case Display. asp？RID = 77753&KeyWord = ，2010年8月18日访问。

证擅自采矿；二是，擅自进入国家规划矿区、对国民经济具有重要价值的矿区和他人矿区范围采矿；三是，擅自开采国家规定实行保护性开采的特定矿种。”而《刑法》第343条第1款非法采矿罪规定：“违反矿产资源法的规定，未取得采矿许可证擅自采矿，擅自进入国家规划矿区、对国民经济具有重要价值的矿区和他人矿区范围采矿，或者擅自开采国家规定实行保护性开采的特定矿种，情节严重的，处3年以下有期徒刑、拘役或者管制，并处或者单处罚金；情节特别严重的，处3年以上7年以下有期徒刑，并处罚金。”

争议在于，原规定中的“经责令停止开采后拒不停止开采，造成矿产资源破坏”这一构成要素，是仅就第3种情形而言，还是同时就这三种情形而言？司法解释的错误在于，忽视了刑法分则条文中“的，”的功能。“‘……的，’，即分则条文中表述罪状后使用了‘的’字，并且‘的’后面紧接着有逗号时，表明该条文对一种罪状（或具体犯罪的一种情形）的表述已经完结；如果‘……的，’后面还有其他表述，则是另一种罪状（或具体犯罪的另一种情形）的表述，而不是对前一种罪状的补充或递进说明。”〔1〕根据“……的，”的功能与上述解释规则，答案应是前者，而不是后者。也就是说，“违反矿产资源法的规定，未取得采矿许可证擅自采矿的”，或者“违反矿资源法的规定，擅自进入国家规划矿区、对国民经济具有重要价值的矿区和其他矿区范围采矿的”，就已经构成犯罪，只有“擅自开采国家规定实行保护性开采的特定矿种”，并且“经责令停止开采后拒不停止开采，造成矿产资源破坏的”，才构成非法采矿罪。这是从形式上得出的结论。从实质上看，结论是否合理呢？由于我国的矿产资源原则上属于国家所有，因而未取得采矿许可证擅自采矿的，具有盗窃国家财产的性质，即便没有“经责令停止开采后拒不停止开采，造成矿产资源破坏”，其法益侵害性也已达到了值得科处刑罚的程度。正如，盗窃犯盗窃他人财物，即便不具备“经责令停止盗窃活动而拒不停止盗窃，造成他人财产损坏”，也毫无疑问值得作为盗窃罪科处刑罚。至于擅自进入国家规划矿区、对国民经济具有重要价值的矿区采矿，虽然行为人取得了采矿许可证，行为的法益侵害性也达到犯罪的程度，持证擅自进入他人矿区范围采矿的，也具有盗窃他人财产的性质，因此，行为本身也值得科处刑罚。相反，持证而擅自开采国家规定实行保护性开采的特定矿种的，只是破坏了国家对特定矿种资源的保护，行为的法益侵害性轻于前面几种情形，故仅在“经责令停止开采后拒不停止开采，造成矿产资源破坏”，法益侵害性才达到了值得

---

〔1〕张明楷：《刑法分则的解释原理》，中国人民大学出版社2004年版，第63页。

科处刑罚的程度。

由于上述错误司法解释的存在，导致实践中的案件很难处理。例如，在“李甫太、宋跃喜、李臣非法采矿案”中，河南省卫辉市检察院指控，“2006年至2007年，被告人李甫太、宋跃喜、李臣合伙在卫辉市安都乡口头村薛湾自然村里沟山无证非法开采闪长玢岩一处，经责令停止开采后拒不停止开采，造成矿产资源破坏。经鉴定，核定三被告人非法采挖点采挖矿石量为4.946万吨，经查证，三被告人非法开采矿石量为2.946万吨，闪长玢岩两年均价为每吨7.5元，三被告人非法开采矿产总价值为220 950元。其行为均构成非法采矿罪，检察机关提供了相应的证据，请求依法判处。”辩护人认为，“矿管部门没有责令停止开采且被告人非法开采两个多月、数量少、价格应扣除装车费，又系从犯，只承担相应责任。”法院审理查明，“……二是，书证卫辉市地矿局责令停止开采通知书送达回证、行政处罚告知书（存根）、听证告知书（存根）、办证通知、送达回证及该局办公室证明‘听证告知书、行政处罚告知书、送达回证三份法律文书在2006年11月份省国土资源厅检查工作时交办公室存’及该局工作人员杨××、马××证明责令停止开采并下达责令停止开采通知后仍拒不停止开采、后因制止无效用铁链将机器锁住，该局工作人员马××亦证明于2006年初和杨××、马××给三被告人下达停产办证手续证实三被告人经责令停止开采后拒不停止开采。”

法院认为，“被告人李甫太、宋跃喜、李臣违反矿产资源管理法规，未取得采矿许可证而擅自采矿，经责令停止开采后拒不停止开采，造成矿产资源破坏价值人民币16.203万元，其行为已构成非法采矿罪，检察院指控罪名成立。该案系共同犯罪但根据三被告人的犯罪情节，尚不足以区分主从犯。鉴于三被告人对非法采矿的基本事实予以供认，被告人宋跃喜、李臣对指控的采挖数量无异议，且有证人李××、李××等人的证言相印证，并有矿产部门工作人员印证其擅自采矿，责令停止而拒不停止的事实，故被告人李甫太辩称指控数额不实及辩护人提出矿管部门没有责令停止开采且被告人非法开采时间短、数量少、系从犯的辩护意见与客观事实不符，不予采纳。”〔1〕该案中，之所以辩护人辩称矿管部门没有责令停止开采，法院不遗余力地证明存在“经责令停止开采后拒不停止开采”的事实，可以说完全是司法资源的浪费及司法效率的无谓的降低，原因当然应归咎于上述错误的司法解释。

---

〔1〕 河南省卫辉市人民法院（2010）卫刑初字第3号“李甫太、宋跃喜、李臣非法采矿案”刑事判决书，http://www.lawyee.net/Case/Case Display.asp? RID=408650&KeyWord=，2010年8月16日访问。

虽然实务中关于非法采矿中的判决书基本上都存在“违反矿产资源管理法规，未取得采矿许可证而擅自采矿，经责令停止开采后拒不停止开采，造成矿产资源破坏”这样的表述，但也有个别判决书未受错误司法解释的影响。

例如，在“李再尚、粘志欣非法采矿案”中，河南省宜阳县检察院指控，“2009年3月期间，被告人李再尚、粘志欣与赵合申（另案处理）三人在未经取得合法开采手续的情况下，组织他人在城关乡马庄村八孔窑对面山上采取爆破、挖掘等方式非法盗采铝钒土1300余吨，经评估价值81 250元。2009年7月25日、26日晚，二被告人再次雇用挖掘机、铲车、大货车等设备，到该铝矿坑将前期盗采的800余吨矿石运往他地销售，从中获利34 000元。”宜阳县法院认为，“被告人李再尚、粘志欣违反矿产资源法的规定，未取得采矿许可证擅自采矿，其行为已构成非法采矿罪。公诉机关指控犯罪成立，予以支持。……判决如下：被告人李再尚犯非法采矿罪，判处有期徒刑7个月，并处罚金人民币14 000元。”[1]

（六）非法采伐、毁坏国家重点保护植物罪，非法收购、运输、加工、出售国家重点保护植物、国家重点保护植物制品罪

通说教科书指出，非法采伐、毁坏国家重点保护植物罪侵犯的直接客体是国家对珍贵树木的管理保护制度，非法收购、运输、加工、出售国家重点保护植物、国家重点保护植物制品罪侵犯的客体是国家重点保护植物的管理制度。[2]笔者认为，将非法采伐、毁坏国家重点保护植物罪的法益界定为国家的珍稀植物资源较为妥当；由于非法收购、运输、加工、出售国家重点保护植物、国家重点保护植物制品的行为具有助长非法采伐、毁坏国家重点保护植物的行为的性质（即事后帮助犯性），即还具有赃物罪的性质，所以，该罪不仅侵害了国家的珍稀植物资源法益，还侵害了国家的司法作用。

由此我们可以得出如下结论：一是虽然许多古旧家具是由珍贵树木做成的，因而也可谓珍贵树木制品，但由于古旧家具制成的年代久远，当年砍伐这些树木并没有侵害国家的珍稀植物资源，因而没有侵害现在国家所保护的珍稀植物资源，故收购、运输、加工、出售古旧家具的不构成非法收购、运输、加工、出售

〔1〕 河南省宜阳县人民法院（2010）宜刑初字第23号“李再尚、粘志欣非法采矿案”刑事判决书，http：//www. lawyee. net/Case/Case Display. asp？RID = 421260& KeyWord = ，2010年8月16日访问。

〔2〕 参见苏惠渔主编：《刑法学》（修订二版），中国政法大学出版社2007年版，第565、566页。

国家重点保护植物制品罪。[1]二是非法采伐、毁坏、收购、运输、加工、出售枯死的珍贵树木及其制品的，因为枯死的珍贵树木不再具有生态功能，对其实施上述行为不会侵害国家的珍稀植物资源，所以不构成上述犯罪。三是由于非法收购、运输、加工、出售国家重点保护植物、国家重点保护植物制品罪具有赃物罪的性质，而构成赃物罪以本犯行为已经既遂为前提，在既遂之前参与的，仅与本犯构成共犯。因此，行为人与非法砍伐、毁坏珍贵树木的人事先通谋的，不应构成非法收购、运输、加工、出售国家重点保护植物、国家重点保护植物制品罪，而是构成非法采伐、毁坏国家重点保护植物罪的共犯。

［例一］ 在“潘田丰、粟来青非法收购国家重点保护植物案”中，江西省永新县法院审理查明，“2007 年 4 月中旬，黄冬云邀集被告人潘田丰、粟来青来到永新县购买樟树销往外地。4 月 26 日，三人来到怀忠镇茶源村，以 500 元、600 元、700 元的价格，分别在贺明朵、刘九莲、韩优洲家购买了三棵香樟树，并雇请黄文大、蒋建超、夏国强三人采挖，5 月 2 日晚在装车时被公安人员抓获扣押。”该院对被告人潘田丰、粟来青以非法收购国家重点保护植物罪分别判处有期徒刑 2 年。[2]

评析：由于非法收购国家重点保护植物罪具有赃物犯罪性质，构成非法收购国家重点保护的植物罪，应限于事先没有与非法采伐国家重点保护植物的行为人存在意思沟通，实际上也没有参与采伐行为，该案中，行为人与所有权人谈妥价格后亲自实施了采伐行为，所以，行为人应构成非法采伐国家重点保护植物罪，而不是非法收购国家重点保护植物罪。

［例二］ 在“李红星、邓代辉、何向阳、胡发邦非法采伐国家重点保护植物，何念芳非法运输国家重点保护植物案”中，湖南省资兴市法院审理查明，

---

〔1〕 有学者谈到，“许多做古旧家具的生意人，从乡村收购古旧家具而后出售牟利，或者拆解古旧家具的板材、制作家具出售牟利，其中不乏珍贵树木的制品。如果因为不识珍贵树木制成的古旧家具材质而触犯本罪的，属于事实认识错误，可阻却本罪故意；如果因为不知收购、运输、加工、出售珍贵树木制成的古旧家具是犯罪而触犯本罪的，属于法律认识错误，不阻却本罪的故意。但是在目前的背景下，做古旧家具的生意人确实难以意识到行为违法，是否应追究刑事责任成为问题。因此可考虑将本罪对象之一‘国家重点保护植物制品’限定在新砍伐的珍贵树木制成品范围内，把珍贵树木制成的古旧家具排除在本罪范围外。”参见阮齐林：《刑法学》，中国政法大学出版社 2008 年版，第 734 页。笔者认为，虽然结论是正确的，但论证存在问题。应该认为，由于收购、运输、加工、出售古旧家具没有侵害国家的珍稀植物资源，所以不构成本罪。

〔2〕 江西省永新县人民法院（2007）永刑初字第 50 号“潘田丰、粟来青非法收购国家重点保护植物案”刑事判决书，http：//www. lawyee. net/Case/Case Display. asp？ RID = 147614&KeyWord =，2010 年 8 月 14 日访问。

"2008年3~5月份，被告人李红星先后邀请被告人邓代辉、胡发邦、何向阳共同经营烟坪乡双江村蔡家组胡周平家一株枯死的红豆杉，价格是8080元。经协商于2008年5月18日进行采伐。2008年5月18日，四被告人乘被告人何向阳的车子到烟坪乡双江村胡周平家后，留下被告人邓代辉、胡发邦在胡周平家负责红豆杉的采伐，付树款。被告人李红星、何向阳负责请车子来拖红豆杉。在被告人何念芳岳父家吃晚饭时，被告人李红星要求被告人何念芳明天去烟坪乡双江村蔡家组去拖红豆杉。同时约定第二天去拖红豆杉时要被告人何念芳等电话通知。2008年5月19日，被告人邓代辉、胡发邦雇请胡周平、胡富邦等人将红豆杉挖倒后，制成了5根2米长的原木。当天晚上10点半钟，被告人何念芳将红豆杉装上了车，当车子返回到烟坪墟上时被告人何念芳从其岳父家中拿了一块油布将红豆杉全部盖住准备运往新区，途径州门司路段时被公安机关查获，经检查红豆杉材积1.793m^3，折活立木蓄积2.988 3m^3。……"该院对李红星、邓代辉、何向阳、胡发邦以非法采伐国家重点保护植物罪分别判处有期徒刑6个月，对被告人何念芳以非法运输国家重点保护植物罪判处有期徒刑6个月，缓刑1年，并处罚金3000元。[1]

评析：由于枯死的红豆杉不再具有生态功能，采伐、运输枯死的红豆杉不会侵害到国家珍稀植物资源，因此，法院对被告人以非法采伐国家重点保护植物罪、非法运输国家重点保护植物罪定罪是错误的。被告人何念芳事先与采伐者存在通谋，而不是采伐既遂后的参与，故其行为若构成犯罪的话，应以非法采伐国家重点保护植物罪的共犯论处，而不是单独构成非法运输国家重点保护植物罪。

［例三］ 在"伍冬生非法采伐国家重点保护植物案"中，江西省安福县法院审理查明，"2007年11月，被告人伍冬生为清山造林，未经林业主管部门批准，雇请一个流动性的外地人（姓名、住址不详），将其家的自留山'柳树坑'山场内的三棵樟树伐倒，并准备用来烧制木炭用。经林业部门鉴定，被告人伍冬生雇人所伐樟树为香樟，折合立木蓄积1.806立方米。"该院认为，"被告人伍冬生违反国家森林法规，非法采伐国家重点保护植物香樟，情节严重，其行为已构成非法采伐国家重点保护植物罪，公诉机关指控被告人的罪名成立。……判决如下：被告人伍冬生犯非法采伐国家重点保护植物罪，判处有期徒刑3年，缓刑3年，

〔1〕 湖南省资兴市人民法院（2008）资法刑初字第203号"李红星、邓代辉、何向阳、胡发邦非法采伐国家重点保护植物，何念芳非法运输国家重点保护植物案"刑事判决书，http://www.lawyee.net/Case/Case Display.asp？RID=284460&KeyWord=，2010年8月14日访问。

并处罚金 30 000 元。”[1]

评析： 由于非法采伐国家重点保护植物罪所侵害的法益是国家的珍稀植物资源，即便是砍伐自家自留山上的珍贵树木，也侵害了这一法益，故法院以该罪论处是正确的。

（七）盗伐林木罪，滥伐林木罪，非法收购、运输盗伐、滥伐的林木罪

通说教科书指出，盗伐林木罪侵犯的客体是是国家的森林资源保护制度和国家、集体或公民的林木所有权，滥伐林木罪侵犯的客体是国家的森林资源保护制度，非法收购、运输盗伐、滥伐的林木罪侵害的客体是国家的森林资源保护制度。[2]笔者认为，盗伐林木罪的法益是林木资源及他人对于林木的财产权，[3]而滥伐林木罪仅侵害了林木资源；另外，非法收购盗伐、滥伐的林木罪，不仅侵害了林木资源，还具有助长盗伐、滥伐行为的性质（事后帮助犯性），即具有赃物犯罪性，因而，除侵害林木资源外，还侵害了国家的司法作用。

由此我们可以得出如下结论：一是既侵害了林木资源，又侵害了他人林木所有权的，构成盗伐林木罪；二是仅侵害了林木资源的，构成滥伐林木罪；三是取走他人已经盗伐、滥伐的林木，以及偷砍他人房前屋后、自留地种植的零星树木，因为这些树木生态功能小，这些行为因为仅侵害了他人的财产权，而构成盗窃罪；四是事先与盗伐、滥伐林木者存在通谋事后予以收购、运输的，不构成非法收购、运输盗伐、滥伐的林木罪，而是构成盗伐、滥伐林木罪的共犯。

关于盗伐林木罪既未遂及竞合问题，由于盗伐林木罪既侵害了国家的林木资源，又侵害了他人林木所有权，所以，盗伐林木的，既构成盗伐林木罪，又构成盗窃罪，二者之间形成竞合关系；由于盗伐林木罪的法定最高刑只有 15 年有期徒刑，在盗伐林木数额特别巨大时，从一重罪处罚的结果，能以盗窃罪判处无期徒刑。

关于盗伐林木罪既遂的认定，有学者认为，“应当以取得对财物的占有，从而排除他人占有为原则（取得说）。将所欲盗伐的林木伐倒，就是本罪既遂，而不以将林木运出林区，脱离护林人员的监控作为既遂成立的条件。”[4]笔者认为，

---

〔1〕 江西省安福县人民法院（2008）安刑初字第 53 号“伍冬生非法采伐国家重点保护植物案”刑事判决书，http：//www. lawyee. net/Case/Case Display. asp? RID = 150467&KeyWord = ，2010 年 8 月 18 日访问。

〔2〕 参见李希慧主编：《刑法各论》，中国人民大学出版社 2007 年版，第 435 ~ 438 页。

〔3〕 张明楷：“盗伐林木罪与盗窃罪的关系”，载《人民检察》2009 年第 3 期，第 13 页。

〔4〕 周光权：《刑法各论》，中国人民大学出版社 2008 年版，第 448 页。

以取得说为判断既遂的标准，只是看到了该罪具有侵害他人财产权的一面，而忽视了还具有侵害林木资源的一面，是否侵害林木资源，与行为人是否取得控制该林木没有关系，只与林木是否被伐倒有关。所以，上述观点的结论是正确的，即“将所欲盗伐的林木伐倒，就是本罪既遂，而不以将林木运出林区，脱离护林人员的监控作为既遂成立的条件”。

相关司法解释规定存在疑问。2000 年 11 月 22 日《最高人民法院关于审理破坏森林资源刑事案件具体应用法律若干问题的解释》（以下简称《森林资源解释》）第 3 条规定：“以非法占有为目的，具有下列情形之一，数量较大的，依照刑法第 345 条第 1 款的规定，以盗伐林木罪定罪处罚：……二是，擅自砍伐本单位或者本人承包经营管理的森林或者其他林木的；……”第 5 条规定：“违反森林法的规定，具有下列情形之一，数量较大的，依照刑法第 345 条第 2 款的规定，以滥伐林木罪定罪处罚：……二是，超过林木采伐许可证规定的数量采伐他人所有的森林或者其他林木的。”上述规定没有正确区分盗伐林木罪与滥伐林木罪。二罪的关键区别在于，盗伐林木罪除侵害林木资源法益外，还侵害了他人（包括国家、集体）对于林木的所有权，而滥伐林木罪仅侵害了林木资源。既然是本单位的林木，若是按照单位的意志进行采伐，就没有侵害本单位对于林木的所有权；既然是本人承包经营管理的森林或者其他林木，由于通常来说，承包者对于林木享有所有权，所以，按照单位意志砍伐本单位林木，承包者砍伐自己承包经营管理的林木，若未取得采伐许可证进行采伐，只是侵害了林木资源，而没有侵害他人对于林木的所有权，故构成的是滥伐林木罪而不是盗伐林木罪。所以第 3 条的规定不够妥当。虽然经过他人同意并取得采伐许可证后可以采伐他人所有的森林或者其他林木，但超过林木采伐许可证规定的数量并且未经他人同意而采伐他人所有的森林或者其他林木的，就不只是侵害了林木资源法益，还侵害了他人对于森林或者其他林木的所有权，应构成盗伐林木罪而不是滥伐林木罪。所以，第 5 条的规定也存在疑问。

此外，《森林资源解释》第 15 条规定，非法实施采种、采脂、挖笋、掘根、剥树皮等行为，牟取经济利益数额较大的，以盗窃罪定罪处罚。该规定同样存在疑问。若实施这些行为不会影响到林木的生长发育，因为仅侵害了他人的财产权，的确应评价为盗窃罪；若没有侵害他人的财产权，则不构成犯罪。但是，若实施这些行为影响到了林木的生产发育，因为侵害了林木资源，就不能单以盗窃罪进行评价。若行为针对的对象属于他人所有的林木，则构成盗伐林木罪；若是本单位所有或者自己所有的，则构成滥伐林木罪。需要说明的是，“盗伐”和

“滥伐”并不限于将树木伐倒、伐死，而是应包括一切影响林木生长发育、破坏林木资源的行为。而且，构成盗伐林木罪和滥伐林木罪也不以行为人将盗伐或滥伐的林木占为己有为要件，即便是出于报复等动机进行破坏的，只要侵害了林木资源，就能构成盗伐林木罪、滥伐林木罪。下面分析几个判例：

［例一］　在“王培贵盗伐林木案”中，江西省会昌县法院一审认定，“2006年7月被告人王培贵以30 000元的价格从筠门岭镇芙蓉村村民朱谐德处转承包经营‘山坑尾’青山一块。2006年8月至9月20日，被告人王培贵未经林业主管部门批准，擅自雇请民工在芙蓉村塘子面小组‘山坑尾’山场，盗伐阔叶林、针叶林和国家二级保护植物香樟。”该院认为，“被告人王培贵违反森林法规，没有取得采伐许可证，擅自砍伐承包经营管理的林木，数量特别巨大，其行为已构成盗伐林木罪。……判决如下：被告人王培贵犯盗伐林木罪，判处有期徒刑8年零6个月，并处罚金人民币10 000元。”赣州市中级法院二审认为，“上诉人王培贵违反森林保护法规，无证砍伐林木及国家二级保护植物香樟，数量特别巨大，其行为已触犯刑律，构成盗伐林木罪，原审法院为保护森林资源，严厉打击破坏森林资源的犯罪活动，依法追究其刑事责任是正确的。……根据最高人民法院《关于审理破坏森林资源刑事案件具体应用法律若干问题的解释》第3条第2项规定，擅自砍伐本单位或者本人承包经营管理的森林或者其他林木的，以盗伐林木罪定罪处罚。因此，辩护人提出上诉人王培贵所砍伐的林木是通过支付对价之后取得了林木的所有权，与其他盗伐他人所有的林木有本质的区别的辩护意见不符合法律的规定。上诉人王培贵盗伐林木数量特别巨大，情节特别严重，应依法从严惩处，其上诉理由及辩护意见不能成立。……驳回上诉，维持原判。”〔1〕

评析：既然是本人承包经营管理的林木，就不能说侵害了他人的财产所有权，行为人应构成滥伐林木罪，而不是构成盗伐林木罪。该案之所以形成错误判决，显然是因为适用了上述错误的司法解释规定。

［例二］　在“骆弟国、骆弟才、邹方敏盗伐林木、非法收购滥伐的林木案”中，贵州省道真仡佬族苗族自治县法院审理查明，“2000年11月28日，被告人骆弟国在浣溪街上与被告人邹方敏相遇，被告人邹方敏向骆弟国提出收购木材运往煤厂销售，并商定一车煤换一车木材。之后，被告人骆弟国便找到关塘村李家坡组骆弟才联系收购木材事宜，被告人骆弟才便将自己责任山中的林木以4元钱

〔1〕　江西省赣州市中级人民法院（2007）赣中刑一终字第28号“王培贵盗伐林木案”刑事裁定书，http：//www. lawyee. net/Case/Case Display. asp? RID = 119241&KeyWord =，2010年8月16日访问。

一节的工价包给骆弟国砍伐，同年12月1日，被告人骆弟才在未办理采伐许可证的情况下，将自己承包的责任山指认给骆弟国砍伐，被告人骆弟国在明知骆弟才没有办理采伐许可证的情况下共砍伐林木179根，计立木材积11.361立方米，在销售过程中被查获。”该院认为，“被告人骆弟国、骆弟才目无国法，在未取得采伐许可证的情况下，共谋盗伐骆弟才承包的责任山上的林木，共计立木材积11.361立方米，数量较大，其行为已构成盗伐林木罪，应依法处罚。……判决如下：一是，被告人骆弟国犯盗伐林木罪，判处有期徒刑1年零6个月，并处罚金2000元，限判决生效后1个月内缴纳；二是，被告人骆弟才犯盗伐林木罪，判处有期徒刑1年，并处罚金2000元，限判决生效后1个月内缴纳。”[1]

评析：既然属于自己责任山上的林木，伙同他人砍伐，就没有侵害他人对于林木的所有权，行为构成的是滥伐林木罪，而不是盗伐林木罪。

[例三]　在“冯友谊盗伐林木、滥伐林木案”中，重庆市黔江区法院审理查明，“2008年8月初，被告人冯友谊在只办理16株林木采伐许可证的情况下，在黔江区阿蓬江镇细水村一组唐正容家的山林里，砍伐马尾松21株，立木蓄积15.4694立方米，扣除已办证的最大16株的立木蓄积12.5863立方米后，其滥伐林木立木蓄积2.8831立方米。2008年8月中旬，被告人冯友谊在只办理10株林木采伐许可证的情况下，在黔江区阿蓬江镇细水村一组唐明芳家的山林里，砍伐马尾松21株，立木蓄积12.7419立方米，扣除已办证的最大10株的立木蓄积7.4436立方米后，滥伐林木的立木蓄积5.2983立方米。2008年9月，被告人冯友谊在只办理8株林木采伐许可证的情况下，在黔江区阿蓬江镇细水村一组阮文富家的山林里，砍伐林木马尾松23株，立木蓄积17.5659立方米，扣除已办证的最大8株的立木蓄积8.3639立方米后，滥伐林木立木蓄积9.202立方米。”该院认为，“被告人冯友谊违反森林法的规定，未经林业主管部门批准并颁发采伐许可证或虽持有许可证，但未按许可证要求而任意采伐林木，数量较大，其行为已构成滥伐林木罪。……判决如下：……犯滥伐林木罪，判处有期徒刑1年，并处罚金2000元。”[2]

---

〔1〕贵州省道真仡佬族苗族自治县人民法院（2001）道刑初字第32号“骆弟国、骆弟才、邹方敏盗伐林木、非法收购滥伐的林木案”刑事判决书，http：//www.lawyee.net/Case/Case Display.asp?RID=27649&KeyWord=，2010年8月16日访问。

〔2〕重庆市黔江区人民法院（2009）黔法刑初字第163号“冯友谊盗伐林木、滥伐林木案”刑事判决书，http：//www.lawyee.net/Case/Case Display.asp? RID=359512&KeyWord=，2010年8月16日访问。

评析：该案中，行为人超出采伐许可证许可的数量采伐他人林木，不仅侵害了林木资源，还侵害了他人林木的所有权，所以应构成盗伐林木罪，而不是滥伐林木罪。

三、归纳总结

综上，可以得出如下结论：

1. 司法解释将第339条第1款罪名概括为非法处置“进口”的固体废物罪不妥，因为“进口”与条文明文规定的“进境”毕竟不是等同的概念，司法解释关于罪名的错误概括会导致不当缩小处罚范围，导致与走私废物罪无法区分。

2. 擅自进口固体废物罪中的“未经国务院有关主管部门许可”，是指未经国务院有关环保主管部门许可，所谓“进口固体废物用作原料，造成重大环境污染事故”，指只要是以原料利用为名进口固体废物并造成了重大环境污染事故，即构成本罪，不管事实上所进口的固体废物能否用作原料。

3. 由于非法捕捞水产品罪旨在保护国家的水产资源，即便“捕而不捞”也构成本罪；司法解释规定“违反狩猎法规，在禁猎区或者禁猎期使用禁用的工具、方法狩猎的”，本身即为“情节严重”，这存在疑问，应该认为，即便“在禁猎区或者禁猎期使用禁用的工具、方法狩猎”也只有“情节严重”，才构成本罪。

4. 将非法捕捉珍贵、濒危水生动物解释为“猎捕”珍贵、濒危野生动物，没有超出一般人的预测可能性；司法解释将“出售”解释为包括“加工利用”的行为，超出了语词可能具有的含义，系类推解释；未办理相关许可证而收购、运输、出售祖传或年代久远的野生动物制品（如象牙制品），虽然也可谓侵犯了所谓国家珍贵、濒危野生动物的保护制度，但因为并没有破坏野生动物资源，所以不得认定构成非法收购、运输、出售珍贵、濒危野生动物制品罪；因自然死亡或因灾死亡，或受伤而难以存活的珍贵、濒危野生动物，对其予以猎捕、杀害、收购、运输、出售的，因为并没有侵害国家的珍贵、濒危野生动物资源，所以，不得认定为非法猎捕、杀害珍贵、濒危野生动物罪和非法收购、运输、出售珍贵、濒危野生动物、珍贵、濒危野生动物制品罪；事先与猎捕、杀害珍贵、濒危野生动物者存在通谋，事后予以收购、运输、出售的，不应构成非法收购、运输、出售珍贵、濒危野生动物、珍贵、濒危野生动物制品罪，而是构成非法猎捕、杀害珍贵濒危野生动物罪的共犯。

5. 司法解释规定，“经责令停止开采后拒不停止开采，造成矿产资源破坏”

是对包括无证采矿在内的全部行为类型成立犯罪的要求，是错误的解释，正确的理解是，其仅为第三种行为类型“擅自开采国家规定实行保护性开采的特定矿种”成立犯罪的要求，换言之，“未取得采矿许可证擅自采矿”的，以及“擅自进入国家规划矿区、对国民经济具有重要价值的矿区和他人矿区范围采矿的”本身即构成犯罪；非法采矿、破坏性采矿既破坏了矿产资源，也侵害了包括国家在内的他人矿产资源所有权，但立法者考虑到开采及提炼矿产资源的特殊性，非法采矿、破坏性采矿的，以非法采矿罪、破坏性采矿罪定罪处罚，就能做到罪刑相适应，无需以盗窃罪、故意毁坏财物罪定罪处罚。

6. 收购、运输、加工、出售古旧家具的不构成非法收购、运输、加工、出售国家重点保护植物制品罪；非法采伐、毁坏、收购、运输、加工、出售枯死的珍贵树木及其制品的，因为枯死的珍贵树木不再具有生态功能，对其实施上述行为不会侵害国家的珍稀植物资源，所以不构成上述犯罪；行为人与非法砍伐、毁坏珍贵树木的人事先通谋的，不应构成非法收购、运输、加工、出售国家重点保护植物、国家重点保护植物制品罪，而是构成非法采伐、毁坏国家重点保护植物罪的共犯。

7. 既侵害了林木资源，又侵害了他人林木所有权的，构成盗伐林木罪；仅侵害了林木资源的，构成滥伐林木罪；取走他人已经盗伐、滥伐的林木，以及偷砍他人房前屋后、自留地种植的零星树木，因为这些树木生态功能小，这些行为因为仅侵害了他人的财产权，而构成盗窃罪；事先与盗伐、滥伐林木者存在通谋，事后予以收购、运输的，不构成非法收购、运输盗伐、滥伐的林木罪，而是构成盗伐、滥伐林木罪的共犯。

主要参考文献

一、论文类

1. 薛进展、王思维："风险社会中危险犯的停止形态研究"，载《华东政法大学学报》2009 年第 5 期。

2. 郝艳兵："风险社会下的刑法价值观念及其立法实践"，载《中国刑事法杂志》2009 年第 7 期。

3. 劳东燕："公共政策与风险社会的刑法"，载《中国社会科学》2007 年第 3 期。

4. 杨兴培："危险犯质疑"，载《中国法学》2000 年第 3 期。

5. 王志祥："危险犯概念比较研究"，载《法学家》2002 年第 5 期。

6. 李洁："行为犯与危险犯之界限探析"，载《阴山学刊》2004 年第 6 期。

7. 刘之雄："刑罚根据完整化上的犯罪分类——侵害犯、危险犯、结果犯、行为犯的关系论纲"，载《中国法学》2005 年第 5 期。

8. 苏彩霞、齐文远："我国危险犯理论通说质疑"，载《环球法律评论》2006 年第 3 期。

9. 刘明祥："论危险犯的既遂、未遂与中止"，载《中国法学》2005 年第 6 期。

10. 胡东飞："危险犯应属实害犯的未遂形态"，载《中国刑事法杂志》2001 年第 4 期。

11. 李兰英："论危险犯的危险状态"，载《中国刑事法杂志》2003 年第 2 期。

12. 毛毅坚："论危险犯的中止与既遂"，载《政治与法律》2006 年第 2 期。

13. 张明楷："危险犯初探"，载马俊驹主编：《清华法律评论》（第 1 辑），清华大学出版社 1998 年版。

14. 张明楷："论以危险方法杀人案件的性质"，载《中国法学》1999 年第

6期。

15. 张明楷："犯罪之间的界限与竞合"，载《中国法学》2008年第4期。

16. 张明楷："罪过形式的确定——刑法第15条第2款'法律有规定'的含义"，载《法学研究》2006年第3期。

17. 张明楷："论表面的构成要件要素"，载《中国法学》2009年第2期。

18. 张明楷："论短缩的二行为犯"，载《中国法学》2004年第3期。

19. 张明楷："盗窃与抢夺的界限"，载《法学家》2006年第2期。

20. 张明楷："交通肇事的刑事责任认定"，载《人民检察》2008年第2期。

21. 张明楷："危险驾驶的刑事责任"，载《吉林大学社会科学学报》2009年第6期。

22. 张明楷："论交通肇事罪的自首"，载《清华法学》2010年第3期。

23. 张明楷："刑法第140条'销售金额'的展开"，载马俊驹主编：《清华法律评论》（第二辑），清华大学出版社1999年版。

24. 张明楷："盗伐林木罪与盗窃罪的关系"，载《人民检察》2009年第3期。

25. 张明楷："行政违反加重犯初探"，载《中国法学》2007年第6期。

26. 周振晓："也论以危险方法杀人案件的定性"，载《政法论坛》2001年第2期。

27. 李立众："再论以危险方法杀人案件之定性——兼与周振晓先生商榷"，载《政法论坛》2002年第1期。

28. 周建中、胡佳、曹俊华："危险犯的具体实践认定"，载《法学》2009年第5期。

29. 刘仁文："过失危险犯研究"，载《法学研究》1998年第3期。

30. 华关根、王媛媛、冯云："论危险犯在我国刑事立法中的适度扩张"，载《法学》2009年第5期。

31. 郝秀辉："中国航空刑法问题研究述评——中国航空法学30年研究综述（二）"，载《北京航空航天大学学报（社会科学版）》2010年第3期。

32. 杨忠民："非法持有枪支、弹药罪的适用问题探讨"，载《中国人民公安大学学报》2004年第3期。

33. 王新："劫持航空器罪研究：以现象和概念为视野"，载《中外法学》2007年第1期。

34. 姜自和、朱云三："论丢失枪支不报罪"，载《法学论坛》2001年第3期。

35. 韩哲："关于丢失枪支不报罪主观罪过形式的探讨"，载《法学评论》2005 年第 5 期。

36. 黎宏："论交通肇事罪的若干问题——以最高人民法院有关司法解释为中心"，载《法律科学》2003 年第 4 期。

37. 黎宏："论'客观处罚条件'的若干问题"，载《河南省政法管理干部学院学报》2010 年第 1 期。

38. 周光权："论主要罪过"，载《现代法学》2007 年第 2 期。

39. 隋庆军："丢失枪支不报罪的立法缺陷与完善"，载《河北法学》2005 年第 3 期。

40. 江宜怀："丢失枪支不报罪客观方面的法理分析"，载《郑州大学学报（哲学社会科学版）》2008 年第 2 期。

41. 徐立、韩光军："关于丢失枪支不报罪客观方面若干问题的认定"，载《河北法学》2004 年第 8 期。

42. 卢有学："'三鹿奶粉'系列案定性探疑"，载《西南政法大学学报》2009 年第 5 期。

43. 孙国祥、黄星："醉酒驾车之刑事法规之进路分析"，载《法学论坛》2009 年第 6 期。

44. 刘宪权："处理高危驾车肇事案件的应然标准"，载《法学》2009 年第 9 期。

45. 刘明祥："有必要增设危险驾驶致人死伤罪"，载《法学》2009 年第 9 期。

46. 于志刚："危险驾驶行为的罪行评价——以'醉酒驾驶'交通肇事行为为视角"，载《法学》2009 年第 9 期。

47. 吴云："交通肇事罪认定若干问题研究"，载《政治与法律》2009 年第 8 期。

48. 刘远："危险驾驶的刑事责任问题探究"，载《法学论坛》2009 年第 6 期。

49. 王敏："论醉酒与刑事责任"，载《现代法学》2000 年第 2 期。

50. 张书琴："价值的差异：交通肇事罪中交通事故责任的判断问题"，载郎胜、刘宪权、李希慧主编：《刑法实践热点问题探索》，中国人民公安大学出版社 2008 年版。

51. 刘艳红："注意规范保护目的与交通过失犯的成立"，载《法学研究》2010 年第 4 期。

52. 侯国云:“交通肇事罪司法解释缺陷分析”，载《法学》2002 年第 7 期。

53. 侯国云:“论交通肇事后逃逸”，载《法制与社会发展》2003 年第 2 期。

54. 林东茂：“肇事逃逸——高等法院八十九年度交上诉字第九号判决评释”，载《台湾本土法学杂志》2000 年第 16 期。

55. 王泽群：“论我国刑法中的具体—抽象危险犯——从交通肇事逃逸行为的处罚根据入手”，载《海南大学学报（人文社会科学版）》2009 年第 6 期。

56. 姚诗：“交通肇事‘逃逸’的规范目的与内涵”，载《中国法学》2010 年第 3 期。

57. 高金桂:“有义务遗弃罪与肇事逃逸罪之犯罪竞合问题——以台湾高等法院八十九年度交上诉字第八号刑事判决为基础兼论《刑法》第二条之适用问题”，载《月旦法学杂志》2005 年第 6 期。

58. 于改之：“不作为犯罪中‘先行行为’的本质及其产生作为义务的条件——兼论刑法第 133 条‘因逃逸致人死亡’的立法意蕴”，载《中国刑事法杂志》2000 年第 5 期。

59. 许成磊:“先行行为可以为犯罪行为”，载《法商研究》2005 年第 4 期。

60. 郭立新：“论生产、销售伪劣产品罪的几个争议问题”，载《法学评论》2001 年第 1 期。

61. ［日］山口厚:“危险犯总论”，载［日］西原春夫编：《危险犯と危险概念——二十一世纪第四回（通算第十回）日中刑事法学书讨论会报告书——》，成文堂 2005 年版。

62. ［日］关哲夫：“现代社会中法益论的课题”，王充译，载赵秉志主编：《刑法论丛》(第 12 卷)，法律出版社 2007 年版。

63. ［日］今井猛嘉：“饮酒運転対策立法の意义と课题”，载《ジユリスト》（N0. 1342）2007. 10. 1。

64. ［日］今井猛嘉：“饮酒運転対策としての罚则の整备”，载《ジユリスト》（N0. 1330）2007. 3. 15。

65. ［日］佐藤文哉、中川武隆:“救护义务”，载《判例タイム》1973 年第 284 号。

66. ［日］原田国男:“危险運転致死伤罪の量刑动向”，载《现代刑事法》2004 年第 6 卷第 1 号。

67. ［日］曾根威彦:“交通犯罪に关する刑法改正の问题点”，载《ジユリスト》（N0. 1216）2002. 2. 1。

68. ［日］星周一郎："危险運転致死伤罪の实行行为性判断に关する一考察"，载《信州大学法学论集》2007 年 12 月第 9 号。

69. ［日］井上宜裕："放火罪における烧损の意义"，载［日］西田典之、山口厚、佐伯仁志编：《刑法の争点》，有斐阁 2007 年版。

70. Schünemann, Moderne Tendenzen in der Dogmatik der Fahrlä-ssigkeits-und Gefährdungsdelikte, JA1975, StRS.

二、著作类

1. 高铭暄、马克昌主编：《刑法学》（第四版），北京大学出版社、高等教育出版社 2010 年版。

2. 高铭暄主编：《刑法专论》（第二版），高等教育出版社 2006 年版。

3. 王作富主编：《刑法》（第四版），中国人民大学出版社 2009 年版。

4. 李洁主编：《刑法学》（上册），中国人民大学出版社 2008 年版。

5. 刘宪权主编：《刑法学（上）》（第二版），上海人民出版社 2008 年版。

6. 苏惠渔：《刑法学》（修订二版），中国政法大学出版社 2007 年版。

7. 马克昌主编：《刑法》，高等教育出版社 2007 年版。

8. 周光权：《刑法各论》，中国人民大学出版社 2008 年版。

9. 阮齐林：《刑法学》，中国政法大学出版社 2008 年版。

10. 孙国祥主编：《刑法学》，科学出版社 2008 年版。

11. 陈兴良主编：《刑法学》（第二版），复旦大学出版社 2009 年版。

12. 陈兴良主编：《罪名指南（上）》，中国政法大学出版社 2000 年版。

13. 吴大华主编：《刑法各论》，中国人民大学出版社 2008 年版。

14. 曲新久：《刑法学》，中国政法大学出版社 2009 年版。

15. 杨春洗、杨敦先、郭自力主编：《中国刑法论》（第四版），北京大学出版社 2008 年版。

16. 胡康生、郎胜主编：《中华人民共和国刑法释义》，法律出版社 2004 年版。

17. 李恩慈主编：《特别刑法论》，中国人民公安大学出版社 1993 年版。

18. 李健主编：《刑法精要与依据指引》，人民出版社 2005 年版。

19. 熊选国、任卫华主编：《刑法罪名适用指南——危害公共安全罪》，中国人民公安大学出版社 2007 年版。

20. 李希慧主编:《刑法各论》，中国人民大学出版社 2007 年版。
21. 齐文远主编:《刑法学》，北京大学出版社 2007 年版。
22. 张明楷:《刑法学》（第三版），法律出版社 2007 年版。
23. 张明楷:《刑法的基本立场》，中国法制出版社 2002 年版。
24. 张明楷:《外国刑法纲要》（第二版），清华大学出版社 2007 年版。
25. 张明楷:《刑法分则的解释原理》，中国人民大学出版社 2004 年版。
26. 张明楷:《罪刑法定与刑法解释》，北京大学出版社 2009 年版。
27. 张明楷:《诈骗罪与金融诈骗罪研究》，清华大学出版社 2006 年版。
28. 张明楷:《刑法格言的展开》，法律出版社 2003 年版。
29. 张明楷:《法益初论》，中国政法大学出版社 2000 年版。
30. 林钰雄:《新刑法总则》，中国人民大学出版社 2009 年版。
31. 林钰雄:《刑法与刑诉之交错适用》，中国人民大学出版社 2009 年版。
32. 陈子平:《刑法总论》（2008 年增修版），中国人民大学出版社 2009 年版。
33. 王志祥:《危险犯研究》，中国人民公安大学出版社 2004 年版。
34. 赵秉志:《犯罪未遂的理论与实践》，中国人民大学出版社 1987 年版。
35. 林东茂:《刑法综览》（修订五版），中国人民大学出版社 2009 年版。
36. 林东茂:《一个知识论上的刑法学思考》（增订三版），中国人民大学出版社 2009 年版。
37. 林山田:《刑法各罪论》（下册）（修订五版），作者发行 2005 年版。
38. 赵志华:《枪支、弹药、爆炸物、危险物质犯罪的定罪与量刑》，人民法院出版社 2006 年版。
39. 刘艳红:《走向实质的刑法解释》，北京大学出版社 2009 年版。
40. 涂龙科编著:《生产、销售伪劣商品罪专题整理》，中国人民公安大学出版社 2010 年版。
41. 徐平:《环境刑法研究》，中国法制出版社 2007 年版。
42. [日] 井田良:《刑法总论的理论构造》，成文堂 2005 年版。
43. [日] 井田良:《变革の时代における理论刑法学》，庆应义塾大学出版会 2007 年版。
44. [日] 山口厚:《危险犯の研究》，东京大学出版会 1982 年版。
45. [日] 山口厚:《刑法总论》（第二版），有斐阁 2007 年版。
46. [日] 冈野光雄:《交通事犯と刑事责任》，成文堂 2007 年版。

47. ［日］平野龙一：《刑法总论Ⅰ》，有斐阁 1972 年版。

48. ［日］大谷实：《刑法讲义总论》（新版第三版），成文堂 2009 年版。

49. ［日］大谷实：《刑法讲义各论》（新版第二版），成文堂 2007 年版。

50. ［日］大塚仁：《刑法概说（总论）》（第四版），有斐阁 2008 年版。

51. ［日］山中敬一：《刑法总论》（第二版），成文堂 2008 年版。

52. ［日］西田典之：《刑法总论》，弘文堂 2006 年版。

53. ［日］曾根威彦、松原芳博编集：《重点问题刑法各论》，成文堂 2008 年版。

54. ［日］西田典之：《刑法各论》（第四版补正版），弘文堂 2009 年版。

55. ［日］前田雅英：《刑法各论讲义》（第四版），东京大学出版会 2007 年版。

56. ［日］武田诚：《放火罪の研究》，成文堂 2002 年版。

57. ［日］林干人：《刑法总论》（第二版），东京大学出版社 2008 年版。

58. ［日］山口厚：《刑法总论》（第二版），有斐阁 2007 年版。

59. ［日］振津隆行：《抽象的危险犯の研究》，成文堂 2007 年版。

60. ［德］乌尔里希·贝克：《风险社会》，何博闻译，译林出版社 2004 年版。

61. ［德］亚图·考夫曼：《法律哲学》，刘幸义等译，台湾五南图书出版公司 2000 年版。

62. Claus Roxin, Strafrecht Allgemeiner Teil Band Ⅰ, 4., Auflage, C. H. Beck München, 2006.

图书在版编目（CIP）数据

公共危险犯解释论与判例研究 / 陈洪兵著.－北京：中国政法大学出版社，2011.8

ISBN 978-7-5620-4015-6

Ⅰ.公… Ⅱ.陈… Ⅲ.危害公共安全罪-研究-中国 Ⅳ.D924.324

中国版本图书馆CIP数据核字(2011)第173623号

书　　名　公共危险犯解释论与判例研究

出版发行　中国政法大学出版社(北京市海淀区西土城路 25 号)

北京 100088 信箱 8034 分箱　　邮政编码 100088

邮箱 academic.press@hotmail.com

http://www.cuplpress.com（网络实名：中国政法大学出版社）

(010) 58908437(编辑室)　58908285(总编室)　58908334(邮购部)

承　　印　固安华明印刷厂

规　　格　787mm × 960mm　16 开本　22.5 印张　440 千字

版　　本　2011 年 11 月第 1 版　2011 年 11 月第 1 次印刷

书　　号　ISBN 978-7-5620-4015-6/D・3975

定　　价　45.00 元